Z 19779

Paris
1824-1826

Descartes, René

Œuvres de Descartes, précédées de l'éloge de René Descartes par Thomas

janvier   Tome 8

Z. 2130.
B. 8.

1979

OEUVRES
DE DESCARTES.
TOME HUITIÈME.

DE L'IMPRIMERIE DE LACHEVARDIERE FILS,
SUCCESSEUR DE CELLOT, RUE DU COLOMBIER, n° 30.

OEUVRES

DE DESCARTES,

PUBLIÉES

PAR VICTOR COUSIN.

TOME HUITIÈME.

A PARIS,

CHEZ F. G. LEVRAULT, LIBRAIRE,

RUE DES FOSSÉS-MONSIEUR-LE-PRINCE, N° 31;

ET A STRASBOURG, RUE DES JUIFS, N° 33.

M. DCCC. XXIV.

LETTRES.

ANNÉE 1638.

(SUITE.)

AU R. P. MERSENNE [1].

(Lettre 92 du tome II.)

Mon révérend père,

J'ai reçu quatre de vos lettres depuis que je vous ai écrit mes dernières, qui fut il y a cinq semaines, et pourcequ'aucune des vôtres ne m'apprend que vous les ayez reçues, j'ai quasi peur qu'elles aient été mal adressées, de quoi je serois très marri, car elles sont fort amples. J'y ai mis mon opinion du livre de Galilée, ma réponse aux questions de M. de Beaune, et à tous les articles de vos lettres précédentes; j'y ai joint aussi une lettre pour M. de Fermat, et la promesse du sieur N. [2], que vous m'aviez envoyée : si tant est que vous ne les ayez point reçues, je vous prie

---

[1] « La lettre 92 est de M. Descartes au P. Mersenne. Elle est la vingtième des manuscrits de Lahire. Il y a peu d'augmentations, mais beaucoup de transpositions. Elle est fixement datée du 15 novembre 1638. »

[2] « Petit. »

de vous enquérir chez le messager à qui il les a données; car elles ne peuvent être perdues, si ce n'est que quelqu'un les ait prises chez le messager en votre nom, et elles doivent avoir été à Paris environ la mi-octobre.

Vous commencez la première de vos lettres par la disposition de ce Bohémien qui saute cinquante semelles, ce que je n'admire pas moins que vous, et on voit par là que l'exercice peut changer extrêmement notre nature. L'écho dont je vous ai écrit ci-devant ne répondoit aucune syllabe, mais seulement un son aigu tout semblable au cri d'un soufflet [1], et il répondoit mieux au frappement de mes mains qu'à ma voix. Les fautes d'écriture qui étoient en l'introduction à ma Géométrie ont été bien remarquées, comme avoue celui qui l'a composée; mais il s'en excuse sur ce qu'il a changé plusieurs choses en la transcrivant, en sorte que la copie qu'il en a est fort différente de ce qu'il vous a envoyée. J'ai de l'obligation à ceux qui ont eu soin de la faire si bien transcrire, et il vaut mieux en laisser prendre des copies à ceux qui en désireront, que de la faire imprimer.

Je ne puis juger autre chose de l'écho que vous dites répondre mieux à deux tons qui diffèrent d'une sexte [2] qu'à tous les autres, sinon qu'il faut

[1] « Poulet. »
[2] « Qui font une sexte. »

que le corps d'où il vient soit composé de diverses parties, dont les unes s'accordent avec l'un de ces tons, et les autres avec l'autre, ce qui peut aisément être entendu par l'exemple d'un luth, dont la moitié des cordes seroient toutes accordées à l'unisson, et les autres à la sexte de cet unisson : car en entonnant de la voix quelque son qui ne soit point accordant avec ces cordes, le ventre du luth ne laissera pas de résonner quelque peu comme un écho; mais si l'on entonne l'un des deux sons auxquels ses cordes seront accordées, il résonnera beaucoup davantage[1].

J'ai su il y a long-temps que les nombres dont les parties aliquotes font le triple, et qui sont divisibles par 3 et non par 9, étant ainsi divisés par trois, en produisent un, dont les parties font le double; et ceux dont les parties font le septuple, ainsi divisés par trois, en produisent un dont les parties font le quintuple; ceux de 11 en produisent un de 8, ceux de 15 un de 11, et ainsi à l'infini. Et je vous dirai que par la façon dont je cherche ces multiples, chaque trait de plume m'apprend quelque théorème semblable. Comme par exemple, je composai les six triples que je vous ai ci-devant envoyés, des quatre doubles que j'avois par le moyen de deux tels théorèmes,

---

[1] « La suite de cette lettre est l'alinéa qui suit quelques pages plus bas, savoir : *Je vous remercie des expériences...* »

dont l'un est que tout nombre dont les parties font le double, qui est divisible par 3 [1], sans l'être par 5 ni par 9, étant multiplié par 45, en produit un dont les parties font le triple, et l'autre, que tout nombre dont les parties font le double, qui est divisible par 3 sans l'être par 7, ni par 13 ni par 9, étant multiplié par 273, en produit aussi un dont les parties font le triple. Mais je ne laisse pas d'être obligé à M. de Bessy de ce qu'il avoit trouvé sur ce sujet, et j'avois aussi auparavant ainsi composé celui que je vous avois envoyé, dont les parties font le double du nombre trouvé par M. de Sainte-Croix, qui fait le même, sans avoir aucun dessein de chercher le plus court : car divisant 523776 par 31, et multipliant le quotient par 87376, il vient 1476304896. Et c'est une règle générale, que tout nombre qui est divisible par 31 et par 512, sans l'être par le carré de 31 ni par 1024, ni par 43 ni par 127, étant divisé par 31 et après multiplié par 87376, en produit un qui a même proportion avec ses parties qu'avoit le premier. Que [2] si en vous

---

[1] « Sans l'être ni par 7, ni par 9, ni par 13, étant multiplié par 273, en produit un dont les parties font le triple ; et l'autre, que tout nombre qui est divisible par 3 sans l'être par 5 ni par 9, et dont les parties font le double, étant multiplié par 45, en produit aussi un, dont les parties font le triple. J'avois aussi auparavant ainsi composé celui que je vous avois envoyé, dont les parties font le double, en y employant celui qui avoit été trouvé par M. de Sainte-Croix, et sans avoir aucun dessein..., etc. »

[2] Mais je ne laisse pas d'être obligé à M. de Bessy de ce qu'il a voulu

envoyant ces façons dont je trouve ces théorèmes, cela peut aider à convertir le sieur N., ainsi que vous écrivez, je vous l'enverrai très volontiers.

Pour les nombres parfaits, je n'ai point vu le livre que vous dites en avoir été imprimé à Amsterdam, ni ne saurois le trouver, si vous ne me mandez le nom du libraire qui l'a imprimé; mais je pense pouvoir démontrer qu'il n'y a point de nombres pairs qui soient parfaits, excepté ceux d'Euclide, et qu'il n'y en a point aussi d'impairs, si ce n'est qu'ils soient composés d'un seul nombre premier, multiplié par un nombre carré, dont la racine soit composée de plusieurs autres nombres premiers. Mais je ne vois rien qui empêche qu'il ne s'en trouve quelques uns de cette sorte : car, par exemple, si 22021 étoit nombre premier, en le multipliant par 9018009, qui est un carré dont la racine est composée des nombres premiers 3, 7, 11 et 13, on auroit 198585576189, qui feroit nombre parfait. Mais, quelque méthode dont on puisse user, il faut beaucoup de temps pour chercher ces nombres, et peut-être que le plus court a plus de 15 ou 20 notes.

Je ne sais point d'autre règle pour connoître si un nombre est premier ou non, sinon que je re-

---

me communiquer ce qu'il avoit trouvé sur ce sujet. Et si la façon dont j'applique mon analyse à chercher ces multiples pouvoit aider à convertir le sieur Pajot, ainsi que vous l'écrivez, je le lui enverrois très volontiers.

8 LETTRES.

garde à son dernier chiffre qui doit être 1 ou 3 ou 7 ou 9, et s'il est par exemple 3, j'examine s'il ne peut point être divisé en deux autres¹, chacun desquels ait 1 pour son dernier chiffre, ou bien 9, ou bien dont l'un ait 3 et l'autre 7, et je fais cet examen en commençant à droite par le dernier chiffre, de quoi l'opération est véritablement assez longue, mais je n'en sais point de plus courte².

Ce que vous dites avoir arrêté M. de Roberval en ma solution de la tangente qui fait l'angle de 45 degrés est fort peu de chose; et la méthode de Viète doit être moins parfaite que je ne pensois, si elle ne se peut étendre jusque là; car voici ce que c'est ****³:

¹ *Dont l'un ait* 3 *pour son dernier chiffre, et l'autre* 1, *ou bien l'un* 7 *et l'autre* 9; *et je fais cet examen...*

² « La suite de cette lettre est à l'alinéa qui commence ainsi : *Pour la fontaine...* »

³ « *Voici comment la mienne procède* : $nxy = x^3 + y^3$ est l'équation qu'il faut démêler en y substituant

$$\frac{x}{6} \pm \sqrt{\frac{n^3}{36} + \frac{nx}{3} - x^2}$$

au lieu d'y, et le cube de cette somme, qui est

$$\frac{n^3}{54} + \frac{n^2x}{6} + \frac{nx^2}{2} \pm \left(\frac{n^3}{9} + \frac{nx - x^2}{3}\right)\sqrt{\frac{n^3}{36} + \frac{nx - x^2}{3}}$$

au lieu de y^3; si bien que cette équation est

$$\frac{n^2x}{6} \pm nx\sqrt{\frac{n^3}{36} + \frac{nx}{3} - x^2} - x^3 = x^3 + \frac{n^3}{54} + \frac{n^2x}{6} + \frac{nx^2}{2} \pm \left(\frac{n^3}{9} + \frac{nx - x^2}{3}\right)\sqrt{\frac{n^3}{36} + \frac{nx - x^2}{3}}$$

ou bien

$$\frac{x^3 - nx^2}{2} + \frac{n^3}{54} = \mp \left(x^2 + \frac{nx - n^2}{3}\right)\sqrt{\frac{n^3}{36} + \frac{nx - n^2}{3}}$$

Et pour multiplier l'une et l'autre partie par soi-même, premièrement je cherche le carré de $x^2 + \frac{nx - n^2}{3}$

qui est $x^4 + \frac{4nx^3}{3} + \frac{5n^2x^2 - 4n^3x}{9} + \frac{n^4}{81}$, puis je multiplie

Que s'il se trouve encore en ceci quelque chose qui ne lui semble pas assez clair, je ne doute point que celui qui corrige les copies de l'introduction ne le puisse facilement éclaircir, et il pourra aussi fort aisément achever l'opération du quadrilatère, car elle ne consiste qu'à faire des multiplications toutes simples. Vous mandez que je dois avoir employé plus de quinze jours à démêler cette équation; mais je vous jure que je n'y avois point ci-devant employé tant de temps que je viens de faire ici pour l'écrire, à cause que j'ai des façons d'abréger lorsque je fais ces opérations pour moi seul qui me font mettre en deux ou trois lignes ce dont il me faut remplir une page lorsque je les écris pour les autres [1].

ce carré par $-x^2 + \frac{nx}{3} + \frac{n^2}{54}$, et il vient

$$-x^6 - \frac{4nx^5}{3} - \frac{n^2x^4}{9} + \frac{4n^3x^3}{27} - \frac{n^4x^2}{81}$$

$$+ \frac{nx^5}{3} + \frac{4n^2x^4}{9} + \frac{n^3x^3}{27} - \frac{4n^4x^2}{81} + \frac{n^5x}{243}$$

$$+ \frac{n^2x^4}{54} + \frac{n^3x^3}{27} + \frac{n^4x^2}{162} - \frac{n^5x}{243} + \frac{n^6}{2916}$$

ce qui est égal au carré de $\frac{x^3 - nx^2}{3} + \frac{n^3}{54}$ lequel est

$$x^6 - nx^5 + \frac{n^2x^4}{4} + \frac{n^3x^3}{27} + \frac{n^4x^2}{54} \cdot + \frac{n^6}{2916},$$

et en transposant ou effaçant les termes semblables, il reste

$$2x^6 \quad \cdot \quad \cdot \quad - \frac{2n^2x^4}{9} + \frac{n^4x^2}{27} \quad \cdot \quad \cdot \quad = 0$$

ce qui est le même que $x^4 - \frac{n^2x^2}{} + \frac{n^4}{81} = 0$.

[1] « La suite de cette lettre est à l'alinéa précédent : *J'ai su, il y a long-
    temps.* »

Je vous remercie des expériences que vous me mandez avoir faites avec un tuyau rempli d'eau, mais je ne les saurois entendre, à cause que je ne sais point ce que vous prenez pour la longueur du jet perpendiculaire ou horizontal, etc., mais les expériences qu'on peut faire avec ce tuyau, qui me semblent utiles, et desquelles on pourroit déduire presque tout ce qui appartient à cette matière, sont celles-ci : premièrement je voudrois le diviser en quatre ou davantage de parties, et laissant couler par le robinet toute l'eau dont il seroit plein, mesurer exactement en combien de temps la première partie se videroit, en combien la seconde, et ainsi des autres ; car il n'y a point de doute que les plus basses parties seroient plus de temps à se vider que les plus hautes ; mais c'est l'expérience qui doit enseigner combien il faudroit aussi mesurer l'eau écoulée pour voir si le tuyau auroit été bien divisé.

L'autre expérience que je désirerois est telle[1] ; Qu'a, b, c, d soit le tuyau plein d'eau, d, e, f son robinet, dont je suppose la partie e, f être mobile et que son extrémité f est en même plan que le fond du tuyau c d, je voudrois que le bout du robinet e, f, étant incliné de quarante-cinq degrés sur l'horizon, on décrivît sur un mur contre lequel seroit le tuyau toute la ligne que repré-

[1] Figure 1.

sente le filet d'eau f, g, tant en montant qu'en descendant, jusques à 15 ou 20 pieds plus bas que ce robinet ; et afin qu'on ait tout loisir de faire cela sans que l'eau du tuyau se diminue, il faut qu'il en coule cependant d'un autre vaisseau posé au-dessus, comme H, par un trou plus large que celui du robinet, car ce qu'il y aura de trop s'écoulant pardessus les bords du tuyau a b, n'y nuira en rien. Après[1] avoir ainsi tracé la ligne que décrit le filet d'eau lorsque le robinet est incliné de quarante-cinq degrés, je voudrois faire le même lorsqu'il est incliné de 30 et de 60, et lorsqu'il est parallèle et perpendiculaire à l'horizon, car de ces cinq positions on peut déduire toutes les autres. Or, après avoir ainsi tracé ces cinq lignes en grand volume sur une muraille, en les commençant toutes par le même point f, c'est-à-dire en mettant toujours l'extrémité du robinet au même lieu, on pourroit aisément suivre les mêmes proportions pour les tracer en petit volume. On peut aussi par après observer les mêmes lignes, pendant que le tuyau n'est plein qu'à demi, à savoir en y faisant un trou vers K, par lequel se vide le surplus de l'eau qui tombe en dedans du vaisseau H.

[1] *Ayant ainsi tracé la ligne que décrit le jet de 45 degrés, il faut aussi décrire celle du jet horizontal, du perpendiculaire, de celui de 22 degrés et demi, de 30 degrés et de 60, ce qui suffiroit, comme je crois, pour déduire..*

Je suis bien aise que M. de Beaune se soit satisfait touchant ses lignes; il pourra voir si ma réponse s'accorde avec ce qu'il a trouvé; mais je m'étonne de ce qu'après avoir remarqué que la définition que je donne des lignes du premier genre convient à la première des siennes, il n'a pas pour cela reconnu qu'elle est une hyperbole; car il est très certain qu'elle en est une, et je lui enverrois la façon de la construire, sinon que je me persuade qu'il l'a déjà trouvée depuis qu'il a eu ma réponse.

Pour ceux qui vous mandent qu'ils ne me peuvent faire d'objections, à cause que je ne déclare point mes principes, c'est plutôt un prétexte qu'ils prennent, qu'une raison qui soit valable : car il n'est point besoin de savoir davantage de mes principes que j'en ai expliqué pour entendre la plupart des choses que j'ai écrites, et connoître si elles sont fausses ou vraies. Or s'ils les jugent fausses, je crois qu'ils sont obligés de les réfuter; car il y a assez d'autres personnes qui en font état, pour empêcher qu'ils ne les puissent tant mépriser, que de n'en daigner prendre la peine; et s'ils les jugent vraies, et que néanmoins ils manquent de les suivre, ils témoignent n'être pas entièrement amateurs de la vérité [1].

---

[1] « La suite de cette lettre est à l'alinéa précédent: *Ce que vous dites...* »

Pour la fontaine qui a vingt-quatre fois le jour son flux et son reflux, elle est véritablement très admirable, si ce flux est entièrement réglé, en sorte qu'il ne vienne jamais ni plus ni moins que vingt-quatre fois; mais s'il n'est point si réglé, comme sans doute il ne l'est point, je ne juge pas que sa cause soit si malaisée à découvrir. J'ai mis quelque chose de semblable dans mon Monde; car j'y ai expliqué très particulièrement l'origine des fontaines, et le flux et reflux de la mer; ce qui est cause que je n'en ai rien mis en mes Météores.

La pensée de M. des Argues touchant le centre de gravité d'une sphère n'est pas fort éloignée de ce que je vous en avois écrit; mais nous nous sommes, comme je crois, mécomptés l'un et l'autre; car le rayon de sphère étant AD[1], et le centre de la terre C, il est certain que si AD est moyenne proportionnelle entre AC et AB, le point B est le centre de gravité des deux parties opposées D et E; mais il n'est pas pour cela le centre de gravité de toute la sphère, ni seulement de toute la superficie de cette sphère : car ces deux parties D et E ne sont que deux points de cette superficie. Il est certain aussi que faisant AF triple de FB, le point F est le centre de gravité de toutes les parties opposées qu'on peut imaginer, les unes dans le rayon AD, et les autres dans le rayon AE, qui

[1] Figure 2.

aient en elles même proportion que les superficies de plusieurs sphères inscrites l'une dans l'autre, ce qui n'est non plus le vrai centre de gravité d'une sphère, comme j'avois pensé, et il y a beaucoup plus de difficulté à le trouver : c'est pourquoi je vous prie d'effacer les sept ou huit dernières lignes du petit écrit de mécanique[1] que je vous ai envoyé, à savoir depuis ces mots, *et même on peut démontrer, etc. Quandoque bonus dormitat Homerus :* en effet, je n'avois jamais considéré que le centre de gravité d'une sphère fût différent de celui de sa figure, ni peut-être jamais aucun autre, avant le dernier soir que j'achevai cet écrit, et je crois que je m'endormois lorsque j'écrivis ces dernières lignes.

Vous avez enfin entendu le mot de force au sens que je le prends, quand je dis qu'il faut autant de force pour lever un poids de cent livres[2] deux pieds de haut, qu'un de deux cents un seul pied, etc., c'est-à-dire qu'il y faut autant d'action ou autant d'effort. Je veux bien croire que je ne m'étois pas ci-devant assez expliqué, puisque vous ne m'aviez pas entendu ; mais j'étois si éloigné de penser à la puissance qu'on nomme la force d'un homme, lorsqu'on dit un tel a plus de force qu'un

---

[1] « Il entend son écrit de statique, qui fait la 73ᵉ lettre du 1ᵉʳ vol. »

[2] *A la hauteur d'un pied, qu'un de cinquante à la hauteur de deux pieds.*

tel, etc., que je ne pouvois aucunement me douter qu'on dût prendre le mot de force en ce sens-là; et lorsqu'on dit qu'il faut employer moins de force à un effet qu'à un autre, ce n'est pas à dire qu'il faille avoir moins de puissance : car encore qu'on en eût davantage, elle n'y nuit point, mais seulement qu'il y faut moins d'action; et je ne considère point du tout en cet écrit la puissance qu'on nomme la force d'un homme, mais seulement l'action qu'on nomme la force, par laquelle un poids peut être levé, soit que cette action vienne d'un homme, ou d'un ressort, ou d'un autre poids, etc. Or il n'y a point, ce me semble, d'autre moyen de connoître *à priori* la quantité de cet effet, c'est-à-dire combien et quel poids peut être levé avec telle ou telle machine, que de mesurer la quantité de l'action[1], c'est-à-dire de la force qui doit y être employée; et je ne doute point que M. des Argues ne me l'accorde, s'il prend la peine de lire ce que j'ai écrit sur ce sujet; car comme je suis très assuré de la bonté de son esprit, je ne crois pas devoir aussi douter en cela de ma raison.

Pour ce qu'a écrit Galilée touchant la balance et le levier, il explique véritablement fort bien *quod ita sit*, et non pas *cur ita sit*, comme je fais par mon principe; et pour ceux qui disent que je devois considérer la vitesse, comme Galilée, plutôt

---

[1] « De l'action *qui cause cet effet...* »

que l'espace, pour rendre raison des machines, je crois, entre nous, que ce sont des gens qui n'en parlent que par fantaisie, sans entendre rien à cette matière; et bien qu'il soit évident qu'il faut plus de force pour lever un corps fort vite que pour le lever lentement, c'est toutefois une pure imagination que de dire que la force doit être justement double, pour doubler la vitesse, et il est fort aisé de prouver le contraire. La façon dont M. F.[1] a examiné la tangente de la roulette est la même dont Archimède s'est servi pour la tangente de la spirale, et c'est presque la seule qu'on peut avoir pour telles lignes qui ne sont pas géométriques. Sa première construction étoit générale, car il y avoit ajouté ces mots ou semblables, *et si la base est double de la circonférence du cercle, on doit prendre le double de telle ligne; si triple, le triple, etc.*, ce qui étoit vrai, et suffisoit pour faire connoître qu'il l'avoit trouvée généralement; mais pour le sieur N.[2], quoique vous m'ayez déjà envoyé quatre ou cinq fois sa construction pour cette tangente, je ne trouve point toutefois qu'elle vaille rien en aucune des façons que vous me l'avez envoyée; et encore qu'elle fût bonne, je ne croirois point pour cela qu'il l'eût trouvée, mais plutôt qu'il l'a tirée des nôtres : car il n'y a rien de plus aisé que de dé-

---

[1] Fermat.
[2] Roberval.

guiser une même construction en cent façons ; et s'il étoit vrai qu'il l'eût trouvée, il donneroit sa démonstration accordante avec sa construction[1] ainsi que nous avons donné les nôtres. J'ai déjà vu en tant d'occasions que[2] quelques uns de vos géomètres se vantent à faux d'avoir trouvé des choses qu'ils ignorent, que je ne crois plus rien de ce qu'ils disent, s'ils ne le prouvent. Comme aussi ils[3] me semblent plaisants, en ce qu'ils se vantent d'avoir trouvé les deux lignes de M. de Beaune, et toutefois ils n'ont pas seulement su connoître que la première, qui est incomparablement plus aisée à trouver que l'autre, est une hyperbole.

Je ne sais point d'autre moyen pour bien juger des notions qui peuvent être prises pour principes, sinon qu'il s'y faut préparer l'esprit en se défaisant de toutes les opinions dont on est préoccupé, et rejetant comme douteux tout ce qui peut être douteux. Si une nature intellectuelle est indépendante, c'est une notion commune de penser qu'elle est donc Dieu ; car si elle a d'elle-même son être, nous ne saurions douter qu'elle ne se soit donné autant de perfections qu'elle en aura pu connoître, ni croire que nous en connoissions au-

---

[1] *Construction, et par conséquent différente des nôtres, ce que je ne crois pas qu'il puisse faire.*

[2] *Que lui et que quelques autres de...*

[3] *Comme lui et le geostaticien...*

cunes qu'elle ait pu ne pas connoître; mais si on dit que quelque nature purement matérielle soit indépendante, il ne suit pas de là qu'elle soit Dieu.

J'ai cherché la lettre où vous m'avez cité le passage de saint Augustin que vous demandez, mais je ne l'ai encore su trouver; je n'ai pu aussi encore avoir les œuvres de ce saint, pour y voir ce que vous me mandez, de quoi je vous remercie.

La proportion de Bonaventure[1], géomètre italien, que vous avez pris la peine de transcrire en l'une de vos lettres, ne contient rien du tout de nouveau.

Je n'ai point ici d'Aristote pour voir la proposition que M. F.[2] dit que Galilée n'a pas entendue, mais je n'y trouve pas plus de difficulté qu'à concevoir comment un homme qui marche lentement est une heure à faire autant de chemin qu'il en fait en une demi-heure lorsqu'il va deux fois plus vite : car les points qui sont proche du centre d'une roue ne font que décrire des lignes courbes qui sont plus courtes que celles que décrivent les points plus éloignés, et ils se meuvent à proportion plus lentement.

Ce que j'ai vu autrefois de Campanella ne me permet pas de rien espérer de bon de son livre, et je vous remercie de l'offre que vous me faites de me l'envoyer, mais je ne désire nullement de le voir.

[1] « Frat. Bonav. Cavalieri, profess. Bonon. »
[2] Fermat.

¹ Je ne ferai plus de réponse à M. Morin, puisqu'il ne le désire point, aussi qu'il n'y a rien dans son dernier écrit qui me donne occasion de répondre quelque chose d'utile, et, entre nous, il me semble que ses pensées sont encore plus éloignées des miennes qu'elles n'ont été au commencement; de façon que nous ne tomberions jamais d'accord. Je ne réponds point aussi à plusieurs choses que vous me demandez touchant la matière subtile, etc.; car ce sont choses qui ne recevroient quasi point de difficulté si on avoit vu mon Monde, mais qui ne peuvent être expliquées sans lui, qu'elles ne produisent toujours d'autres nouvelles difficultés.

² Je pensois ici finir ma lettre, pour l'envoyer demain matin, qui est le lundi, et je n'ai coutume de recevoir les vôtres que le lundi au soir ou le mardi; mais pourceque je n'avois point reçu de vos lettres aux deux voyages précédents, j'ai envoyé aujourd'hui exprès à Harlem, afin de voir si le messager n'y seroit point arrivé de si bonne heure que je pusse savoir dès aujourd'hui s'il n'avoit point de lettres pour moi, et voici qu'on m'en apporte

---

¹ *Je m'étonne avec vous du procédé de mon frère en vous demandant un de vos livres, et vous pouviez fort honnêtement lui répondre que vous n'en avies plus. S'il vous plaît de le reprendre en mon nom chez Joli, je le paierai ici au Maire très volontiers, et autant d'autres qu'il vous plaira. Je ne ferai...*

² *M. Bannius m'a dit qu'il avoit répondu fort amplement à vos dernières par la voie de Zuytlichen. Je pensois...*

trois, l'une du vingt-cinquième octobre, l'autre du premier et l'autre du septième novembre, sans que je sache pourquoi la première a tant demeuré en chemin, ou la dernière si peu, et le semblable m'arrive souvent; je tâcherai encore ce soir à y répondre autant que la matière le permettra.

La première ne contient que la solution que donne M. de Beaune pour sa deuxième ligne, en laquelle je vois qu'il pratique parfaitement bien les plus difficiles opérations de mon analyse, et j'admire qu'il en ait pu tant apprendre du peu que j'en ai écrit, et s'il étoit ici, ou que je fusse auprès de lui, je crois que je lui pourrois faire entendre tout le peu que j'en sais en moins de deux ou trois semaines; ce que je ferois très volontiers; mais encore que cela ne soit point, j'ose assurer que pourvu qu'il continue à s'y exercer, il surpassera tous ceux qui se servent des autres méthodes. Ce n'est pas à dire pourtant que sa solution soit vraie, mais je vous prie de n'en rien dire à vos géomètres, car je suis assuré qu'ils n'en pourront connoître la faute, laquelle consiste en ce qu'il a employé la règle que je donne pour trouver la tangente d'une courbe, qui est déterminée par quelques autres propriétés données, à trouver ses autres propriétés par la tangente donnée, et cherchant la tangente d'une courbe, sans en savoir d'autre propriété que celle de cette tangente, il a fait un cercle en logique; de quoi vous l'avertirez s'il vous plaît, en telle façon qu'il ne le puisse prendre qu'en bonne part, car je voudrois le pouvoir servir, et je lui suis très obligé de ce qu'il tâche à faire valoir ce qui vient de moi.

Votre deuxième lettre est divisée en trois parties, dont la première contient diverses expériences dont je vous remercie; mais pour celle du tuyau, j'ai déjà mis ci-dessus comment je désirois qu'elles fussent faites; et pour ce qui est de rompre des cylindres, de long ou de travers, je crois que c'est tout-à-fait peine perdue, et qu'il est impossible de trouver aucune proportion entre l'un et l'autre : car la plupart des corps sont beaucoup plus aisés à rompre en un sens qu'en l'autre, comme si vous preniez la longueur d'un cylindre dans la largeur d'une planche de bois, il sera incomparablement plus aisé à rompre que si vous le preniez dans la longueur de cette planche; et un même bois étant fort sec, sera plus aisé à rompre de travers qu'étant humide, et au contraire en le tirant perpendiculairement du haut en bas, je crois qu'on le peut mieux rompre quand il est humide que lorsqu'il est sec.

La seconde contient vos remarques touchant Galilée, où j'avoue que ce qui empêche la séparation des corps terrestres contigus est la pesanteur du cylindre d'air qui est sur eux jusqu'à l'atmosphère, lequel cylindre peut bien peser moins de cent livres; mais je n'avoue pas que la force de la continuité des corps durs vienne de là, car elle ne vient que de la liaison ou de l'union de leurs parties. J'ai dit que si quelque chose se faisoit crainte du vide, il n'y auroit point de force capable de l'empêcher, à cause que je crois qu'il n'est pas moins impossible qu'un espace soit vide, qu'il est qu'une montagne soit sans vallée.

J'imagine les parties de la matière subtile aussi dures et aussi solides que le puissent être des corps de leur grandeur, mais pourcequ'elles ne peuvent être senties, tous ces noms de qualités étant relatifs à nos sens, ils ne leur peuvent proprement être attribués, et on nomme la poussière molle ou légère, à comparaison des caillous, bien que chacune de ses parties soit de même nature.

Je n'accorde point que le bois pourri ou une chandelle puissent être sans mouvement lorsqu'ils donnent de la lumière, mais bien qu'ils ne donneroient point de lumière si leurs petites parties, ou plutôt celles de la matière qui est dans leurs pores, n'avoient un mouvement extraordinairement fort; et pourceque j'ai très particulièrement expliqué la cause de ce mouvement, et toute la nature du feu en mon Monde, je n'en ai point voulu parler en mes essais, et je ne saurois le faire entendre en peu de mots. J'avoue ce que vous dites de la souveraine condensation et de la souveraine raréfaction, et qu'il ne se peut faire aucune raréfaction en un lieu, qu'il ne se fasse autant de condensation en quelque autre, et il n'est pas malaisé de trouver où se fait la condensation compensative des corps qui se dilatent dans une fournaise, car l'air libre qui est autour peut facilement être pressé; mais si on allumoit du feu dans une cave dont toutes les ouvertures fussent fermées comme une bouteille, ce feu ne pourroit devenir fort grand, encore qu'il y eût eu beaucoup de bois ou de paille, pour cela seul que l'air renfermé ne se pourroit pas assez condenser.

Si la matière subtile ne se mouvoit point, elle cesseroit d'être matière subtile, et seroit un corps dur et terrestre.

L'inégalité des descentes est autre dans l'eau que dans l'air, à cause que l'air et l'eau ne diffèrent pas seulement en solidité ou pesanteur, mais aussi en ce que les parties de l'eau ayant d'autres figures que celles de l'air, peuvent être *cæteris paribus* plus ou moins difficiles à diviser. Pour la rondeur des gouttes d'eau, voyez pages 182 et 204 des Météores.

Quand l'eau se filtre par un drap il n'entre point d'air dedans, car il se fait une superficie des parties extérieures de cette eau, jointes à celles de ce drap, qui l'en empêche, et qui sert comme de tuyau par lequel coulent les parties intérieures de cette eau, qui de leur nature sont en continuel mouvement, et ce mouvement qu'elles ont leur aide aussi à monter dans un morceau de pain ou autre tel corps, dont les pores sont de telle grandeur et figure, qu'ils sont plus propres à recevoir les parties de l'eau que celles de l'air.

Mon opinion n'est pas qu'un corps étant poussé, ne puisse continuer à se mouvoir dans le vide, c'est-à-dire dans un espace qui n'est plein que d'une matière qui n'augmente ni ne diminue point son mouvement, car au contraire je tiens qu'il s'y doit mouvoir perpétuellement; mais bien pensé-je qu'un corps n'aura aucune pesanteur dans ce vide, qui l'incline à se mouvoir vers le bas plutôt que vers un autre côté.

Je crois bien que la vitesse des corps fort pesants, qui ne se meuvent pas trop vite en descendant dans l'air, s'augmente à peu près en proportion doublée; mais je nie que cela soit exact, et je crois que tout le contraire arrive lorsque le mouvement est fort vite.

Je crains aussi bien que vous que M. de Beaune se mécompte en ses Mécaniques, puisqu'il suit les fondements de Galilée.

J'ai déjà tantôt dit que l'air n'empêche pas seulement la descente des corps, en tant que pesant, mais aussi en tant que ses parties étant d'autre figure que celles de l'eau, elles peuvent être plus ou moins aisées à diviser; et voilà tout ce que je trouve à répondre à cet article.

Le troisième est touchant la Dioptrique. Je vous remercie de ce qu'il vous plaît en corriger les fautes, et si vous prenez la peine de les marquer toutes en votre exemplaire, afin de nous l'envoyer en cas que l'on en fasse une seconde impression, vous m'obligerez : car en ce qui est de la langue et de l'orthographe je ne désire rien tant que de suivre l'usage; mais il y a si long-temps que je suis hors de France, que je l'ignore en beaucoup de choses.

Pour les questions que vous dites, à savoir que je pouvois ajouter en mes essais quelle différence de diaphanéité il y a entre les corps durs et les liquides, et pourquoi le feu rougissant un corps diaphane le rend opaque et semblable, ce sont questions de physique qui dépendent entièrement de ce que j'ai mis en mon Monde, et dont je n'ai point voulu parler en ces essais. Je nomme les parties solides de l'air toutes celles qui le composent, pour les distinguer de celles de la matière subtile qui est dans ses pores : car ordinairement, parlant de l'air, on entend tout ce qui remplit l'espace où il est, et ainsi cette matière subtile y est comprise. Si les pores de l'air ou d'un autre corps n'étoient pas remplis de la matière subtile, ou de quelque autre, ils cesseroient d'être, car, selon moi, un espace sans matière implique contradiction.

Je crois qu'il y a moins de pores dans l'or et dans le plomb que dans le fer. J'ai déjà dit que je conçois les parties de la matière subtile, comme aussi dures et solides que peuvent être des corps de leur grandeur; mais pour celles des corps terrestres, on les peut imaginer plus ou moins dures les unes que les autres, à cause qu'elles peuvent derechef être composées de plusieurs autres parties, et ainsi j'ai dit en mes Météores que les parties de l'eau étoient plus molles et pliantes que celles du sel, p. 188.

Ne craignez pas que je me sois mépris en disant que la première ligne de M. de Beaune est une hyperbole, et sachez que ceux qui l'ont examinée sans le reconnoître se sont grandement mépris, car c'est une chose si claire et si facile, qu'il ne faut point mettre la main à la plume pour le connoître. *Per quantitatem inadequate sumptam*, j'entends une quantité qui, bien qu'elle ait en effet toutes ses trois dimensions, n'est pas toutefois considérée selon elles.

Ne croyez pas tout ce qu'on vous dit de ces merveilleuses lunettes de Naples, car la plupart des hommes, et principalement les charlatans, tel qu'est sans doute votre N., font toujours les choses qu'ils racontent plus grandes qu'elles ne sont.

Je viens à votre dernière lettre, où vous commencez par ce que vous a écrit M. N[1]., et j'apprends ici qu'il n'a point du tout entendu ce qu'il pense avoir réfuté en ma Dioptrique; car il dit que mon principal raisonnement est fondé sur une chose qui est entièrement contraire à mon opinion et à ce que j'ai écrit; je m'étonne qu'il se soit si fort laissé préoccuper par sa première imagination, que je n'aie pu lui faire entendre ma pensée par mes réponses; cependant je vous remercie des reproches que vous lui avez faits pour les bruits qu'il a semés; mais je ne lui en veux point de mal, à cause que je vois qu'il n'en a parlé que selon sa créance.

Je suis maintenant trop pressé pour faire aucun calcul, mais je ne crois pas qu'il en faille beaucoup pour examiner la surface des cônes que vous demandez. Pour entendre ce que j'ai dit des verres brûlants, en la Dioptrique, page 119, il faut considérer qu'il vient des rayons formels de chaque point du corps lumineux sur chaque point du verre brûlant, en sorte que ceux qui y viennent parallèles, étant considérés seuls, ne sont à comparaison des autres que comme une superficie à comparaison d'un corps solide. Par exemple si le diamètre du verre FG est aussi grand que celui du soleil CD, ce verre peut bien rassembler en fort

[1] Fermat.

peu d'espace les rayons qui viendront parallèles de tous les points du soleil, et un autre verre peut les rendre derechef parallèles, mais le rayon CF n'est rien à comparaison de tous ceux qui viennent vers F, des autres points du soleil, ni DG, à comparaison des autres qui viennent vers G[1], etc. Et il est impossible de rassembler tous ces autres avec les parallèles.

Je ne crois pas qu'il y ait même raison de la vitesse des corps qui montent dans l'eau avec leur légèreté dans cette eau, qu'il y a de la vitesse de ceux qui descendent dans l'air avec leur pesanteur dans ce même air, à cause que l'eau et l'air ne sont pas également fluides, *cœteris paribus*, ainsi que j'ai déjà dit; et la raison qui empêche que ces corps ne montent plus haut que la superficie de l'eau, est qu'étant rares et légers ils retiennent beaucoup moins l'impression du mouvement, que les corps solides et pesants, qui rejaillissent en haut après être tombés contre terre; ce qui est cause aussi que leur vitesse ne s'augmente pas si approchant de la raison doublée, que fait la vitesse des corps qui descendent en l'air. Je vous remercie des soins que vous prenez pour soutenir mon parti, mais je n'ai pas peur qu'aucune personne de jugement se persuade que j'ai emprunté ma Dioptrique

---

[1] Figure 3.

de *Roger Bacon*, et encore moins de *Fioraventi*, qui n'a été qu'un charlatan.

Pour ce que vous me mandez que je devrois ajouter à ma Dioptrique, touchant les lunettes des vieillards, il me semble que j'en ai assez mis la théorie en la page 123, et pour la pratique je la dois laisser aux artisans. Je suis[1], etc.

A MONSIEUR ***.

(Lettre 93 du tome II.)

Monsieur,

Vous êtes véritablement l'homme que j'ai souhaité en ma Dioptrique, pour la mettre en exécution, ou plutôt vous en êtes plus capable que je n'eusse osé souhaiter. Les trois arts auxquels vous me mandez vous être exercé sont justement ceux qui y peuvent le plus servir, et pour moi qui n'en ai jamais pratiqué aucun, non plus que si j'étois venu au monde sans mains, je n'ai garde d'être si présomptueux que de prétendre vous enseigner

[1] *Mon limousin avoit fait écrire une lettre par son beau-père, mais parcequ'elle étoit trop grosse et mal pliée, et qu'elle ne contient que des recommandations à lui et à toutes ses connoissances de Paris, je ne vous l'envoie point, car vous lui pouvez mieux dire cela vous-même, s'il vous plaît, quand vous le verrez.*

quelque chose; mais je croirois avoir assez fait si mon approbation aide tant soit peu à vous confirmer en votre dessein. Il n'y a point de doute que le rouleau et les deux planches n'ont point besoin d'être mises en la machine, pourvu que les deux cubes Z et Y[1] coulent chacun entre deux barres, ainsi que vous mandez; aussi ne les y ai-je décrites, ni plusieurs autres choses particulières, qu'afin d'en faire mieux concevoir le fondement, et non point afin qu'on les observât de point en point; comme au contraire j'en ai omis plusieurs qui doivent y être observées, à cause qu'elles ne servent point à en faire entendre le fondement: comme ce que vous mandez de faire les pièces fort massives, crainte qu'elles ne fassent ressort, et au lieu de la pièce KL, d'en mettre deux ou plusieurs assez éloignées l'une de l'autre: car même je voudrois, s'il se pouvoit commodément, qu'on en mît une au-delà du cube auquel est appliqué l'instrument qui coupe; en sorte que ce cube fût entre les deux pièces KL et MN : de plus, à cause que ces deux cubes Z et Y doivent toujours retenir exactement une même situation et distance au regard l'un de l'autre, nonobstant tous leurs mouvements, je voudrois qu'ils fussent joints par le moyen de deux anses, comme ABC et DEF, qui ne fissent qu'un même corps avec eux et fussent fort fermes et so-

[1] Figure 4.

lides, en sorte qu'elles ne pliassent aucunement, et que ce fût à ces anses, aux endroits B et E, que deux hommes qui seroient l'un d'un côté de la machine, et l'autre de l'autre, missent les mains afin de la mouvoir, au moins si elle est si ferme et si massive qu'il faille employer deux hommes.

Pour l'invention que vous proposez au lieu de la roue et du tour, que je fais servir à tailler le verre, je ne doute point qu'elle ne soit plus facile, et même elle réussira peut-être mieux pour des verres de médiocre grandeur, mais pour ceux qui seront fort grands je ne vois pas qu'on puisse si bien l'y appliquer, outre que je ne sais pas si on peut en tournant le verre avec la main faire qu'il retienne toujours exactement une même direction, et pour peu qu'elle varie, cela empêchera que sa figure ne soit juste ; ce qui est cause qu'encore qu'il me fût venu ci-devant quelque chose de semblable en l'esprit, je n'aurois toutefois osé l'écrire. J'avois pensé, ayant creusé le bassin de dessous ainsi que vous le décrivez entre les cercles EFG et HIK [1], d'attacher le verre à une petite roue à dents comme D, qui tournât entre deux autres roues EFG et HIK, en sorte que l'intérieure EFG étant immobile pendant qu'on feroit tourner l'extérieure HIK, la petite D feroit comme un épicycle qui auroit deux mouvements, l'un autour de son centre, et l'autre

[1] Figure 5.

en l'espace ABC, qui seroit creusé en hyperbole, et que, y ayant un poids sur cette roue D, qui la presseroit contre le bassin, le verre se tailleroit ainsi de soi-même : mais j'ai eu peur qu'on ne pût faire ses roues assez justes; vous en pourrez juger mieux que moi. Pour les verres concaves je ne doute point qu'il ne suffise de les tailler selon votre façon ordinaire, excepté seulement que je voudrois que les bords de la petite roue dont vous vous servez eussent la figure d'une hyperbole, et que le diamètre de cette roue doit être extrêmement petit : car vous savez que tout l'avantage qu'on doit attendre de ces lunettes, par-dessus les vulgaires, ne consiste qu'en ce que le verre convexe pouvant être beaucoup plus grand, à raison de leur longueur, il peut souffrir un verre concave plus petit. Pour les verres elliptiques, s'ils n'étoient pas plus difficiles à tailler que les hyperboliques, je crois qu'ils seroient presque aussi bons pour les lunettes d'approche et un peu meilleurs pour les lunettes à puces : mais encore que la figure sphérique soit aussi aisée à faire que la plate, il y a toutefois cela de plus, qu'il faut que le centre de cette sphère soit au même lieu que le point brûlant de l'ellipse, ce qui me semble fort malaisé à observer. Je suis, etc.

AU R. P. MERSENNE [1].

(Lettre 94 du tome II.)

Mon révérend père,

Je vous supplie très humblement de ne pas croire que jamais vos lettres me puissent être importunes; et bien que je ne sois pas véritablement fort curieux de voir les écrits de messieurs vos géomètres, je ne laisse pas de vous avoir beaucoup d'obligation de la peine que vous avez prise de m'envoyer copie de la lettre géométrique de M. N. Mais sachez que tout ce qu'il a écrit de la tangente du galand qui fait l'angle de 45 degrés, ne sert de rien que pour nous montrer qu'il ne l'a point trouvée; car de la vouloir réduire comme il fait *ad locos solidos*, c'est une grande faute, à cause que le problème est plan; et tout de même en sa seconde façon, où il l'a réduite à une équation de carré, laquelle il ne démêle point, il s'arrête justement au même endroit où s'étoit arrêté M. de N. en ma solution, et ainsi il ne touche point à la difficulté, comme avouera M. de ..., si la passion ne l'empêche point d'avouer la vérité.

Pour les lieux *ad superficiem* et ce qu'il dit

[1] « 15 décembre 1638. Voyez le nouveau cahier. »

alonger grandement l'étrivière aux lieux plans, ce n'est rien qui ne soit très facile; enfin pour ce qui est des autres lignes courbes dont il parle, encore que je ne l'entende pas parfaitement, soit qu'il y ait faute à l'écriture ou qu'il ne se soit pas assez expliqué, ou bien que je n'aie pas assez d'esprit, toutefois je crois fermement qu'il se mécompte; et bien qu'il dit vrai, ce ne seroit pas grande chose de donner les tangentes de certaines lignes qu'il a imaginées tout exprès pour en pouvoir donner les tangentes, et qui d'ailleurs ne sont d'aucun usage. De façon que je ne vois rien en tout son écrit que j'admire, sinon les épithètes de merveilleux, d'excellent et de miraculeux qu'il donne à des choses qui sont ou fort simples ou même mauvaises; et pourcequ'en plusieurs écrits que j'ai vus de lui j'ai seulement trouvé deux ou trois choses qui étoient bonnes, mêlées avec plusieurs autres qui ne l'étoient pas, je vous dirai entre nous que je les compare aux vers d'Ennius, desquels Virgile tiroit de l'or, j'entends *de stercore Ennii;* mais c'est entre nous que je le dis, car je ne laisse pas d'être fort son serviteur, s'il lui plaît.

L'objection de M. du M. contre la Dioptrique montre qu'il n'entend point du tout la Dioptrique: car une partie de l'objet de la grandeur du verre n'y est considérée que comme un point, et tous les rayons qui en viennent s'assemblent en un seul point du fond de l'œil, mais il en vient d'autres des autres côtés, qui s'assemblent aux autres, comme j'ai expliqué en mille lieux.

Je tâcherai de voir le Philolaus de M. Bouillaut sitôt que je saurai qu'il se vendra, et vous en manderai mon sentiment. Je vous remercie du soin que vous avez des livres que j'avois destinés pour l'Italie : j'avois écrit une lettre à M. le cardinal Baigné, qui devroit être avec, et, si je m'en souviens, j'aurois eu dessein de lui envoyer deux exemplaires à lui seul, et un autre à M. le cardinal Barberin, que je pensai lui adresser par M. de Pe. Mais si M. le nonce en veut prendre la peine, cela seroit encore beaucoup mieux. Ce qui m'obligeoit d'en envoyer à M. le cardinal Barberin est que l'observation que j'explique à la fin des Météores est venue de lui. Et pourceque M. Gassendi l'a ci-devant fait imprimer, cela me fait souvenir de vous demander de ses nouvelles, et quel jugement il fait de ce que j'ai écrit là-dessus, car vous ne m'en avez jamais rien mandé.

Pour votre question de musique, savoir si l'octave est plus agréable aux moments que les tremblements des cordes qui la font s'accorder ensemble, qu'aux autres, je réponds que ces divers moments ne peuvent aucunement être distingués par le sens, et que l'agrément ne se remarque qu'en tout le son, lequel ne peut être sensible, s'il n'est composé de plusieurs tremblements d'air.

Je vous remercie de votre observation touchant les forces qu'il faut pour rompre divers cylindres de même grosseur, mais je pense vous avoir déjà ci-devant mandé que je ne crois pas qu'on puisse tirer aucune conclusion générale, à cause que cette force varie selon la diverse forme de chaque corps, c'est-à-dire selon la grosseur, la figure et l'arrangement de ses parties.

L'eau ne demeure pas dans ces vaisseaux percés dont on use pour arroser les jardins, crainte du vide; car, comme vous dites fort bien, la matière subtile pourroit aisément entrer en sa place, mais à cause de la pesanteur de l'air : car si elle sortoit, et qu'il ne rentrât que de la matière subtile en sa place dans le vase, il faudroit qu'elle fît hausser tout le corps de l'air, jusques à sa plus haute superficie.

Pour l'air qui est pressé dans un ballon avec une seringue, il ne devient pas dur pour cela, bien qu'il rende le ballon plus dur; mais il faut penser que les parties de cet air qui diffèrent de la matière subtile, et qui seules sont enfermées dans le ballon, à cause qu'elles ne peuvent passer par ses pores, étant pressées l'une contre l'autre, et par ce moyen leurs figures étant contraintes, elles sont comme autant de petits arcs, ou ressorts, qui tendent à reprendre leurs figures, et ensuite à occuper plus de place; d'où vient qu'elles pressent le ballon de tous côtés, et par ce moyen le rendent dur : car ce n'est autre chose être dur sinon être tellement disposé, qu'il résiste à l'attouchement, en quelque façon que cela se fasse; et l'or n'est pas si dur que le fer, encore qu'il soit plus pesant, à cause que ses parties ne sont pas si fermement jointes.

Je n'ai rien dit sur Galilée de ses portées de canon qu'il réduit en tables, à cause qu'après avoir désapprouvé toutes les raisons sur lesquelles il les fonde, il m'a semblé qu'elles ne valoient pas seulement le parler. Vous verrez ce que je réponds à M. de Beaune; mais je crois qu'il n'est point à propos que d'autres le voient, au moins de ceux qui pourroient être de l'humeur de N.

Je ne reconnois aucune inertie, ou tardiveté naturelle, dans les corps, non plus que M. Mydorge, et crois que lors seulement qu'un homme se promène, il fait tant soit peu mouvoir toute la masse de la terre, à cause qu'il en charge maintenant un endroit, et après un autre. Mais je ne laisse pas d'accorder à M. de Beaune que les plus grands corps étant poussés par une même force, comme les plus grands bateaux par un même vent, se meuvent toujours plus lentement que les autres; ce qui seroit peut-être assez pour établir ces raisons, sans avoir recours à cette inertie naturelle qui ne peut aucunement être prouvée. Ce que vous me fîtes voir de lui à l'autre voyage, m'assure qu'il entend très bien ma géométrie, et qu'il en sait plus que ceux qui se vantent plus que lui; et pour ce que vous me mandez qu'il demeure d'accord de ce que j'ai écrit des mécaniques, je ne doute point que si nous conférions ensemble du reste, il ne s'accordât entièrement à la vérité. Il a raison de trouver l'introduction trop brière pour lui, à cause qu'il sait déjà ce qu'elle contient, mais aussi n'est-elle faite que pour ceux qui en savent moins, et ce n'est pas un commentaire, mais seulement une introduction.

Vous expliquez fort bien la combustion par les miroirs ardents, en imaginant plusieurs petites boules de la matière subtile, ou plusieurs pointes d'aiguilles, qui vont frapper un même objet de plusieurs côtés : et il est aisé à répondre à ce que vous demandez, comment ces boules pénètrent dans les corps opaques, puisqu'elles ne se trouvent que dans les diaphanes; car je ne pense nullement qu'elles ne se trouvent que dans les diaphanes, mais seulement que les pores des opaques étant interrompus et inégaux, elles n'y passent que par des chemins détournés, et non en lignes droites, sinon en tant qu'elles rompent les parties de ces corps pour s'y faire passage; et c'est par cela même qu'elles les brûlent, car elles brûlent toujours leur superficie avant que de pénétrer plus avant; et, *cæteris paribus*, elles brûlent plus aisément les corps noirs et opaques que les blancs et transparents.

Pour les corps qui sont ensemble polis et colorés, je réponds qu'ils ne sont polis qu'en quelques uns des points de leur superficie, et que les petites boules, qui vont rencontrer les autres points, y trouvent la disposition qui est requise pour faire qu'elles tournent plus ou moins autour de leur centre selon la couleur qu'elles doivent représenter; et des corps qui seroient parfaitement polis en tous les points de leur superficie ne sauroient avoir aucune couleur que celle des objets qu'ils réfléchissent. La différence des couleurs ne dépend point de ce que ces boules sont poussées de droit à gauche, plutôt que de gauche à droit, ou etc., ni aussi de ce qu'elles sont mues plus ou moins fort, mais seulement de la diverse proportion qui est entre leur mouvement droit et le circulaire. Les rayons du soleil ne pénètrent point les corps opaques, à cause que leurs pores ne sont pas assez droits et égaux pour ce sujet : et bien que la matière subtile ne laisse pas de couler sans cesse par dedans, elle n'illumine point pour cela leurs parties intérieures, à cause qu'elle ne les pousse pas fortement en ligne droite, et c'est ce seul poussement en ligne droite qui se nomme *lumière*.

Je vous décrirois très volontiers les proportions que vous demandez pour faire un crochet ou romaine, qui serve à peser deux cents livres, car il ne faut point à cela grande science ; mais encore qu'il auroit été décrit par un ange, il est presque impossible qu'on observe tout si justement en le faisant, qu'il ne s'y trouve de la faute, et ainsi la pratique feroit honte à la théorie : c'est pourquoi il vaut beaucoup mieux le faire premièrement de telle grandeur et grosseur qu'on voudra, sans le marquer; et après cela, si on veut qu'il porte deux cents livres, il faut pendre au crochet un poids qui soit justement de deux cents livres, et ayant coulé l'anneau, auquel est attaché le contre-poids, jusques au bout du manche, il faut ôter ou ajouter à ce contre-poids, jusques à ce qu'il soit parfaitement en équilibre avec les deux cents livres, car il n'importe pas qu'il pèse deux ou trois livres plus ou moins : après cela, ayant mis la marque de deux cents au lieu où il est, il faut mettre un poids de cent nonante livres dans le crochet, et approcher le contre-poids, avec l'anneau, jusques à ce qu'il soit en équilibre, et marquer en cet endroit-là cent nonante, et ainsi de suite jusques au bout; ce qui sera beaucoup plus juste que ce qu'on sauroit faire d'autre façon. Je suis, etc.

A M. FERNICLE,

SEIGNEUR DE BESSY[1].

(Lettre 95 du tome II.)

Monsieur,

La lettre que vous avez pris la peine de m'écrire m'oblige beaucoup, et tant ce que vous y mettez des nombres que ce que le R. P. M. m'en a ci-devant communiqué de votre part, m'a fait connoître que vous y savez plus que je n'aurois cru qu'il fût possible d'y savoir sans le secours de l'algèbre, de laquelle on m'a dit que vous n'usez point. Ce qui me feroit fort désirer d'en pouvoir conférer avec vous, si je pensois en être capable, et que ce fût une étude où je m'appliquasse; mais j'ai peur que vous n'eussiez pas grande satisfaction : car j'y sais si peu, qu'il n'y a pas encore un an que j'ignorois ce qu'on nomme les parties aliquotes d'un nombre, et qu'il me fallut emprunter un Euclide pour l'apprendre, au sujet d'une question qu'on m'avoit proposée, qui étoit de trouver une infinité de nombres, qui pris deux à deux fussent réciproquement égaux aux parties l'un de l'autre. Toute-

---

[1] « 20 décembre 1638. Voyez le gros cahier. »

fois à cause que le problème que vous proposez regarde la dioptrique, je pense être obligé de faire mon mieux pour le résoudre: et voici comme je m'y prends.

J'expose les nombres 5, 13, 25, 41, 61, 85, etc., lesquels sont composés de ce que M. de Sainte-Croix nomme le milieu d'un nombre carré, à savoir 5 est le milieu de 9; 13, le milieu de 25; 25, de 49, etc., et je ne commence point cette progression par l'unité, afin de faire que la distance des points brûlants de l'ellipse soit toujours plus grande que celle de son plus petit diamètre, puis je multiplie autant de ces nombres l'un par l'autre que je veux avoir d'ellipses rationnelles, sans toutefois qu'il soit besoin de réitérer aucune multiplication. Comme après avoir multiplié 5 par 13, au lieu de multiplier le produit par 25, il suffit de le multiplier encore par 5, et au lieu de le multiplier par 85, il suffit de le multiplier par 17[1], et ainsi des autres. Cela fait, j'ai un nombre dont le carré étant multiplié par 4 (ou même par quelque autre nombre pair, tel qu'on voudra, pourvu qu'il ne soit point le double d'un nombre carré, et qu'il ne rende point le produit divisible par aucun nouveau carré, dont la racine soit en la progression des nombres exposés), il peut être pris pour le plus grand diamètre des ellipses de-

---

[1] *Note de Clerselier :* Peut-être faut-il par 13.

mandées, et satisfait à la question. Par exemple de 5, 13 et 25, j'ai 325, dont le carré est 105,625, que je multiplie par 4, et il vient 422,500, que je dis être le plus grand diamètre des trois ellipses, et non plus; desquelles les lignes IC, IK et FL s'expriment par des nombres entiers, etc. : et pour trouver ces lignes en chaque ellipse je divise premièrement ce nombre 422,500 par le double de 5; il vient 42,250 pour IC; ce que je divise derechef par 5, et il vient 8,450 pour IK ; et je multiplie ce même IC par le double de la racine du carré dont 5 est le milieu, à savoir par 6, qui est double de 3, et il vient 253,500 pour FL : voilà pour la première ellipse. Je divise après cela ce même nombre 422,500 par le double de 13 pour avoir IC; puis IC par 13 pour avoir IK ; et je multiplie IC par 10 pour avoir FL en la seconde ellipse; enfin je le divise par 50 pour avoir IC, puis IC par 25 pour avoir IK, et je multiplie IC par 14 pour avoir FL en la troisième ellipse. Ainsi on peut aisément trouver un nombre qui serve de diamètre à tant de telles ellipses qu'on voudra; et je pourrois donner une autre règle pour trouver le même en des nombres plus courts, à savoir, en faisant que DC fût le double nombre carré; mais pourceque je crois qu'elle seroit plus longue, je me suis contenté de celle-ci.

Pour ce que vous écrivez touchant les multiples, il me fait juger que vous y êtes extrêmement versé, et peut-être plus qu'aucun autre ne fût jamais; toutefois je m'étonne de ce que vous semblez nier qu'il y ait des nombres non divisibles par 5, dont les parties soient 7 ou 11, ou 17 fois plus grandes qu'eux, et choses semblables; car ce n'est pas assez de n'en avoir point trouvé, encore même qu'on auroit cherché par tous les nombres, jusques à ceux qui s'expriment par mille notes, pour assurer qu'il n'y en ait point en l'immensité infinie de ceux qui sont au-delà; et je ne vois aucune raison pour douter qu'il y en ait une infinité de chacune de ces sortes. Il est vrai que peut-être ils sont si longs, que la vie d'un homme ne suffiroit pas pour les écrire; mais par l'a b c, dont je me sers, on ne laisseroit peut-être pas pour cela de pouvoir les exprimer.

Je m'étonne aussi de ce que vous nommez stériles les deux théorèmes dont j'avais mandé m'être servi pour trouver les triples, vu que de quatre doubles il m'en avoit fourni six triples, et ce en un temps auquel le R. P. M. m'avoit mandé qu'on pensoit qu'il fût impossible d'en trouver aucun. Toutefois j'avoue que ces théorèmes considérés seuls seroient peu de chose; mais d'autant qu'on en peut trouver une infinité d'autres à leur exemple, ils donnent le moyen de trouver une infinité de multiples. Et ce n'est point par eux que j'opère comme vous avez fort bien jugé; mais la façon dont j'opère en cherchant quelque multiple, me donne toujours quelque semblable théorème, qui peut servir à en trouver d'autres ; et cette façon n'est autre chose que la même dont j'use en ma géométrie, supposant des lettres pour les quantités ou nombres inconnus, et cherchant à en faire des équations avec quelques autres nombres connus ; ce qui se fait en tant de diverses façons qu'il me seroit malaisé de les expliquer ici plus en particulier ; et les nombres équivalents qui se trouvent par ces équations sont de tel usage, que si vous avez trouvé deux cents multiples sans vous en servir, je m'assure qu'en considérant seulement les parties semblables ou dissemblables dont ils sont composés, vous en pourrez trouver deux fois autant de nouveaux sans aucun calcul ; comme de l'un des quadruples que le révérend père Mersenne m'a ci-devant envoyé de votre part, composé de nombres 5, 243, 49, 13, 19, 23, 89, 1024, j'en trouve un autre plus court, composé de 5, 243, 49, 13, 19, 17, 128 ; car je sais que 17 et 128 font ici le même que 23, 89 et 1024, et ainsi des autres.

Pour le nombre impair faussement parfait, que je vous avois envoyé, je ne vous celerai pas que j'en tiens l'invention pour une des plus belles en cette matière, je ne dirai pas que je sache, car je n'y sais presque rien, mais que j'y pusse savoir, encore que je m'y appliquasse entièrement ;

et je ne sais pourquoi vous jugez qu'on ne sauroit parvenir par ce moyen à l'invention d'un vrai nombre parfait : que si vous en avez une démonstration, j'avoue qu'elle est au-delà de ma portée, et que je l'estime extrèmement; car pour moi je juge qu'on peut trouver des nombres impairs véritablement parfaits en la même façon que j'ai trouvé celui-là; mais il est à remarquer qu'au lieu des nombres 7, 11 et 13 dont j'avois composé la racine du carré, il faut que chaque nombre qu'on y emploie, excepté celui qu'on prend le premier de tous, soit l'agrégé de deux nombres qui expliquent la proportion qui est entre le carré et les parties aliquotes de ceux qu'on a pris auparavant. Comme ayant pris 3 pour le premier nombre, il faut que le second soit 13, qui est l'agrégé de 9, carré de 3 et de 4, qui sont ses parties (ou bien ce peut être aussi le carré de 13 ou son cube, ou son carré de carré, etc., et ce pourroit être ce même nombre, s'il étoit carré, ou sa racine, s'il étoit carré de carré, etc.). Après cela, pourceque les carrés de 3 et de 13 produisent un nombre qui est à ses parties comme 39 à 22, il faut que le troisième nombre qu'on prend soit l'agrégé de ces deux, à savoir, 61 (ou bien derechef son carré ou cube, etc., et ainsi de suite). Au moyen de quoi on peut enfin composer une racine dont le carré soit à ses parties aliquotes en proportion super-particulière, et que l'agrégé des deux nombres qui expliquent cette proportion soit un nombre premier, lequel étant multiplié par le carré trouvé produira un vrai nombre parfait. Il est vrai qu'on essaiera peut-être quantité de nombres avant que d'en rencontrer qui produisent ainsi un nombre parfait, à cause que ces agrégés ne sont pas toujours nombres premiers, et qu'ils ne composent pas toujours la racine d'un carré qui soit à ses parties en proportion super-particulière; mais je ne vois rien qui empêche que cela n'arrive quelquefois, bien que la recherche en soit fort pénible et ennuyeuse. Je suis, etc.

A M. *** [1].

(Lettre 99 du tome II.)

Monsieur,

Il y a véritablement long-temps que j'ai reçu vos dernières du 20 avril, mais soit à cause qu'elles ne contiennent rien à quoi je jugeasse qu'il fût nécessaire que je répondisse fort promptement, soit à

---

[1] « Cette lettre est adressée à M. Plempius, et je crois qu'elle est de « l'année 1638, le 1ᵉʳ septembre. Voyez le gros cahier. »

cause que j'ai toujours été diverti par quelques petites occupations, je ne sais comment j'ai différé jusques à présent à vous écrire; et toutefois j'ai beaucoup de sujet de vous remercier pour la permission que vous me donnez d'insérer vos objections entre celles que j'ai dessein de faire imprimer. Et pour ce qui est de celles qui regardent la circulation du sang, que vous aimez mieux que j'omette, j'en ferai entièrement comme il vous plaira; mais j'en juge plus avantageusement que vous ne faites, et je puis dire qu'elles sont des plus fortes que j'aie reçues : c'est pourquoi si vous le trouvez bon, j'aimerois mieux qu'elles demeurassent comme elles sont, sinon que vous y fissiez insérer quelques mots par-ci par-là, où ils viendront à propos pour témoigner que vous les proposez par exercice d'esprit ou pourceque je vous en ai prié, plutôt que pourceque vous les jugez véritables. Mais j'aurai encore tout loisir d'en apprendre votre volonté, avant que j'en fasse rien imprimer; car je ne commencerai pas de plus de trois mois. Et de ces deux paquets d'objections que je reçus de France au même temps que je vous écrivis mes précédentes, le plus gros, lequel je jugeois au papier et à l'écriture devoir être le principal, s'est trouvé ne contenir que des niaiseries entassées avec beaucoup de soin par quelqu'un qui a voulu faire le savant et l'homme d'esprit sans être ni l'un ni l'autre; en sorte que je ne l'ai pas jugé digne d'être imprimé ni même que j'y fisse aucune réponse, et je n'en ai pas encore assez d'autres pour remplir un juste volume. Je vous prie de remercier aussi de ma part le révérend père Ciermans, de ce qu'il agrée que ce qu'il a pris la peine de m'écrire soit imprimé : et pour ce qui est d'y mettre son nom, je n'en ai aucune intention, ni n'ai espéré qu'il me le dût permettre, vu qu'il n'avoit pas même voulu que je le susse. Mais je serai bien aise d'apprendre à votre commodité ce qu'il aura dit de mes réponses et comment elles l'auront satisfait. Pour M. F.[1], il me reste encore un peu de scrupule de faire imprimer quelque chose de lui avec son nom sans son expresse permission, car ne mettant pas moi-même le mien en mes écrits, il me semble que je ne dois pas y mettre si librement celui des autres. Mais je suivrai entièrement en cela votre conseil ; car je supposerai qu'il se rapporte à sa volonté. Je suis, etc.

[1] Fromoud.

A MONSIEUR *** [1].

(Lettre 100 du tome II.)

Monsieur,

J'ai lu soigneusement le livre que vous avez pris la peine de m'envoyer, et je vous en remercie. L'auteur témoigne être homme de bon esprit et de grande doctrine, et avoir outre cela beaucoup de probité et de zèle pour le bien public. Tout ce qu'il dit contre les sciences qui sont en usage et la façon qu'on tient pour les enseigner n'est que trop vrai, et ses plaintes ne sont que trop justes.

Le dessein qu'il propose de ramasser dans un seul livre tout ce qu'il y a d'utile en tous les autres, seroit aussi fort bon s'il étoit praticable; mais j'appréhende qu'il ne le soit pas : car, outre qu'il est souvent très malaisé de bien juger de ce que les autres ont écrit et d'en tirer le meilleur sans rien prendre avec cela de mauvais, les vérités particulières qui sont par-ci par-là dans les livres sont si détachées et si indépendantes les unes des autres, que je crois qu'il seroit besoin de plus d'es-

[1] Faute d'aucune indication, je laisse cette lettre non datée à la place où elle est dans toutes les éditions.

prit et d'industrie pour les assembler en un corps bien proportionné et bien en ordre, suivant le désir de l'auteur, que pour composer un tel corps de ses propres inventions. Ce n'est pas qu'on doive pour cela négliger celles d'autrui, lorsqu'on en rencontre d'utiles; mais je ne crois pas qu'on doive employer son principal temps à les recueillir : enfin, si quelques uns étoient capables de trouver le fond des sciences, ils auroient tort d'user leur vie à en chercher les petites parcelles qui sont cachées par-ci par-là dans les recoins des bibliothèques; et ceux qui ne seront propres qu'à ce travail ne seront pas capables de bien choisir et de bien mettre en ordre ce qu'ils trouveront. Il est vrai que l'auteur assure avoir déjà fait ou commencé un tel livre, et je veux bien croire qu'il s'en peut acquitter mieux que personne, mais les échantillons qu'il en fait voir ici ne suffisent pas pour en donner grande espérance : car pour les aphorismes, page 31, etc., ils ne contiennent que des pensées si générales, qu'il semble avoir beaucoup de chemin à faire avant que de parvenir aux vérités particulières qui sont seules requises pour l'usage; et outre cela je trouve deux choses en ses prétentions que je ne saurois entièrement approuver : la première est qu'il semble vouloir trop joindre la religion et les vérités révélées avec les sciences qui s'acquièrent par le raisonnement naturel ; et l'autre, qu'il imagine une science universelle, dont les jeunes écoliers soient capables, et qu'ils puissent avoir apprise avant l'âge de vingt-quatre ans. En quoi il me semble ne pas remarquer qu'il y a grande différence entre les vérités acquises et les révélées, en ce que la connoissance de celles-ci ne dépendant que de la grâce (laquelle Dieu ne dénie à personne, encore qu'elle ne soit pas efficace en tous) les plus idiots et les plus simples y peuvent aussi bien réussir que les plus subtils ; au lieu que sans avoir plus d'esprit que le commun on ne doit pas espérer de rien faire d'extraordinaire touchant les sciences humaines. Et enfin, bien que nous soyons obligés à prendre garde que nos raisonnemens ne nous persuadent aucune chose qui soit contraire à ce que Dieu a voulu que nous crussions, je crois néanmoins que c'est appliquer l'écriture sainte à une fin pour laquelle Dieu ne l'a point donnée, et par conséquent en abuser, que d'en vouloir tirer la connoissance des vérités qui n'appartiennent qu'aux sciences humaines et qui ne servent point à notre salut; mais peut-être aussi que cet auteur n'entend point user de la Bible en ce sens-là, ni mêler les choses saintes aux profanes; et en tout le reste ses intentions paroissent si bonnes, qu'encore même qu'il manquât en quelque chose, il ne laisse pas d'être grandement à estimer. Je vous remercie de l'avis que vous me donnez des médisances de N., elles sont si foibles et si mal trouvées, que je crois qu'elles lui font plus de tort, en ce qu'elles découvrent la maladie de son esprit, qu'elles n'en sauroient faire à aucun autre. Je suis, etc.

A MONSIEUR ***¹.

(Lettre 101 du tome II.)

Monsieur,

Je n'ai jamais l'honneur de recevoir de vos lettres que je n'y trouve occasion de commencer ma réponse par des remerciements; mais j'ai peur de vous ennuyer de ce style; et pourceque toutes les muses de France auront part à la faveur que vous m'avez faite d'intercéder pour elles envers celles de Leyde, touchant les livres arabes que M. Hardy désire voir, je leur veux laisser le soin des paroles pour vous en rendre grâces, et me contenter de ressentir en effet que c'est moi qui vous en ai l'obligation. Je trouverois étrange que M. de Balzac ne vous eût point écrit sur la perte qui vous arriva l'année passée, s'il avoit su qu'elle vous touchât au

---

¹ « La lettre 101 est du mois d'août 1638; elle a beaucoup de rap-
« port avec la 70ᵉ du t. III, p. 404; elle est du 25 août 1638. Voyez le
« gros cahier. »

point qu'elle faisoit; mais étant comme il est si amateur de la liberté, que même ses jarretières et ses aiguillettes lui pèsent, il n'aura pu sans doute se persuader qu'il y ait des liens au monde qui soient si doux qu'on ne sauroit en être délivré sans les regretter. Et je puis d'ailleurs répondre qu'il est des plus constants en ses amitiés, bien qu'il ne soit pas toujours des plus diligents à le témoigner par ses lettres. Je ne saurois vous répondre de ce que j'ai fait tout cet été, à cause que je n'ai presque rien fait qui mérite d'être mis en compte. Il y a eu certaines gens qui se piquent extrêmement de géométrie, lesquels ne pouvant entendre la mienne, et ayant, je crois, peur que ceux qui l'entendront ne leur ôtent l'avantage que ce qu'ils savent de l'analyse de Viète leur donne sur le commun, ont cherché toutes sortes de moyens pour la décréditer *per fas et nefas*. En sorte qu'on m'a rendu le moins de justice en ce où je pensois qu'il fût le moins possible de me la nier; mais pourcequ'ils n'ont rien su trouver en particulier à y reprendre, et que, sitôt qu'ils l'ont entrepris, j'ai pu par un mot de réponse faire voir qu'ils n'entendoient rien en ce qu'ils disoient, ils ont trouvé une autre invention pour m'attaquer, à savoir, en me proposant des questions touchant les matières où ils ont cru que je me serois le moins exercé, et, bien qu'ils n'aient pas eu de quoi me fort travailler, cela n'a pas laissé de me divertir en même façon que deux ou trois mouches qui volent autour du visage d'un homme qui s'est couché à l'ombre dans un bois pour s'y reposer sont quelquefois capables de l'en empêcher. Mais j'espère qu'ils y mettront bientôt fin, ou, s'ils y manquent, je l'y mettrai : car je crois les avoir déjà tant de fois désarmés, que je ne serai pas mal fondé à leur refuser le combat.

Pour la philosophie de M. Vander Scotten, je la trouve fort rare et ne la juge pas néanmoins impossible.

Les eaux fortes communes dissolvent les métaux, bien que la cire leur résiste; même elles dissolvent plus aisément le fer ou l'acier que le plomb; et le vif argent résoud l'or, l'étain et le plomb, bien qu'il ne se puisse presque pas attacher aux autres métaux et encore moins aux corps qui ne sont point métalliques. De quoi les raisons sont assez faciles à imaginer, pour ceux qui savent que tous les corps sont composés de petites parties diversement jointes et de diverses grosseurs et figures. Car tout de même que, frappant à coups de bâton sur un tas de verres ou de pots de terre, on les peut briser en mille pièces, au lieu que, frappant du même bâton sur un tas de foin ou de laine, on n'y fera aucun changement, et au contraire avec des ciseaux ou des couteaux, qui ne sauroient mordre sur le verre ni sur cette terre, on peut aisément couper cette laine, il n'est pas difficile d'imaginer quelque corps dont les parties soient telles, et tellement mues, qu'elles puissent agir contre celles de l'or plutôt que contre celles des autres corps. Mais je trouve étrange qu'une même matière serve à dissoudre de l'or et des diamants; et puisqu'il vous en offre l'épreuve, je crois que, sans faire la dépense d'un fin diamant, s'il peut seulement dissoudre une pièce de gros verre de vitre, ce sera beaucoup; je dis de gros verre, à cause qu'il y a quelquefois tant de salicot dans le cristallin, que la seule humidité de l'air le peut fondre. Et quoique c'en soit, s'il est vrai, comme je n'en doute point, puisque vous l'assurez, qu'il a coupé en un quart d'heure une barre de fin acier assez grosse, le secret qu'il a pour cela est fort rare, et vaut bien la peine que vous tâchiez d'en avoir la communication. Je suis, etc.

A MONSIEUR *** [1].

(Lettre 34 du tome I.)

Monsieur,

J'avoue qu'il y a un grand défaut dans l'écrit que vous avez vu, ainsi que vous le remarquez, et que je n'y ai pas assez étendu les raisons par lesquelles je pense prouver qu'il n'y a rien au monde qui soit de soi plus évident et plus certain que l'existence de Dieu et de l'âme humaine, pour les rendre faciles à tout le monde ; mais je n'ai osé tâcher de le faire, d'autant qu'il m'eût fallu expliquer bien au long les plus fortes raisons des sceptiques, pour faire voir qu'il n'y a aucune chose matérielle de l'existence de laquelle on soit assuré, et par même moyen accoutumer le lecteur à détacher sa pensée des choses sensibles, puis montrer que celui qui doute ainsi de tout ce qui est matériel ne peut aucunement pour cela douter de sa propre existence ; d'où il suit que celui-là, c'est-à-dire

---

[1] La date de cette lettre n'est fixée ni dans l'imprimé ni dans les notes de l'exemplaire de la bibliothèque de l'Institut. J'ai cru pouvoir, à cause du sujet, qui se rapporte évidemment au *Discours de la Méthode*, la placer ici.

l'âme, est un être ou une substance qui n'est point du tout corporelle, et que sa nature n'est que de penser, et aussi qu'elle est la première chose qu'on puisse connoître certainement; même en s'arrêtant assez long-temps sur cette méditation, on acquiert peu à peu une connoissance très claire, et, si j'ose ainsi parler, intuitive, de la naturel intellectuelle en général; l'idée de laquelle étant considérée sans limitation, est celle qui nous représente Dieu, et limitée, est celle d'un ange ou d'une âme humaine; or il n'est pas possible de bien entendre ce que j'ai dit après de l'existence de Dieu, si ce n'est qu'on commence par là, ainsi que j'ai assez donné à entendre en la page 48. Mais j'ai eu peur que cette entrée, qui eût semblé d'abord vouloir introduire l'opinion des sceptiques, ne troublât les plus foibles esprits, principalement à cause que j'écrivois en langue vulgaire : de façon que je n'en ai même osé mettre le peu qui est à la page 41 qu'après avoir usé de préface : et pour vous, monsieur, et vos semblables, qui sont des plus intelligents, j'ai espéré que s'ils prennent la peine, non pas seulement de lire, mais aussi de méditer par ordre les mêmes choses que j'ai dit avoir méditées, en s'arrêtant assez long-temps sur chaque point pour voir si j'ai failli ou non, ils en tireront les mêmes conclusions que j'ai fait; je serai bien aise, au premier loisir que j'aurai, de faire un effort pour tâcher d'éclaircir davantage cette matière et d'avoir eu en cela quelque occasion de vous témoigner que je suis, etc.

A MONSIEUR ***[1].

(Lettre 108 du tome 1.)

Monsieur,

Je sais que vous avez tant d'occupations qui valent mieux que de vous arrêter à lire des compliments d'un homme qui ne fréquente ici que des paysans, que je n'ose m'ingérer de vous écrire que lorsque j'ai quelque occasion de vous importuner. Celle qui se présente maintenant est pour vous donner sujet d'exercer votre charité en la personne d'un pauvre paysan de mon voisinage qui a eu le malheur d'en tuer un autre. Ses parents ont dessein d'avoir recours à la clémence de son altesse, afin de tâcher d'obtenir sa grâce, et ils ont désiré aussi que je vous en écrivisse pour vous supplier de vouloir seconder leur requête d'un mot favorable en cas que l'occasion s'en présente. Pour moi, qui ne cherche rien tant que la sécurité et le repos, je suis bien aise d'être en un pays où les

[1] Aucune indication sur la date précise de cette lettre et de la suivante.

crimes soient châtiés avec rigueur, pourceque l'impunité des méchants leur donne trop de licence; mais pourceque tous les mouvements de nos passions n'étant pas toujours en notre pouvoir, il arrive quelquefois que les meilleurs hommes commettent de très grandes fautes, pour cela l'usage des grâces est plus utile que celui des lois, à cause qu'il vaut mieux qu'un homme de bien soit sauvé, que non pas que mille méchants soient punis; aussi est-ce l'action la plus glorieuse et la plus auguste que puissent faire les princes que de pardonner. Le paysan pour qui je vous prie est ici en réputation de n'être nullement querelleur et de n'avoir jamais fait de déplaisir à personne avant ce malheur. Tout ce qu'on peut dire le plus à son désavantage, est que sa mère étoit mariée avec celui qui est mort; mais si on ajoute qu'elle en étoit aussi fort outrageusement battue, et l'avoit été pendant plusieurs années, qu'elle avoit tenu ménage avec lui, jusqu'à ce qu'enfin elle s'en étoit séparée, et ainsi ne le considéroit plus comme son mari, mais comme son persécuteur et son ennemi, lequel même, pour se venger de cette séparation, la menaçoit d'ôter la vie à quelqu'un de ses enfants (l'un desquels est celui-ci), on trouvera que cela même sert beaucoup à l'excuser. Et comme vous savez que j'ai coutume de philosopher sur tout ce qui se présente, je vous dirai que j'ai voulu rechercher la cause qui a pu porter ce pauvre homme à faire une action de laquelle son humeur paroissoit être fort éloignée, et j'ai su qu'au temps que ce malheur lui est arrivé il avoit une extrême affliction, à cause de la maladie d'un sien enfant dont il attendoit la mort à chaque moment, et que pendant qu'il étoit auprès de lui, on le vint appeler pour secourir son beau-frère qui étoit attaqué par leur commun ennemi. Ce qui fait que je ne trouve nullement étrange de ce qu'il ne fut pas maître de soi-même en telle rencontre : car lorsqu'on a quelque grande affliction, et qu'on est mis au désespoir par la tristesse, il est certain qu'on se laisse bien plus emporter à la colère, s'il en survient alors quelque sujet, qu'on ne feroit en un autre temps. Et ce sont ordinairement les meilleurs hommes qui, voyant d'un côté la mort d'un fils, et de l'autre le péril d'un frère, en sont le plus violemment émus. C'est pourquoi les fautes ainsi commises, sans aucune malice préméditée, sont, ce me semble, les plus excusables; aussi lui fut-il pardonné par tous les principaux parents du mort, au jour même qu'ils étoient assemblés pour le mettre en terre. Et de plus les juges d'ici l'ont absous, mais par une faveur trop précipitée, laquelle ayant obligé le fiscal à se porter appelant de leur sentence, il n'ose pas se présenter derechef devant la justice, laquelle doit suivre la rigueur des lois, sans avoir égard aux personnes, mais il supplie que l'innocence de sa vie passée lui puisse faire obtenir grâce de son altesse. Je sais bien qu'il est très utile de laisser quelquefois faire des exemples pour donner de la crainte aux méchants; mais il me semble que le sujet qui se présente n'y est pas propre : car, outre que le criminel étant absent, tout ce qu'on lui peut faire n'est que de l'empêcher de revenir dans le pays, et ainsi punir sa femme et ses enfants plus que lui, j'apprends qu'il y a quantité d'autres paysans en ces provinces qui ont commis des meurtres moins excusables et dont la vie est moins innocente, qui ne laissent pas d'y demeurer, sans avoir aucun pardon de son altesse (et le mort étoit de ce nombre), ce qui me fait croire que si on commençoit par mon voisin à faire un exemple, ceux qui sont plus accoutumés que lui à tirer le couteau diroient qu'il n'y a que les innocents et les idiots qui tombent entre les mains de la justice, et seroient confirmés par là en leur licence. Enfin, si vous contribuez quelque chose à faire que ce pauvre homme puisse revenir auprès de ses enfants, je puis dire que vous ferez une bonne action, et que ce sera une nouvelle obligation que vous aura, etc.

A MONSIEUR ***.

(Lettre 104 du tome III.)

Monsieur,

Je ne reçus votre dernière que lundi matin, une heure après avoir envoyé celle que je vous écrivis dimanche au soir, ce qui est cause que je n'y ajoutai point mon système pour faire un instrument de musique qui soit parfait, car je ne pensois pas que vous le voulussiez encore voir, et je sais bien que vous n'en avez aucun besoin pour l'épinette que vous voulez faire faire à mademoiselle votre fille; car, pour l'âge où elle est, il ne faut chercher que les choses les plus faciles, et ce système est beaucoup plus difficile que le vulgaire; mais vous en pourrez aisément juger, car le voici.

A savoir, au lieu qu'on a coutume de diviser l'octave en douze parties pour les instruments ordinaires, il faut ici la diviser en dix-huit; comme, par exemple, aux épinettes les marches d'une octave sont ainsi disposées, etc., et elles le devroient être ainsi [1], etc.

Et les sons de ces marches doivent avoir entre eux même proportion que les nombres ici mis;

---

[1] Figure 6.

en sorte que si la corde qui fait le son C étoit divisée en 3,600 parties égales, 3,456 de ses parties donneroient le son c, et 3,375 le son c, et 3,240 le son D, et ainsi des autres. Et c'est suivant cela qu'il faut accorder cette épinette. Et on peut s'en servir pour jouer toutes les mêmes pièces qu'on joue sur les autres, sans qu'il soit besoin d'y rien changer, sinon qu'il faut prendre garde que quand on veut se servir de la feinte c avec A ou E, il faut prendre le premier c; et que quand on s'en sert avec F, il faut toucher le second c. Et qu'il faut toucher le premier D avec A ou F, et D avec G ou ♯; et d avec ♯, et d avec G; et f avec A, et f avec ♯; et g avec E, et g avec F ou C; et enfin b avec F, et b avec G; ce qui s'entend pour les pièces qu'on joue en B carré; et pour celles qu'on joue en B mol, il ne faut que mettre F au lieu de C, G et G au lieu de D et D, et ainsi de suite. Et ce que j'ai dit ici d'une octave se doit entendre de tout le clavier, dans lequel toutes les octaves doivent être divisées l'une comme l'autre. Je suis, etc.

AU R. P. MERSENNE.

(Lettre 105 du tome III.)

Mon révérend père,

Je souhaiterois avec passion de pouvoir contribuer quelque chose au louable dessein qu'a M. de Cavendisch pour faire réussir les lunettes, mais je pense vous avoir déjà écrit ci-devant tout ce que j'en sais : à savoir qu'il y a de la différence entre la théorie et la pratique, en ce que celle-ci ne pouvant atteindre à la perfection de celle-là, on doit se contenter d'en approcher le plus qu'on pourra, et que du reste, il faut principalement avoir soin que les verres soient bien nets, c'est-à-dire sans ondes ou nuages au dedans, et bien polis, tant du côté qu'on laisse plat que de l'autre. On a réussi quelquefois à faire d'assez bonnes lunettes, en tâchant seulement de faire les verres sphériques, à cause que la figure de tels verres étant petite n'étoit pas sensiblement différente de l'hyperbolique; mais étant plus grands, la différence y est fort sensible, comme vous voyez que le cercle A b C [1] et l'hyperbole $d\,b\,e$ se touchent pres-

[1] Figure 7.

que en un assez long espace vers *b*, mais que vers A *d* et C *e* ils s'éloignent beaucoup. Or toute l'importance est de faire des verres convexes assez grands et bien polis, qui aient à peu près la figure de l'hyperbole; et pour les petits verres, bien que selon la théorie il n'en faille qu'un seul à chaque homme qui lui peut servir pour joindre à tous les verres convexes, selon la pratique il en faut plusieurs de diverses concavités, à cause que la figure du convexe n'étant pas exacte, il faut que celle du concave supplée à ce défaut. Et d'autant que plus le petit verre est concave il reçoit les rayons d'une plus grande partie convexe, comme on peut voir dans la page 85 de ma Dioptrique, et qu'il arrive souvent qu'une petite partie du convexe approche plus de la vraie figure qu'une grande, de là vient que presque toujours les petits verres les moins concaves réussissent mieux pour rendre la vision plus distincte, mais ils n'agrandissent pas tant les objets. Je suis, etc.

ANNÉE 1639.

A MONSIEUR *** [1].

(Lettre 27 du tome II.)

Monsieur,

La franchise que j'ai pu remarquer en votre humeur, et les obligations que je vous ai, me convient à écrire ici librement ce que je puis conjecturer du traité des sections coniques, dont le R. P. Mersenne m'a envoyé le projet. Vous pouvez avoir deux desseins qui sont fort bons et fort louables, mais qui ne requièrent pas tous deux

---

[1] « Cette lettre est de M. Descartes à M. Desargues. Voyez les pages
« 187 et 448 de ce volume, où l'on parle des coniques de M. Desargues.
« Elle est antérieure à la 96ᵉ du même volume, datée fixement le 9 janvier,
« puisque M. Descartes en parle dans cette lettre 96, pages 442 et 443; et
« au même endroit il dit, conformément à ce qu'il avoit écrit à M. Des-
« argues, page 171 de cette lettre, qu'il n'avoit point répondu à son
« billet par les raisons qu'il déduit. Ainsi je fixe cette lettre au 4 janvier
« 1639. Pour justifier encore que cette lettre est adressée plutôt à M. Des-
« argues qu'à M. Mydorge, il n'y a qu'à faire une réflexion, qu'il est ici
« question d'un traité en notre langue, au lieu que M. Mydorge a écrit ses
« coniques en latin. »

même façon de procéder: l'un est d'écrire pour les doctes et de leur enseigner quelques nouvelles propriétés de ces sections qui ne leur soient pas encore connues, et l'autre est d'écrire pour les curieux qui ne sont pas doctes, et de faire que cette matière qui n'a pu jusques ici être entendue que de fort peu de personnes, et qui est néanmoins fort utile pour la perspective, la peinture, l'architecture, etc., devienne vulgaire et facile à tous ceux qui la voudront étudier dans votre livre. Si vous avez le premier, il ne me semble pas qu'il soit nécessaire d'y employer aucuns nouveaux termes ; car les doctes étant déjà accoutumés à ceux d'Apollonius, ne les changeront pas aisément pour d'autres, quoique meilleurs, et ainsi les vôtres ne serviroient qu'à leur rendre vos démonstrations plus difficiles, et à les détourner de les lire. Si vous avez le second, il est certain que vos termes qui sont françois, et dans l'invention desquels on remarque de l'esprit et de la grâce, seront bien mieux reçus par des personnes non préoccupées que ceux des anciens, et même ils pourront servir d'attrait à plusieurs pour leur faire lire vos écrits, ainsi qu'ils lisent ceux qui traitent des armoiries, de la chasse, de l'architecture, etc., sans vouloir être ni chasseurs, ni architectes, seulement pour en savoir parler en mots propres. Mais si vous avez cette intention, il faut vous résoudre à composer un gros livre, et à y expliquer tout si amplement, si clairement et si distinctement, que ces messieurs qui n'étudient qu'en bâillant, et qui ne peuvent se peiner l'imagination pour entendre une proposition de géométrie, ni tourner les feuillets pour regarder les lettres d'une figure, ne trouvent rien en votre discours qui leur semble plus malaisé à comprendre qu'est la description d'un palais enchanté dans un roman. Et à cet effet il me semble que, pour rendre vos démonstrations plus triviales, il ne seroit pas hors de propos d'user des termes et du calcul de l'arithmétique, ainsi que j'ai fait en ma géométrie; car il y a bien plus de gens qui savent ce que c'est que multiplication, qu'il y en a qui savent ce que c'est que composition de raisons, etc.

Pour votre façon de considérer les lignes parallèles, comme si elles s'assembloient à un but à distance infinie, afin de les comprendre sous le même genre que celles qui tendent à un point, elle est fort bonne, pourvu que vous vous en serviez, comme je m'assure que vous faites, pour donner à entendre ce qui est obscur en l'une de ces espèces, par le moyen de l'autre, où il est plus clair, et non au contraire. Je n'ajoute rien de ce que vous écrivez du centre de gravité d'une sphère, car j'ai assez mandé ci-devant au R. P. Mersenne ce que j'en pensois, et vous mettez un mot à la fin de vos corrections qui montre que vous voyez ce qui en est : mais je vous demande pardon si le zèle m'a emporté à vous écrire si librement toutes mes pensées, et je vous prie de me croire, etc.

AU R. P. MERSENNE [1].

(Lettre 96 du tome II.)

Mon révérend père,

Il faudroit que je fusse fort las de vivre si je négligeois de me conserver, après avoir lu vos dernières, où vous me mandez que vous et quelques autres personnes de très grand mérite ont un tel soin de moi, que vous avez peur que je ne sois malade lorsque vous êtes plus de quinze jours sans recevoir de mes lettres ; mais il y a trente ans que je n'ai eu, grâces à Dieu, aucun mal qui méritât d'être appelé mal ; et pourceque l'âge m'a ôté cette chaleur de foie qui me faisoit autrefois aimer les armes, et que je ne fais plus profession que de poltronnerie, et aussi que j'ai acquis quelque peu de connoissance en la médecine, et que je me sens

---

[1] « Cette lettre est la quatrième des manuscrits de Lahire, et fixement
« datée du 9 janvier 1639. »

vivre, et me tâte avec autant de soin qu'un riche vieillard[1], il me semble quasi que je suis maintenant plus loin de la mort que je n'étois en ma jeunesse. Et si Dieu ne me donne assez de science pour éviter les incommodités que l'âge apporte, j'espère qu'il me laissera au moins assez long-temps en cette vie pour me donner loisir de les souffrir. Toutefois, le tout dépend de sa providence, à laquelle, raillerie à part, je me soumets d'aussi bon cœur que puisse avoir fait le père Joseph; et l'un des points de ma morale est d'aimer la vie sans craindre la mort.

Je vous suis extrêmement obligé de la peine que vous prenez de corriger les fautes de mes essais, mais j'ai quasi peur qu'elle soit superflue; car vu le peu d'exemplaires que le libraire dit en avoir vendu, je ne vois pas grande apparence qu'il les doive imprimer une seconde fois. Vous avez raison qu'en la page 66, ligne 4, il faut lire *œil* pour *objet*, mais en la page 125, ligne 1, j'ai mis *mesure*, c'est-à-dire *temps* ou *cadence*, au sens qu'on le prend en musique.

J'approuve bien la façon que vous proposez pour peser la sphère de l'air, pourvu qu'elle soit praticable; mais il ne me semble pas qu'on puisse avoir deux corps plats d'aucune matière qui soient si durs, si polis, et qui se rapportent si exactement

---

[1] « Goutteux. »

l'un à l'autre, qu'il ne demeure aucun air entre deux. Et je ne vois point du tout de difficulté en votre objection; car si A est parfaitement joint à B, on ne l'en peut séparer en le tirant en haut perpendiculairement que toutes les parties de la superficie inférieure de ce corps A ne s'éloignent en même instant de celles de la superficie supérieure du corps B, et pourceque l'air ne peut entrer en un instant en l'espace qu'elles laissent entre elles lorsqu'on les sépare, cet espace est nécessairement vide d'air en cet instant-là, ce qui est cause qu'on doit alors sentir la pesanteur de toute la colonne d'air qui est au-dessus. Mais il n'arrive rien de semblable lorsqu'on tire de biais A vers D; car la séparation de ces deux corps se faisant alors successivement, l'air entre sans difficulté en la place qu'ils laissent.

Si vous voulez concevoir que Dieu ôte tout l'air qui est dans une chambre, sans remettre aucun autre corps en sa place, il faut par même moyen que vous conceviez que les murailles de cette chambre se viennent joindre; ou il y aura de la contradiction en votre pensée : car tout de même qu'on ne sauroit imaginer qu'il anéantisse toutes les montagnes de la terre, et que nonobstant cela il y laisse toutes les vallées, ainsi ne peut-on penser qu'il ôte toute sorte de corps, et que nonobstant il laisse de l'espace à cause que l'idée que nous avons du corps ou de la matière en général est comprise en celle que nous avons de l'espace, à savoir que c'est une chose qui est longue, large et profonde, ainsi que l'idée d'une montagne est comprise en celle d'une vallée.

Quand je conçois qu'un corps se meut dans un milieu qui ne l'empêche point du tout, c'est que je suppose que toutes les parties du corps liquide qui l'environne sont disposées à se mouvoir justement aussi vite que lui et non plus, tant en lui cédant leur place, qu'en rentrant en celle qu'il quitte; et ainsi il n'y a point de liqueurs qui ne soient telles, qu'elles n'empêchent point certains mouvements. Mais pour imaginer une matière qui n'empêche aucun des divers mouvements de quelque corps, il faut feindre que Dieu ou un ange agite plus ou moins ses parties, à mesure que ce corps qu'elles environnent se meut plus ou moins vite.

J'ai omis ci-devant à vous mander ce que je crois qui empêche le vide entre les parties de la matière subtile, à cause que je ne le pouvois expliquer qu'en parlant d'une autre matière très subtile, dont je n'ai voulu faire aucune mention en mes essais, afin de la réserver toute pour mon Monde; mais je vous suis trop obligé pour oser vous taire quelque chose. Je vous dirai donc que j'imagine, ou plutôt que je trouve par démonstration, qu'outre la matière qui compose les corps terrestres, il y en a de deux autres sortes, l'une fort subtile, dont les parties sont rondes ou presque rondes, ainsi que des grains de sable, et celle-ci non seulement occupe tous les pores des corps terrestres, mais aussi compose tous les cieux. L'autre, incomparablement plus subtile que celle-là, et dont les parties sont si petites et se meuvent si vite, qu'elles n'ont aucune figure arrêtée, mais prennent sans difficulté à chaque moment celle qui est requise, pour remplir tous les petits intervalles que les autres corps n'occupent point.

Pour entendre ceci, il faut considérer premièrement que plus un corps est petit, *cæteris paribus*, moins il faut de force pour lui faire changer sa figure; par exemple, ayant deux balles de plomb d'inégale grosseur, il faudra moins de force pour rendre plate la plus petite, que pour rendre plate la plus grosse, et si elles heurtent l'une contre l'autre, la figure de la plus petite changera le plus. Secondement il est à remarquer que lorsque plusieurs divers corps sont agités tous ensemble, derechef, *cæteris paribus*, les plus petits reçoivent plus de cette agitation, c'est-à-dire se meuvent plus vite que les plus gros; d'où il suit *demonstrative*, que puisqu'il y a des corps qui se meuvent en l'univers, et qu'il n'y a point de vide, il faut nécessairement qu'il s'y trouve une telle matière dont les parties soient si petites et se meuvent si extrêmement vite, que la force dont elles rencontrent les autres corps soit suffisante pour faire qu'elles changent de figure, et s'accommodent à celle des lieux où elles se trouvent. Mais en voilà trop pour un sujet dont j'avois eu dessein de ne rien dire.

Il n'y a point d'expériences qui ne se trouvassent utiles à quelque chose, si on pouvoit examiner toute la nature; mais il n'y en a point qui me semblent moins utiles que d'examiner les diverses forces qui peuvent rompre divers cylindres, de quelque matière qu'on les fasse : car ne doutez pas que les divers métaux n'aient aussi diverses parties, qui font que les uns se rompent mieux en tirant que les autres, bien que cela ne soit pas si visible qu'aux bois[1].

Je n'imagine aucuns mouvements dans la matière subtile que comme dans tous les corps que nous voyons; mais ainsi que l'eau d'une rivière se meut en quelques endroits beaucoup plus vite qu'aux autres, et qu'en un lieu elle coule en droite ligne, qu'en un autre elle tournoie, etc., nonobstant qu'elle soit toute poussée par même force, et se meuve comme de même branle, il faut penser le semblable de la matière subtile.

Pour la chaleur, bien qu'elle puisse être causée par l'agitation des parties de cette matière subtile, toutefois elle ne consiste proprement qu'en agitation des parties terrestres, à cause que celles-ci

[1] *Que dans le bois.*

ont le plus de force pour mouvoir les parties des autres dans un corps, et ainsi les brûler; et plus il y a de ces parties terrestres dans un corps, plus aussi peut-il avoir de chaleur, comme le fer en peut avoir plus que le bois; et elles peuvent bien être fort agitées, et ainsi rendre le corps qu'elles composent fort chaud, sans que pour cela la matière subtile qui est dans les pores de ce corps y soit poussée de la façon qu'elle doit être pour faire sentir de la lumière. Et c'est ainsi que le fer peut être fort chaud sans être rouge.

Je ne mets point d'autre différence entre les parties des corps terrestres et celles de la matière subtile, que comme entre des pierres et de la poussière qui sort de ces pierres lorsqu'on les frotte l'une contre l'autre : et je crois qu'il y a continuellement quelques parties terrestres qui, en se froissant, prennent la forme de la matière subtile, et quelques parties de cette matière subtile qui se joignent aux corps terrestres; en sorte qu'il n'y a point de matière en tout l'univers qui ne puisse recevoir successivement toutes les formes.

Pour entendre d'où vient que le fer trempé est plus dur et plus cassant que non trempé, il faut penser qu'étant rouge de feu, tous ses pores sont fort ouverts, et remplis non seulement de la matière subtile, mais aussi des plus petites parties

terrestres, telles qu'il s'en trouve toujours grand
nombre dans le feu, et dans l'air; et qu'y étant
fort agitées, elles en sortent sans cesse fort
promptement : car tout corps qui se meut
tend toujours à continuer son mouvement en ligne droite; et ainsi il sort incontinent du lieu où
il est, si rien ne l'y retient. Et pendant que ce fer
est dans le feu, il y en entre continuellement d'autres semblables, d'où vient qu'il demeure rouge.
Tout de même lorsqu'on le laisse refroidir dans
l'air, il y rentre des parties de cet air, qui, n'étant
pas fort différentes de celles qui en sortent, font
que ses pores ne se rétrécissent que peu à peu, et
que ses parties retiennent cependant la liaison ou
entrelacement qu'elles ont entre elles; mais si on
le jette dans l'eau lorsqu'il est rouge, elle n'empêche point que la matière subtile fort agitée
qui est dans ses pores n'en sorte fort promptement, comme il paroît par le bouillonnement de
cette eau qu'elle cause, et pourcequ'il ne peut
rentrer autre chose en sa place que la matière
subtile qui se trouve dans les pores de l'eau, et
dont les parties sont trop petites pour retenir ses
pores si ouverts qu'ils ont été; de là vient qu'ils
s'étrécissent tous tout-à-coup, et par même moyen
toutes ses parties se resserrent, ce qui le rend
dur; mais en se resserrant, et changeant fort vite
de situation, elles perdent leur liaison, et se déta-

chent les unes des autres, ce qui le rend cassant.

Je n'ajoute point ici ce que deviendroit un grain de sable, si un ange le froissoit, ou divisoit en autant de parties qu'il seroit possible, bien que je suive par ordre tous les points de votre lettre: car vous pouvez assez entendre de ce que j'ai dit ci-dessus, que cela lui donneroit la forme de cette matière très subtile dont j'ai parlé.

Je trouve deux raisons qui peuvent faire paroître la nuit, et de loin, une chandelle beaucoup plus grande qu'elle n'est : la première est que, n'en voyant point le vrai éloignement, on l'imagine aussi éloignée que les étoiles; et pourceque son image, qui se peint au fond de l'œil, est beaucoup plus grande que celle d'une étoile, on la juge aussi plus grande. La seconde est qu'on ne voit pas seulement la lumière qui vient directement de la chandelle, mais aussi celle qui vient de l'air épais, ou des autres corps voisins qui sont illuminés par elle; et ces deux lumières se distinguent fort bien de près, mais de loin on les attribue toutes à la chandelle; d'où vient qu'elle semble plus grande. Comme si A [1] est la chandelle, sa lumière donnant contre les parties de l'air qui est vers B se réfléchit de là vers l'œil C : elle donne bien aussi contre les parties de l'air qui sont vers D ou vers E, mais pourcequ'elle ne se réfléchit pas de là si directement vers l'œil,

[1] Figure 8.

elle n'y est pas si sensible, non plus que celle qui se réfléchit de plus loin, comme vers F. Il y a bien encore peut-être quelque autre cause de cette augmentation apparente, mais il faudroit voir la chose pour la remarquer; et je m'assure qu'il n'y en a aucune que je n'aie touchée en quelque lieu de ma Dioptrique.

Pour les miroirs ardents, je pensois vous avoir déjà mandé que ce ne sont point les rayons qui s'assemblent en un seul point mathématique qui brûlent, mais ceux qui s'assemblent en quelque espace physique; et qu'il n'y a que ceux qui tendent à s'assembler en un point mathématique qui peuvent être rendus parallèles à l'infini : de façon qu'encore que le verre CD fût aussi grand que le soleil AB[1], et qu'il fît que tous ces rayons parallèles s'assemblassent en un point mathématique vers E; toutefois, si ces rayons n'étoient point aidés par ceux qui ne leur sont pas parallèles, ils ne seroient nullement capables de brûler : car il n'y auroit pas plus de proportion entre leur force et celle des rayons qui s'assemblent en un point physique, qu'il y en a entre une ligne et une superficie, c'està-dire qu'il n'y en auroit point du tout.

Pour vos expériences du tuyau, je suis marri de vous avoir donné la peine d'en faire quelques unes à mon occasion : car je trouve qu'il est presque

[1] Figure 9.

impossible de bien raisonner sur les expériences qui ont été faites par d'autres, pourceque chacun regarde les choses d'un biais qui lui est particulier; et au bout du compte, encore qu'on sût exactement quelles lignes décrivent les jets de l'eau, ou les balles des canons, etc., je ne vois pas qu'on en pût tirer grande utilité.

L'expérience que vous me mandez vouloir faire touchant la descente d'un corps qui est retardé par un autre me semble encore moins utile : car assurément toute la différence qui se trouvera entre le mouvement de ce corps, lorsqu'il descend en cette sorte, et celui du même corps, s'il descendoit en l'air libre, après qu'on en auroit ôté autant pesant qu'est le contre-poids qui le retarde, *cæteris non mutatis*, ne vient que des empêchements de la matière, à savoir de ce que la corde ne coule pas dans la poulie sans quelque difficulté, etc.

Je n'ai point répondu au papier de M. Desargues en la lettre que je lui écris, à cause qu'il n'en parloit point dans la sienne; et aussi je vous dirai qu'il n'a point assez expliqué sa conception pour me la faire comprendre. La façon dont il commence son raisonnement, en l'appliquant tout ensemble aux lignes droites et aux courbes, est d'autant plus belle qu'elle est plus générale, et semble être prise de ce que j'ai coutume de nommer la métaphysique de la géométrie, qui est une science dont je n'ai point remarqué qu'aucun autre se soit jamais servi, sinon Archimède. Pour moi, je m'en sers toujours pour juger en général des choses qui sont trouvables, et en quels lieux je les dois trouver; mais je ne m'y fie point tant, que d'assurer aucune chose de ce que j'ai trouvé par son moyen, jusqu'à ce que je l'aie examiné par le calcul, ou que j'en aie fait une démonstration géométrique; car on s'y peut tromper fort aisément, et mêler quelque différence spécifique avec les génériques, au moyen de quoi le tout ne vaut rien. Comme en ce qu'il dit énoncer un même raisonnement de la ligne droite et de la courbe, il faut prendre garde qu'il n'y ait rien de ce qui appartient à leur différence spécifique : car s'il y a quelque chose de tel, il ne s'énonce de l'un et de l'autre que par équivoque. Pour ce qu'il conclut ensuite, touchant le centre de gravité d'une sphère, outre que je ne vois pas d'où il conclut, je vous ai assez mandé ci-devant que j'en ai une opinion très différente. A quoi j'ajoute que toute la dispute du centre de gravité d'une sphère me semble si peu réelle, que j'ai quasi honte d'en avoir fait mention le premier; car après avoir démontré (comme je pense avoir fait) qu'il n'y a point de centre de gravité dans les corps, selon la définition des anciens, je lui en devois donner une autre avant que de dire quel il est dans une sphère; et je pourrois lui en donner une telle, qu'il se trouveroit plus éloigné du centre de la terre que n'en est le centre de la figure; mais je ne lui en saurois donner aucune suivant laquelle on puisse dire qu'il en soit si proche que le met M. des Argues.

J'avois négligé ci-devant de répondre à ce que vous m'aviez mandé qu'on reprenoit ce que j'avois dit de la ligne droite pour la seconde qu'avoit demandée M. de Beaume, car je voyois assez que cela ne pouvoit venir que de quelque esprit de fort bas aloi; et M. de Beaume y a justement répondu ce qu'il falloit. Au reste, mon R. P., j'ai à vous dire que je me suis proposé une étude pour le reste de cet hiver qui ne souffre aucune distraction; c'est pourquoi je vous supplie très humblement de me permettre de ne vous plus écrire jusqu'à Pâques, cela s'entend s'il n'intervient aucune chose qui soit pressée; et je vous prie aussi de ne laisser pas cependant de m'envoyer les lettres qui me seront adressées, et celles qu'il vous plaira de m'écrire seront toujours les très bien venues. Et afin que je ne semble pas ici négliger la charité dont vous m'obligez, en ce que vous craignez que je ne sois malade lorsque vous êtes long-temps sans recevoir de mes lettres, je vous promets que s'il m'arrive en cela quelque chose d'humain, j'aurai soin que vous en soyez incontinent averti, ou par moi, ou par quelque autre; et ainsi pendant que vous n'aurez point de mes nouvelles, vous croirez toujours, s'il vous plaît, que je vis, que je suis sain, que je philosophe, et que je suis passionnément, etc.

AU R. P. MERSENNE[1].

(Lettre 97 du tome II.)

Mon révérend père,

Puisqu'il vous plaît que je réponde à vos dernières, je m'en vas relire aussi vos précédentes, afin de n'en laisser aucune sans réponse. En la lettre qui est du premier jour de l'an, vous me décrivez ce qu'on vous a dit des lunettes de Naples; ce qui me donne grande raison de juger qu'elles sont hyperboliques. Et il n'est point besoin pour cela que l'ouvrier ait vu ma Dioptrique; car l'invention en ayant été communiquée à M. F.[2] et à quelques autres, il y a plus de douze ans, ce ne seroit pas merveille que quelqu'un d'eux l'eût fait passer jusqu'à Naples. Quoi qu'il en soit, je serois très aise que ce qu'on vous en a dit fût

---

[1] « Cette lettre est la 22ᵉ du manuscrit de Lahire, et sûrement datée du 9 février 1639. »

[2] Ferrier.

véritable; mais les savants d'Italie sont fort sujets à faire les choses dont ils parlent beaucoup plus grandes qu'elles ne sont.

Je vous remercie de vos expériences pour les jets d'eau, et des autres qui sont en vos autres lettres; car bien qu'elles ne me puissent suffire, et qu'il m'en faudroit encore faire moi-même quelques autres pour m'en bien servir, il n'y en a point toutefois qui ne me puissent être utiles à quelque chose.

Je vous remercie aussi des pierres hexagones, et j'en admire la figure, en ce qu'elles sont pointues, et ont six faces triangulaires à chaque bout; ce qui diffère de celles des mouches à miel, qui n'y ont que trois faces en rond; et aussi des cristaux et autres pierres hexagones, qui n'ont, ce me semble, coutume d'être pointues que par un bout. Je tâcherai de voir le livre *de Lapidibus*, où vous me mandez qu'elles sont décrites.

Pour les poissons, il est évident que la vessie ne leur est pas nécessaire pour nager, puisque la plupart n'en ont point; et il n'y a autre chose qui les détermine à monter ou à descendre dans l'eau que l'élancement ou l'impétuosité dont ils se meuvent; tout de même qu'un homme qui sait fort bien nager entre deux eaux se peut aussi élancer vers tel côté qu'il lui plaît; et cela est bien moins merveilleux que de sauter et soulever tout notre corps dans l'air, à comparaison duquel il est si pesant, ce qui se fait néanmoins aussi par cet élancement. Or on peut connoître que les poissons en usent, de ce que lorsqu'ils dorment ceux qui sont plus pesants que l'eau demeurent au fond, et ceux qui sont plus légers flottent au-dessus : cela est le premier article de votre seconde lettre du 8 janvier.

Ne vous mettez pas en peine de cet *Isagoge ad locos planos et solidos*, que vous m'avez envoyé, car je donne tous ces lieux en ma Géométrie, au second livre, en y construisant la question de Pappus, comme j'ai averti en la page 334; et ceux qui y cherchent quelque autre chose montrent par là qu'ils ne les entendent point [1].

Le ciseau tranchant dont parle M. Gan.[2] est amplement décrit en ma Dioptrique, et M. de Beaume le sait assez.

J'accorde ce que dit Galilée, que l'eau n'a nulle résistance à être divisée au dedans de son corps par un mouvement qui lui soit proportionné; et c'est ce que je pense vous avoir écrit en quelqu'une de mes précédentes, à savoir qu'il n'y a point de liqueur qui ne puisse servir de *medium* aussi libre que le vide, au regard des corps qui ne s'y meuvent que de certaine vitesse; mais la superficie

---

[1] « J'admire la procédure de mes proches, et je vous suis très obligé de ce que vous me l'avez franchement écrite. »

[2] « Gandais. »

de l'eau ne laisse pas d'avoir de la résistance, ainsi que j'ai prouvé dans le discours du sel; et c'est pour cela que les aiguilles d'acier, les lames d'ivoire, etc., flottent dessus.

Vous m'obligez de la peine que vous prenez de corriger les fautes de l'orthographe, en quoi je ne désire rien tant que de suivre l'usage; et il y a long-temps que Le Maire avoit envie que je vous en priasse, mais je n'eusse osé vous l'écrire, si cela n'étoit venu de votre mouvement.

La matière subtile ne s'arrête jamais dans un même corps, *eadem numero;* mais il y en rentre continuellement de nouvelle autant qu'il en sort, si ce n'est qu'il se condense, car tout l'univers en est plein. Et ce n'est pas elle qui rend l'air plus aisé à condenser que l'eau, mais la figure de leurs parties; car celles de l'eau sont telles, qu'il ne leur faut guère plus d'espace pour se mouvoir fort vite que pour se mouvoir fort lentement, si ce n'est que cette vitesse leur donne la forme des vapeurs que j'ai expliquée en mes Météores, au lieu que celles de l'air sont de telle figure, que, pour peu qu'elles se meuvent plus ou moins que de coutume, elles requièrent beaucoup plus ou moins d'espace.

Je vous accorde que les mêmes parties de matière qui ont même figure, grosseur, situation et mouvement que celles de l'or, composent de l'or; et que lorsqu'elles ont la même que celle de l'eau, elles composent de l'eau, etc. Et toutes les parties des liqueurs, et même aussi la plupart de celles des autres corps sont en mouvement continuel. Mais il ne faut pas, de cela seul que celles d'un corps se meuvent fort vite ou fort lentement, inférer incontinent qu'elles sont rondes ou carrées, etc. Il y a bien d'autres choses à considérer pour en venir là, en sorte qu'il n'y a rien de plus difficile; mais qui sauroit parfaitement quelles sont les petites parties de tous les corps, quel mouvement elles ont, et quelle situation elles gardent entre elles, il connoîtroit parfaitement toute la nature.

Je me moque du sieur N.[1] et de ses paroles; et on n'a pas, ce me semble, plus de sujet de l'écouter, lorsqu'il promet de réfuter mes réfractions par l'expérience, que s'il vouloit faire voir avec quelque mauvaise équerre que les trois angles d'un triangle ne seroient pas égaux à deux droits; mais je ne saurois empêcher qu'il n'y ait des médisants et des crédules; tout ce que je puis, c'est de les mépriser; ce que je fais de telle façon, que si je vous le pouvois aussi bien persuader, je m'assure que vous ne prendriez plus la peine de m'envoyer de leurs papiers ou de leurs nouvelles, ni même de les écouter.

Je ne comprends point le fondement de celui qui dit que le centre de la gravité d'une sphère est

[1] « Petit. »

en une même ligne droite que les deux points où elle est touchée par deux lignes qui tendent vers le centre de la terre; mais je sais bien que la chose ne peut être vraie; et je m'étonne de ce que ce où j'avois failli, touchant ce centre de gravité, a été plutôt suivi, que quantité d'autres choses que j'ai mieux prouvées. Je vous prie d'effacer tout ce que j'en avois écrit dans mon examen de la question géostatique.

Je passe à votre troisième lettre du 15 janvier; et premièrement je n'ajoute aucune foi aux onguents sympathiques, ni de Crollius, ni des autres; mais je crois que la plupart des plaies se peuvent guérir dans un corps bien disposé en les tenant seulement nettes, et les couvrant d'un linge blanc.

Je n'ai aucune envie de voir les démonstrations de M. Rob. que vous dites avoir convié à me les envoyer, ni généralement les écrits d'aucun autre; car, encore qu'ils seroient les meilleurs du monde, ils ne sauroient servir qu'à me détourner, si ce n'est qu'ils traitassent justement de la matière que j'étudie, et qu'ils eussent été composés par des personnes qui sussent tous mes principes. C'est pourquoi je vous supplie très humblement une fois pour toutes, non seulement de ne convier personne à m'envoyer quelque chose de leurs écrits, mais même de refuser autant civilement qu'il se pourra tous ceux qu'on pourroit avoir envie de m'envoyer. J'en excepte toutefois les coniques de M. des Argues; car je lui ai tant d'obligation, qu'il n'y a rien que je ne voulusse faire pour le servir; et cependant, entre nous, je ne saurois guère m'imaginer ce qu'il peut avoir écrit de bon touchant les coniques; car, bien qu'il soit aisé de les expliquer plus clairement qu'Apollonius ni aucun autre, il est toutefois, ce me semble, fort difficile d'en rien dire sans l'algèbre qui ne se puisse encore rendre beaucoup plus aisé par l'algèbre. J'en excepte aussi les notes de M. de Beaune sur ma géométrie, pour mon utilité particulière; et les thèses d'optique des jés., pour ma curiosité. Je ne trouve rien de plus en cette lettre qui ait besoin de réponse.

Vous commencez la quatrième, en date du 25 janvier, par les pensées de M. Gandais, touchant les sons de la trompette; il faut que j'avoue que je ne saurois comprendre ce qu'il en écrit, et je ne me souviens plus aussi de ce que je vous en avois autrefois mandé; mais pour ce qui est indubitable que le son dépend des tremblements de l'air, et que le redoublement de ses tremblements fait l'octave, et leurs autres répétitions les autres consonnances et les tons, avant que de faire aucune dissonance, il est évident, ce me semble, que c'est de là qu'il faut tirer la cause de ce phénomène, à savoir que tout l'air qui est dans la trompette est ébranlé d'une vitesse proportionnée à sa longueur pour faire le plus bas de ses tons, et que ces premiers tremblements demeurant toujours les mêmes, il s'en fait un, ou deux, ou plusieurs autres entre chacun d'eux, lorsqu'on souffle plus fort, au moyen de quoi elle fait des sons plus aigus, mais qui sont tous accordants avec le premier, et par conséquent aussi entre eux.

Vous me mandez qu'un médecin italien a écrit contre Herveus, *de motu cordis*, et que cela vous fait être marri de ce que je me suis engagé à écrire de cette matière; en quoi je vous dirai franchement que je ne vous saurois remercier de votre charité en mon endroit ; car il faut que vous ayez bien mauvaise opinion de moi, puisque de cela seul qu'on vous dit qu'un autre a écrit, non pas contre moi (car bien que ceux qui ne regardent que l'écorce jugent que j'ai écrit le même qu'*Herveus* à cause de la circulation du sang, qui leur donne seule dans la vue, j'explique toutefois tout ce qui appartient au mouvement du cœur d'une façon entièrement contraire à la sienne); mais de ce que quelqu'un a écrit quelque chose que vous imaginez être contre moi, sans avoir ouï ses raisons, ni même savoir s'il est habile homme, vous supposez incontinent que j'ai failli; je vois de là, et de plusieurs autres telles choses, que les bonnes raisons ont fort peu de force pour persuader la vérité, ce qui me fait presque résoudre d'oublier tout-à-fait à écrire, et de n'étudier jamais plus que pour moi-même. Cependant je veux bien que l'on pense que si ce que j'ai écrit de cela, ou des réfractions, ou de quelque autre matière que j'aie traitée en plus de trois lignes dans ce que j'ai fait imprimer, se trouve faux, tout le reste de ma philosophie ne vaut rien; et je vous jure qu'il m'importe fort peu qu'on en juge ce qu'on voudra, principalement à cette heure qu'on n'en a que des échantillons, qui ne sauroient servir à passer plus outre; car si je l'avois toute donnée, j'avoue que j'en aurois regret.

Vous m'obligez de ne vouloir point envoyer mes solutions à M. F[1]. jusqu'à ce qu'il ait envoyé les siennes, et ce pour les raisons que vous me mandez. Je ne trouve rien du tout de nouveau en sa lettre; je voudrois bien que vous ne fissiez rien voir aussi de ce que je vous ai écrit, à ceux que vous savez ne m'aimer pas; car je ne vous écris jamais que fort à la hâte, et ces gens-là ne cherchent qu'à mordre.

Je n'ai traité en ma géométrie que de la question que Pappus dit que les anciens n'ont pu trouver; car pour celles qu'il dit qu'ils ont sues, je n'ai pas voulu m'y arrêter.

Je serois bien marri que vous prissiez la peine

---

[1] « Fermat. »

de m'envoyer les lieux de M. N.[1] ; car il me seroit impossible de prendre la peine de les lire. Il vous écrira peut-être qu'il aura trouvé la seconde ligne de M. de Beaune (car c'est sa coutume de n'ignorer rien); mais attendez s'il vous plaît à le croire que M. de Beaune ou moi aient vu sa solution, car elle est plus malaisée qu'ils ne s'imaginent; et lorsque le sieur N.[2] dit qu'il croit qu'elle est une hyperbole, il montre être fort loin de la trouver. Les papiers du sieur N.[3] que vous m'avez envoyés me sont les plus inutiles que j'aie ici, et je n'y trouve aucune chose qui ne soit fort digne de lui. Je me soucie si peu de ce que lui ou le sieur N.[4] ou leurs semblables diront de moi, que vous me ferez plus de plaisir de m'envoyer dans vos paquets de vieilles chansons du Pont-neuf, qu'aucun papier qui vienne d'eux.

Pour les questions de M. Dounot, en la première qui est de trouver une quatrième racine en cette équation 1 c- 8 q † 1 9 n, égal à 14, c'est demander cinq pieds de mouton où il n'y en a que quatre, ainsi que j'ai très expressément déterminé en ma Géométrie, page 372.

En la seconde, qui est que donnant 3-v 2 pour

---

[1] « *Le reste de Locis de M. Fermat.* »

[2] « Roberval. »

[3] « *Du géomaticien.* »

[4] « Petit. »

l'une des racines de cette équation $1c - 9q + 13n$, égal à $\sqrt{288} - 15$, il demande les deux autres, il ne faut que suivre la règle que j'ai mise en la page 381, et diviser $y^3 - 9yy + 13y - 12\sqrt{2} + 15$, égal à 10 par $y - 3 + \sqrt{2}$, ce qui donne $yy - 6y - \sqrt{2}y + 3\sqrt{2} - 3$, dont les deux racines sont $3 + 3\sqrt{2}$, et $3 - 2\sqrt{2}$, ou bien $3 + \sqrt{18}$ et $3 - \sqrt{8}$, qui sont celles qu'il demandoit.

Je viens à votre dernière lettre, où vous dites qu'on vous a proposé une autre question, qui est de trouver géométriquement que la racine de $1c - 6N$ ég. à 40 est 4; mais cela s'appelle *nodum in scirpo quærere;* car ce n'est point chercher à tâtons que de considérer toutes les parties aliquotes d'un nombre, lorsque la nature de la question le requiert ainsi que fait celle-ci; et ceux qui savent la conjonction qui est entre la géométrie et l'arithmétique ne peuvent douter que tout ce qui se fait par l'arithmétique ne se fasse aussi par la géométrie; mais de le vouloir faire entendre à ceux qui les conçoivent comme des sciences toutes diverses, ce seroit *oleum et operam perdere.*

Sachez aussi qu'il est impossible de trouver deux moyennes proportionnelles par la géométrie des plans.

Pour votre difficulté de musique, il ne faut pas imaginer que les tremblements de la corde AB[1]

---

[1] Figure 10.

commencent en un point comme E, et qu'ils finissent en un autre comme vers F, mais qu'ils se font circulairement; et ainsi qu'en quelque lieu que puisse être la corde AB, lorsqu'on commence à mouvoir la corde CD, ils se rencontrent toujours ensemble en même façon.

Si, ayant jeté une pierre dans l'air, elle passoit de là en un espace qui ne fût plein que de la matière subtile, elle y continueroit son mouvement plus librement même que dans l'air, à cause que cette matière est plus fluide; ses parties ont bien plus de mouvement que celles des vapeurs; mais elles n'ont pas pour cela les mêmes, à cause qu'elles n'ont pas les mêmes figures.

Votre expérience que le tuyau quadruple en hauteur ne donne que le double de l'eau est la plus belle et la plus utile de toutes, et je vous en remercie. Pour ce que vous voulez éprouver touchant les jets des missiles avec des ressorts, je le juge du tout inutile; car la force de ces ressorts ne peut exactement être connue, et je crois que les jets de l'eau suffisent pour ce sujet; car en ouvrant et fermant le robinet par intervalles, on peut voir si les gouttes d'eau toutes seules iront aussi loin ou presque aussi loin que fait un filet continu.

Ce n'est pas faute d'y avoir pensé que j'ai omis en ma Dioptrique qu'on peut examiner les réfractions en regardant par les trous de l'instrument, au lieu d'y faire passer le rayon du soleil, mais pourceque cette façon n'est pas si géométrique ; car le filet, ou quoi que ce soit qu'on mette sur la règle pour voir où se termine la vue, en accourcit tant soit peu la ligne. Et c'est autre chose d'écrire que de pratiquer; comme, même pour la machine, j'ai conseillé à M. de Beaune de la faire tout autrement que je ne l'ai décrite; car en écrivant on doit principalement, ce me semble, avoir soin de faire entendre la chose, et en pratiquant d'y chercher des facilités qui ne peuvent ou même qui ne doivent point toutes être écrites.

J'ai mis en la page 68 de la Dioptrique la raison qui fait paroitre les étoiles plus grandes qu'elles ne devroient paroitre ; d'où il est facile à déduire la cause pourquoi les lunettes ne grossissent pas tant les fixes, qui n'ont peut-être aucun vrai diamètre sensible, que les planètes qui en ont un.

Il est certain que ce qui est cause que l'huile rend le papier d'un châssis à demi transparent est qu'elle rend ses pores plus droits; et la raison m'en semble fort claire, bien que je ne la puisse pas fort aisément expliquer, à cause qu'on ne sait pas mes principes. Pour la clarté que la neige rend de nuit, elle ne vient que de ce qu'elle réfléchit mieux tous les rayons qu'elle reçoit, qu'aucun autre corps qui soit moins blanc, car il y a toujours de nuit en l'air quelque lumière.

Il se peut faire que je me serai mépris en ma réponse à la question de M. de Bessy; car l'ayant trouvée fort promptement par mon calcul, je ne m'arrêtai presque point à en considérer les divers cas; et ainsi il se peut faire qu'il y en a quelque autre que celui que j'avois choisi qui tombe dans les nombres que j'avois donnés. Mais pourceque je n'ai point retenu copie de ce que je lui en ai écrit, je viens de chercher de nouveau la même chose, et je trouve qu'elle a quatre cas, qui sont : l'un, quand CD est nombre carré; l'autre, quand CD est double d'un nombre carré; le troisième, quand C D est nombre pair, sans être ni carré, ni double d'un carré; et le dernier est quand C D est nombre impair. Or je pourrois en déterminant tous ces cas donner autant d'ellipses qu'on voudroit aux plus courts nombres qui puissent être; mais, pour satisfaire à ce qui est demandé, il suffit de prendre, suivant le dernier cas, des nombres premiers qui surpassent d'une unité des nombres carrés, comme 17 qui passe 16, 37 qui passe 36, 101, etc., autant qu'on demande d'ellipses (d'où il faut toujours excepter 2 et 5, afin que EI soit plus grande que FL). Et ayant multiplié tous ces nombres premiers l'un par l'autre, il faut multiplier le carré de leur produit par trois, ou par quelque autre nombre impair et premier, qui diffère de tous les précédents, et prenant ce qui vient pour la ligne CD, il est certain qu'elle n'est le plus grand diamètre que d'autant d'ellipses qui aient les conditions demandées, qu'elle est composée de nombres premiers qui passent des nombres carrés d'une unité. Ainsi multipliant 17 par 37 il vient 629, dont le carré est 395,641, dont le triple, qui est 1,186,923, étant pris pour CD, il ne peut être le plus grand diamètre que de deux ellipses : mais pour vous en dire la vérité, je suis si las des mathématiques abstraites, que je ne saurois plus du tout m'y arrêter ; et me plais si fort aux choses à quoi j'étudie maintenant, que je ne m'en saurois détourner sans répugnance, que pour autant de temps qu'il m'en faut pour vous supplier de m'aimer et de me croire toujours, etc.

AU R. P. MERSENNE[1].

Lettre 98 du tome II.

Mon révérend père,

Je n'ai guère de matière pour vous écrire à ce voyage, mais je n'ai pas voulu différer de répondre à M. de Beaune, tant pour le remercier de ses notes sur ma Géométrie, que pour lui mander ce que j'ai trouvé touchant ses lignes courbes; car je croirois qu'il iroit du mien si quelque autre lui pouvoit en cela satisfaire, ou mieux, ou plus tôt que moi. Il n'y a pas un seul mot en ses notes qui ne soit entièrement selon mon intention; et il a fort bien vu en ma Géométrie les constructions et les démonstrations de tous les lieux plans et solides dont les autres disoient que je n'avois mis qu'une simple analyse. Je n'ai aucune connoissance de ce géomètre dont vous m'écrivez, et je m'étonne de ce qu'il

---

[1] « Cette lettre n'est point parmi celles de M. de Lahire; elle n'est point
» datée, mais étant écrite et envoyée au P. Mersenne en même temps et
» avec la lettre 71 du 3ᵉ volume (la suivante), adressée à M. de Beaune,
» et fixement datée du 20 février 1639 (p. 409 du 3ᵉ vol.), il est évident
» que celle-ci est du 20 février 1639.

dit, que nous avons étudié ensemble Viète à Paris, car c'est un livre dont je ne me souviens pas avoir seulement jamais vu la couverture pendant que j'ai été en France.

Pour l'expérience des œufs, des verres, ou des noix, etc., qui étant entassés ne cassent point ceux de dessous par leur pesanteur, elle ne contient rien d'admirable que pour ceux qui la supposent autre qu'elle n'est : car il est certain qu'on peut mettre tant d'œufs l'un sur l'autre, que ceux de dessous seront cassés par la pesanteur de ceux de dessus; mais pour bien faire son compte, il faut considérer que si on met, par exemple, 50,000 œufs dans un tonneau qui soit si large qu'il y en ait mille qui touchent le fond, chacun de ces mille n'a que la charge de 49 à soutenir, lesquels ne pèsent, comme je crois, que 2 ou 3 livres tout au plus; de façon que si chacun de ces œufs peut soutenir un poids de 3 ou 4 livres sans se rompre, ils ne se doivent nullement casser étant au fond de ce tonneau; et s'ils ne la peuvent soutenir, ils s'y casseront certainement, quelque expérience qu'on dise avoir faite.

Et pour des noix, elles sont si dures, que je crois que chacune en pourroit soutenir plus de 10,000, et ainsi qu'on en pourroit remplir la plus haute tour qui soit au monde sans que pour cela elles se cassassent.

La multitude et l'ordre des nerfs, des veines, des

os et des autres parties d'un animal, ne montre point que la nature n'est pas suffisante pour les former, pourvu qu'on suppose que cette nature agit en tout suivant les lois exactes des mécaniques, et que c'est Dieu qui lui a imposé ces lois. En effet, j'ai considéré, non seulement ce que Vésalius et les autres écrivent de l'anatomie, mais aussi plusieurs choses plus particulières que celles qu'ils écrivent, lesquelles j'ai remarquées en faisant moi-même la dissection de divers animaux, c'est un exercice où je me suis souvent occupé depuis onze ans, et je crois qu'il n'y a guère de médecin qui y ait regardé de si près que moi; mais je n'y ai trouvé aucune chose dont je ne pense pouvoir expliquer en particulier la formation par les causes naturelles, tout de même que j'ai expliqué en mes Météores celle d'un grain de sel ou d'une petite étoile de neige; et si j'étois à recommencer mon Monde, où j'ai supposé le corps d'un animal tout formé, et me suis contenté d'en montrer les fonctions, j'entreprendrois d'y mettre aussi les causes de sa formation et de sa naissance. Mais je n'en sais pas encore tant pour cela que je pusse seulement guérir une fièvre : car je pense connoître l'animal en général, lequel n'y est nullement sujet, et non pas encore l'homme en particulier, lequel y est sujet.

M. de Beaune me mande qu'il désire voir ces petites observations sur le livre de Galilée que je vous ai envoyées ; et puisque vous lui avez fait voir toute notre dispute de M. N.[1] et de moi, touchant la règle pour les tangentes, je serois bien aise qu'il vît aussi ce que j'en ai une fois écrit à M. Hardy, où j'ai mis la démonstration de cette règle, laquelle M. N. n'a jamais donnée, quoiqu'il l'eût promise, et que nous l'en ayons assez pressé, vous et moi. Vous en aurez aisément une copie de M. Hardy, et je serai bien aise que M. de Beaune juge par là qui c'est qui a le plus contribué à l'invention de cette règle. J'écrirai à Leyde aujourd'hui ou demain pour faire que le Maire vous envoie les livres que vous demandez. Je suis, etc.

A M. DE BEAUNE.

Lettre 71 du tome III.

Du 20 février 1639.

Monsieur,

J'ai été extrêmement aise de voir vos notes sur ma Géométrie, et je puis dire avec vérité que je n'y ai pas trouvé un seul mot qui ne soit entièrement selon mon sens ; en sorte que j'ai admiré que vous ayez pu reconnoître des choses que je n'y ai

(1) Fermat.

mises qu'obscurément, comme en ce qui regarde la généralité de la méthode, et la construction des lieux plans et solides, etc. Et partout je prends garde que vous avez plutôt eu dessein d'excuser mes fautes que de les découvrir; de quoi j'ai véritablement sujet de vous remercier, à cause que c'est un grand témoignage de votre bienveillance : mais je ne vous aurois pas moins remercié si vous les aviez remarquées, à cause de l'utilité que j'en aurois pu retirer. Et afin que vous sachiez que je ne me flatte pas tant que je n'y reconnoisse beaucoup de manquements, je vous en dirai ici quelques uns. Premièrement, au lieu de m'être employé, depuis la page 324 jusques à 334, à construire la question de Pappus et de n'avoir parlé des lieux après cela qu'en forme de corollaire, j'eusse mieux fait d'expliquer par ordre tous les lieux, et de dire ensuite que par ce moyen la question de Pappus étoit construite.

De plus j'ai omis le cas où il n'y a point d'yy, mais seulement xy, avec quelques autres termes, ce qui donne toujours lieu à l'hyperbole, dont la ligne que j'ai nommée AB est asymptote ou parallèle à l'asymptote. Et en l'équation de la page 325, dont je fais un modèle pour toutes les autres, il n'y a aucun terme qui soit composé de quantités connues, ce qui est bon pour la question de Pappus, à cause qu'il ne s'y en trouve jamais par la façon que je l'ai réduite; mais il y en falloit mettre un, pour ne rien omettre touchant les lieux. Et les deux constructions que j'ai données pour l'hyperbole, p. 330 et 331, se pouvoient expliquer par une seule. Je n'ai point donné l'analyse de ces lieux, mais seulement leur construction, comme j'ai fait aussi de la plupart des règles du troisième livre; et au contraire, pour les tangentes je n'ai donné qu'un simple exemple de l'analyse, pris même d'un biais assez difficile, et j'y ai omis beaucoup de choses qui pouvoient y être ajoutées pour la facilité de la pratique. Toutefois je puis assurer que je n'ai rien omis de tout cela qu'à dessein, excepté le cas de l'asymptote, que j'ai oublié; mais j'avois prévu que certaines gens qui se vantent de savoir tout n'eussent pas manqué de dire que je n'avois rien écrit qu'ils n'aient su auparavant, si je me fusse rendu assez intelligible pour eux; et je n'aurois pas eu le plaisir, que j'ai eu depuis, de voir l'impertinence de leurs objections, outre que ce que j'ai omis ne nuit à personne. Car pour les autres, il leur sera plus profitable de tâcher à l'inventer d'eux-mêmes que de le trouver dans un livre; et pour moi, je ne crains pas que ceux qui s'y entendent m'imputent aucune de ces omissions à ignorance, car j'ai partout eu soin de mettre le plus difficile et de laisser seulement le plus aisé.

Quand on a $x^2 y$, ou $x^2 y^2$ dans une équation, le

lieu est d'une ligne du second genre, et j'ai mis en la p. 319 que, lorsque l'équation ne monte que jusques au rectangle des deux quantités indéterminées, c'est-à-dire lorsqu'il n'y a que xy, le lieu est solide; mais que, lorsqu'elle monte à la troisième ou quatrième dimension des deux, ou de l'une, c'est-à-dire lorsqu'il y a xxy, ou bien x^3, etc., le lieu est plus que solide.

Je vous remercie de la proportion des réfractions que vous m'avez envoyée : je ne doute point qu'elle ne soit très exacte, et je fais si peu d'état de celui qui dit avoir fait des expériences qui montrent le contraire, que j'ai seulement honte de notre siècle, de ce que telles gens en trouvent d'autres qui daignent les écouter; mais je ne crois pas qu'il y ait personne que les raisons dont vous le réfutez ne persuadent. Je n'ai rien à dire touchant ce que vous trouvez bon de changer en la machine pour les lunettes, car c'est chose dont vous pouvez mieux juger que moi; mais pour ce qui est de commencer par les lunettes à puce, je crains qu'elles ne fassent pas voir si clairement l'utilité de la figure hyperbolique comme les lunettes de longue vue; car vous savez que pour les verres qu'on met proche de l'œil, il n'importe pas tant que leur figure soit exacte : c'est pourquoi je me persuade que vous recevrez plus de contentement de votre travail si vous commencez par une machine qui puisse avoir au moins un pied ou un pied et demi de hauteur entre les lignes AB et RQ (pag. 145 de la Diop.), et que vous vous en serviez à tailler des verres qui aient quatre ou cinq pouces de diamètre pour des lunettes de deux ou trois pieds de longueur; car y ajoutant seulement des verres fort concaves taillés au hasard, je ne doute point que vous ne les rendiez beaucoup meilleures que les ordinaires, qui ne peuvent avoir des verres si grands, encore qu'elles soient beaucoup plus longues ; et vous pouvez faire aisément que cette même machine serve pour diverses hauteurs. Si ce qu'on a dit au révérend père Mersenne de la lunette apportée de Naples est vrai, à savoir que le verre convexe en est extraordinairement grand, et que, bien qu'il soit plus mal poli que les ordinaires, il ne laisse pas d'avoir plus d'effet, je juge qu'il doit avoir la figure de l'hyperbole : mais j'apprends qu'on commence à en diminuer le bruit.

Pour vos lignes courbes, la propriété dont vous m'envoyez la démonstration me paroit si belle, que je la préfère à la quadrature de la parabole trouvée par Archimède; car il examinoit une ligne donnée, au lieu que vous déterminez l'espace contenu dans une qui n'est pas encore donnée. Je ne crois pas qu'il soit possible de trouver généralement la converse de ma règle pour les tangentes, ni de celles dont se sert M. de Fermat non plus, bien que la pratique en soit en plusieurs cas plus aisée que de la mienne ; mais on en peut déduire *à posteriori* des théorèmes qui s'étendent à toutes les lignes courbes qui s'expriment par une équation en laquelle l'une des quantités x ou y n'ait point plus de deux dimensions, encore que l'autre en eût mille : et je les ai trouvés presque tous en cherchant ci-devant votre deuxième ligne courbe ; mais pourceque je ne les écrivois que dans des brouillons que je n'ai pas gardés, je ne vous les puis envoyer. Il y a bien une autre façon qui est plus générale, et *à priori*, à savoir, par l'intersection de deux tangentes, laquelle se doit toujours faire entre les deux points où elles touchent la courbe, tant proches qu'on les puisse imaginer : car en considérant quelle doit être cette courbe, afin que cette intersection se fasse toujours entre ces deux points, et non au-deçà ni au-delà, on en peut trouver la construction ; mais il y a tant de divers chemins à tenir, et je les ai si peu pratiqués, que je n'en saurois encore faire un bon compte : toutefois vous verrez ici en quelle façon je m'en suis servi pour vos trois lignes courbes.

En la deuxième AVX, dont le sommet est A, au lieu de considérer l'axe AY, avec son ordonnée XY, j'ai considéré l'asymptote BC, vers laquelle ayant mené des ordonnées parallèles à l'axe, comme PV, RX, etc., et des tangentes, comme AC, ZVn, GXm, etc., j'ai trouvé que la partie de l'asymptote qui est entre l'ordonnée et la tangente d'un même point, comme Pn, ou Rm, etc., est toujours égale à BC, ainsi que vous verrez facilement par le calcul. Or d'autant que les deux lignes ZVn et GXm touchent la courbe aux points V et X, elles doivent nécessairement s'entrecouper en l'espace qui est entre ces deux points, tant proches qu'ils puissent être, comme par exemple au point D, par lequel je mène FD parallèle à PV. Et je nomme AB $\parallel b$; nP $\parallel b\sqrt{2}$, PF $\parallel \epsilon$; FR $\parallel \omega$ à PV $\parallel \frac{nb}{m}$ et RX $\parallel \frac{nb-b}{m}$, entendant par m un nombre de parties égales auxquelles je suppose que toute la ligne b est divisée, et par n un autre moindre nombre qui exprime combien la ligne PV contient de telles parties; en sorte que si m est 16, et n est 13, j'ai PV $\parallel \frac{13}{16} b$ et RX $\parallel \frac{12}{16} b$, car je suppose RX moindre que PV d'une de ses parties seulement. Après cela je procède en cette sorte :

Comme NP $\parallel b\sqrt{2}$ est à PV $\parallel \frac{nb}{m}$, ainsi nF $\parallel b\sqrt{2} - \epsilon$ est à FD $\parallel \frac{nb}{m} - \frac{n\epsilon}{m\sqrt{2}}$; et comme mR $\parallel b\sqrt{2}$ est à $\frac{nb-b}{m}$, ainsi $b\sqrt{2} + \omega$ est à FD $\parallel \frac{nb-b}{m} + \frac{n\omega}{m\sqrt{2}} - \frac{\omega}{m\sqrt{2}}$; si bien que j'aie FD en deux façons, qui me donnent $\frac{b}{m} \parallel \frac{n\omega - \omega + n\epsilon}{m\sqrt{2}}$, ou bien $b\sqrt{2} \parallel n\omega - \omega + n\epsilon$: ce qui montre que PR, que j'ai nommée $\epsilon + \omega$ est

---

[1] Figure 11.

$\frac{bV_2+b}{n}$ ou bien $\frac{bV_2-b}{n-1}$, c'est-à-dire que PR est nécessairement plus grande que $\frac{bV_2}{n}$, et plus petite que $\frac{bV_2}{n-1}$, ou bien, afin de rejeter le nombre sourd V_2, que la ligne αβ est plus grande que $\frac{b}{n}$, et plus petite que $\frac{b}{n-1}$. Et pourceque le même se doit entendre de toutes les ordonnées parallèles à l'axe qui ne diffèrent l'une de l'autre que d'une des parties de la ligne AB, ceci suffit pour démontrer que si on divise cette ligne AB en 8, et que PV contienne, par exemple, $\frac{1}{7}b$, Aα sera plus grande que $\frac{1}{7}b$, $+\frac{1}{7}b$, et moindre que $\frac{1}{7}b$, $+\frac{1}{8}b$; et que si on divise AB en 16, Aα sera plus grande que $\frac{1}{15}b$, $+\frac{1}{15}b$, $+\frac{1}{15}b$, $+\frac{1}{15}b$, et moindre que $\frac{1}{15}b$, $+\frac{1}{14}b$, $+\frac{1}{13}b$, $+\frac{1}{15}b$, et ainsi des autres : de façon que, divisant AB en plus de parties, on peut approcher de plus en plus à l'infini de la juste longueur des lignes Aα, Aβ et semblables, et par ce moyen construire mécaniquement la ligne proposée.

De plus, à cause que RX étant $\frac{1}{7}b$, on ne saurait imaginer en la ligne Aβ aucun point au-dessus de β, comme γ, qui soit si proche de β qu'il ne se démontre pas ceci, que l'intervalle γβ est moindre que le double de la différence qui sera entre l'ordonnée RX et l'ordonnée qui passera par le point γ; et qu'au contraire on ne saurait imaginer aucun point au-dessous de β, comme δ, qu'il ne se démontre que l'intervalle $\beta\delta$ est plus grand que le double de la différence qui est entre l'ordonnée RX et celle qui passe par δ; et que tout de même que PV étant $\frac{1}{7} b$, on ne sauroit mener aucune autre ordonnée au-dessus d'elle, comme par le point n, que la ligne αn ne soit moindre que $\frac{4}{7}$ de leur différence; ni aucune au-dessous, comme par θ, que $\alpha\theta$ ne soit plus grande que $\frac{4}{7}$ de leur différence, et ainsi des autres. Cela montre que, pour décrire exactement cette courbe AVX, il faut mouvoir deux lignes droites en telle sorte, que l'une étant appliquée sur la ligne AH, et l'autre sur AB, elles commencent à se mouvoir en même temps également vite, AH vers BR, et AB vers RH; et que celle qui se meut de AH vers BR retienne toujours sa même vitesse, mais que l'autre qui descend de BA, parallèle à RH, augmente la sienne en telle proportion, que si elle a un degré de vitesse en commençant, elle en ait $\frac{2}{7}$ lorsque la première a parcouru la huitième partie de la ligne AB, et $\frac{3}{6}$ ou $\frac{4}{7}$ lorsque la première a parcouru le quart de AB, et $\frac{3}{4}, \frac{3}{4}, \frac{5}{5}, \frac{3}{7}$ et 8 et 16 et 32, etc., lorsque la première arrive à $\frac{3}{8}, \frac{4}{8}, \frac{5}{8}, \frac{6}{8}$, et $\frac{7}{8}$ et $\frac{15}{16}$ et $\frac{31}{32}$, etc., de la ligne AB, et ainsi à l'infini; et l'intersection de ces deux lignes droites décrira exactement la courbe AVX, qui aura les propriétés demandées. Mais je crois que ces deux mouvements sont tellement incommensurables, qu'ils ne peuvent être réglés exactement l'un par l'autre; et ainsi que cette ligne est du nombre de celles que j'ai rejetées de ma Géométrie, comme n'étant que mécanique; ce qui est cause que je ne m'étonne plus de ce que je ne l'avois pu trouver de l'autre biais que j'avois pris, car il ne s'étend qu'aux lignes géométriques.

Pour votre troisième ligne courbe, vous voyez assez qu'elle est de même nature, et se décrit de même façon que cette seconde, sans qu'il y ait autre différence, sinon qu'au lieu qu'en celle-ci l'angle BAH est de 135 degrés, et HAY de 45, ils doivent être tous deux droits en l'autre.

Pour la quatrième, je ne l'ai point du tout examinée, et je n'en pourrois avoir le loisir, si je ne différois à un autre voyage à vous écrire; mais je m'assure que vous aimerez mieux en faire la recherche.

Les petites remarques que j'ai faites sur le livre de Galilée ne valent pas la peine que vous les voyiez; mais, puisqu'il vous plaît, je ne laisserai pas de prier le révérend père Mersenne de vous les envoyer. J'ai bien pris garde que Galilée ne distingue pas les diverses dimensions du mouvement; mais cela lui est commun avec tous les autres dont j'ai vu quelques écrits de mécanique.

Pour la difficulté qu'on a de concevoir comment plusieurs diverses actions peuvent passer en même temps par un même espace sans s'empêcher, comme, par exemple, toutes les couleurs d'une prairie par le trou de la prunelle de l'œil, elle vient principalement de ce qu'ayant remarqué dès notre enfance que les corps durs empêchent souvent les nouveautés les uns des autres, au lieu de prendre garde que la cause n'en doit être attribuée qu'à leur durée et à leur grosseur, nous avons jugé qu'un même corps n'étoit pas capable de recevoir tout ensemble les impressions de plusieurs divers mouvements; et toutefois il est très certain qu'il en peut recevoir un nombre innombrable, nonobstant que chacune de ses parties ne puisse pas pour cela se mouvoir en plus d'une sorte, comme on peut voir aisément plusieurs tuyaux F, GI, KL qui soient joints par le milieu, et que plusieurs hommes soufflent en même temps, l'un d'F vers G, l'autre d'H vers I, et l'autre de K vers L, etc. : car bien que les parties de l'air contenues en l'espace de N, qui leur est commun à tous, ne se puissent mouvoir chacune que vers un côté en même temps, elles ne laissent pas de pouvoir servir à transférer toutes les actions qu'elles reçoivent; et l'on peut dire que l'action qui vient d'F passe en ligne droite vers G, nonobstant qu'il n'y ait peut-être aucune partie de l'air qui vient d'F, laquelle étant parvenue à l'espace N, ne tourne de là vers I et vers L; car, en ce faisant, elles transfèrent l'action qui les déterminoit vers G à d'autres parties d'air qui viennent d'H et de K, et qui tendent vers G tout de même que si elles venoient du point F, et ainsi des autres. Au reste, afin que je ne laisse aucuns points de votre lettre sans quelque réponse, je vous dirai que si tout le monde vouloit recevoir mes pensées aussi favorablement que vous, je ne ferois aucune difficulté de les publier; mais pourceque j'éprouve que la plupart, et même de ceux qui causent le plus, sont d'autre humeur, je ne le juge pas à propos. Je suis, etc.

AU R. P. MERSENNE.

(Lettre 84 du tome III.)

Mon révérend père,

J'ai reçu quatre paquets de votre part depuis huit ou dix jours, sans avoir toutefois reçu qu'une de vos lettres; car le premier ne contenoit que les livres de M. Morin, de M. Hardy et les thèses du père Bourdin; le second, que la perspective curieuse et le livre de M. Laleu [1]; le troisième, que des lettres de Bretagne. Mais

---

[1] Paul Ivon, sieur de Laleu.

enfin le quatrième j'ai trouvé votre lettre, avec une autre de M. de Beaune, et une autre encore que M. de Bessy vous a écrite. Je répondrai ici par ordre aux articles de la vôtre. Ce que j'ai dit aux pages 175 et 179, de la pesanteur et de l'origine des fontaines est fort peu de chose, au regard de ce qui s'en peut dire, et vous verrez quelque chose de la pesanteur dans ma réponse à M. de Beaune.

J'admire que vous n'ayez pu faire geler de l'eau avec du sel et de la glace ; car l'expérience en est si aisée, qu'il est presque impossible de la mal faire ; et je l'ai faite plus de cent fois : il est vrai qu'il faut une assez bonne quantité de neige ou de glace pilée, mais la neige y est meilleure, à cause qu'elle se mêle mieux avec le sel, qui doit être aussi en assez bonne quantité, environ le tiers ou le quart de la neige ; et il faut ensevelir le vase où est l'eau douce dans cette mixtion, et l'y laisser jusqu'à ce qu'elle soit quasi toute fondue ; car à mesure que la neige se fond, l'eau se glace, et cela se peut faire en toute saison ; mais l'été il faut que ce soit dans une cave, afin que la chaleur de l'air ne fasse point trop tôt fondre la neige.

Ce qui empêche la lumière de pénétrer jusques au fond de la mer, ou au travers d'un verre fort épais, n'est pas l'eau ou le verre en tant que diaphanes, mais ce sont des impuretés qui y sont mêlées, et qui ne sont point diaphanes.

Si vous ne mettez pas plus de sel dans de l'eau douce qu'il s'en peut tirer de pareille quantité d'eau de mer, je m'assure qu'elle ne deviendra point plus pesante que celle de mer. Mais toute la mer n'est pas également salée; car aux embouchures des rivières, aux rivages et vers les poles, elle l'est beaucoup moins qu'ailleurs.

Les tangentes de deux lignes courbes de diverse espèce ne peuvent avoir les mêmes propriétés spécifiques, telles que sont celles que vous marquez de la parabole et de l'ellipse; mais il y a des propriétés géométriques[1] qui peuvent convenir à plusieurs, et même à plusieurs de divers genres. Comme si AD est la tangente de la courbe ED et DC perpendiculaire sur AC et qu'il faille seulement que AE soit à EC, comme nombre à nombre, on peut trouver des lignes courbes d'une infinité de divers genres qui auront cette propriété. Pour celui de vos géomètres qui fait le fin sur ce sujet, il a montré touchant les lignes de M. de Beaune qu'il était du nombre de ceux qui savent le moins ce qui en est; car il maintenoit que les propriétés des tangentes données ne suffisoient pas pour les déterminer; et cela même qu'il dit en avoir la démonstration, mais qu'il ne la dira qu'à bonnes enseignes, est un témoignage qu'il l'ignore; car c'est une chose si claire et si aisée pour ceux

---

[1] « Génériques »

qui la savent, que cela ne mérite rien moins que d'être caché comme un mystère.

Il faut que je rie de ce que vous m'avez déjà envoyé cinq ou six fois la façon pour trouver la tangente de la roulette, toujours différemment et toujours avec faute, ce qui ne sauroit venir de votre plume; car vous avez pris la peine de m'envoyer copie de plusieurs autres choses de géométrie qui étoient bien, et vous avez expressément pris garde à cette dernière, où la faute est qu'ayant tiré GI, perpendiculaire sur l'axe CD[1] et EF, qui touche le cercle au point E, il dit que si le cercle est égal à la ligne AB, EF doit être prise égale à GI, et que GF sera la tangente cherchée, ce qui est très faux; car il faut prendre EF égale à GE, et lors cette construction ne diffère point de la mienne, et je crois qu'il pensoit traiter avec des grues, de vouloir par là persuader qu'il a trouvé cette tangente. Je dis même en supposant qu'il n'y ait point de faute dans sa construction, et qu'il ait fait EF égale à GE; car il devoit montrer outre cela le *medium* qui l'a conduit à cette construction, ainsi que je vous ai déjà mandé il y a long-temps, et qu'il fût différent de ceux qui lui ont été envoyés, ou plutôt se taire; car enfin cela même qu'il vous a donné cinq ou six fois sa prétendue construction pour m'envoyer, sans que je l'aie jamais deman-

[1] Figure 10.

dée, me fait juger qu'il affecte de faire croire une chose qui n'est pas vraie.

Je crois que vous faites trop d'honneur au sieur N.¹ de lui contredire, il faut laisser aboyer les petits chiens sans prendre la peine de leur résister; et je m'assure qu'il est plus fâché de ce que je n'ai pas daigné lui répondre, que si je lui avois dit tout le mal que j'eusse pu, bien qu'il m'en ait donné une ample matière. Vous vous êtes fort bien avisé de vouloir envoyer son traité contre ma Dioptrique à M. de Beaune plutôt qu'à moi; car je m'assure que par ce moyen il ne sera point de besoin que je le voie, et je reconnois tant de capacité et de franchise en M. de Beaune, que je suis prêt de souscrire dès à présent à tout ce qu'il en jugera.

Il est vraisemblable que l'arbalète du *Padre Benedetto* est aussi excellente que la lancette² de Naples, car l'une et l'autre viennent d'Italie.

Vous verrez dans ma réponse à M. de Beaune pourquoi je ne crois plus que les corps pesants augmentent également leur vitesse en descendant.

Sa raison pourquoi il faut une force quadruple pour faire monter une corde à l'octave est très excellente, et voici comme elle s'entend. Que les cordes ABC et EFG soient en tout égales, sinon

¹ « Petit. »
² « Lunette. »

que ABC soit plus tendue que EFG, en sorte qu'elle ait un son plus aigu d'une octave, et qu'elles soient également éloignées de leur direction, c'est-à-dire que BD¹ et FH soient égales, il est certain qu'il ne faut ni plus ni moins de forces et de temps, en comptant l'un avec l'autre, pour faire que ABC revienne jusques à D, que pour faire que EFG revienne jusques à H; c'est-à-dire que si ABC a plus de force, il lui faudra moins de temps à proportion : car toutes les autres choses étant égales, cette inégalité de la force ne peut être récompensée que par celle du temps. Il est certain aussi que, puisque ABC fait l'octave au-dessus de EFG, elle n'emploie que la moitié d'autant de temps à passer de B à D que EFG à passer de F à H; si bien qu'il ne reste plus qu'à savoir sinon combien la force qui la meut doit être plus grande que celle qui meut l'autre, afin que cette force et ce temps comptés ensemble fassent en toutes deux la même somme. Or, pourceque la force agit toujours également (au moins à peu près, et on ne considère point ici ce qui s'en faut), et que l'impression qu'elle fait à chaque moment demeure jusques à la fin du mouvement, on peut représenter le temps par une ligne, comme KL ou KN, et la force par une autre, comme NO ou LM ou NP; en sorte que l'un et l'autre ensemble soit représenté par le triangle KNO² ou KLM ou

[1] Figure 13. — [2] Figure 14.

KNP; à savoir, puisque ABC n'emploie que la moitié d'autant de temps à aller de B à D que fait EFG à aller de F à H, il représente le temps de ABC par KL prise à discrétion, et celui de EFG par KN, qu'il fait double de KL, puis il représente la force de EFG par NO, prise derechef à discrétion, et celle de ABC par NP en un temps égal, et par LM en un temps de la moitié moindre; et cette LM doit être telle (suivant ce qui a été posé) que le triangle KLM soit égal au triangle KNO; mais à cet effet LM doit être double de NO, et ensuite NP doit être quadruple de NO : donc la force qui meut ABC doit aussi être quadruple de celle qui meut EFG; car lorsqu'elles sont considérées en elles-mêmes, et sans avoir égard à aucun temps, elles ont même rapport l'une à l'autre que lorsqu'elles sont considérées au regard d'un temps égal.

Je ne sache point avoir reçu ci-devant aucune lettre de M. de Bessy à laquelle je n'aie fait réponse; et quant à ce qu'il mande dans celle qu'il vous a écrite, je n'ai autre chose à dire, sinon qu'il est vrai que je me suis mépris faute d'attention. Car, ayant trouvé d'abord tout ce qui me sembloit contenir de la difficulté dans la question, qui étoit de donner autant d'ellipses rationnelles qu'on voudroit qui eussent une même ligne pour plus grand diamètre, et ayant d'autres pensées en l'esprit, je ne me suis pas arrêté à considérer toutes les exceptions qu'il falloit faire, afin que cette ligne ne servît point à plus grand nombre d'ellipses qu'à celui qui seroit demandé ; et pensant prendre un biais qui m'en exempteroit, je me suis trompé. Voici mon procédé : prenant a pour le nombre qui exprime la ligne IK, et b pour celui qui exprime la ligne IG, j'ai trouvé que DC devoit être nécessairement $\frac{2bb}{a}$ et FL être $2b\sqrt{\frac{2b}{a}-1}$. En suite de quoi il m'a été aisé de voir quels nombres je devois prendre pour a et pour b, afin que $2b\sqrt{\frac{2b}{a}-1}$ fût un nombre rationnel, et que DC pût être expliqué en autant de diverses façons par $\frac{2bb}{a}$ qu'on auroit demandé d'ellipses. Mais pourceque je voyois que prenant un nombre carré, ou double d'un carré pour DC ou $\frac{2bb}{a}$, $\sqrt{\frac{2b}{a}-1}$ pouvoit être une fraction, et que néanmoins FL ou $2b\sqrt{\frac{2b}{a}-1}$ seroit un nombre entier, j'ai pensé que multipliant DC par 3, ou par quelque autre tel nombre qui empêchât qu'il ne fût carré ou double de carré, j'exclurois toutes les ellipses qui peuvent naître de ces fractions ; et c'est en quoi j'ai failli : car, comme M. de Bessy remarque fort bien, cette multiplication est superflue, à cause que toutes les autres lignes sont aussi multipliées par 3 ; mais c'est une faute si grossière, que je m'assure qu'il ne la prendra que pour une bévue, qui montre que j'ai eu l'esprit diverti ailleurs. Et afin qu'il ait d'autant plus de raison de m'excuser, je vous dirai qu'il me semble n'avoir pas pris garde à tout non plus que moi : car, premièrement, il dit que si DC¹ est un carré impair, il ne pourra servir à aucune ellipse dont les lignes requises s'expriment par des nombres entiers ; secondement, qu'il n'y a aucun nombre qui puisse servir de grand diamètre à une ellipse, qui ait les lignes telles qu'on demande, qui ne serve aussi à deux telles ellipses, l'une desquelles aura son petit diamètre plus grand que la distance des points brûlants, et l'autre l'aura plus petit ; troisièmement, que c'est pour cela qu'il a demandé que l'ellipse eût une de ces conditions ; quatrièmement, que je n'ai point dû pour cela exclure le nombre de 5. Or, premièrement, si, par exemple, DC est 25, IK sera 2, IC 5, et FL 20. *Item* ; si DC est 289, IK sera 2, IC 17, et FL 136, et ainsi des autres où il ne se trouve que des nombres entiers ; secondement, et ni 25 ni 289 ne servent que chacun à une ellipse ; mais 25 sert à une qui a son plus petit diamètre plus grand que la distance de ses points brûlants, et 289 sert à une qui l'a moindre ; troisièmement, si bien qu'il n'étoit pas besoin pour ce sujet d'exclure l'une de ces conditions ; quatrièmement, et moi j'ai dû exclure le nombre 5 pour résoudre la question aux termes qu'elle étoit proposée ; et il me semble que la meilleure solution est de faire que DC soit un nombre carré impair, dont la ra-

¹ Figure 12.

cine ou ses parties se puisse diviser en deux carrés, autant de fois qu'on demande d'ellipses. Ainsi DC étant le carré de 629, il servira à quatre ellipses, et non plus, à cause que 629 ne se divise qu'en 4 et 625; *item* en 100 et 529; *item* 37 se divise en 1 et 36; et 17 se divise en 1 et 16, qui font quatre ellipses, et non plus. Et il est aisé à déterminer la plus grande et la moindre proportion entre lesquelles doit être celle de ces carrés, afin que EI soit plus grande que FL, et que néanmoins l'aire de l'ellipse soit plus grande que celle du cercle qui aura EI pour diamètre. Mais je ne vois pas qu'il soit aisé de donner une règle pour trouver un nombre qui se divise ainsi, lui ou ses parties, en autant de carrés qu'on voudra, et non plus, si ce n'est qu'après en avoir trouvé autant qu'il faut, on en ôte ceux qui s'y trouveront de plus en tâtonnant : il m'enseignera, s'il lui plaît, si je me trompe; et cependant je demeure son très humble serviteur.

Je reviens aux livres que vous m'avez envoyés, desquels je vous remercie, et vous prie de remercier de ma part ceux qui vous les ont donnés pour moi. Je n'ai encore eu aucun temps pour les lire, ce qui est cause que je ne vous en puis rien dire à cette fois. Je suis, etc.

A MONSIEUR *** [1].

(Lettre 25 du tome II.)

Monsieur,

Je crois le temps que j'ai mis à considérer vos lignes courbes très bien employé, non seulement à cause que j'y ai beaucoup appris, mais particulièrement aussi à cause que vous témoignez en avoir quelque satisfaction. Je vous remercie de votre exacte mesure des réfractions, la précédente en étoit si peu éloignée, qu'il n'y a personne que vous qui eût pu y trouver à redire. Pour l'écrit du sieur N.[2] que vous avez vu, j'en ai fait tant d'estime, qu'il se peut vanter d'être le seul de tous ceux qui m'ont envoyé quelque chose auquel je n'ai point fait de réponse. Car en effet je croirois avoir mauvaise grâce de m'arrêter à poursuivre un petit chien, qui ne fait qu'aboyer contre moi, et n'a pas la force de mordre. Je craindrois que votre indis-

---

[1] « Cette lettre est très certainement adressée à M. de Beaune par M. Descartes, en même temps que la 84ᵉ du 3ᵉ vol. au P. Mersenne. Il n'y a qu'à les comparer ensemble pour s'en convaincre; elles sont toutes deux écrites le 30 avril 1639. »

[2] « Je crois que c'est Petit. »

position ne vous détournât du travail des lunettes si elle étoit autre que la goutte ; mais ce mal me semble ne pouvoir être mieux surmonté que par exercice.

Je voudrois être capable de répondre à ce que vous désirez touchant vos mécaniques ; mais encore que toute ma physique ne soit autre chose que mécanique, toutefois je n'ai jamais examiné particulièrement les questions qui dépendent des mesures de la vitesse. Votre façon de distinguer diverses dimensions dans les mouvements, et de les représenter par des lignes, est sans doute la meilleure qui puisse être ; et on peut attribuer autant de diverses dimensions à chaque chose qu'on y trouve de diverses quantités à mesurer. Votre distinction des trois lignes de direction qui sont parallèles, ou qui tendent à un centre ou à plusieurs, est fort méthodique et utile. L'invention de vos lignes courbes est très belle ; et la raison que vous donnez pour la tension quadruple d'une corde qui fait l'octave est très ingénieuse et très vraie. Il ne me reste plus à vous dire que ce qui me donne de la difficulté touchant la vitesse, et ensemble ce que je juge de la nature de la pesanteur, et de ce que vous nommez inertie naturelle.

Premièrement, je tiens qu'il y a une certaine quantité de mouvement en toute la matière créée qui n'augmente ni ne diminue jamais ; et ainsi que lorsqu'un corps en fait mouvoir un autre, il perd autant de son mouvement qu'il lui en donne; comme lorsqu'une pierre tombe d'un lieu haut contre terre, si elle ne retourne point, et qu'elle s'arrête, je conçois que cela vient de ce qu'elle ébranle cette terre, et ainsi lui transfère son mouvement; mais si ce qu'elle meut de terre contient mille fois plus de matière qu'elle, en lui transférant tout son mouvement, elle ne lui donne que la millième partie de sa vitesse. Et pourceque si deux corps inégaux reçoivent autant de mouvement l'un que l'autre, cette pareille quantité de mouvement ne donne pas tant de vitesse au plus grand qu'au plus petit, on peut dire en ce sens, que plus un corps contient de matière, plus il a d'inertie naturelle; à quoi on peut ajouter qu'un corps qui est grand peut mieux transférer son mouvement aux autres corps qu'un petit, et qu'il peut moins être mû par eux; de façon qu'il y a une sorte d'inertie qui dépend de la quantité de la matière, et une autre qui dépend de l'étendue de ses superficies.

Pour la pesanteur, je n'imagine autre chose, sinon que toute la matière subtile qui est depuis ici jusqu'à la lune, tournant très promptement autour de la terre, chasse vers elle tous les corps qui ne se peuvent mouvoir si vite: or elle les chasse avec plus de force lorsqu'ils n'ont point encore commencé à descendre que lorsqu'ils descendent déjà; car enfin s'il arrive qu'ils descendent aussi vite qu'elle se meut, elle ne les poussera plus du tout, et s'ils descendent plus vite, elle leur résistera. D'où vous pouvez voir qu'il y a beaucoup de choses à considérer avant qu'on puisse rien déterminer touchant la vitesse, et c'est ce qui m'en a toujours détourné : mais on peut aussi rendre raison de beaucoup de choses, par le moyen de ces principes, auxquelles on n'a pu ci-devant atteindre. Au reste, je ne vous écrirois pas si librement de ces choses, que je n'ai point voulu dire ailleurs, à cause que la preuve en dépend de mon Monde, si je n'espérois que vous les interpréterez favorablement, et si je ne désirois passionnément vous témoigner que je suis, etc.

A M. DE BEAUNE[1].

(Lettre 26 du tome II. Version.)

Monsieur,

Vous avez un extrême pouvoir sur moi, et j'ai grande honte de ne pas faire ce que vous témoignez désirer; mais il faut, s'il vous plaît, que vous excusiez ma désobéissance, puisque c'est l'estime que je fais de vous qui la cause; et que vous me permettiez de vous dire que, bien que les raisons pour lesquelles vous me mandez que je dois publier mes rêveries soient très fortes pour l'intérêt de mes rêveries mêmes, c'est-à-dire pour faire qu'elles soient plus aisément reçues et mieux entendues, je n'examinerai point celles que vous apportez, car votre autorité est suffisante pour me les faire croire très fortes : mais je dirai seulement que les raisons[2] qui m'ont ci-devant empêché de faire ce que vous

---

[1] « Cette lettre est antérieure à la 28ᵉ et 29ᵉ de ce 2ᵉ vol., qui est fixement datée du 19 juin 1639, puisque dans cette lettre du 28 il dit qu'il n'a rien répondu à M. de Beaune que telle chose, qui n'a aucun rapport évident avec cette 26ᵉ lettre. Donc on ne peut mal fixer cette lettre en la mettant le 10 juin 1639. »

[2] « La prison de Galilée. »

me voulez persuader n'étant point changées, je ne saurois aussi changer de résolution sans témoigner une inconstance qui ne doit pas entrer en l'âme d'un philosophe ; et cependant je n'ai pas juré de ne permettre point que mon Monde voie le jour pendant ma vie; comme je n'ai point aussi juré de faire qu'il le voie après ma mort; mais que j'ai dessein, tant en cela qu'en toute autre chose, de me régler selon les occurrences et de suivre autant que je pourrai les conseils les plus sûrs et les plus tranquilles. Et pour la mort dont vous m'avertissez, quoi que je sache assez qu'elle peut à chaque moment me surprendre, je me sens toutefois encore, grâces à Dieu, les dents si bonnes et si fortes, que je ne pense pas la devoir craindre de plus de trente ans, si ce n'est qu'elle me surprenne : et comme on laisse les fruits sur les arbres aussi long-temps qu'ils y peuvent devenir meilleurs, nonobstant qu'on sache bien que les vents et la grêle, et plusieurs autres hasards, les peuvent perdre à chaque moment qu'ils y demeurent, ainsi je crois que mon Monde est de ces fruits qu'on doit laisser mûrir sur l'arbre, et qui ne peuvent trop tard être cueillis. Après tout, je m'assure que c'est plutôt pour me gratifier que vous m'invitez à le publier que pour aucune autre occasion : car vous jugez bien que je n'aurois pas pris la peine de l'écrire, si ce n'étoit à dessein de le faire voir, et que par conséquent je n'y manquerai pas, si jamais j'y trouve mon compte, et que je le puisse faire sans mettre au hasard la tranquillité dont je jouis. C'est pourquoi, encore que cela n'arrive pas sitôt, vous ne laisserez pas, s'il vous plaît, de me croire, etc.

AU R. P. MERSENNE.

(Lettre 28 du tome II.)

MON RÉVÉREND PÈRE,

Je¹ suis bien aise que M. de Beaune ait refusé de faire voir au sieur de Roberval et aux autres ce que je lui ai envoyé touchant la ligne courbe, car il sera assez à temps de leur montrer, lorsqu'ils avoueront qu'ils ne la peuvent trouver. Je vous prie de laisser causer le sieur P.², et de ne me point envoyer son antidioptrique sans que M. de Beaune l'ait vue, s'il lui plaît d'en prendre la peine, et qu'il ait jugé qu'elle mérite que je la voie. En effet, j'ai un puissant défenseur en M. de Beaune, et dont la voix

---

¹ *Je reviens à une autre de vos lettres, où vous mandez m'avoir envoyé ce carême deux lettres de mon frère, l'une par Cramoisie et l'autre par Lemaire, desquelles je n'en ai reçu qu'une, qui est venue, je crois, par Lemaire. Je suis bien aise...*

² « Petit. »

est plus croyable que celle de mille de mes adversaires : car il ne juge que de ce qu'il entend fort bien, et eux de ce qu'ils n'entendent point. Je crois vous avoir écrit ci-devant touchant les parties de la matière subtile, que bien que je les imagine rondes, ou presque rondes, je ne suppose aucun vide autour d'elles, mais que j'ai voulu réserver à mon Monde à expliquer ce qui remplit leurs angles. Je n'ai nullement trouvé mauvais que le P. Niceron ait imprimé mon nom, car je vois qu'il est si connu, que je semblerois vouloir faire le fin de mauvaise grâce si je témoignois avoir envie de le cacher. Vous m'avez obligé de m'excuser envers M. de Laleu : car enfin je ne saurois en bonne conscience lui mander aucune chose de son livre qui ne le désobligeât davantage que mon silence. Je n'ai rien répondu à M. de Beaune touchant la publication de mon Monde, car je n'avois rien à répondre, sinon que les causes qui m'en ont empêché ci-devant n'étant point changées, je ne dois pas changer de résolution.

Mais à ce propos je vous prie de me mander si les exemplaires que M. le nonce vous avoit promis de faire tenir au cardinal de Baigne, etc., ont été enfin adressés : car j'ai sujet de me douter que la difficulté qu'ils ont eue à être portés vient de ce qu'on a craint qu'ils ne traitassent du mouvement de la terre; et il y a plus de deux ans que le Maire ayant offert d'en envoyer à un libraire de Rome, il fit réponse qu'il en vouloit bien une douzaine, pourvu qu'il n'y eût rien qui touchât le mouvement de la terre; et depuis, les ayant reçus, il les a renvoyés en ce pays, du moins a voulu les renvoyer.

Touchant ce que vous m'écrivez de la pesanteur, la pierre est poussée en rond par la matière subtile, et avec cela vers le centre de la terre; mais le premier est insensible, à cause qu'il est commun à toute la terre, et à l'air qui l'environne, si bien qu'il ne reste que le second qui fait la pesanteur; et cette pierre se meut plus vite vers la fin de sa descente qu'au commencement, bien qu'elle soit poussée moins fort par la matière subtile, car elle retient l'impétuosité de son mouvement précédent, et ce que l'action de cette matière subtile y ajoute, l'augmente. Au reste, encore que j'aie dit que cette matière subtile tourne autour de la terre, je n'ai point besoin pour cela de dire si c'est d'orient en occident, ou au contraire, puisque ce mouvement est tel qu'il ne peut nous être sensible; ni de conclure qu'elle doit faire tourner la terre avec soi, puisqu'on n'a point ci-devant conclu, de ce que tous les cieux tournent, que la terre dût tourner avec eux [1].

---

[1] « La suite de cette lettre est la lettre 29 de ce volume, page 177, à l'alinéa: *Je n'ai point encore reçu ce livre...* »

Je n'ai rien à répondre à la dernière lettre que M. de Bessy vous a écrite, sinon que je ne crois point m'être mépris en ce que je vous ai mandé la dernière fois touchant sa question, et que la façon par laquelle je vous ai écrit que je la résolvois étant générale, ne comprend pas seulement le cas où le grand diamètre est nombre impair, mais aussi tous les autres; en sorte que telle méthode qu'il puisse avoir pour ce sujet, si elle est vraie, je m'assure qu'elle en peut aisément être déduite. Mais il semble que tout le différent ne procède que de ce que j'ai interprété sa proposition suivant ses paroles, et non suivant son intention : car puisqu'il avoit exclu les ellipses dont la distance des points brûlants est moindre que le plus petit diamètre, j'ai cru qu'il falloit chercher un nombre où il n'y eût point de telles ellipses, au lieu qu'il veut bien qu'il y en ait, mais seulement qu'on ne les compte point : et quand je dis que le carré de 629 sert à quatre ellipses, j'entends tant de celles qui ont cette distance plus grande que des autres, lesquelles je dis être difficiles à exclure[1], etc. Je suis.

[1] « Il faut retrancher *etc. et je suis*, et reprendre, lettre 29, page 176, « à l'alinéa : *J'achevois cette lettre…* »

AU R. P. MERSENNE[1].

(Lettre 29 du tome II.)

Mon révérend père,

Vous commencez l'une de vos lettres par l'ombre du corps de saint Bernard, qui paroît sur une pierre; touchant quoi je m'assure qu'il est aisé, en la voyant, d'examiner si elle est miraculeuse, ou bien si ce sont seulement les veines de la pierre qui représentent cette figure. Mais il est malaisé d'en deviner les moyens en ne la voyant pas : et je n'en puis dire autre chose, sinon que si elle est miraculeuse, et qu'on la regarde avec dessein d'examiner si les veines de la pierre la peuvent représenter sans miracle, il me semble qu'on y doit remarquer quelque circonstance qui fera voir qu'elles ne le peuvent ; car pourquoi Dieu feroit-il un miracle, s'il ne vouloit qu'il pût être connu pour miracle ?

Je ne sache point que vous m'ayez ci-devant écrit que la hauteur de l'eau soit en raison double

---

[1] « Cette lettre est la 24ᵉ des manuscrits de Lahire; elle est fixement datée du 19 juin 1639. »

du temps qu'elle est à sortir par un robinet; mais il me semble qu'on le peut prouver en la même façon que M. de Beaune a prouvé que la tension des cordes est double de leurs sons : car puisque la quantité de l'eau qui coule par le robinet dépend du temps qu'elle est à couler et de la hauteur du tuyau, on la peut représenter par les aires des triangles ABC et DGH, ou DEF, faisant que AB, DG, DE, représentent le temps, BC et EF les forces qui sont proportionnées aux hauteurs des tuyaux, etc.; en sorte que si la hauteur représentée par EF est quadruple de la hauteur représentée par BC; le temps DG doit être la moitié du temps AB ou DE, afin que l'espace DGH, qui représente l'eau qui coule par le tuyau quadruple, soit égal à l'espace ABC[1], etc.

Je ne sache point aussi avoir écrit que je ne conçois la matière subtile que jusqu'à la lune; mais peut-être bien que je ne conçois son mouvement circulaire autour de la terre que jusqu'à la lune : car au-dessus de la lune je lui en attribue d'autres, qui peuvent être imaginés suivant l'hypothèse de Tycho-Brahé par ceux qui rejettent celle de Copernic.

---

[1] *Mais je doute ici de l'expérience, et j'y trouve bien plus à considérer que ces deux dimensions. C'est pourquoi je vous prie de ne vous point arrêter à ce que j'ai écrit en me hâtant, et ayant d'autres pensées en l'esprit.*

Les lunettes que vous proposez avec des miroirs ne peuvent être si bonnes ni si commodes que celles que l'on fait avec des verres : premièrement, pourceque l'œil n'y peut être mis fort proche du petit verre ou miroir, ainsi qu'il doit être; secondement, qu'on en peut exclure la lumière collatérale comme aux autres, avec un tuyau; troisièmement, qu'elles ne devroient pas être moins longues que les autres, pour avoir les mêmes effets, et ainsi ne seroient guère plus faciles à faire, etc.; et s'il se perd des rayons sur les superficies des verres, il s'en perd beaucoup sur celle des miroirs.

Pour la dureté de la glace, j'ai dit, vers la fin de la page 163, que ses parties ne sont pas droites comme des joncs, mais courbées en diverses sortes; ce qui peut servir pour aider à entendre sa dureté : et toutefois, encore qu'on les suppose toutes droites, pourvu seulement qu'elles se touchent immédiatement en quelques endroits, cela suffit pour la rendre dure : car pour faire le corps le plus dur qui puisse être imaginé, il faut seulement que toutes ses parties s'entre-touchent de toutes parts, et ne soient point en action pour se mouvoir diversement.

Les actions de nos mains et celle du feu, et mille autres, empruntent leur mouvement de la matière subtile, qui n'en perd guère pour cela, d'autant qu'elle est en grande quantité : tout de même que la terre n'en reçoit guère quand une pierre qui tombe lui donne tout le sien; et ainsi ce n'est pas merveille qu'on n'aperçoive pas d'où viennent ni comment se perdent ces mouvements.

Suivant la théorie exacte de la Dioptrique, les lunettes devroient à peu près grossir les objets en même proportion qu'elles augmentent le diamètre de l'œil, comme on peut voir de ce que j'ai écrit en la page 79. Mais pourceque celles qu'on fait au hasard ne répondent jamais exactement à cette théorie, il est bien plus aisé à déterminer leur force par expérience que par raison[1].

J'achevois cette lettre, lorsque j'ai reçu votre dernière, du 4 juin, avec le développement de mes solutions, qui a été fait par M. de Beaune, et qui sert à démontrer deux choses : l'une, que M. de Beaune en sait plus que ceux qui n'en ont su venir à bout; et l'autre, que les règles de ma Géométrie ne sont pas inutiles, ni si obscures qu'on ne les puisse entendre, ni si défectueuses qu'elles ne suffisent à un homme d'esprit pour faire plus que par les autres méthodes; car il les a entendues sans aucun interprète, et s'en sert à faire ce que vos plus grands géomètres ignorent.

Ce qui vous est arrivé en observant l'éclipse avec un verre convexe sans aucun concave n'est pas

---

[1] « La suite de cette lettre est dans la lettre précédente, à l'alinéa : Je n'ai rien à répondre... »

étrange, et la raison en est claire par la page 114 de ma Dioptrique, où le diamètre du soleil est représenté par l'espace IGK[1], le verre convexe est ABC, ou DEF, et son image qui paroît en la chambre obscure est MHL : car on voit là que le rayon qui vient du point I, vers A ou D, éclaire la partie L de l'image, et celui qui vient du même point I, vers C ou F, éclaire la partie M, et ainsi que ce seul point I suffit pour peindre l'image tout entière; et ce que je dis du point I se doit entendre de chacune des parties du soleil, encore que les autres soient éclipsées. Mais ce n'est pas le même quand on se sert d'une lunette : car le verre concave de la lunette redresse les rayons, en sorte que tous ceux qui viennent du point I tendent vers M après qu'ils sont sortis de la lunette, et tous ceux qui viennent du point K tendent vers L[2].

Je viens à une autre de vos lettres. Je n'ai point encore reçu le livre *De veritate*, mais je l'ai lu en latin il y a plus d'un an; et j'écrivis ce que j'en jugeois à M. Hesdin, qui me l'avoit envoyé. Je n'ai point aussi encore vu le livre du sieur Bouillaut, *De motu terræ*. Pour la lettre que M. de B.[3] m'avoit écrite il y a trois ou quatre mois, il est vrai que

---

[1] Figure 16.

[2] « La suite de cette lettre est le commencement de la lettre 28 : *Je reviens à une autre de vos lettres.* »

[3] « Bessy. »

je l'avois reçue ; mais, entre nous, je n'avois plus envie de lui répondre, car sa question n'est ni belle, ni industrieuse, et ce m'est une pénitence insupportable de m'amuser à telles choses ; outre que, l'ayant proposée d'une façon, il veut que je l'aie entendue d'une autre, comme si j'avois dû juger de son intention autrement que par ses paroles. Et il se trompe de dire qu'elle ne peut se résoudre au sens que je l'ai prise ; et bien qu'il soit très vrai qu'il s'étoit mépris, en ce que je cotois par mes dernières, il n'en veut toutefois rien avouer ; mais je ne veux point contester : car il paroit être, aussi bien que M. N.[1], du nombre de ceux qui veulent, à quelque prix que ce soit, avoir gagné, et parler les derniers, en quoi je lui cède très volontiers. Toutefois j'écris ceci séparément, à cause qu'il n'est pas besoin qu'il le voie[2]. Je suis, etc.

[1] « Morin. »

[2] « *Je vous prie d'adresser au plus tôt ma lettre pour Rennes ; car mon frère a coutume d'en partir vers la fin de juillet, et je serois bien aise qu'il la reçût auparavant. Pour celle que j'écris à M. de Villarnon, je ne sais si vous la pouvez adresser ; mais vous la garderez, s'il vous plaît, jusqu'à ce qu'il s'en présente occasion. Je le convie à m'envoyer des objections qu'il m'a mandé que quelques uns de ses amis ont faites contre moi. Je n'ai point reçu de lettres de M. Esding ; mais cela n'importe, car je m'assure qu'il n'a rien à m'écrire que des compliments ; et si vous le voyez, je vous prie de lui dire que je suis fort son serviteur. Je remercie M. Morin de la peine qu'il a prise de m'envoyer son Appendice ; et je suis de tout mon cœur, mon révérend père, etc.* » On voit, par les diverses notes empruntées à l'exemplaire de la bibliothèque de l'Institut, que dans les

AU R. P. MERSENNE[1].

(Lettre 30 du tome II.)

Mon révérend père,

J'ai été bien aise d'apprendre votre retour, et je commençois à être en peine pour votre santé, pourceque je ne recevois point de vos nouvelles. Il est mort ici, depuis peu, deux hommes que vous connoissiez, Heylichman et Hortensius, sans compter mon bon ami M. Renery, qui mourut ce carême; ainsi on n'a que faire d'aller à la guerre pour trouver la mort. J'ai enfin reçu les deux exemplaires du livre *De veritate*, que vous m'avez fait la faveur de m'envoyer, l'un desquels je donnerai à M. Bannius en votre nom à la première commodité, pourceque

---

manuscrits de Lahire les lettres 28 et 29 n'en font qu'une, dont le commencement est celui de la lettre 29. Quelques pages après, à la suite de ces mots, *par raison*, il faut intercaler le dernier alinéa de la 28, puis reprendre à l'endroit de la 29 où l'on en étoit resté, continuer jusqu'au dernier alinéa, avant lequel il faut placer toute la lettre 28 dans son ordre, moins le petit alinéa déjà employé, et ensuite reprendre la 29 jusqu'à la fin.

[1] Elle est la 25ᵉ des manuscrits de Lahire, fixement datée du 27 août 1639.

ç'a été ce me semble votre intention. Je n'ai maintenant aucun loisir de le lire : c'est pourquoi je ne vous en puis dire autre chose, sinon que lorsque je l'ai vu ci-devant en latin, j'y trouvai au commencement plusieurs choses que je jugeois fort bonnes, et où il témoigne savoir plus de métaphysique que le commun ; mais pourcequ'il me sembloit ensuite qu'il mêloit la religion avec la philosophie, ce qui est entièrement contre mon sens, je ne le lus pas jusqu'à la fin; et ce fut tout ce que j'en écrivis à M. Esding, qui me l'avoit envoyé. J'ai dessein de le relire sitôt que j'aurai loisir de voir quelques livres, et je lirai aussi le *Philolaüs* de Bouilliaud en ce temps-là; mais pour maintenant j'étudie sans aucun livre. L'étincellement des étoiles se peut fort bien rapporter à la vivacité de leur lumière, qui les fait paroître beaucoup plus grandes qu'elles ne sont[1]. Je tiens votre expérience (que l'eau qui sort d'un tuyau de neuf pieds, par un trou de même grandeur que celle qui sort d'un tuyau d'un pied, doit sortir trois fois presque plus vite, etc.) très véritable, en y ajoutant toutefois *presque*, à cause de l'opinion que j'ai de la nature de la pesanteur, suivant laquelle, lorsque le mouvement d'un corps pesant qui descend est parvenu à certain degré de vitesse, il ne s'augmente plus du tout[2].

[1] *Mais j'en ai encore quelques autres raisons dans mon Monde.*
[2] « La suite de cette lettre est au commencement du dernier alinéa de la

Mais laissant cela à part, et supposant, comme Galilée et plusieurs autres, que la vitesse des corps qui descendent s'augmente en même raison que l'espace qu'ils parcourent, votre expérience est aisée à démontrer; et en voici la façon. Soit le tuyau ABC plein d'eau jusques à C, il faut considérer que l'eau qui sort par A vient du haut C, et que si tout ce tuyau étoit vide, et qu'il y eût seulement une goutte d'eau vers C, qu'on laissât tomber vers A, et une autre vers B, qu'on laissât aussi tomber vers A, dont la partie AB soit $\frac{1}{3}$ d'AC, et qu'il y ait seulement deux gouttes d'eau dans ce tuyau, l'une vers C, et l'autre vers B, qui descendent séparément, en telle sorte qu'elles se rencontrent et se joignent ensemble lorsqu'elles arrivent au point A, il est évident que la goutte d'eau qui viendra du point C, étant parvenue au point A, aura neuf fois plus de vitesse que celle qui viendra du point B; et ensuite que la vitesse de ces deux gouttes jointes ensemble au point A sera moyenne proportionnellement entre 1 et 9, c'est-à-dire triple.

Mais j'ai envie d'examiner plus particulièrement à quelque heure tout ce qui appartient à cette matière des mouvements de l'eau; et afin que je ne sois pas contraint ci-après de me dédire de ce que j'aurois ici écrit, je n'en dirai pas davantage. La

page suivante, *Mais j'ai envie...* Quant à l'alinéa, *Mais laissant cela à part...* je ne sais point la lettre à qui appartient ce lambeau. »

façon dont je conçois que la flamme d'une chandelle, la lumière d'un ver luisant, etc., presse la matière subtile en ligne droite vers nos yeux, est la même dont je conçois qu'une pierre qui est tournée en rond dans une fronde presse le milieu de cette fronde, et tire la corde en ligne droite, par la seule force de son mouvement circulaire. Car la matière subtile qui est autour d'une chandelle ou d'un ver luisant se meut en rond, et tend à s'éloigner de là et y laisser un espace vide, c'est-à-dire un espace qui ne soit rempli que de ce qui pourra y venir d'ailleurs. En même façon on peut concevoir comment la matière subtile presse les corps terrestres[1] vers le centre de la terre, par cela seul qu'elle se meut circulairement autour de cette terre, laquelle n'a pas besoin d'être au milieu du monde pour ce sujet : mais il suffit qu'elle soit le centre du mouvement circulaire de toute la matière subtile qui est depuis la lune jusques à nous, pour faire que tous les corps terrestres[2] qui sont en cet espace tendent vers la terre. Je veux bien croire qu'on fera monter l'eau de dix-huit toises, ou plus, et on peut trouver plusieurs inventions pour ce sujet[3] ; mais je ne crois pas qu'il soit aisé

---

[1] « *Corps pesants.* »

[2] « *Corps moins subtils.* »

[3] « *Pour cet effet; mais ce ne sont pas de simples pompes. C'est bien sans doute...* »

d'en trouver de plus durables, ou plus commodes pour l'usage, que celles qui sont déjà trouvées. C'est bien sans doute que les mouvements perpétuels dont vous m'écrivez sont impossibles, ainsi que la proposition de ce faiseur d'écrevisses, qui veut démontrer les mystères de la religion par la chimie, est ridicule. Je suis, etc.

A M. SCHOOTEN [1].

(Lettre 82 du tome III.)

Monsieur,

Je n'ai pas examiné soigneusement ce que vous me mandez des notes de M. de Beaune, pource que je ne crois pas qu'il en soit besoin, ni qu'il ait manqué dans son calcul; mais je me persuade que tout ce qui vous donne de la difficulté vient de ce qu'il nomme l'axe de l'hyperbole dans une figure la ligne AY, et dans l'autre la ligne AN, qui

---

[1] « Cette lettre 182 n'est pas datée, mais on voit bien, puisqu'il parle
» des notes de M. de Beaune, au commencement de la lettre, qu'elle est
» postérieure à la 70ᵉ de ce 3ᵉ volume, datée du 20 février 1639. Mais
» comme M. Descartes, sur la fin de la lettre, parle d'une affiche du sieur
» Stampion, j'ai cru qu'il falloit reculer cette lettre au 1ᵉʳ septembre
» 1639. »

est la même, ce qui est véritablement contre l'usage, et qui toutefois se peut excuser. Car, comme dans l'hyperbole et aux autres sections coniques, lorsqu'elles sont connues on nomme leur axe la ligne qui rencontre à angles droits les appliquées par ordre; ainsi dans cette ligne courbe, qu'il ne considère pas encore comme une hyperbole, mais comme une courbe dont il cherche la nature, il a pu appeler son axe la ligne AN ou AY, pourcequ'il y applique par ordre les lignes LM et YX, qui la rencontrent à angles droits. Et cela n'empêche pas que par après, lorsqu'il reconnoît que cette ligne courbe est une hyperbole, dont AL est un diamètre, auquel XL est appliquée par ordre, il n'ait raison de dire que AM est son côté traversant, au regard de ce diamètre AL; car vous savez qu'en une même hyperbole il y a autant de divers côtés traversants que de diamètres.

Pour la remarque de N., elle est impertinente, encore qu'elle ne soit pas tout-à-fait fausse; car on sait bien que les mêmes lignes droites étant posées, et la question n'étant point changée, le lieu ne peut pas être tout ensemble au cercle et à l'hyperbole. Et il ne faut pas aussi avoir grande science pour connoître que la ligne courbe doit passer en cet exemple par les quatre intersections qu'il remarque; car dans la figure de la page 325 on voit à l'œil que, puisque CB multiplié par CF doit produire une somme égale à CD, multiplié par CH, le point C se rencontre nécessairement aux quatre intersections susdites; à savoir, en l'intersection A, pourcequ'alors les lignes BC et CD sont nulles, et par conséquent étant multipliées par les deux autres, elles composent deux riens, qui sont égaux entre eux. Tout de même en l'intersection G, les lignes CH et CB sont nulles; et ainsi en l'une des deux autres intersections, qui ne sont pas marquées dans la figure CD et CF, et dans l'autre CH et CF, sont nulles. Mais on peut changer la question, en sorte que le même n'arrive point; et cela n'empêche pas que voulant user de brièveté, et rapporter tous les cas à un seul exemple, comme j'ai fait (à savoir, je les ai tous rapportés à l'exemple proposé dans la figure de la page 311), je n'aie eu raison, après avoir donné le vrai lieu de cet exemple, qui est un cercle, d'y appliquer aussi l'hyperbole, afin que toutes les lettres IKLBCD, etc., s'y trouvant aux mêmes lieux qu'auparavant, on pût entendre le peu que j'en voulois dire plus facilement qu'on n'eût fait si la figure eût été changée. Il me semble donc que vous ne devez point y mettre d'autre figure, car il faudroit aussi changer le discours, et la solution en seroit plus embrouillée; mais vous pourrez mettre cet avertissement dans la page 331, où quelque autre semblable.

Notandum hic applicatam esse hyperbolam, ei positioni linearum, cui solum circulum quadrare paulo post ostendetur, quod perspicuitatis et simul brevitatis studio factum; facilius enim est quæ hic cripta sunt intelligere, cum notæ ABCD, etc. in iisdem omnium figurarum locis reperiuntur, quam si nunc in uno, nunc in alio essent quærendæ. Nec etiam hinc sequitur ullus error, tota enim quæstio nondum est determinata, sed in pagina 333 demum determinatur, potestque fieri, paucis ex ea mutatis, ut eidem positioni linearum, cui competit circulus, quadret hyperbola, et quidem hyperbola quæ non transeat per ullas intersectiones datarum linearum, quemadmodum hic representatur: ut, exempli causa, si rectangulum ex FC, in CD debeat esse majus, quam rectangulum ex CB, in CH, quadam data quantitate, vel quid simile. Ejusdem brevitatis studio, nulla etiam hic mentio fit oppositarum hyperbolarum, non quod ab auctore ignorentur, ut pote qui paulo post in pagina 336 quatuor lineas hyperbolæ affines inter se oppositas, exposuit. Sed notandum est illum faciliora fere semper in hac geometria neglexisse, nihil autem ex difficilioribus, inter ea quæ tractanda suscepit, omisisse. Atque idcirco ipsum maluisse hic exhibere positionem linearum, cui quadrat circulus, quam alias, quibus quadrent ellypses aut hyperbolæ, quia ejus inventio peculiarem habet difficultatem.

Pour l'annotation de M. Haëstrech, à la page 378,

elle ne me semble pas assez claire, mais vous pourriez mettre en cette sorte : *Notandum est nos uti posse hoc exemplo tanquam regula vel canone ad quantitatem, qua radices augendæ sunt, inveniendam. Si enim proposita sit, exempli causa hæc æquatio:*

$$x^6 + Ax^5 + bx^4 - cx^3 - dxx + ex + F \parallel 0.$$

Neglectis omnibus iis terminis in quibus notæ + et — aliæ sunt quam in canone; nempe hic neglectis terminis b, c et F, oportet tantum considerare omnes alios ut a, d et e, quia hic habetur + A x^3, ut in canone + N x^5 et — dxx, ut in canone — 216 n^6 x x, et + ex, ut in canone 1296 n^5 x. Oportet autem singulos ex his terminis considerare seorsim, et quærere quantitatem n, quæ non sit minor quam a, quia in canone habetur n, ubi in data æquatione est a. Item cujus quadratæ quadratum non sit minus quam $\frac{1}{216}$ d, quia in canone habetur 216 n^4, ubi in data æquatione est d. Item denique cujus supersolidum (ve lut Vieta nominat quadrato cubus) non sit minus quam $\frac{1}{1296}$ e, quia in canone habetur 1296 n^8 ubi in data æquatione est e. Quantitate n ita inventa, manifeste demonstratur ex ipsa operatione, faciendo y-6 n $\parallel$ x, prodire æquationem in qua nulla radix falsa esse potest; hocque autori tam facile visum est, ut fusius explicare neglexerit. Au reste, j'ai vu depuis peu une affiche du sieur S., qui contient trois questions proposées à sa façon ordinaire; il y auroit bien moyen de le confondre s'il méritoit qu'on en prît la peine, mais il ne le mérite pas. Je suis, etc.

A MONSIEUR ***[1].

(Lettre 72 du tome III.)

Monsieur,

J'employai dernièrement un quart d'heure, étant dans le bateau de Harlem, à lire le papier que vous m'aviez donné en partant de chez vous; et pourceque vous ne l'aviez pas, ce me semble, encore lu, et que je promis de vous en écrire mon sentiment, ce sera le sujet de cette lettre.

Premièrement, la question du Johanne Baptista

---

[1] « La 72ᵉ lettre du 3ᵉ volume pourroit bien être écrite à M. de Zuyli-
« chen ou à M. Schooten, car M. de Zuylichen aimoit beaucoup les
« mathématiques; et ce qui me fait pencher aussi pour M. Schooten, c'est
« qu'à la fin de la 82ᵉ lettre de ce 3ᵉ volume il lui parle d'une nouvelle
« affiche du sieur Stampion. Cette lettre n'est pas datée, mais on voit bien
« qu'elle est écrite avant la mi-novembre; car suivant la page 203 de ce
« volume, ce qui avoit donné lieu à Rivet d'écrire de cette affiche au P. Mer-
« senne, étoit que Stampion, dans son 3ᵉ défi adressé à Jacques Wasse-
« naert, avoit nommé M. Descartes; or, ce 3ᵉ défi n'avoit été fait que
« vers le 15 novembre, et il y avoit déjà quelque temps que Stampion avoit
« consigné les 600 liv. Or, d'après la fin de cette lettre, il ne paroit pas
« que Stampion ait encore consigné son argent, ce qui est cause qu'il faut
« reculer cette lettre jusqu'au 1ᵉʳ octobre 1639. Je la fixe donc à ce jour,
« jusqu'à ce que j'aie de meilleures instructions. »

ID.

Art. est très mal proposée; car, outre la première condition, à savoir, que le canon ait autant de force contre le flanc ED que contre la face DC est ambiguë, ou plutôt n'a point de sens intelligible, si ce n'est au regard de celui qui l'a proposée, ce qui montre clairement que c'est le sieur N.; car il dit que cette force égale signifie que l'angle EDC doit être divisé en deux, également par la ligne DA, ce qui ne peut toutefois être vrai, si on ne suppose la ligne ED égale à DC, ce qu'il ne fait pas. Et il est évident que DC étant plus longue que DE, et l'angle CDA étant égal à EDA, le canon a moins de force contre le point C que contre aucun de ceux de la ligne ED, à cause que l'angle DCA est plus aigu que l'angle DEA ; et au contraire qu'il a plus de force contre toute la ligne DC que contre ED, à cause que l'angle DAC est plus grand que DAE ; de façon que la *proportio œqualis* qui est demandée ne s'y trouve point.

De plus, cette ligne DA qui divise l'angle EDC en deux parties égales, ou en telle autre façon qu'on voudra, étant trouvée, et le cercle CDGI qui passe par le point A étant aussi décrit, ce point A est entièrement déterminé : en sorte que ce qui est ajouté par après, à savoir, que la ligne MN est de trente-quatre verges sept pieds sept pouces, et que CA n'est pas plus grande que soixante verges, ne peut servir pour le trouver, mais seulement pour connoître la grandeur des lignes et des angles de l'ouvrage à corne, comme CD, CDE, etc. Et c'est chose entièrement impertinente, pour faire connoître la grandeur de ces lignes et de ces angles, de dire que CA ne doit pas excéder soixante verges; car cela n'empêche pas qu'elle ne puisse être d'une infinité de diverses grandeurs au-dessous de celle-là. Et le sieur N. ayant derechef donné à ceci une interprétation à sa mode, et qui ne peut aucunement être tirée des termes de la question, à savoir, que ces soixante verges doivent être prises pour le diamètre du cercle qui passe par les points C D G I A non seulement il fait voir que c'est lui-même qui l'avoit proposée, mais aussi qu'il ne sait pour tout ce que c'est que de proposer ni de résoudre des questions. Car, en cas que ce n'eût pas été lui qui eût proposé celle-ci, il devoit, pour la résoudre, premièrement remarquer l'ambiguïté de la première condition, et ayant dénombré tous les sens qu'on lui peut donner, l'expliquer selon chacun d'eux; après cela il devoit montrer l'impertinence de la troisième, à savoir, que la ligne AC ne doit pas être de plus de soixante verges, et dire qu'elle ne sert de rien à la question, qui est seulement de trouver le point A, et non de mesurer l'ouvrage à corne, car ce point A se trouve sans elle : mais au lieu de cela il s'en sert pour déterminer la grandeur de la ligne EF, ou DC, laquelle n'étoit pas demandée, et s'en sert d'une façon fort ridicule, en supposant que le diamètre du cercle CDGIA est de soixante verges; comme si le capitaine qui veut dresser une batterie au point A pouvoit supposer ce diamètre, et ensuite faire la grandeur des lignes EF et DC à sa volonté. Car, en supposant ce diamètre de cinquante-neuf verges, ou bien de quelque peu plus de soixante, il satisferoit tout aussi bien aux termes de la question, qu'en la supposant justement de soixante; mais ces lignes EF et DC se trouveroient autres. C'est pourquoi, pour bien faire, il devoit supposer, non le diamètre du cercle CV, mais l'inscrite CA de soixante verges, et par là chercher CD, et dire ensuite que CD ne pouvoit être plus grande que la quantité qu'il eût trouvée par ce moyen, mais qu'elle pouvoit bien être moindre. Or toute sa solution prétendue ne contient autre chose que cela, excepté qu'il promet de montrer en son nouveau livre, tant par les sections d'un cube que par les sections d'un cône, que la face IG est $28\frac{1}{2} - \sqrt{263\frac{1}{4}}$, ce qui est derechef très impertinent : car si elle s'explique par ces nombres, il n'est nullement besoin de sections coniques, ni de cubes pour la trouver, et même ce seroit une faute que de les y employer, d'autant que le problème est plan. Et le bon homme fait assez voir par là qu'il ne sait pas seulement la différence qui est entre les problèmes plans et les solides; mais qu'ayant ouï dire que d'autres résolvoient les équations cubiques par les sections des cônes, il a mis cela pour faire croire qu'il en savoit la façon, en quoi il s'est tellement mépris, que cela même fait voir qu'il l'ignore.

L'autre question supposant les mêmes choses que la première contient aussi les mêmes erreurs, et je ne vois rien du tout, ni en la proposition, ni en la solution de l'une ou de l'autre, qui témoigne tant soit peu d'esprit ou de savoir, mais elles sont entièrement ineptes et puériles.

Pour ce qui est du sieur Wassenaert, il n'y a rien à redire en son écrit, sinon qu'il a été trop courtois envers le sieur Jean-Baptiste et le sieur St.[1], en ce que, sans s'arrêter à reprendre leurs fautes, il a reçu pour bon tout ce qu'ils avoient dit, et s'est contenté d'ajouter ce que le dernier avoit omis; de quoi il s'est très bien acquitté, et ce en suivant de mot à mot les règles de ma Géométrie, pages 380, 381, 382, etc., comme il a voulu faire paroître, en se servant même de mes notes. De façon que s'il a failli, c'est à moi à en répondre, et je n'y aurai pas beaucoup de peine; car tout ce dont on l'accuse, est seulement qu'il n'a pas donné la façon de trouver le nombre 57 en la première solution, et tout de même en l'autre, les nombres 2, 3, etc. Touchant quoi il faut premièrement remarquer le bon

[1] Stampion.

jugement du sieur St., qui, n'ayant rien du tout à dire contre le sieur Wassenaert, sinon qu'il avoit omis quelque chose en sa solution, appelle cela... (*c'étoit du flamand*) sans considérer que si l'autre doit recevoir tant d'injures pour avoir omis quelque chose, lui mérite pour le moins le fouet, pour en avoir omis beaucoup davantage en sa prétendue solution, qui ne contient rien du tout que le fait qui suit de ses fausses suppositions; et toutefois il la nomme *Wisconstighe*, etc. De plus, s'il reprend si rigoureusement une simple omission, que lui doit-on faire faire pour des choses si lourdes et si grossières, comme celles que j'ai remarquées ci-dessus? Je dis pour des fautes qui sont très apertement fautes, au lieu que ce qu'il reprend ne peut être appelé une omission qu'au regard de ceux qui sont extrêmement ignorants. Tout de même que lorsqu'on suppose des théorèmes d'Euclide sans les démontrer en quelque proposition de géométrie, ce sont véritablement des omissions au regard de ceux qui les ignorent, mais elles ne sont nullement répréhensibles pour cela, et celle-ci ne l'est pas davantage. Car tout ce que le sieur Wassenaert avoit à faire, puisqu'il entreprenoit seulement d'ajouter ce que le sieur St. avoit omis, et non point d'examiner ce qu'il avoit mis, c'étoit de donner l'équation $x^3 - 2,700 x + 31,293 \parallel o$, et de connoitre qu'encore que cette équation fût cubique, le problème ne laissoit pas d'être plan, à cause qu'elle se pouvoit diviser par $x + 57$, et ensuite d'en donner les vraies racines $28\frac{1}{2} + \sqrt{163\frac{1}{4}}$, et $28\frac{1}{2} - \sqrt{263\frac{1}{4}}$, ce qu'il a fort bien fait. Et le principal de cette solution consiste en ce que lorsque l'équation étant cubique, le problème est plan, l'une des racines, vraie ou fausse, doit nécessairement être un nombre rationnel ou absolu (à savoir la fausse en tel cas que celui-ci), ce qui est un théorème que je ne m'étonne pas que le sieur St. ait ignoré; car je ne sache point qu'il ait été remarqué par personne avant la publication de ma Géométrie; mais je m'étonne de ce qu'il dit que c'est en l'invention de ce nombre absolu que consiste la difficulté; car, encore que le reste de son discours fasse assez voir qu'il ne manque point de hardiesse, je ne crois pas néanmoins qu'il en eût assez eu pour dire cela, s'il avoit su qu'il y a une pratique vulgaire pour trouver les racines de toutes sortes d'équations, lorsqu'elles sont des nombres rationnaux, qui a été reçue depuis trente ans par tous ceux qui se sont mêlés de l'algèbre; en sorte que Wassenaert a eu autant de raison de la supposer, sans la mettre dans sa solution, qu'on en a d'omettre les démonstrations des théorèmes d'Euclide. Mais je juge à peu près ce que le sieur St. a voulu dire, à savoir, que cette pratique vulgaire procède à tâtons, à cause qu'elle fait examiner les parties aliquotes du nombre absolu, pour essayer si la division de toute l'équation se peut faire par quelqu'une d'elles; et il voudroit qu'on lui donnât quelque règle par laquelle on parvînt directement à l'invention de cette racine. A quoi on peut répondre que ce n'est point procéder à tâtons que de considérer les parties aliquotes d'un nombre lorsque c'est d'elles que dépend la question, ainsi qu'il arrive en ce cas; car les racines des équations cubiques, ou plus hautes, ne sont point des nombres rationnaux de leur nature, mais seulement quelquefois par accident, lorsqu'il arrive que les termes de cette équation sont des nombres qui ont certaines parties aliquotes; et qu'il arrive souvent aux opérations d'arithmétique qu'il faut ainsi essayer plusieurs nombres, comme en la division, en l'extraction des racines carrées, en l'invention des nombres parfaits, qui est même une règle d'Euclide; et enfin, bien qu'on pût donner d'autres règles pour trouver ces racines rationnelles, auxquelles on ne pourroit rien objecter de semblable, toutefois à cause qu'elles ne sont point nécessaires, et même qu'elles sont souvent plus difficiles à pratiquer que la commune, on les néglige. Pour son instance, à savoir, que le sieur Wassenaert lui donne donc tout de même un nombre absolu pour la racine de $x^3 - 2700x + 51,293$ (ou bien en l'autre équation, y ayant mis 118,801, au lieu de 118,800), elle est hors de propos; car on peut bien, par la même façon qu'on a trouvé la racine 57, trouver qu'il n'y en a point de rationnelle en ces équations, mais non pas faire qu'il y en ait, et sa nouvelle règle sera fort merveilleuse, si elle peut trouver ce qui n'est point dans la nature. Mais il est aisé à voir que ce jeune homme tâche à acquérir de la réputation à fausses enseignes, et sans avoir aucune science pour la mériter; car, désirant se faire valoir, comme son écrit témoigne assez qu'il le désire, et Wassenaert lui en ayant offert quelque occasion, en proposant une petite question qu'il a mise à la fin de sa solution, et qui se peut aisément résoudre par ce qui est déjà dans les livres, sans sa nouvelle règle, il s'excuse d'y répondre, en disant qu'elle a été proposée au sieur Jean-Baptiste, et non pas à lui, c'est-à-dire à son masque, et non pas à sa personne; ce qui me fait souvenir du capitan de la comédie, qui, après avoir menacé quelqu'un de le tuer de son regard, comme un basilic, ou de le pousser du pied jusqu'aux enfers, en reçoit patiemment des coups de bâton sans se défendre, disant qu'il ne fait que chasser la poussière de ses habits, et qu'il ne touche point à sa peau. Au reste, si le sieur Wassenaert veut mériter les cent richsdales que l'autre lui offre, en cas qu'il lui montre en général cette règle pour trouver le nombre absolu par lequel on doit diviser l'équation cubique proposée, pourcequ'il ne se contenteroit peut-être pas de la vulgaire, et qu'il diroit qu'elle procède à tâtons, il lui peut enseigner celle-ci.

Lorsqu'on a un cube, — certain nombre de racines, † un nombre absolu, égal à rien, ainsi qu'au cas proposé, il faut prendre la racine du premier nombre cube, qui est plus grand que le nombre absolu ajouté au nombre des racines, et par elle multiplier le nombre des racines; puis derechef prendre la racine du premier nombre cube, qui excède le nombre absolu ajouté au nombre produit par cette multiplication, et répéter cette opération jusqu'à ce que le nombre absolu ajouté au nombre produit par la multiplication du nombre des racines se trouve ou égal ou moindre que le cube du nombre par lequel le nombre des racines a été multiplié; car on ne peut manquer de parvenir enfin à un nombre égal ou moindre, et s'il est égal, ce nombre est le cherché; mais s'il est moindre, on connoît par là qu'il n'y a aucune racine rationnelle en l'équation, ni par conséquent aussi aucune autre qui se puisse expliquer sans les corps solides ou choses équivalentes. Ainsi ayant $x^3 - 2700\,x\, †\, 31{,}293\, ||\, 0$, j'ajoute 31,293 avec 2700, ce qui fait 33,993, dont la racine cubique est plus grande que 32; c'est pourquoi je prends 33, qui est la racine du premier nombre cube, plus grande que 33,993, et ayant multiplié 2,700 par 33, il vient 89,100 que j'ajoute avec 31,293, ce qui fait 120,393, et la racine du premier nombre cube, plus grand que celui-là, est 50. C'est pourquoi je multiplie derechef 2,700 par 50, et j'ajoute le produit à 31,293, ce qui fait 166,293, et la racine du premier nombre cube, plus grand que celui-ci, est 57; c'est pourquoi je multiplie 2,700 par 57, et ajoute 31,293, ce qui fait 185,193, dont la racine cubique est justement 57, et par là je connois que l'équation proposée se peut diviser par $x + 57$. Que si on a $x^3 - 2700 x + 3,128 \| 0$, on multipliera tout de même, suivant cette règle, 2,700 par 33, puis par 50, par 55, et enfin par 57; mais à cause que le nombre produit par la dernière multiplication et addition, à savoir 18,183, est moindre que le cube 57, cela montre qu'il est impossible de diviser cette équation par aucun nombre rationnel. Et on peut aisément appliquer cette même règle à tous les autres cas des équations cubiques, et même aussi à toutes les autres équations, en y ajoutant quelque peu de chose par les variétés des signes $+$ ou $-$, en sorte qu'elle est très générale; et si le sieur St. étoit assez hardi pour mettre ces cent richsdales entre les mains de personnes neutres, qui fussent capables de juger des coups, il est certain qu'il les perdroit; mais je m'assure qu'il ne s'y hasardera pas, et en effet il n'en tireroit pas grand profit : car, bien que cette règle soit entièrement méthodique, et propre à fermer la bouche de ceux qui disent qu'on ne trouve ces racines rationnelles qu'à tâtons, elle est toutefois d'ailleurs inutile, à cause qu'on les peut toujours facilement trouver sans elle. Et j'aurois cru fort mal employer le papier de ma Géométrie si je l'avois rempli de telles choses; aussi que c'étoit de la géométrie que j'écrivois, et non pas de l'arithmétique, à laquelle seule appartient cette règle. Je ne pensois pas vous devoir entretenir si longtemps sur cette matière, mais il me semble qu'elle n'est point si sérieuse, ni ne requiert point tant d'attention qu'elle puisse augmenter le mal de votre fièvre, de laquelle je vous souhaite une parfaite délivrance, et suis, etc.

AU R. P. MERSENNE [*].

(Lettre 32 du tome II.)

Mon révérend père,

J'ai reçu trois de vos lettres, l'une du premier, l'autre du dixième, et l'autre du vingtième de septembre. Et, pour réponse à la première, je crois que les corps qui montent dans l'eau augmentent leur vitesse en semblable proportion que ceux qui descendent, soit dans l'eau, soit dans l'air; je dis en semblable et non en égale proportion, car l'un résiste plus que l'autre, etc. Je ne me souviens pas de la raison de Stevin, pourquoi on ne sent point la pesanteur de l'eau quand on est dessous; mais la vraie est qu'il ne peut y avoir qu'autant d'eau qui pèse sur le corps qui est dedans ou dessous, qu'il y auroit d'eau qui pourroit descendre en cas que ce corps sortît de sa place. Ainsi, par exemple, s'il y avoit un homme dans le tonneau B qui bou-

---

[*] « Cette lettre est la 26º des manuscrits de Lahire. Elle n'est pas en-
« tièrement imprimée; l'original contient trois pages de plus. Elle est
« fixement datée du 16 octobre 1639. »

chât tellement de son corps le trou marqué A, qu'il empêchât que l'eau n'en pût sortir, il sentiroit sur soi la pesanteur de tout le cylindre d'eau ABC, dont je suppose la base de même grandeur que le trou A, d'autant que s'il descendoit en bas par ce trou, tout ce cylindre d'eau descendroit aussi; mais s'il est un peu plus haut, comme vers B, en sorte qu'il n'empêche plus l'eau de sortir par le trou A, il ne doit sentir aucune pesanteur de celle qui est sur lui entre B et C, d'autant que s'il descendoit vers A, cette eau ne descendroit pas avec lui; mais au contraire une partie de l'eau qui est sous lui vers A, de même grosseur qu'est son corps, monteroit en sa place; de façon qu'au lieu de sentir que l'eau le presse de haut en bas, il doit sentir qu'elle le soulève de bas en haut : ce qu'on voit par expérience.

L'eau des pompes monte avec le piston qu'on tire en haut, à cause que n'y ayant point de vide en la nature, il ne s'y peut faire aucun mouvement qu'il n'y ait tout un cercle de corps qui se meuve en même temps : comme ici le piston A[1] étant tiré en haut, il fait que l'air qui étoit vers B aille vers C, et que celui qui est vers C aille en la place de l'eau qui est vers D, et que cette eau monte en la place de celle qui est vers E, et celle-ci en la place du piston A : ce qui arrive lorsque l'eau n'a

[1] Figure 17.

pas besoin, à cet effet, de monter trop haut; mais lorsqu'on la veut faire trop monter, la force dont cette eau, qui est dans le tuyau E, tend à descendre, est si grande, qu'elle fait que l'air qui est vers B, au lieu d'aller vers C et vers D, prend son cours entre le piston A et le tuyau F, quelque peu d'espace qu'il puisse y avoir; et ainsi au lieu d'eau on ne tire que de l'écume, c'est-à-dire de l'air mêlé avec de l'eau.

Je crois bien qu'en poussant l'eau de bas en haut, on la peut faire monter sans interruption à vingt toises ou plus; mais je ne crois pas qu'il soit si commode, ni que la machine puisse être si durable, que si on la fait monter avec interruption, par le moyen de plusieurs pompes, ou autrement. Vos difficultés touchant les lunettes par réflexion viennent de ce que vous considérez les rayons qui viennent parallèles d'un même côté de l'objet, et s'assemblent en un point, sans considérer avec cela ceux qui viennent des autres côtés, et s'assemblent aux autres points dans le fond de l'œil, où ils forment l'image de l'objet. Car cette image ne peut être aussi grande par le moyen de vos miroirs que par les verres, si la lunette n'est aussi longue; et étant si longue, l'œil sera fort éloigné du petit miroir, à savoir de toute la longueur de la lunette[1], et ou

---

[1] « lunette, et le miroir ou verre doit être d'autant plus grand à raison de la prunelle de l'œil, que la lunette est plus longue à raison du diamètre

n'exclut pas si bien la lumière collatérale par votre tuyau ouvert de toute la largeur du grand miroir que par les tuyaux fermés des autres lunettes, etc.

En votre seconde lettre vous m'avertissez de quelques endroits que vous jugez devoir être corrigés en ma Dioptrique, de quoi je vous remercie très humblement. Il est très certain que la lumière s'amortit contre les corps noirs, en tant que noirs, mais cela n'empêche point qu'elle ne se réfléchisse contre le marbre noir, ou autres tels corps : car il n'y en a peut-être pas un en la nature qui soit si purement noir qu'il ne contienne en soi plusieurs parties qui composeroient un corps blanc si elles étoient séparées des autres ; et la preuve que la plupart de celles du marbre qu'on nomme noir sont telles, est qu'il paroît beaucoup moins noir n'étant pas poli qu'étant poli ; et ce qui le fait paroître plus noir étant poli, c'est que toutes ces parties blanches réfléchissent la lumière vers un même côté, où l'œil ne se trouvant pas, elles font le même à son égard que si elles l'amortissoient. Mais lorsqu'il s'y trouve, il voit cette lumière dans ce marbre, avec les couleurs et la figure des objets d'où elle vient, ainsi que dans un autre miroir[1].

de l'œil, comme en celles de Chorez, qui ne sont que cinq ou six fois plus longues que le diamètre de l'œil, le verre n'a besoin d'être que cinq ou six fois plus grand que la prunelle ; et on n'exclut,..."

[1] « Miroir et, même mieux, à cause que les parties qui ne sont pas dans

Par le mot de *peinture*, je n'entends autre chose que les divers mouvements des parties du cerveau, 789; comme aussi les peintures des miroirs du fond de l'œil, etc., ne sont autre chose que de tels mouvements.

Vous ne douterez point de ce que j'ai écrit page 62, vers la fin, si vous considérez qu'un homme qui est à deux pas de vous ne vous paroît point notablement plus grand que lorsqu'il est à vingt ou trente pas¹; et vous verrez que la règle de l'ancienne optique *de angulo visionis* est grandement fausse. Page 78, à la fin. Il n'est pas aisé lorsqu'on sait que l'objet est fort proche de l'imaginer fort éloigné; mais un qui ne le sait point, on peut le tromper en l'empêchant de voir par le dehors de la lunette la puce qui est dedans, feignant de la mettre au bout de quelque long tuyau, qu'on ajoutera à cette lunette, ou d'autre façon. Page 84, je ne dis pas que le verre convexe doive être plus grand pour grossir les objets, mais pour les faire voir plus clairement : car chaque partie de ce verre convexe peint l'image aussi grande que fait tout le verre; mais elle ne transmet pas tant de lumière. Au reste, vous m'obligerez s'il vous plait de con-

---

la superficie polie étant noires, ne renvoient aucune fausse lumière, comme font celles du marbre blanc. — Le ceux de la page 50, ligne 10, se rapporte au ceux qui suit ligne 13, et ainsi ne me semble pas superflu. »

¹ « Pas, quoiqu'il dût paroître dix ou quinze fois plus grand, si la règle de l'ancienne optique de angulo visionis était vraie... »

tinuer à remarquer tout ce que vous jugerez devoir être corrigé en ce que j'ai fait imprimer, et je garde soigneusement la première feuille que vous m'avez ci-devant envoyée, ou bien s'il vous plaît je vous la renverrai, afin que l'exemplaire que vous prenez la peine de corriger soit complet.

Je suis bien aise de ce que M. du Maurier travaille aux lunettes : car soit qu'il y réussisse, soit qu'il n'y réussisse pas, cela me vengera du mauvais écrit de son impertinent parent. Pour le verre concave qu'il dit avoir taillé, ce n'est point de merveille, car ces concaves devant être mis fort près de l'œil, les défauts de leur figure ne se remarquent presque point, suivant ce que j'ai écrit à la fin de la page 151.

Vous m'écrivez que M. Mydorge soutient qu'une pierre, ou autre missile mû de quelque mouvement que ce soit, iroit d'une infinie vitesse; mais vous avez oublié à dire en quel cas, si c'est *in vacuo*, ou autrement, qu'il entend que cela arriveroit; ce que je ne puis deviner, ni par conséquent le réfuter : et que je puis seulement dire qu'il implique contradiction, qu'il y ait une vitesse infinie en la nature, si ce n'est qu'à l'imitation des pensées de M. des Argues, touchant les coniques, on dit que la ligne AB sans mouvement est la même chose qu'un point mû d'une vitesse infinie de A jusqu'à B; car si sa vitesse est infinie, il se trouvera en même instant en toute cette ligne, et ainsi la composera.

En votre troisième lettre du vingtième de septembre vous m'avertissez de celui qui dit qu'il croit que ma philosophie a bien aidé à troubler la cervelle, etc.; de quoi je vous remercie : cet homme montre bien que, s'il pouvoit trouver occasion de calomnie, il ne s'épargneroit pas; mais je le connois il y a long-temps, et le méprise autant lui et ses semblables qu'ils me peuvent haïr : cependant j'ai à me plaindre de ce que les huguenots me haïssent comme papiste, et ceux de Rome ne m'aiment pas, comme pensant que je suis entaché de l'hérésie du mouvement de la terre.

Pour entendre comment la matière subtile qui tourne autour de la terre chasse les corps pesants vers le centre, remplissez quelque vaisseau rond de menues dragées de plomb, ayant mêlé parmi ce plomb quelques pièces de bois, ou de quelque autre matière plus légère que le plomb [1], et faisant tourner ce vaisseau promptement autour de son centre, vous trouverez que ce [2] plomb chassera les pièces de bois ou les pierres vers le centre

---
[1] « Le plomb, qui soient plus grosses que ces dragées, puis faisant... »
[2] « Que ces petites dragées chasseront toutes ces pièces de bois ou telle autre matière vers le centre du vaisseau, ainsi que la matière subtile chasse les corps terrestres, etc. »

de ce vase, quoiqu'elles soient beaucoup plus grosses que les menues dragées de plomb par lesquelles je représente la matière subtile, etc.

Je crois que les briques sont plus pesantes étant cuites que crues, à cause que les pores des crues sont les uns plus larges et les autres plus étroits que ceux des cuites. Pour les plus larges, ils ne sont remplis que d'air lorsqu'elles ont été bien séchées, qui est le temps auquel elles sont les plus légères, et les plus étroits ne sont remplis que de matière subtile; mais lorsqu'elles sont cuites, elles ont quantité de pores, qui ne sont justement que de la grandeur qu'il faut pour recevoir les parties de l'eau, lesquelles y entrent lorsqu'on les laisse refroidir à l'air : car il y en a toujours quantité dans l'air, et elles n'en peuvent pas aisément être chassées; mais en s'incorporant avec la brique elles ajoutent à sa pesanteur. Et pour preuve de ceci, je m'assure qu'une brique étant pesée toute chaude à la sortie du fourneau pèsera moins que lorsqu'elle aura été à l'air quelque temps, et que si on la fait par après bouillir dans de l'eau, elle pèsera encore davantage, quoiqu'on la laisse bien sécher à l'air après qu'elle aura ainsi bouilli, car les parties de l'eau qui seront entrées dans ses pores n'en pourront plus ressortir.

Je viens de recevoir encore un mot de votre part, du 25 septembre, où vous parlez de certaines carrières près de Rome où les pierres se changent en bois : touchant quoi je n'ai rien à dire, sinon que ces pierres peuvent bien avoir quelque ressemblance à du bois, mais non pas être bois pour cela; ainsi que les veines des pierres de Nogent-sur-Seine peuvent naturellement ressembler à des arbres peints. Vous m'offrez de la graine de l'herbe sensitive, et je l'accepte en cas que vous en ayez de reste; car j'ai maintenant une partie de mes spéculations touchant les plantes. Je juge que les bluettes de feu que vous me dites avoir vues en l'air le 10 de septembre au soir, le ciel étant fort rouge et enflammé, n'étoient autre chose que de grosses gouttes d'eau qui commençoient à dégoutter du haut des nues, et au travers desquelles passoient les rayons du soleil, qui se venoient rendre à vos yeux par réfraction, bien que le soleil ne parût peut-être plus sur la terre. Je suis, etc.

Ici, dans l'exemplaire de la bibliothèque de l'Institut, se trouvent plusieurs pages manuscrites, sous le titre :

SUITE DE LA 32ᵉ LETTRE DU 2ᵉ VOLUME, QUI EST LA 26ᵉ DE M. DE LAHIRE.

« Il y a environ six mois que je donnai au Maire un exemplaire de ma
« Géométrie pour M. de Beaune, et je vous l'adressois avec un mot de lettre.
« Le Maire m'a dit depuis qu'il l'avoit donné au sieur Pelé pour vous por-
« ter ; si vous ne l'avez point encore reçu (comme il est vraisemblable, vu
« que vous ne m'en avez rien mandé), je vous prie de lui en demander des
« nouvelles. Je vous prie aussi, en cas que mon neveu, qui est fils de ma
« sœur du Crevis, vous retourne voir, de lui dire qu'il me fera plaisir de me

« mander quelquefois de ses nouvelles et de celles de ses parents, et que s'il
» m'apprend l'adresse de son logis, je lui donnerai une partie des commis-
» sions dont je vous importune, comme je lui donnerois maintenant celle
» d'adresser la lettre que je vous envoie pour M. de M., conseiller au
» présidial de Poitiers, à cause que je ne sais si vous le connoissez. Je l'ai
» vu autrefois demeurer vis-à-vis du Petit-Saint-Antoine ; je ne sais s'il y
» sera encore.

» Au reste, depuis mes dernières, j'ai pris le temps de lire le livre que
» vous m'avez fait la faveur de m'envoyer. Et pourceque vous m'en avez
» demandé mon sentiment, et qu'il traite d'un sujet auquel j'ai travaillé toute
» ma vie, je pense vous en devoir ici écrire. J'y trouve plusieurs choses
» fort bonnes, *sed non publici saporis*; car il y a peu de personnes qui
» soient capables d'entendre la métaphysique. Et, pour le général du livre,
» il tient un chemin fort différent de celui que j'ai suivi. Il examine ce que
» c'est que la vérité ; et pour moi je n'en ai jamais douté, me semblant que
» c'est une notion si transcendantalement claire qu'il est impossible de l'i-
» gnorer. En effet, on a bien des moyens pour examiner une balance avant
» que de s'en servir ; mais on n'en auroit point pour apprendre ce que c'est
» que la vérité, si l'on ne la connoissoit de nature : car quelle raison aurions-
» nous de consentir à ce qui nous l'apprendroit si nous ne savions qu'il fût
» vrai, c'est-à-dire si nous ne connoissions la vérité? Ainsi on peut bien ex-
» pliquer *quid nomini* à ceux qui n'entendent pas la langue, et leur dire que
» ce mot *vérité* en sa propre signification dénote la conformité de la pensée
» avec l'objet, mais que lorsqu'on l'attribue aux choses qui sont hors de la
» pensée, il signifie seulement que ces choses peuvent servir d'objets à des
» pensées véritables, soit aux nôtres, soit à celles de Dieu ; mais on ne peut
» donner aucune définition de logique qui aide à connoître sa nature. Et je
» crois le même de plusieurs autres choses qui sont fort simples et se con-
» noissent naturellement, comme sont la figure, la grandeur, le mouve-
» ment, le lieu, le temps, etc. ; en sorte que lorsqu'on veut définir ces
» choses, on les obscurcit et on s'embarrasse : car, par exemple, celui
» qui se promène dans une salle fait bien mieux entendre ce que c'est que
» le mouvement que ne fait celui qui dit, *est actus entis in potentia prout in
» potentia*, et ainsi des autres.

» L'auteur prend pour règle de ses vérités le consentement universel. Pour
» moi, je n'ai pour règle des miennes que la lumière naturelle, ce qui con-

« vient bien en quelque chose; car tous les hommes ayant une même lu-
« mière naturelle, ils semblent devoir tous avoir les mêmes notions. Mais il
« est très différent, en ce qu'il n'y a presque personne qui se serve bien de
« cette lumière. D'où vient que plusieurs (par exemple tous ceux que nous
« connoissons) peuvent consentir à une même erreur; et il y a quantité
« de choses qui peuvent être connues par la lumière naturelle auxquelles
« jamais personne n'a encore fait de réflexion.

« Il veut qu'il y ait en nous autant de facultés qu'il y a de diversités à
« connoître, ce que je ne puis entendre autrement que comme si, à cause
« que la cire peut recevoir une infinité de figures, on disoit qu'elle a en soi
« une infinité de facultés pour les recevoir : ce qui est vrai en ce sens-là.
« Mais je ne vois point qu'on puisse tirer aucune utilité de cette façon de
« parler, et il me semble plutôt qu'elle peut nuire en donnant sujet aux
« ignorants d'imaginer autant de diverses petites entités en notre âme. C'est
« pourquoi j'aime mieux concevoir que la cire, par sa seule flexibilité, re-
« çoit toutes sortes de figures, et que l'âme acquiert toutes ses connoissances
« par la réflexion qu'elle fait, ou sur soi-même pour les choses intellec-
« tuelles, ou sur les diverses dispositions du cerveau auquel elle est jointe,
« pour les corporelles, soit que ces dispositions dépendent des sens ou d'au-
« tres causes. Mais il est très utile de ne rien recevoir en sa créance sans con-
« sidérer à quel titre ou pour quelle cause on l'y reçoit; ce qui revient à
« ce qu'il dit, qu'on doit toujours considérer de quelle faculté on se sert, etc.

« Il n'y a point de doute qu'il faut aussi, comme il dit, prendre garde
« que rien ne manque de la part de l'objet, ni du milieu, ni de l'organe, etc.,
« afin de n'être pas trompé par les sens. Il veut qu'on suive surtout l'in-
« stinct naturel, duquel il tire toutes ses notions communes. Pour moi,
« je distingue deux sortes d'instincts: l'un est en nous en tant qu'hommes,
« et est purement intellectuel, c'est la lumière naturelle, ou *intuitus men-
« tis*, auquel seul je tiens qu'on se doit fier; l'autre est en nous en tant
« qu'animaux, et est une certaine impulsion de la nature à la conservation
« de notre corps, à la jouissance des voluptés corporelles, etc., lequel ne
« doit pas toujours être suivi. — Ses zététiques sont fort bons pour
« aider à faire les dénombrements dont je parle en la page 20, car lors-
« qu'on aura dûment examiné tout ce qu'ils contiennent, on pourra s'as-
« surer de n'avoir rien omis.

« Pour ce qui est de la religion, j'en laisse l'examen à MM. de la Sor-

« bonne, et je puis seulement dire que j'y ai trouvé beaucoup moins de
« difficulté en le lisant en françois que je n'avois fait ci-devant en le par-
« courant en latin, et qu'il a plusieurs maximes qui me semblent si
« pieuses et si conformes au sens commun, que je souhaite qu'elles puissent
« être approuvées par la théologie orthodoxe. Enfin, pour conclusion, en-
« core que je ne puisse m'accorder en tout aux sentiments de cet auteur,
« je ne laisse pas de l'estimer beaucoup au-dessus des esprits ordinaires.
« Je suis, etc. Du 16 octobre 1639. »

AU R. P. MERSENNE [1].

Lettre 33 du tome II.

MON RÉVÉREND PÈRE,

L'invention de la pompe dont vous m'écrivez ne m'a point trompé, car elle sera sans doute moins durable et moins utile pour l'usage que si on faisoit monter l'eau à vingt toises par interruption, c'est-à-dire qu'on employât une pompe ou autre

[1] « Il est certain que cette lettre est écrite entre la 32ᵉ du même tome,
« du 16 octobre, et la 34ᵉ du même tome, fixement datée du 25 décembre.
« La graine de l'herbe sensitive, page 190; le voyage d'Italie, p. 193; les
« opinions des analystes touchant l'existence de Dieu, page 192 de cette
« lettre 33 ont un rapport essentiel avec l'herbe sensitive de la p. 198, avec
« le frère Valentin, de la même page, et avec le 4ᵉ alinéa de la p. 195 de
« la lettre 34. De plus, dans la page 198 de la lettre 34, Descartes ren-
« voie à sa lettre précédente. Par conséquent on ne peut mal placer cette
« lettre en la mettant au 15 novembre 1639. »

machine pour les deux ou trois premières toises, puis une autre pour les deux ou trois suivantes, etc.; et la force qui feroit mouvoir toutes ces machines pourroit être au haut en F, ou D, tout de même qu'en votre figure. La raison pourquoi l'interruption vaudroit mieux est que le cuir qui est au-dessous doit porter toute une colonne d'eau de la hauteur de vingt toises, qui est un si grand poids qu'il ne peut durer long-temps sans se crever.

Pour les corps noirs, vous savez que je ne conçois autre chose par la lumière qui donne contre ces corps que l'action ou l'inclination à se mouvoir vers eux qu'ont les parties de la matière subtile qui sont poussées par les corps qu'on nomme lumineux vers ces corps qu'on nomme noirs; or cette action peut être amortie par les parties de ces corps noirs, à cause qu'elles la reçoivent en elles-mêmes et ne la renvoient point, au lieu que les parties des corps blancs ne la reçoivent point en elles, mais la renvoient: ainsi qu'une tapisserie reçoit en soi le mouvement de la balle qu'on pousse contre elle, et pour ce sujet ne la renvoie point; mais une muraille dure, qui n'est aucunement ébranlée par cette balle, ne le reçoit point, c'est pourquoi elle la fait réfléchir.

Vous avez très bonne raison de maintenir que dans le vide même, s'il est possible, une pierre iroit plus lentement, ou plus vite, selon qu'elle auroit été mue lentement ou vite; et il n'y a nulle apparence de dire que son mouvement ne peut être déterminé à être plus lent ou plus vite que par les divers empêchements du milieu : car si cela étoit, la même pierre iroit toujours d'une même vitesse dans le même air, à cause qu'elle y trouve toujours les mêmes empêchements; mais cela est contre l'expérience, etc. Pour les pierres qui semblent du bois brun, ce n'est rien d'extraordinaire, et il y a des endroits en Bretagne où j'en ai vu quantité de cette sorte. Je vous remercie de votre offre pour la graine de l'herbe sensitive; ils ont eu de cette herbe au jardin de Leyde, mais la graine n'y a pu mûrir, et on dit qu'il seroit maintenant temps de la semer. Je ne serois pas marri aussi d'avoir un catalogue des plantes rares qui sont dans le jardin royal, s'il se pouvoit avoir facilement; et si on en veut un, en revanche, de celles qui sont au jardin de Leyde, on m'a offert de me le donner. Pour les bluettes d'air ou de feu, vous en pouvez mieux juger que moi, à cause que vous les avez vues; mais il faut remarquer que la réfraction ou réflexion qui arrive en quelques nues fort hautes peut faire que les rayons du soleil parviennent à l'œil plus d'une heure ou deux après qu'il est couché.

Pour celui qui dit que je vais au prêche des calvinistes, c'est bien une calomnie très pure; et en examinant ma conscience pour savoir sur quel prétexte on l'a pu fonder, je n'en trouve aucun autre, sinon que j'ai été une fois avec M. de N. et M. Hesdin à une lieue de Leyde, pour voir par curiosité l'assemblée d'une certaine secte de gens qui se nomment prophètes, et entre lesquels il n'y a point de ministre; mais chacun prêche qui veut, soit homme ou femme, selon qu'il s'imagine être inspiré : en sorte qu'en une heure de temps nous ouïmes les sermons de cinq ou six paysans, ou gens de métier : et une autre fois nous fûmes entendre le prêche d'un ministre anabaptiste, qui disoit des choses si impertinentes, et parloit un françois si extravagant, que nous ne pouvions nous empêcher d'éclater de rire; et je pensois être plutôt à une farce qu'à un prêche. Mais pour ceux des calvinistes je n'y ai jamais été de ma vie que depuis votre lettre écrite, que me trouvant à La Haye le neuvième de ce mois, qui est le jour qu'on remercie Dieu et qu'on fait des feux de joie pour la défaite de la flotte espagnole, je fus entendre un ministre françois dont on fait état; mais ce fut en telle sorte, qu'il n'y avoit là personne qui m'aperçût qui ne connût bien que je n'y allois pas pour y croire : car je n'y entrai qu'au moment que le prêche commençoit; j'y demeurai contre la porte, et en sortis au moment qu'il fut achevé, sans vouloir assister à aucune de leurs cérémonies. Que si j'eusse reçu votre lettre auparavant, je n'y aurois pas été du tout : mais il est impossible d'éviter les discours de ceux qui veulent parler sans raison; et celui dont vous m'écrivez doit avoir l'esprit bien foible, de m'accuser d'aller par les villages pour voir tuer des pourceaux, car il s'en tue bien plus dans les villes que dans les villages, où je n'ai jamais été pour ce sujet. Mais, comme vous m'écrivez, ce n'est pas un crime d'être curieux de l'anatomie; et j'ai été un hiver à Amsterdam que j'allois quasi tous les jours en la maison d'un boucher pour lui voir tuer des bêtes, et faisois apporter de là en mon logis les parties que je voulois anatomiser plus à loisir; ce que j'ai encore fait plusieurs fois en tous les lieux où j'ai été, et je ne crois pas qu'aucun homme d'esprit m'en puisse blâmer.

Votre raison pourquoi un tableau semble regarder de tous côtés est subtile, mais elle ne me semble pas suffisante; car encore que la prunelle soit ronde en un tableau, elle n'y paroit pas ronde pour cela lorsqu'elle est regardée de côté; il est vrai qu'elle n'y peut paroître si fort en ovale que celle d'un homme vivant : c'est pourquoi cela y fait quelque chose. Mais je crois qu'on y peut ajouter que, de quelque côté qu'on regarde un tableau, on y voit toujours toutes les mêmes parties de l'œil qui y est peint, et que ces parties sont celles qu'on voit aussi dans l'œil d'un homme vivant lorsqu'il regarde vers nous, et qu'on n'y voit pas si bien que dans un tableau lorsqu'il regarde d'un autre côté; à cause qu'étant relevé en bosse, ses parties se couvrent ou se découvrent beaucoup davantage que celles d'une plate peinture. J'ai reçu le Philolaüs, mais je ne me suis pas encore donné le temps de le lire, ni je ne crois pas le faire de plus de six mois, à cause que je m'occupe à d'autres études.

Les opinions de vos analystes, touchant l'existence de Dieu et l'honneur qu'on lui doit rendre, sont, comme vous écrivez, très difficiles à guérir, non pas qu'il n'y ait moyen de donner des raisons assez fortes pour les convaincre, mais pourceque ces gens-là, pensant avoir bon esprit, sont souvent moins capables de raison que les autres : car la partie de l'esprit qui aide le plus aux mathématiques, à savoir l'imagination, nuit plus qu'elle ne sert pour les spéculations métaphysiques. J'ai maintenant entre les mains un discours où je tâche d'éclaircir ce que j'ai écrit ci-devant sur ce sujet; il ne sera que de cinq ou six feuilles d'impression; mais j'espère qu'il contiendra une bonne partie de la métaphysique : et afin de le mieux faire, mon dessein est de n'en faire imprimer que vingt ou trente exemplaires, pour les envoyer aux vingt ou trente plus savants théologiens dont je pourrai avoir connoissance, afin d'en avoir leur jugement, et apprendre d'eux ce qui sera bon d'y changer, corriger ou ajouter, avant que de le rendre public.

Je crois bien que dans le vide, s'il étoit possible, la moindre force pourroit mouvoir les plus grands corps, aussi bien que les plus petits, mais non de même vitesse; car la même force feroit mouvoir une pierre double en grosseur, de la moitié moins vite que la simple.

Ce n'est pas merveille que nous puissions jeter une pierre fort haut, sans que le torrent de la matière subtile qui est dans l'air nous en empêche; car la force de notre bras dépend d'un autre torrent de matière subtile, qui est encore beaucoup plus rapide, à savoir celui qui agite nos esprits animaux, et qui diffère de l'autre en force et en activité autant que le feu diffère de l'air.

Votre expérience que le trou d'une demi-ligne donne quatre fois moins d'eau que celui d'une ligne, mais que celui-ci n'en donne que deux fois moins que celui de deux lignes, me semble du tout incroyable, *cæteris paribus*, c'est-à-dire faisant que le tuyau demeure toujours plein jusqu'au haut : car si on ne le remplit point à mesure que l'eau s'écoule, il est évident que d'autant plus que le trou sera grand, d'autant plus tôt elle s'abaissera dans le tuyau; et vous savez qu'elle coule d'autant moins vite qu'elle est plus basse.

Votre voyage d'Italie me donne de l'inquiétude,

car c'est un pays fort malsain pour les François ; surtout il y faut manger peu, car les viandes de là nourrissent trop ; il est vrai que cela n'est pas tant considérable pour ceux de votre profession ; je prie Dieu que vous en puissiez retourner heureusement. Pour moi, sans la crainte des maladies que cause la chaleur de l'air, j'aurois passé en Italie tout le temps que j'ai passé en ces quartiers, et ainsi je n'aurois pas été sujet à la calomnie de ceux qui disent que je vais au prêche, mais je n'aurois peut-être pas vécu si sain que j'ai fait. Je suis, etc.

AU R. P. MERSENNE [1].

(Lettre 34 du tome II.)

Mon révérend père,

Je dois réponse à trois de vos lettres, l'une du douzième novembre, les autres des quatre et dixième décembre, et j'ai reçu ces deux dernières en même jour. En la première vous demandez pourquoi un arc ou ressort perd sa force lorsqu'il est fort long-temps tendu, dont la raison est facile

---

[1] « Cette lettre est la 27ᵉ des manuscrits de Lahire, et fixement datée le 25 décembre, jour de Noël, de l'année 1639. »

par mes Principes : car les pores que j'ai ci-devant dit avoir la figure d'ovales deviennent ronds peu à peu, à cause des petites parties de la matière subtile qui coulent sans cesse par dedans.

Cette matière subtile nous empêche bien de jeter une pierre en haut, ou de sauter : car sans cette matière qui repousse en bas les corps pesants, lorsqu'on jette une pierre en haut, elle monteroit jusqu'au ciel; et lorsqu'on s'élève un peu en sautant, on continueroit toujours à monter sans redescendre.

Pour l'*inertie*, je pense avoir déjà écrit qu'en un espace qui n'est point du tout empêchant, si un corps de certaine grandeur qui se meut de certaine vitesse en rencontre un autre qui lui soit égal en grandeur et qui n'ait point de mouvement, il lui communiquera la moitié du sien, en sorte qu'ils iront tous deux ensemble de la moitié aussi vite que faisoit le premier : mais s'il en rencontre un qui lui soit double en grandeur, il lui communiquera les deux tiers de son mouvement, et ainsi ils ne feront tous deux ensemble pas plus de chemin en trois moments que le premier faisoit en un moment : et généralement plus les corps sont grands, plus ils doivent aller lentement lorsqu'ils sont poussés par une même force.

Je ne trouve pas étrange qu'il y en ait qui démontrent les coniques plus aisément qu'Apollonius, car il est extrêmement long et embarrassé ; et tout ce qu'il a démontré est de soi assez facile. Mais on peut bien proposer d'autres choses touchant les coniques qu'un enfant de seize ans[1] auroit de la peine à démêler.

Le désir que chacun a d'avoir toutes les perfections qu'il peut concevoir, et par conséquent toutes celles que nous croyons être en Dieu, vient de ce que Dieu nous a donné une volonté qui n'a point de bornes ; et c'est principalement à cause de cette volonté infinie qui est en nous, qu'on peut dire qu'il nous a créés à son image.

C'est une très mauvaise raison pour prouver qu'un homme qui est sous l'eau ne sent point la pesanteur de cette eau, que de dire : *Tout pressement qui blesse le corps pousse quelque partie de ce corps hors de son lieu naturel ; or l'eau pressant également de tous côtés un corps qui est sous elle ne pousse aucune de ses parties hors de son lieu naturel. Ergo, etc.* Car la mineure se doit nier ; et il seroit très faux si toutes les parties du corps d'un homme qui est sous l'eau étoient pressées assez fort par cette eau, qu'elles ne pourroient être poussées par elles hors de leur lieu naturel, encore que toutes celles de la peau de cet homme fussent poussées également : car ce seroit être assez poussées hors de leur lieu naturel que d'être toutes également poussées en

---

[1] Pascal le fils.

dedans, en sorte que cet homme dût occuper moins de place qu'il n'a de coutume; mais il est faux aussi que toute l'eau qui est au-dessus du corps d'un homme le presse; et il est plus vrai de dire qu'elle le soulève, de quoi je pense vous avoir ci-devant mandé la vraie raison.

Ce qui fait qu'on s'élève en haut lorsqu'on saute, n'est qu'une réflexion de la force dont on pousse la terre des pieds avant que de sauter, laquelle force cessant il faut qu'on retombe, sans qu'il soit possible de se soutenir en l'air, si ce n'est qu'on le pût frapper des bras ou des pieds avec telle vitesse qu'il ne pût céder si promptement, ce qui serviroit à s'élever derechef; et c'est ainsi que volent les oiseaux.

J'ai bien remarqué que M. Herbert prend beaucoup de choses pour des notions communes qui ne le sont point; et il est certain qu'on ne doit recevoir pour notion que ce qui ne peut être nié de personne.

Je passe à votre lettre du quatrième décembre, et vous remercie des avis que vous me donnez touchant mon essai de métaphysique; mais pour les raisons de Raymond Lulle ce ne sont que sophismes dont je fais peu d'état. Pour les objections de vos analystes je tâcherai à les résoudre toutes sans les exposer, c'est-à-dire je mettrai les fondements, dont ceux qui les sauront en pourront tirer la solution, et ne les apprendrai point à ceux qui les ignorent ; car il me semble que c'est en cette façon qu'on doit traiter cette matière. Au reste je ne suis point si dépourvu de livres que vous pensez, et j'ai encore ici une Somme de saint Thomas, et une Bible que j'ai apportée de France.

La force de la percussion ne dépend que de la vitesse du mouvement, et ce suivant le calcul dont j'ai parlé ci-dessus du nombre troisième. Car il faut savoir, quoique Galilée et quelques autres disent au contraire, que les corps qui commencent à descendre, ou à se mouvoir en quelque façon que ce soit, ne passent point par tous les degrés de tardiveté ; mais que dès le premier moment ils ont certaine vitesse qui s'augmente après de beaucoup, et c'est de cette augmentation que vient la force de la percussion. Par exemple, si le marteau A pèse cent livres, et qu'il ait seulement un degré de vitesse lorsqu'il commence à descendre de soi-même, il ne pressera l'enclume B que de la force que donne ce degré de vitesse à cent livres : et si un autre marteau qui ne pèsera qu'une livre acquiert cent degrés de vitesse en tombant sur cette enclume de cinq ou six pieds de haut, il la pressera aussi fort que le marteau A. Or il est certain que la main, en conduisant ce marteau, n'en peut pas seulement augmenter la vitesse de cent ou deux cents degrés, mais de plusieurs mille. Car premièrement elle se peut mouvoir plus vite qu'un corps pesant qui descend naturellement, comme on voit par expérience en poursuivant de la main une balle qui descend de haut en bas, car on la peut aisément attraper en l'air. Et de plus, à cause de la longueur du manche du marteau, la main n'a besoin de se mouvoir que fort peu, comme de D à C, pour faire que le marteau se meuve beaucoup davantage, à savoir de E à A. Et il est certain que si le marteau A, étant élancé de la main sur l'enclume B, a dix mille fois plus de force que lorsqu'il y est posé fort doucement, cela ne vient que de ce qu'au moment qu'il rencontre cette enclume il est en train pour se mouvoir dix mille fois plus vite. Voilà donc la solution de cette difficulté dont les autres font tant de bruit. Mais il y a outre cela diverses autres choses à considérer en la percussion, comme la durée du coup, qui fait qu'on rendra une balle de plomb plus plate en la frappant d'un marteau sur un coussin que sur une enclume, et choses semblables que je n'ai pas ici le loisir de décrire [1].

La façon que je dis être la meilleure pour élever l'eau fort haut, est qu'au bout d'une toise ou deux il doit y avoir un réceptacle pour l'eau, duquel derechef elle sera élevée par le moyen d'une pompe ou autre semblable artifice dans un autre récep-

---

[1] « *Je n'ai reçu aucune de vos lettres auxquelles je n'aie fait réponse.* »

tacle; et ainsi de suite, à quoi je trouve la vis
d'Archimède plus propre qu'aucun autre instrument : car pour la pompe il y a trop de force perdue. Par exemple, l'eau qui est vers A¹ sera élevée
jusqu'à B par la vis AB, et de B jusqu'à C par
une autre vis, et de C jusqu'à D par une autre,
et toutes ces vis seront mues par le moyen de la
roue F, qui fera tourner l'essieu FE, ce qui coûteroit véritablement plus que des pompes, mais
aussi seroit-il incomparablement de plus de durée.

Si vous considérez pourquoi le mouvement
d'une balle s'amortit plutôt contre certains corps
que contre d'autres, vous verrez par même moyen
ce que je conçois par les corps noirs, car c'est entièrement le semblable; et il ne faut point pour
cela que la matière subtile perde tous ses mouvements (car elle en a plusieurs) contre ces corps
noirs, mais seulement celui qui sert à faire sentir
la lumière. Lorsqu'une pierre descend en l'air, s'il
n'y avoit que cet air qui l'empêchât de descendre
d'une vitesse infinie, elle devroit aller plus vite,
ou du moins aussi vite au commencement qu'à la
fin, et c'est ce que j'avois voulu dire en ma précédente. Je vous remercie de la graine que vous m'offrez, et je vous envoie ici un catalogue des plantes
dont on voudroit bien savoir si les graines se trou-

---

¹ Figure 18.

vent à Paris, et si l'on en pourroit avoir; mais ce n'est pourtant chose dont je vous prie qu'autant qu'il se pourra sans peine. Il y aura sans doute de la faute dans vos robinets pour vos expériences de l'eau. Je me servirai de l'adresse du frère Valentin pour les lettres que je vous écrirai, puisqu'il vous plaît ainsi¹; mais si je dois écrire à quelques autres, j'enverrai mes lettres à M. de Martigny quand je saurai où il demeure, et je lui écris à ce voyage afin de le savoir. Je suis bien aise que M. du Morier ait bonne espérance de son travail des lunettes; mais pour moi je ne m'attends qu'à M. de Beaune, ou, s'il n'y réussit, j'y donnerai peut-être moi-même une atteinte cet été. Je vous remercie de l'affection que vous me témoignez, en ce que vous voulez porter avec vous en Italie quelque chose de ce que je vous ai écrit; mais je ne crois pas qu'il y ait rien qui mérite d'être vu de personne : car je vous mande souvent mon opinion de beaucoup de choses auxquelles je n'ai jamais pensé avant que de vous écrire, et ayant quelquefois à vous répondre à vingt ou trente choses différentes en une après-soupée, il est impossible que je pense bien à toutes.

Je viens à votre dernière lettre du dixième décembre. Vous la commencez par la descente

----

¹ « C'est que le P. Mersenne étoit en voyage par les provinces du royaume et en Italie. »

de l'eau dans un tuyau, à quoi je réponds que, si ce tuyau est partout également large, toute l'eau qui est dedans coule également vite; mais s'il est deux fois plus large en un lieu qu'en l'autre, elle ira deux fois plus lentement, etc. Or la vitesse de toute cette eau dépend de sa pente et de sa longueur : comme par le tuyau AB elle ira de même vitesse que par le tuyau AC. Et pour savoir de quelle vitesse elle ira en celui-ci, il faut penser que la goutte d'eau qui est vers C a inclination à descendre aussi vite que si elle avoit déjà descendu en l'air libre depuis A jusqu'à C, et que la goutte qui est vers D n'a inclination à descendre que de la même vitesse qu'elle auroit acquise en descendant en l'air libre depuis A jusqu'à D, et ainsi des autres ; et que d'autant que toutes ces gouttes se meuvent ensemble, et ne peuvent aller plus vite l'une que l'autre dans le tuyau, leur vitesse est composée de toutes ces diverses inclinations, et comme moyenne proportionnelle entre toutes celles qu'elles auroient étant séparées. Mais ceci ne se peut rapporter au cours des rivières, à cause qu'il est fort retardé par la rencontre de la mer en leur embouchure, et qu'en beaucoup de lieux leur pente est insensible, et enfin qu'elles reçoivent des eaux de divers endroits, et ne sont point partout également larges. Il est certain (au moins suivant mes Principes) que si la matière subtile qui tourne autour de la terre n'y tournoit point, aucun corps ne seroit pesant, et que si elle tournoit autour de la lune ils devroient tous être portés vers la lune, etc. Je crois aussi qu'il y a continuellement quelques parties des corps terrestres qui se convertissent en matière subtile, *et vice versa*, etc. Cette matière subtile qui est dans nos corps ne s'y arrête pas un seul moment, mais elle en sort, et il y en rentre continuellement de nouvelle : il est vrai que ce n'est pas immédiatement elle seule qui donne la force à nos mouvements, mais ce sont nos esprits animaux, qui, étant enfermés dans nos nerfs comme dans des tuyaux, sont agités par cette matière subtile. Il s'en faut beaucoup qu'un morceau de liége qui flotte sur l'eau n'en montre la vitesse, car l'air ou le vent qui l'environne peut augmenter ou retarder son mouvement : mais balancez tellement une boule de cire, ou chose semblable, qu'elle soit quasi toute cachée sous l'eau, et lors elle en montrera à peu près la vitesse, mais ce ne sera encore qu'à peu près. Je ne sais point de meilleure façon pour savoir la hauteur des montagnes que de les mesurer de deux stations, suivant les règles de la géométrie pratique; ainsi vous pourrez mesurer le mont Cenis étant au-delà de Suze dans le Piémont, car la plaine en est fort égale. Je ne m'étonne pas de ce qu'il s'est trouvé des boulets de canon dans des pierres, mais je m'étonne de ce qu'ils ne se sont pas aussi pétrifiés. Si le reste de ce que vous me mandez de Danemarck n'est pas plus vrai qu'il est vrai que Longomontanus a trouvé la quadrature du cercle, il n'en faut pas beaucoup croire. Je vous remercie de vos observations de l'aimant; s'il est vrai qu'il décline maintenant moins en Angleterre qu'il n'a fait ci-devant, cela mérite bien d'être remarqué, et si ce changement est arrivé peu à peu, ou en peu de temps. L'histoire de M. Rivet n'est qu'une sottise, et elle n'est pas encore terminée; quand elle le sera je vous l'écrirai; il n'a guère de quoi vous entretenir, ou plutôt il a bien envie de me mêler dans vos lettres. Vos géomètres n'ont guère non plus à reprendre dans mes écrits, s'ils s'attachent à la démonstration touchant la propriété de l'ellipse et de l'hyperbole que j'ai mise en ma Dioptrique : car cette propriété n'ayant jamais été trouvée par aucun autre que par moi, et étant la plus importante qui se sache touchant ces figures, il me semble qu'ils n'ont pas grande grâce à dire qu'il y a quelque chose en cela qui ressent son apprenti, car ils ne sauroient nier que cet apprenti ne leur ait donné leçon en cela même. Il est vrai pourtant que l'explication s'en peut faire beaucoup plus brièvement que je ne l'ai faite ; ce que je pourrois dire avoir fait à dessein, pour montrer le chemin de l'analyse, que je ne crois pas qu'aucun de vos géomètres sache, et à laquelle les lignes BF, nm des figures mises aux pages 94 et 105 sont nécessaires, car c'est le seul emploi de ces lignes qui rend mon explication trop longue. Mais la vérité est que j'ai manqué par une négligence qui m'est fatale en toutes les choses faciles, auxquelles ne pouvant arrêter mon attention, je suis le premier chemin que je rencontre, comme ici la vérité étant trouvée par l'analyse, l'explication en étoit bien facile, et le chemin le plus à ma main étoit celui de cette même analyse. Toutefois je me suis aperçu de ma faute dès avant que le livre fût publié, et l'ai corrigée dès lors en mon exemplaire en effaçant tout ce qui est inclus depuis la première jusqu'à la vingt-cinquième ligne en la page 93, et depuis la neuvième jusqu'à la vingt-huitième en la page 104. J'ai remis en l'une et l'autre ces mêmes mots en la place des effacés.

Premièrement, à cause que tant les lignes AB et NI que AL et GI sont parallèles, les triangles ALB et IGN sont semblables, d'où il suit que AL est à IG comme AB est à NI; ou bien pourceque AB et BI sont égales, comme BI est à NI. Puis si on tire, etc. Et en la page 94, lignes 6 et 7, j'ai effacé ces mots, *BF est à NM et BF à NM comme;* mais c'a été pour une seconde impression, car cela ne me sembla pas valoir la peine d'être mis dans les errata, et il n'y a jamais eu personne qui ait écrit de géométrie en qui l'on ne puisse trouver de telles fautes. Je n'attends plus après cela sinon qu'on reprenne aussi les fautes de l'orthographe et de l'impression, que le libraire et moi avons commises en très grand nombre. Je n'ai point dessein ni occasion de faire imprimer les notes que M. de Beaune a pris la peine de faire sur ma Géometrie; mais s'il les veut faire imprimer lui-même il a tout pouvoir, seulement aimerois-je mieux qu'elles fussent en latin, et ma Géométrie aussi, en laquelle j'ai dessein de changer quasi tout le second livre, en y mettant l'analyse des lieux, et y éclaircissant la façon de trouver les tangentes, ou plutôt (à cause que je me dégoûte tous les jours de plus en plus de faire imprimer aucune chose) s'il lui plait d'ajouter cela en ses notes, je m'offre de lui aider en tout ce qui sera de mon pouvoir. Je suis, etc.

ANNÉE 1640.

AU R. P. MERSENNE [1].

(Lettre 35 du tome II.)

Mon révérend père,

Il faut que je commence ma lettre par la badinerie que N [2]. vous avoit écrite, puisque c'est par elle que vous avez commencé la vôtre du dernier décembre 1639, et que je vous dise qu'il s'est trouvé un homme [3] de ce pays si habile en l'art de charlatan, que sans rien du tout savoir en mathématiques, il n'a pas laissé de faire profession de les enseigner, et de passer pour le plus savant de tous ceux qui s'en mêlent; et ce par la seule hardiesse de se vanter qu'il savoit tout ce qu'il avoit ouï dire être ignoré par les autres, et de faire des livres qui promettoient ces merveilles au titre, mais qui ne contenoient au dedans que des fautes ou des pièces

---

[1] « 29 janvier 1640. Voyez le gros cahier. C'est la 28ᵉ des manuscrits de Lahire. » Beaucoup de petites variantes insignifiantes.

[2] « Rivet. »

[3] « Stampion. »

dérobées, et de répliquer sans raison toutes sortes de choses à ceux qui lui contredisoient, et les provoquer par gageures, en sorte qu'il ne se rencontroit personne qui lui osât résister. Jusqu'à ce qu'enfin ayant fait imprimer un assez gros livre, qu'il avoit continuellement promis depuis six ou sept ans, un jeune homme d'Utrecht[1] en a fait un autre où il a remarqué toutes ses fautes, et découvert toutes ses finesses; et, pour lui ôter sa vieille pratique de vouloir gager, il a mis en ce livre qu'il ne devoit point parler de gager qu'il n'eût déposé l'argent auparavant entre les mains de quelque professeur en mathématique, et que ce seroit pour les pauvres en cas qu'il perdit; ou que, s'il faisoit autrement, on se moqueroit de ses bravades, et qu'on verroit par là qu'il ne vouloit gager qu'en paroles. Nonobstant cela, ce malavisé, n'ayant point d'autres armes pour se défendre, n'a pas laissé de provoquer celui d'Utrecht à gager par un écrit imprimé; à quoi l'autre répondit qu'il devoit donc déposer son argent, et dire touchant quoi il vouloit gager, et quels juges il en vouloit croire, car le charlatan n'avoit rien déterminé de tout cela : mais, après ce second avertissement, il fut bien si impudent que de mettre 600 livres entre les mains du recteur de l'université de Leyde, et de faire un second défi, sans dire encore de quoi il vouloit

[1] « Wassenaer. »

gager, ni quels juges il vouloit croire. L'autre déposa aussi son argent, et le fit sommer, par un notaire, de spécifier sur quoi il vouloit gager, et quels juges il vouloit croire. A quoi le charlatan ne voulut rien répondre sur-le-champ; mais à cinq ou six jours de là il fit imprimer un troisième défi, où il spécifia une chose pour laquelle il vouloit gager, sans nommer encore les juges; et pourcequ'il avoit appris que celui d'Utrecht s'étoit servi de mon conseil en tout ce qu'il avoit fait, il me nomma en ce troisième défi, ce qui a donné sujet à M. N.[1] de faire son conte. Depuis ce temps-là on a fait tout ce qu'on a pu pour faire qu'il se soumit à quelques juges, et on l'a tellement engagé peu à peu, qu'il ne peut éviter d'être condamné; et outre qu'on a vu clairement par ses subterfuges qu'il ne vouloit gager que de paroles, les curateurs des pauvres ont fait arrêter son argent, car c'est pour eux qu'il est déposé; mais pourcequ'on lui a donné un mois pour écrire ses défenses, et un mois aux arbitres pour donner leur sentence, il ne peut être tout-à-fait condamné que vers la fin du mois de mars.

Pour le livre anglois touchant les déclinaisons de l'aimant, je ne vois point qu'on y puisse appuyer grand fondement; car trois observations ne suffisent pas pour cela, et il en faudroit plus de mille avant que je m'y assurasse, à cause qu'il faut fort

[1] Rivet.

peu de chose pour changer ces déclinaisons. Je ne m'arrête pas fort aussi au livre nommé *le Trésor infini*, qui sera peut-être comme le moyen de devenir riche de la Pallu. Pour les postulata du mathématicien de France[1], *omnis angulus rectilineus est divisibilis in duos æquales; ad omnem rectam per punctum quodcunque duci potest perpendicularis; omni rectæ per punctum quodcunque duci potest parallela*[2], je ne crois pas que personne refuse de les recevoir, si ce n'est qu'il leur donne quelque interprétation fort différente de l'ordinaire.

J'ai vu l'imprimé de Chorez, mais je ne puis rien conjecturer de son invention, sinon que c'est quelque charlatanerie, qui n'est point en effet telle qu'il dit, mais seulement en apparence. J'ai su il y a long-temps toutes les expériences de l'aimant, dont vous m'écrivez, et puis aisément donner la raison de toutes dans mon Monde; mais je tiens que c'est une extravagance de vouloir expliquer toute la physique par l'aimant. Je ne crois pas vous avoir jamais écrit que le solide de la roulette ne se peut donner : car je ne me souviens point de l'avoir jamais cherché, et je juge au contraire qu'il est aisé à trouver. Mais je fais si peu d'état de toutes ces questions particulières, et dont je ne vois point d'usage, que je serois marri d'y employer un seul

---

[1] « Laflèche. »

[2] « Ces trois lignes latines n'étoient pas dans l'original de Lahire. »

moment. Je ne vois aucune difficulté en ce que vous proposez contre la force des ressorts : car il ne peut y avoir deux torrents de matière subtile qui aillent à l'encontre l'un de l'autre; et de quelque côté que cette matière subtile entre dans les pores d'un arc ou ressort, les rencontrant avoir une figure forcée qui ne lui donne pas si libre passage que leur figure ordinaire, elle fait effort pour les remettre en cette figure ordinaire. Pour les lunettes, je vois bien par la lettre de M. du Maurier qu'il promet beaucoup, mais je n'en attends pourtant rien que de M. de Beaune.

Je viens de revoir mes notes[1] sur Galilée, où je n'ai pas dit expressément que les corps qui descendent ne passent pas partout les degrés de tardiveté; mais j'ai dit que cela ne se peut déterminer sans savoir ce que c'est que la pesanteur, ce qui signifie le même. Pour votre instance du plan incliné, elle prouve bien que toute vitesse est divisible à l'infini, ce que j'accorde; mais non pas que lorsqu'un corps commence à descendre, il passe par toutes ses divisions. Quand on frappe une boule avec un mail, je ne crois pas que vous pensiez que cette boule, au commencement qu'elle se meut, aille moins vite que le mail; ni enfin que tous les corps qui sont poussés par d'autres manquent à se mouvoir, dès le premier moment qu'ils

---

[1] « Voyez la lettre 91 de ce volume II. »

se meuvent, d'une vitesse proportionnée à celle des corps qui les meuvent. Or est-il que selon moi la pesanteur n'est autre chose, sinon que les corps terrestres sont poussés directement vers le centre de la terre, d'où vous voyez aisément la conclusion; mais il ne faut pas penser pour cela que ces corps se meuvent au commencement si vite que cette matière subtile, car elle ne les pousse qu'obliquement, et ils sont beaucoup empêchés par l'air, principalement les plus légers.

Je m'étonne de ce que vous n'aviez pas encore ouï qu'on peut mieux aplatir une balle de plomb avec un marteau sur un coussin ou sur une enclume suspendue, et qui peut céder au coup, que sur une enclume ferme et immobile, car c'est une expérience fort vulgaire; et il y en a une infinité de semblables, dans les mécaniques, qui dépendent toutes du même fondement, à savoir, ce n'est pas assez de frapper une balle de plomb avec beaucoup de force pour l'aplatir, mais il faut aussi que cette force dure quelque temps, afin que les parties de cette balle aient loisir cependant de changer de situation : or, quand cette balle est sur une enclume ferme, le marteau rejaillit en haut, quasi au même instant qu'il l'a frappée, et ainsi n'a pas le loisir de l'aplatir tant que si l'enclume ou autre corps qui est sous cette balle, cédant au coup, fait qu'il demeure plus long-temps appuyé contre elle.

Lorsque je vous ai mandé que s'il n'y avoit que l'air qui empêchât la pierre de descendre, elle devroit aller plus vite ou aussi vite au commencement qu'à la fin, j'ai mis de descendre d'une infinie vitesse : car je n'ai écrit cela que pour réfuter l'opinion de celui qui dit qu'une pierre descendant dans le vide iroit d'une infinie vitesse, et que dans notre air c'est seulement l'empêchement de l'air qui la retarde. Or, posant que la pierre ait cette inclination à descendre d'infinie vitesse dès le commencement qu'elle se meut, l'augmentation qui, selon Galilée, et à peu près aussi selon moi, la fait aller en raison double des temps, n'a aucun lieu; et ainsi, pour montrer l'absurdité de l'antécédent, j'ai dit que cette conséquence absurde en devoit suivre. L'imagination de ceux qui disent qu'un boulet de canon tiré contre une muraille ne la touche pas me semble ridicule.

On ne peut comparer la force d'une presse avec celle de la percussion que par les effets : car la presse peut agir toujours également pendant un long temps, au lieu que la force de la percussion dure fort peu, et n'est jamais égale un moment de suite. Mais ne croyez pas que l'air intercepté qui entre dans les pores des corps frappés ait aucun grand effet : ce n'est qu'une pure imagination de ceux qui, ne voyant pas les vraies causes, les cherchent où il n'y a aucune apparence de les trouver;

comme aussi lorsqu'ils disent, *in motu projectorum*, que c'est l'air qui fait durer le mouvement : *nugæ*.

Pour concevoir que la différence qui est entre le marbre blanc et le noir a du rapport avec celle qui est entre une table toute nue et une table couverte d'un tapis, il faut savoir que le marbre noir a bien a peu près les mêmes parties que le blanc ; mais qu'il en a d'autres avec cela qui sont beaucoup plus molles, et qui sont celles qui le rendent noir, en sorte qu'il diffère du blanc, comme une pierre de ponce dont tous les pores sont, par exemple, remplis de poix liquide, et une pierre de ponce qui n'a rien que de l'air dans ses pores ; et vous concevez bien que des grains de sable poussés contre cette dernière se réfléchiront, au lieu qu'étant poussés contre l'autre, leur mouvement sera amorti par la mollesse de la poix.

L'invention de bander plusieurs arcs tout à la fois n'a rien du tout d'admirable ; car bien qu'il ne faille pas plus de force *intensive* pour en bander mille que pour en bander un, il en faut toutefois mille fois plus *extensive* : car, par exemple, si je bande le seul arc BC[1], le haut de cet arc étant arrêté au point B, je dois seulement tirer la corde C jusques à E ; mais si je veux bander les deux arcs AB et BC tout d'un coup, il faut que le haut

[1] Figure 19.

du premier soit attaché au point A, et que B, le haut du second, soit seulement attaché à la corde B, en sorte que, tirant la corde C, je la fasse descendre jusques à F, et B jusques à D*, etc. Voilà tout ce que j'ai trouvé à répondre à vos lettres. Mais afin que je vous mande aussi quelques nouvelles, je vous dirai que la nuit qui a suivi le jour des Rois cette année il a fait ici un vent si étrange, qu'il a arraché plusieurs arbres, nonobstant qu'ils n'aient maintenant aucunes feuilles; je crois que si c'eût été l'été, qu'ils ont des feuilles, il n'en eût laissé aucun en tout le pays; et néanmoins à dix ou douze lieues d'ici, dans la mer, j'ai ouï dire qu'il n'a fait alors aucun orage. Il y a une ville en Zélande, nommée Terveer, qui a ci-devant souffert beaucoup d'incommodités de la mer, laquelle en a emporté ou fait abimer plusieurs maisons; et la cause de ce désastre étoit un banc de sable qui étoit là devant, et faisoit que l'eau de la mer prenoit son cours vers la ville. Or M. de Zuitlichem m'a dit, il y a huit jours, que ce banc a disparu subitement;

---

* *L'invention de tirer de l'eau fort vite avec des cordes et des poulies est fort vulgaire; mais on y perd autant de force qu'on y gagne de temps. Soit, par exemple, le seau D pendu à une corde qui est attachée au point C, et passée dans une poulie qui pend à une autre corde attachée au point B, et passée derechef dans une poulie qui pend à la corde A; laquelle corde AB étant tirée, on fasse monter le seau quatre fois aussi vite qu'à l'ordinaire, mais il y faudra aussi quatre fois plus de force. Voilà tout...*

en sorte que la mer est maintenant très profonde en l'endroit où il étoit.

Hortensius étant en Italie il y a quelques années, se voulut mêler de faire son horoscope, et dit à deux jeunes hommes de ce pays qui étoient avec lui, qu'il mourroit en l'an 1639, et que pour eux ils ne vivroient pas long-temps après : or lui étant mort cet été, comme vous savez, ces deux jeunes hommes en ont eu telle appréhension, que l'un d'eux est déjà mort; et l'autre, qui est le fils de Heinsius, est si languissant et si triste, qu'il semble faire tout son possible afin que l'astrologie n'ait pas menti. Voilà une belle science, qui sert à faire mourir des personnes qui n'eussent peut-être pas été malades sans elle[1]!

[1] « *Vous verrez ce que j'écris à M. Meissonnier. Sa lettre le représente bien plus honnête homme que les titres du livre qu'il m'a envoyé; car il y met tant d'astrologie, de chiromancie, et autres niaiseries, que je n'en puis avoir bonne opinion. J'appréhende pour vous le voyage d'Italie, que vous voulez faire en été; car il me semble qu'il vaudroit bien mieux le faire au commencement de l'hiver. Je suis, etc. Du 29 janvier, 1640.* »

A MONSIEUR *** [1].

(Lettre 36 du tome II.)

MONSIEUR,

J'eusse été le premier à vous écrire si j'eusse eu le bien de vous connoître pour tel que vous vous décrivez en la lettre que vous m'avez fait la faveur de m'envoyer; car la recherche de la vérité est si nécessaire et si ample, que le travail de plusieurs milliers d'hommes y devroit concourir : et il y a si peu de personnes au monde qui l'entreprennent à bon escient, que ceux qui le font se doivent d'autant plus chérir les uns les autres, et tâcher à s'entr'aider, en se communiquant leurs observations et leurs pensées; ce que je vous offre de ma part avec toute sorte d'affection. Et afin de commencer, je répondrai ici à ce qu'il vous a plu me demander, touchant l'usage de la petite glande nommée *conarion* : à savoir mon opinion est que cette glande est le principal siége de l'âme, et le lieu où se font toutes nos pensées. La raison qui me donne

---

[1] « Cette lettre est pour M. Meissonnier, médecin de Lyon, envoyée au P. Mersenne avec la précédente. »

cette créance est que je ne trouve aucune partie en tout le cerveau, excepté celle-là seule, qui ne soit double. Or est-il que, puisque nous ne voyons qu'une même chose des deux yeux, ni n'oïons qu'une même voix des oreilles, et enfin que nous n'avons jamais qu'une pensée en même temps, il faut de nécessité que les espèces qui entrent par les deux yeux, ou par les deux oreilles, s'aillent unir en quelque lieu, pour être considérées par l'âme; et il est impossible d'en trouver aucun autre en toute la tête que cette glande; outre qu'elle est située le plus à propos pour ce sujet qu'il est possible, à savoir au milieu, entre toutes les concavités; et elle est soutenue et environnée des petites branches des artères carotides, qui apportent les esprits dans le cerveau. Mais pour les espèces qui se conservent en la mémoire, je n'imagine point qu'elles soient autre chose que comme les plis qui se conservent en du papier après qu'il a été une fois plié; et ainsi je crois qu'elles sont principalement reçues en toute la substance du cerveau, bien que je ne nie pas qu'elles ne puissent être aussi en quelque façon en cette glande, surtout en ceux qui ont l'esprit le plus hébété : car pour les esprits fort bons et fort subtils, je crois qu'ils la doivent avoir toute libre et fort mobile; comme nous voyons aussi que dans les hommes elle est plus petite que dans les bêtes, tout au rebours des autres parties du cerveau. Je crois aussi que quelques espèces qui servent à la mémoire peuvent être en diverses autres parties du corps, comme l'habitude d'un joueur de luth n'est pas seulement dans sa tête, mais aussi en partie dans les muscles de ses mains, etc. Mais pour ces effigies de petits chiens qu'on dit paroître dans l'urine de ceux qui ont été mordus par des chiens enragés, je vous avoue que j'ai toujours cru que ce fût une fable, et que si vous ne m'assurez de les avoir vues bien distinctes et bien formées, j'aurai encore maintenant de la peine à les croire, bien que s'il est vrai qu'elles se voient, la cause en puisse en quelque façon être rendue, ainsi que celle des marques que les enfants reçoivent des envies de leurs mères. Je suis, etc.

AU R. P. MERSENNE[1].

(Lettre 37 du tome II.)

Mon révérend père,

Je vois par ce que j'ai dit qu'une balle de plomb s'aplatit plus sur un coussin que sur une enclume;

[1] « Cette lettre est la 29ᵉ des manuscrits de Lahire, et fixement datée le 11 mars 1640. »

combien les mêmes choses peuvent être regardées de divers biais, et combien il est malaisé de se servir des expériences qui sont faites par d'autres; mais encore que je veuille bien croire que tout ce que vous me mandez sur ce sujet soit véritable, je ne doute aucunement pour cela que ce que je vous en ai mandé ne le soit aussi[1] : car lorsque je vous ai premièrement écrit, j'ai usé des termes dont on a coutume d'user en proposant cette expérience, à cause que je croyois fermement que vous la saviez. Mais voyant depuis qu'elle vous étoit nouvelle, si j'ai bonne mémoire, j'ai ajouté que par un coussin j'entendois une enclume suspendue, ou bien une plaque de fer mise sur un coussin : car de prendre un coussin tout seul et bien mou, il est aisé à croire que la balle se doit enfoncer dedans au lieu de s'aplatir; et au lieu d'une enclume, vous prenez un morceau de fer mis sur un

[1] *Aussi : Et pour bien faire cette expérience, il faut se servir d'un marteau qui ne soit pas fort gros, car s'il avoit la force d'aplatir entièrement la balle sur l'enclume, il ne pourroit faire davantage sur le coussin : et outre cela, on doit mettre une plaque de fer ou autre corps entre la balle et le coussin, afin qu'elle ne s'enfonce pas tellement dedans étant frappée, que le marteau, appuyant contre ce coussin y perde sa force. Mais une expérience plus vulgaire, qui revient à ce même principe, et dont tous les cuisiniers de Paris vous assureront, c'est que lorsqu'ils veulent rompre l'os d'une éclanche de mouton avec le dos d'un couteau, ils le mettent seulement sur leur main ou sur une serviette, et frappant dessus, le cassent ainsi plus aisément que s'il étoit sur une table ou sur une enclume. Je ne puis dire, etc.*

mur, où peut-être il peut autant obéir au coup qu'il est requis pour augmenter la force. Il faut donc avoir d'un côté une bonne enclume appuyée sur des coussins, en sorte qu'elle puisse céder quelque peu, ou bien seulement une plaque de fer mise sur un coussin, et frappant deux balles de plomb de même force et avec un même marteau de médiocre grosseur, en sorte qu'il ne puisse pas beaucoup aplatir la balle qui sera sur une enclume ferme, je m'assure qu'il aplatira davantage l'autre; et de tout cela l'effet se change selon que la proportion est changée; comme il y a des choses qu'on enfonce mieux avec un marteau de bois qu'avec un de fer, et d'autres au contraire; c'est ainsi que les charpentiers ou menuisiers se servent d'un maillet de bois pour frapper sur leur ciseau, et fendent par ce moyen plus aisément leur bois que s'ils se servoient d'un marteau de fer. De dire combien il faut de pesanteur pour égaler la force d'un coup de marteau, c'est une question de fait où le raisonnement ne sert de rien sans l'expérience. Il est certain qu'une livre de laine pèse autant qu'une livre de plomb, mais il y a grande différence en la percussion, tant à cause de la dureté qu'à cause de la résistance de l'air. Ceux qui trempent l'acier avec l'air ne le font pas pour le rendre plus dur, mais au contraire afin qu'il le soit moins; car je crois qu'il doit être fort mou pour servir à ceux qui tirent les fils d'or. Je ne crois point qu'il soit de la civilité que j'écrive une nouvelle lettre à M. le cardinal de B.[1], ni même que je témoigne savoir que celle que j'avois écrite ait été perdue; mais pourceque j'en ai encore la copie, je vous l'envoie, non point pour la faire voir, si ce n'est que vous le jugiez fort à propos, mais seulement afin que vous sachiez ce que je lui mandois[2].

Je ne doute point que plusieurs petits coups de marteau ne fassent enfin autant d'effet qu'un fort grand coup : je dis autant en quantité, bien qu'ils puissent être différents *in modo;* mais *apud me omnia sunt mathematice in natura*, et il n'y a point de quantité qui ne soit divisible en une infinité de parties : or la force, le mouvement, la percussion, etc., sont des espèces de quantité.

Je ne puis déterminer la vitesse dont chaque corps pesant descend au commencement, car c'est une question purement de fait, qui dépend de la vitesse de la matière subtile : cette vitesse au commencement ôte autant de la proportion de la vitesse dont les corps descendent que le petit triangle ABC[3] ôte du triangle ADE, si on suppose que

---

[1] Baigné.

[2] *Je ne ferai point imprimer mes* Essais de Métaphysique *que je ne sois à Leyde, où je pense aller dans cinq ou six semaines; et vous y adresserez, s'il vous plaît, vos lettres chez le sieur Gillot, vis-à-vis de la cour du Prince. Je ne doute...*

[3] Figure 20.

la ligne BC représente le premier mouvement de vitesse et DE le dernier : d'où vous pouvez aisément calculer le rapport de la percussion avec la pesanteur, *positis ponendis*. Mais à cause que ces suppositions peuvent être extrêmement éloignées de la vérité, et que le tout est une question de fait, je ne m'en mêlerai point, s'il vous plaît.

Je passe à une autre lettre. Ce que vous dites, que la vitesse d'un coup de marteau surprend la nature, en sorte qu'elle n'a pas loisir de joindre ses forces pour résister, est entièrement contre mon sens, car elle n'a point de forces à joindre ni besoin de temps pour cela, mais elle agit en tout mathématiquement. La figure d'un marteau ou mouton, etc., change la proportion de sa force, à cause que plus il a de largeur au sens qu'il se meut, plus l'air lui résiste. Quand deux boules de mail se rencontrent, si l'une recule, ainsi qu'il arrive souvent, c'est par le même mouvement qui la faisoit avancer auparavant : car la force du mouvement et le côté vers lequel il se fait sont choses diverses, comme j'ai dit en ma Dioptrique; mais elle ne recule pas si vite, à cause qu'elle a transféré une partie de son mouvement à l'autre boule. Si un corps qui se meut en rencontre un autre d'égale force qui soit immobile, sans doute qu'il le doit plutôt rompre que d'être rompu par lui, et sans cela jamais une balle de plomb ne pourroit percer une cuirasse, car le fer est plus dur que le plomb[1].

La matière subtile pousse au premier moment le corps qui descend, et lui donne un degré de vitesse; puis au second moment elle pousse derechef, mais un peu moins, de façon qu'elle lui donne encore presque un degré de vitesse, et ainsi des autres; ce qui fait *fere rationem duplicatam* au commencement que les corps descendent, mais cette proportion se perd entièrement lorsqu'ils sont descendus plusieurs toises, et la vitesse ne s'augmente plus ou presque plus.

In motu projectorum, je ne crois point que le missile aille jamais moins vite au commencement qu'à la fin, à compter dès le premier moment qu'il cesse d'être poussé par la main ou par la machine, mais je crois bien qu'un mousquet n'étant éloigné que d'un pied ou d'un demi-pied d'une muraille, n'aura pas tant d'effet qu'en étant éloigné de dix ou douze pas, à cause que la balle en sortant du mousquet ne peut pas si aisément chasser l'air qui est entre lui et la muraille, et ainsi doit aller moins vite que si la muraille étoit moins proche; toutefois c'est à l'expérience à déterminer si cette différence est sensible, et je doute fort de toutes celles que je n'ai pas vues moi-même : assurez-

---

[1] « *Vous avez raison, que j'ai pris la Pella pour la Pelissi. C'est ainsi que je me souviens des noms des livres.* »

vous que je n'en ai écrit aucune comme certaine que je n'en fusse très assuré. Assurez-vous aussi que la quadrature de l'hyperbole n'est pas moins difficile que celle du cercle, et que celui qui la promet se sera trompé.

Pour la physique, je croirois n'y rien savoir, si je ne savois que dire comment les choses peuvent être sans démontrer qu'elles ne peuvent être autrement; car l'ayant réduite aux lois des mathématiques, cela est possible, et je crois le pouvoir en tout ce peu que je crois savoir, bien que je ne l'aie pas fait en mes Essais, à cause que je n'y ai pas voulu donner mes Principes[1], et je n'ai pas même aucune intention de les faire jamais imprimer, ni le reste de ma Physique, ni même aucune autre chose que mes cinq ou six feuilles touchant l'existence de Dieu, à quoi je pense être obligé en conscience; car, pour le reste, je ne sais point de loi qui m'oblige à donner au monde des choses qu'il témoigne ne point désirer; et si quelques uns le désirent, sachez que tous ceux qui font les doctes sans l'être, et qui préfèrent leur vanité à la vérité, ne le veulent point, et que pour une vingtaine d'approbateurs qui ne me feroient aucun bien, il y auroit des milliers de malveillants qui ne s'épar-

[1] *Principes. Et je ne vois encore rien qui me convie à les donner à l'avenir.* « Depuis ce mot *à l'avenir*, jusqu'à l'alinéa suivant, *Je ne mets*, le paragraphe imprimé manque dans l'original de Lahire. »

gneroient pas de me nuire, quand ils en auroient l'occasion. C'est ce que l'expérience m'a fait connoître depuis trois ans, et quoique je ne me repente point de ce que j'ai fait imprimer, j'ai toutefois si peu d'envie d'y retourner, que je ne le veux pas même laisser imprimer en latin, autant que je le pourrai empêcher.

Je ne mets aucune différence entre les mouvements violents et les naturels; car qu'importe si une pierre est poussée par un homme ou par la matière subtile; et ainsi avouant que les violents ne passent pas par tous les degrés de tardiveté, il le faut avouer des naturels. Mais comme un homme pressant une boule d'une action parallèle à l'horizon, lorsqu'elle est sur un plan incliné, n'a pas tant de force à la mouvoir, *etiam dempta gravitate*, que si elle étoit sur un plan qui fût aussi parallèle à l'horizon, le même est de la matière subtile, qui, la poussant directement de haut en bas, la fait commencer à se mouvoir beaucoup plus lentement sur un plan incliné qu'en l'air libre.

Je n'ai point encore reçu les coniques de M. Pascal fils, ni le catalogue des plantes, mais je vous remercie très humblement de la graine de l'herbe sensitive, que je viens tout maintenant de recevoir, et j'aurai soin de la cultiver comme il faut. Qui pourroit exactement expérimenter quel poids et quelle percussion font le même effet, on pourroit par là connoître de quelle vitesse le poids commence à se mouvoir en descendant; mais je crois cette expérience moralement impossible.

La gageure dont vous avoit écrit M. Rio[1] n'est pas encore finie, mais vaut autant que finie, car[2] le délai qu'on lui a donné pour faire imprimer ses défenses n'est qu'afin de faire mieux voir son ignorance, qui est si extrême, que B. et P. sont des Archimèdes à comparaison. Je voudrois que vous entendissiez le flamand, afin de vous en envoyer l'histoire, qui sera imprimée dans quelques mois.

Toutes les parties du mouton ou marteau, etc., agissent en même temps, et non comme des soldats qui tirent l'un après l'autre : mais le temps qu'il faut pour aplatir une balle est afin que les parties de cette balle changent de situation, ce qu'elles ne peuvent faire en un instant, et selon que les parties des corps frappés requièrent plus ou moins de temps pour changer de situation et obéir au coup. Ils peuvent être frappés avec plus d'effet sur un coussin ou sur une enclume et avec un marteau de bois ou de fer, etc.; en sorte que ces proportions changent en infinies façons.

[1] « Riveh, plutôt que Rio. »

[2] *Car les arbitres n'ont différé à donner leur avis que sur ce que ce badin a promis de faire imprimer ses défenses, ce qu'on seroit bien aise qu'il fît, afin que tout le monde pût mieux voir sa sottise; mais je ne crois pas qu'il le fasse, et passé huit ou quinze jours on ne lui donnera plus de délais.* Toutes les parties...

Le mouvement des missiles s'anéantit[1], comme vous écrivez, à cause qu'il se communique aux parties de l'air qu'ils rencontrent, et aussi à celles de la matière subtile qui les repousse en bas; et le même est d'un boulet de canon : mais je ne vois pas qu'on puisse savoir de là combien l'air est moins dense que ce boulet; car on ne peut expérimenter combien il transfère de son mouvement aux parties de cet air.

L'histoire de la fille de la Basse-Bretagne est digne d'avoir été racontée par le sieur N.[2], car c'est assurément une fable. Pour l'Italien[3], il faudroit voir la chose, pour en bien juger; mais comme vous l'écrivez, je dirois qu'il doit avoir un trou sous le menton, qui lui est resté de quelque blessure, et que c'est par là qu'il fait passer ces liqueurs. Pour les convulsions de la sœur d'un de vos religieux, ce n'est rien sans doute de surnaturel, et les médecins la doivent guérir[4]. Je ne puis croire que ce que vous me mandez des parties de la pierre d'aimant de Chorez soit général, à savoir que les parties séparées lèvent beaucoup plus de fer à proportion que le tout, mais bien que quelque partie de cette

---

[1] « S'affoiblit. »

[2] « Petit. »

[3] « Le buveur italien. »

[4] « Guérir. Pour moi, encore que je ne sois pas docteur, je ne désespérerois pas pour cela d'y trouver remède, mais il faudroit être sur les lieux, et voir le sujet. Je ne puis... »

pierre se sera trouvée beaucoup meilleure que le reste. En frappant d'un marteau sur le bassin d'une balance, il est certain qu'on doit commencer à soulever autant pesant en l'autre bassin que le coup a de force; mais ce commencer à soulever est insensible ou presque insensible, et incontinent après qu'il est commencé à soulever, le coup perd sa force.

Je n'ai point ouï parler de l'Anglois qu'on vous a dit promettre plus que l'ordinaire pour vider les marais de ce pays; mais il se trouve partout assez de gens qui promettent sans effectuer[1].

Pour celui de Grenoble, qui promet les longitudes, et donne de nouvelles distances du soleil, il faudroit voir ses raisons pour en juger. Vous envoyerez ce qu'il vous plaira de moi à M. Cavendisch, seigneur anglois dont vous m'écrivez; mais je vous prie que ce soit donc avec la glose que je ne vous écris jamais que fort à la hâte, ni à dessein qu'autre que vous le voie[2]. Je suis, etc.

[1] « *Effectuer. Il n'a fait ici grand froid qu'environ en même temps qu'à Paris, et il a dégelé depuis douze ou quinze jours, nonobstant que le vent soit quasi toujours venu d'orient, ce qui est rare en ce pays; et aujourd'hui il a fort neigé et fait encore assez froid. Pour...* »

[2] « *Voie. Et il faut, s'il vous plaît, être exact à bien transcrire ces choses de mathématiques, ou plutôt ne le point faire, car souvent une lettre changée gâte tout; et des choses qui ne sont déjà guère bonnes paroîtroient encore plus mauvaises étant mal écrites. Je suis marri de l'accident qui est arrivé à M. de Beaune, mais je ne m'étonne point de ce qu'il n'est pas encore à bout de son entreprise, car je sais qu'elle est très difficile. Voilà la réponse à tous les points que j'ai trouvés en vos quatre dernières lettres, dont j'ai reçu les deux dernières en même jour. Je suis de tout mon cœur, etc. 11 mars 1640.* »

AU R. P. MERSENNE [1].

(Lettre 38 du tome II.)

Mon révérend père,

Quoique j'aie reçu trois de vos lettres depuis ma dernière, je n'y trouve pas toutefois assez de matière pour remplir cette feuille : car la première, du quatrième mars, ne contient que l'observation des déclinaisons de l'aimant, qui varient en Angleterre, avec un raisonnement qu'un mathématicien que vous ne nommez point a fait sur ce sujet, lequel raisonnement est fort bon pour en découvrir la cause à l'avenir ; mais si vous attendez que je vous dise par provision ma conjecture, comme je ne crois pas que les déclinaisons de l'aimant viennent d'ailleurs que des égalités de la terre, aussi ne crois-je point que la variation de ces déclinaisons ait une autre cause que les altérations qui se font en la masse de la terre, soit que la mer gagne d'un côté et perde de l'autre, ainsi qu'on voit à l'œil qu'elle

---

[1] « Cette lettre est de 1640, et écrite depuis le 29 mars, puisque Descartes y répond à une lettre écrite de ce jour : je la crois donc écrite le 1ᵉʳ avril. »

fait en ce pays, soit qu'il s'engendre d'un côté des mines de fer ou qu'on en épuise de l'autre, ou soit seulement qu'on ait transporté quelque quantité de fer, ou de brique, ou d'argile, d'un côté de la ville de Londres vers l'autre : car je me souviens que voulant voir l'heure à un cadran où il y avoit une aiguille frottée d'aimant, étant aux champs proche d'un logis qui avoit de grandes grilles de fer aux fenêtres, j'ai trouvé beaucoup de variation en l'aiguille, en m'éloignant même à plus de cent pas de ce logis, et passant de sa partie orientale vers l'occidentale, pour en mieux remarquer la différence. Pour le ciel, il n'est pas croyable qu'il y soit arrivé assez de changement en si peu d'années pour causer cette variation, car les astronomes l'auroient aisément remarquée. Je vous remercie pour la seconde fois de la graine de l'herbe sensitive que j'ai trouvée en cette lettre, après en avoir reçu huit jours devant dans une autre. J'ai reçu aussi l'essai touchant les coniques du fils de M. Pascal, et avant que d'en avoir lu la moitié, j'ai jugé *qu'il avoit appris de M. des Argues*[1]; ce qui m'a été confirmé incontinent après par la confession qu'il en fit lui-même.

Votre seconde lettre, du dixième mars, en con-

---

[1] Des personnes qui croient le bien savoir *disent* que cela est faux : cela peut être faux; mais je ne doute point que M. Descartes ne dise vrai, car il n'étoit point homme à controuver des mensonges. (*Note de Clerselier.*)

tenoit une autre de M. M.[1], auquel je ferois réponse si je pensois que celle-ci vous dût encore trouver à Paris; mais si elle vous doit être envoyée plus loin, il n'y a pas d'apparence de la charger tant, et je puis mettre ici en peu de paroles tout ce que j'ai à lui faire savoir, ce qui sera, s'il vous plaît, pour lorsque vous lui écrirez; qui est (après mes remerciments pour la bienveillance qu'il me témoigne) que pour les espèces qui servent à la mémoire, je ne nie pas absolument qu'elles ne puissent être en partie dans la glande nommée *conarium*, principalement dans les bêtes brutes, et en ceux qui ont l'esprit grossier : car pour les autres, ils n'auroient pas, ce me semble, autant de facilité qu'ils ont à imaginer une infinité de choses qu'ils n'ont jamais vues, si leur âme n'étoit jointe à quelque partie du cerveau qui fût fort propre à recevoir toutes sortes de nouvelles impressions, et par conséquent fort malpropre à les conserver. Or est-il qu'il n'y a que cette glande seule à laquelle l'âme puisse être ainsi jointe; car il n'y a qu'elle seule en toute la tête qui ne soit point double. Mais je crois que c'est tout le reste du cerveau qui sert le plus à la mémoire, principalement ses parties intérieures, et même aussi que tous les nerfs et les muscles y peuvent servir; en sorte que, par exemple, un joueur de luth a une partie de sa mémoire

[1] Meissonnier.

en ses mains; car la facilité de plier et de disposer ses doigts en diverses façons, qu'il a acquise par habitude, aide à soutenir des passages pour l'exécution desquels il les doit ainsi disposer. Ce que vous croirez aisément, s'il vous plaît de considérer que tout ce qu'on nomme mémoire locale est hors de nous; en sorte que, lorsque nous avons lu quelque livre, toutes les espèces qui peuvent servir à nous faire souvenir de ce qui est dedans ne sont pas en notre cerveau, mais il y en a aussi plusieurs dans le papier de l'exemplaire que nous avons lu; et il n'importe pas que ces espèces n'aient point de ressemblance avec les choses dont elles nous font souvenir, car souvent celles qui sont dans le cerveau n'en ont pas davantage, comme j'ai dit au quatrième discours de ma Dioptrique. Mais outre cette mémoire, qui dépend du corps, j'en reconnois encore une autre, du tout intellectuelle, qui ne dépend que de l'âme seule. Je ne trouverois pas étrange que la glande *conarium* se trouvât corrompue en la dissection des léthargiques, car elle se corrompt aussi fort promptement en tous les autres; et la voulant voir à Leyde, il y a trois ans, en une femme qu'on anatomisoit, quoique je la cherchasse fort curieusement, et susse fort bien où elle devoit être, comme ayant accoutumé de la trouver, dans les animaux tout fraîchement tués, sans aucune difficulté, il me fut toutefois impossible de la reconnoître : et un vieux professeur qui faisoit cette anatomie, nommé Valcher, me confessa qu'il ne l'avoit jamais pu voir en aucun corps humain; ce que je crois venir de ce qu'ils emploient ordinairement quelques jours à voir les intestins et autres parties avant que d'ouvrir la tête. Pour la mobilité de cette glande, je n'en veux point d'autre preuve que sa situation : car n'étant soutenue que par de petites artères qui l'environnent, il est certain qu'il faut très peu de chose pour la mouvoir; mais je ne crois pas pour cela qu'elle se puisse beaucoup écarter ni çà ni là.

Pour les marques d'envie, ce qui vous fait croire qu'elles ressemblent fort parfaitement aux objets ne vient que de ce que vous trouvez étrange qu'elles puissent tant ressembler qu'elles font; mais si vous les comparez avec les portraits des plus mauvais peintres, vous les trouverez encore beaucoup plus défectueuses. Mais pour l'urine des enragés, c'est une question de fait en laquelle je ne vois rien d'impossible, non plus qu'en ce que vous m'écrivez de la fécondité d'un grain de blé, après avoir été trempé dans du sang ou du suc de fumier. Et pour ce que le sieur N.[1] vous a dit de l'aimant, il suffit que vous m'ayez nommé votre auteur pour m'empêcher d'y ajouter foi.

Je viens à votre dernière, du vingtième mars, où

---

[1] « Je crois que c'est Petit. »

vous mandez me renvoyer le petit catalogue des plantes que je vous avois envoyé, que je ne trouve pas toutefois avec votre lettre, mais aussi n'en ai-je nullement affaire, non plus que de celui des plantes du jardin royal, que vous avez pris la peine de m'envoyer, sans que je l'aie encore reçu; mais j'apprends qu'ils l'ont à Leyde. Je n'ai point du tout ouï parler de ce que vous me mandez qu'on vous a écrit d'Angleterre qu'on étoit sur le point de m'y faire aller. Mais je vous dirai entre nous que c'est un pays dont je préférerois la demeure à beaucoup d'autres; et pour la religion, on dit que le roi même est catholique de volonté: c'est pourquoi je vous prie de ne point détourner leurs bonnes intentions. Je ne me saurois maintenant remettre aux mathématiques pour chercher le solide de la roulette, mais je ne le crois point impossible. Je vous ai mandé en ma précédente l'unique raison que je sache qui puisse empêcher qu'un mousquet ne fasse tant fort proche qu'un peu loin, et il n'y a aucune apparence de vérité en celle que vous me mandez de M. Mydorge. Je suis, etc.

A M. REGIUS[1].

(Lettre 81 du tome I. Version.)

Monsieur,

Vous m'avez sensiblement obligé, vous et M. Émilius, d'avoir examiné et corrigé l'écrit que je vous avois envoyé[2]; car je vois que vous avez porté l'exactitude jusqu'à mettre les points et les virgules, et corriger les fautes d'orthographe. Vous m'auriez fait encore un plus grand plaisir, si vous eussiez voulu changer quelque chose dans les mots et dans les pensées. Quelque petits qu'eussent été ces changements, j'aurois pu me flatter que ce que vous auriez laissé auroit été moins fautif; au lieu que je crains que vous n'ayez pas voulu tenter cette entreprise, parcequ'il y auroit eu trop à corriger, ou peut-être parcequ'il auroit fallu tout effacer.

[1] « Cette lettre répond à la 11ᵉ des manuscrits de Regius, datée du 15 mai 1640; et la 12ᵉ des manuscrits de Regius, du 30 mai 1640, répond à celle-ci, si bien que celle-ci a été écrite depuis le 15 jusqu'au 30 mai. C'est pourquoi je la fixe au 22 mai 1640. »

[2] « Il s'agit d'une copie manuscrite des Méditations, qu'il avoit envoyée à Regius et à Emilius. »

A l'égard des objections, vous dites dans la première, que de ce qu'il y a en nous quelque sagesse, quelque pouvoir, quelque bonté, quelque quantité, etc., nous nous formons l'idée d'une sagesse, d'une puissance, d'une bonté infinie, ou du moins indéfinie, et des autres perfections que nous attribuons à Dieu comme l'idée d'une quantité infinie. Je vous accorde volontiers tout cela, et je suis pleinement convaincu que nous n'avons point d'autre idée de Dieu, que celle qui se forme en nous de cette manière; mais toute la force de ma preuve consiste en ce que je prétends que ma nature ne pourroit être telle que je pusse augmenter à l'infini par un effort de ma pensée ces perfections qui sont très petites en moi, si nous ne tirions origine de cet être en qui ces perfections se trouvent actuellement infinies. De même que par la seule considération d'une quantité fort petite, ou du corps fini, je ne pourrois jamais concevoir une quantité indéfinie, si la grandeur du monde n'étoit ou ne pouvoit être indéfinie.

Vous dites dans la seconde, que la vérité des axiomes qui se font recevoir clairement et distinctement à notre esprit est claire et manifeste par elle-même. Je l'accorde aussi pour tout le temps qu'ils sont clairement et distinctement compris; parceque notre âme est de telle nature, qu'elle ne peut refuser de se rendre à ce qu'elle comprend distinctement ; mais parceque nous nous souvenons souvent des conclusions que nous avons tirées de telles prémisses, sans faire attention aux prémisses mêmes, je dis alors que sans la connoissance de Dieu nous pourrions feindre qu'elles sont incertaines, bien que nous nous souvenions que nous les avons tirées de principes clairs et distincts, parceque telle est peut-être notre nature, que nous nous sommes trompés dans les choses les plus évidentes, et par conséquent que nous n'avions pas une véritable science, mais une simple persuasion, lorsque nous les avons tirées de ces principes ; ce que je fais pour mettre une distinction entre la persuasion et la science. La première se trouve en nous, lorsqu'il reste encore quelque raison qui peut nous porter au doute ; et la seconde, lorsque la raison de croire est si forte qu'il ne s'en présente jamais de plus puissante, et qui est telle enfin, que ceux qui ignorent qu'il y a un Dieu ne sauroient en avoir de pareille : mais quand on a une fois bien compris les raisons qui persuadent clairement l'existence de Dieu, et qu'il n'est point trompeur, quand même on ne feroit plus attention à ces principes évidents, pourvu qu'on se ressouvienne de cette conclusion, Dieu n'est pas trompeur, on aura non seulement la persuasion, mais encore la véritable science de cette conclusion, et de toutes les autres dont on se souviendra avoir eu autrefois des raisons fort claires.

Vous dites aussi dans votre dernière lettre, que je reçus hier, et qui m'a fait souvenir de répondre à vos précédentes, que la précipitation de nos jugements dépend du tempérament du corps, soit qu'il nous soit naturel, soit que nous l'ayons formé par habitude; ce que je n'admets point du tout, parceque ce seroit ôter la liberté et l'étendue de notre volonté, qui peut corriger une telle précipitation; ou que ne la corrigeant pas, l'erreur qui en naît est une privation par rapport à nous, et une pure négation par rapport à Dieu.

Je viens présentement aux thèses que vous m'avez envoyées [1] : comme je sais que vous voulez que je vous écrive librement ma pensée, je vais vous obéir. Au lieu de ces mots, *l'air voisin dont les petites parties*, etc., j'aime mieux *l'air voisin qui*, etc., *peut;* car ce n'est pas chacune de ces parties qui se condensent, mais toute la masse de l'air, en ce que ses petites parties s'approchent plus les unes des autres que dans son état ordinaire. Je ne vois pas aussi pourquoi vous prétendez que l'idée des universaux appartienne plutôt à l'imagination qu'à l'intellect. Pour moi je l'attribue au seul intellect qui rapporte à plusieurs sujets une idée singulière.

[1] « Ces thèses devoient être soutenues, le 10 juin 1640, par les écoliers de Regius. »

J'aurois aussi voulu que vous n'eussiez pas dit qu'il n'y a que deux affections ou passions, *la joie et la tristesse;* car nous sommes bien autrement affectés *par la colère* que *par la crainte*, quoique la tristesse se trouve dans l'une et dans l'autre, et ainsi du reste. Quant aux oreillettes du cœur, j'aurois ajouté, ce qui est vrai en effet, que je n'en ai pas traité à fond, parceque je les considère seulement comme les extrémités de la veine cave et de l'artère veineuse, etc. J'avois passé votre doute de la fermentation du cœur : il me paroît que vous en avez donné une solution suffisante; car, comme les parties du cœur s'affaissent d'elles-mêmes, les vaisseaux par lesquels le sang sort étant encore ouverts, le sang ne cesse d'en sortir, et ces vases ne se ferment que quand le cœur est affaissé.

Je ne mettrois point dans le titre, *de la triple coction*, mais seulement *de la coction*. Je vous prie aussi d'effacer toute la neuvième ligne. Il ne sert de rien de citer ici l'exemple d'Hervæus, qui est plus éloigné de cet avis que moi, et qui n'est pas si uni à Vallée que je le suis à vous; et quand même la chose seroit, l'exemple ne me touche pas tant que la cause. Dans la première ligne de vos thèses, j'ôterois ces paroles, *de la chaleur vivifiante*, etc. Et à la fin, au lieu de ces paroles, *Dans la droite conformation*, etc., j'aimerois mieux, *Dans la préparation des petites parties insensibles.*

dont les aliments sont composés, afin qu'elles acquièrent une conformation propre à composer le corps humain. Cette préparation est, ou commune, ou moins importante, qui se fait dans toutes les voies par lesquelles passent les petites parties, ou particulière et spécifique, qui est triple : 1° dans le ventricule et dans les intestins, 2° dans le foie, 3° dans le cœur. La première se fait dans le ventricule et dans les intestins, lorsque la nourriture broyée par les dents et avalée par la bouche, ce qui s'entend du boire et du manger, est dissoute et convertie en chyle par la force de la chaleur que le cœur lui communique, et de l'humeur que les artères y ont poussée. La seconde se fait dans le foie lorsque le chyle y étant porté, non par une force attractrice, mais par sa seule fluidité, et par la compression des parties voisines, et étant mêlé au reste du sang, s'y fermente, s'y digère, et se change en chyme, c'est-à-dire en suc. La troisième se fait dans le cœur, lorsque le chyme mêlé au sang qui retourne du reste du corps au cœur, est préparé avec lui dans le foie, se change en un sang parfait et véritable, par une fermentation qui cause le battement du pouls et cette troisième coction, etc. Vous comprenez aisément pourquoi j'ai dit que je mettrois dans le titre la coction générale qui se fait dans toutes les voies, et par conséquent dans chaque partie du corps, parceque partout où il y a du mouvement, il peut s'y faire quelque altération des parties qui sont mues, et je ne vois pas que la coction puisse être autre chose qu'une telle altération. Je ne vois pas pareillement pourquoi vous voulez qu'elle se fasse plutôt dans les veines gastriques et mésaraïques que dans toutes les autres. Je ne voudrois pas me servir de ces termes, *suc spiritueux*, parceque je ne comprends pas clairement ce qu'ils signifient. Je ne me servirois pas non plus de ces autres, *les meilleures parties du chyle* : mais je dirois simplement *le chyle*, parceque toutes ses parties servent à la nourriture du corps ; et, à bien examiner les choses, les excréments mêmes, surtout ceux qui sont poussés hors des veines, doivent être censés partie du chyle, au moins tant qu'ils sont dans le corps, car ils y ont leurs fonctions, et il n'y en a aucune qui ne s'en aille enfin en excréments, pourvu que vous appeliez excréments ce qui sort par la transpiration insensible. Quant au chyme, je crois qu'il fermente dans le foie, et qu'il s'y digère dans le sens que les chimistes donnent à ce mot ; c'est-à-dire qu'il y est altéré à cause de quelque séjour qu'il y fait.

A la page 5, j'effacerois ces mots, *qui naît de ces esprits abondants et d'un suc huileux modéré*; car cela n'explique pas bien la chose. Je trouve une seconde fois mon nom à la fin de la huitième page, ce que ma modestie peut mieux souffrir que dans le titre, pourvu, s'il vous plaît, que vous n'y ajoutiez pas tant d'épithètes; j'aime mieux aussi qu'on m'appelle par mon véritable nom *Descartes*, que par cet autre qu'on a forgé, *Cartesius*. A l'endroit où vous dites pourquoi Pl.[1] a tronqué mes réponses, on pourroit peut-être en ajouter la preuve, savoir que plusieurs les ont vues et transcrites deux ans avant que son livre parût. Il me paroît même qu'il faudroit effacer ces paroles, *vel callido vel ignorante; que c'est un trait ou de mauvaise finesse ou d'ignorance*. Les termes les plus honnêtes prouveront mieux la justice de votre cause. Je changerois aussi de cette sorte la fin de la neuvième page : « En second lieu, parceque le fœtus, qui est encore dans le sein de la mère, où il est privé de l'usage de la respiration, a deux conduits qui se ferment d'eux-mêmes dans les adultes : l'un qui ressemble à un petit canal par lequel une partie du sang se raréfie dans la cavité droite du cœur, passe dans l'aorte, et l'autre partie coulant vers les poumons ; et le second, par lequel une partie du sang qui doit se raréfier dans la cavité gauche du cœur sort de la veine cave et se mêle à cette autre partie qui revient du poumon : car on ne peut pas nier que dans le fœtus une partie du sang ne passe par les poumons. » Outre cela l'explication de l'usage de la respiration, qui est page 10, doit précéder ses

[1] Plempius.

causes qui sont à la page 8. Je ne définis rien sur les veines lactées, parceque je ne les ai pas encore vues; mais je connois ici deux jeunes docteurs en médecine, MM. Silvius et Schagen, qui paroissent avoir de la science, et qui assurent les avoir observées plusieurs fois, et que leurs valvules empêchent le retour de la liqueur vers les intestins; tellement qu'ils sont d'un sentiment tout différent du vôtre. Pour moi je penche beaucoup pour eux, en sorte que je crois que les veines lactées diffèrent seulement des mésaraïques en ce qu'elles ne sont jointes à aucune artère, ce qui fait qu'en elles le suc des viandes est blanc, et qu'il devient sur-le-champ rouge dans les autres, parcequ'il se mêle au sang qui a circulé par les artères. Nous les chercherons ensemble à la première occasion dans un chien en vie. En attendant, si vous me croyez, vous effacerez tout ce corollaire. Quant à la difficulté comment le cœur peut se désenfler s'il y reste une partie de sang raréfié, elle est aisée à résoudre, parcequ'il n'en reste qu'une autre très petite partie, qui ne suffit pas pour remplir les ventricules; car l'effort avec lequel il sort suffiroit à l'en faire tout sortir, si les valvules de la grande artère et de la veine artérieuse ne se fermoient avant que tout le sang fût échappé, et la plus petite quantité qui reste dans les ventricules suffit pour la fermentation.

Enfin, après avoir bien attendu, j'ai reçu aujourd'hui la sentence pour I. A. W.[1] Je lui enverrai l'original dès que j'en aurai fait tirer une copie, c'est-à-dire dans deux jours au plus tard. Elle est conçue en termes si doux et si modérés, que les juges n'auroient pu s'exprimer autrement, s'il leur avoit fallu condamner quelque homme de grande qualité; cependant ils approuvent tout ce que W. a écrit et condamnent tout ce qu'a dit son adversaire. S'il y a quelque autre chose sur quoi vous demandiez une explication plus ample, vous me trouverez toujours prêt à vous servir, ou de ma plume ou de ma langue. Bien plus, si vous trouvez à propos que je me rende à Utrecht lorsqu'on soutiendra ces thèses, je le ferai avec plaisir, pourvu que personne ne le sache, et que je puisse me tenir caché dans les écoutes d'où mademoiselle de Schurmans a coutume d'entendre vos leçons. Adieu.

[1] Wassenaer.

AU R. P. MERSENNE[1].

(Lettre 33 du tome II.)

Mon révérend père,

Je confesse que j'ai tardé long-temps à vous écrire, mais mon changement de demeure fut cause que je ne fis pas réponse à votre lettre du vingt-cinquième mars, qui est celle de la plus ancienne date que j'aie reçue ; et je viens de recevoir vos deux dernières en même temps, quoique l'une soit du sixième juin et l'autre du sixième mai. Je ne sais qui peut être la cause que cette dernière a tant tardé ; c'est celle où étoit la lettre que M. le comte d'Igby vous a écrite : mais, afin de ne rien oublier à quoi je doive réponse, je commencerai par la plus ancienne, en laquelle vous mandez m'avoir envoyé le jardin des plantes par la voie du Maire, par laquelle je ne l'ai point reçu ; mais je l'ai reçu depuis peu par M. de Z[2]. lorsqu'il étoit sur le point de partir pour l'armée, et il me man-

---

[1] « Cette lettre est la 30ᵉ des manuscrits de Lahire, et datée du 11 juin 1640. »

[2] Zuylichen.

doit avoir encore d'autres choses de votre part à me communiquer, desquelles il m'écriroit une autre fois, mais je n'ai pas encore eu depuis de ses nouvelles. Je vous remercie bien humblement de ce livre, mais il est peu à mon usage, car il ne contient rien que des noms, et je ne cherche que des choses. Il m'importe peu que le sieur N. et ses semblables fassent imprimer tout ce qu'il leur plaira, et je ne cherche point l'approbation de telles gens. Vous m'écrivez de Galilée comme s'il étoit encore vivant, et je pensois qu'il fût mort il y a long-temps; s'il est vrai qu'il ait des tables très exactes pour les aspects et éclipses des planètes joviales, il est certain qu'il mérite l'honneur d'avoir trouvé le plus pour les longitudes; mais je m'étonne fort qu'il en ait pu faire d'exactes pour ces planètes, vu qu'on n'en a pu faire jusqu'à présent d'exactes pour la lune.

La raison pourquoi un os de mouton se casse mieux sur la main que sur une enclume ne me semble pas pouvoir être qu'il supporte davantage le coup : car soit qu'AB soit une enclume ou la main d'un homme, quand on frappe sur le milieu de l'os C, il supporte tout le coup, ou bien même lorsqu'il est sur la main, elle lui aide plus à le supporter que ne fait l'enclume, à cause qu'elle obéit davantage. Et je ne doute point que la seule raison qui le rend plus aisé à casser sur la main ne soit que le marteau appuie plus long-temps dessus ; mais la proportion qui doit être entre la force du coup et sa durée, pour rendre l'action plus grande, varie selon que les parties du corps frappé requièrent plus ou moins de temps pour se déjoindre.

Je n'ai pas à présent la mémoire de ce que je vous ai ci-devant écrit de la vitesse du coulement de l'eau, mais il se rapportoit, ce me semble, à l'expérience que vous en aviez faite.

Pour entendre ce que vous demandez de la part de M. des Argues, comment la dureté des corps peut venir du seul repos de leurs parties, il faut remarquer que le mouvement est différent de la détermination qu'ont les corps à se mouvoir plutôt vers un côté que vers un autre, ainsi que j'ai écrit en ma Dioptrique; et qu'il ne faut proprement de la force que pour mouvoir les corps, et non pour déterminer le côté vers lequel ils se meuvent ; car cette détermination ne dépend pas tant de la force du moteur que de la situation tant de ce moteur que des autres corps circonvoisins. Il faut remarquer aussi qu'il n'y a point de vide en la nature, ni de raréfaction et condensation, telles que les décrivent les philosophes; mais que quand un corps se raréfie, c'est qu'il entre quelque autre corps plus subtil dans ses pores, etc. : d'où il suit qu'aucun corps ne peut se mouvoir qu'il ne chasse au même instant quelque autre corps de sa place, et que cet autre n'en chasse derechef un autre et ainsi de suite, jusqu'au dernier qui rentre en la place que laisse le premier; en sorte qu'aucun corps ne peut se mouvoir qu'il n'y ait tout un cercle de corps qui se meuvent ensemble au même temps. Et enfin il faut remarquer que tous les corps qui se meuvent en rond, ou autrement, tendent à continuer leur mouvement en ligne droite, comme on voit qu'une pierre étant agitée en rond dans une fronde continue son mouvement en ligne droite lorsqu'elle en est sortie. Soit donc maintenant A[1] une pierre autour de laquelle je suppose qu'il n'y a que l'air, et que les parties de cet air se meuvent continuellement, non toutes d'un même côté comme lorsqu'il fait vent, car ce n'est pas cela qui le rend liquide, mais en divers sens, ou même afin d'avoir mieux sur quoi y arrêter son imagination, on peut penser que chacune de ses parties tournoie en rond dans l'endroit où elle est, et pensons que cette pierre est poussée d'A vers M[2], il est évident qu'elle n'aura aucune difficulté à continuer son mouvement vers là, bien que pour le faire elle doive chasser devant soi les parties d'air qui sont vers B, et celles-ci les parties qui sont vers C et celles qui sont vers D, lesquelles doivent rentrer en la place

---

[1] Figure 21.

[2] Figure 22.

que laisse cette pierre : car toutes ces parties d'air se mouvoient déjà, et elle ne change rien en elles, sinon qu'au lieu que leur mouvement étoit resserré en de petits cercles, elle le leur fait continuer suivant un plus grand cercle; ce qui leur est même plus naturel, à cause que plus un cercle est grand, plus il approche de la ligne droite; mais quand la pierre A est arrivée jusques au corps M, que je suppose être dur, c'est-à-dire être composé de parties qui se reposent et qui sont jointes à la masse de la terre, elle y trouve de la résistance, à cause que, pour passer outre, il ne faut pas seulement qu'elle détermine vers quel côté les parties de ce corps M se doivent mouvoir pour lui faire place, mais il faut, outre cela, qu'elle leur communique de son mouvement, à quoi il est besoin de plus de force; et il peut aisément arriver qu'elle n'aura pas la force de remuer aucune des parties de ce corps, à savoir si elles sont toutes plus fermement jointes l'une à l'autre que ne sont les siennes. Mais si on suppose que ce corps M ne soit pas joint à la masse de la terre et qu'il soit environné d'air tout autour, il faut remarquer qu'il interrompt le cours des parties de cet air, qui, au lieu de continuer leurs mouvements en lignes droites, sont contraintes en le rencontrant de se réfléchir; en sorte qu'il n'y a rien qui empêche que ces parties d'air ne meuvent ce corps, sinon qu'elles ne sont pas toutes déterminées à le pousser vers un même côté, à quoi la pierre a leur aide sans beaucoup de force quand elle rencontre ce corps M : et de là on entend pourquoi un tas de sable n'est pas un corps si dur qu'un gros caillou, dont les parties ne diffèrent de ces grains de sable, sinon qu'elles se touchent immédiatement l'une l'autre : car chaque grain de ce sable étant environné d'air presque tout autour, n'est pas si joint aux autres grains que les parties qui composent le caillou sont jointes l'une à l'autre.

Pour les muscles de notre corps, ils ne sont durs et tendus qu'à cause qu'ils sont pleins d'esprits animaux, ainsi qu'un ballon est dur quand il est plein d'air : ce qui ne fait rien contre la question précédente ; car les parties extérieures du muscle ou du ballon étant jointes et sans mouvement au respect l'une de l'autre, les intérieures ne servent qu'à remplir la place qui est au dedans, ce qu'elles font aussi bien avec les mouvements qu'elles ont, que si elles n'en avoient aucun. Au reste, je me suis un peu étendu sur ce sujet, à cause que vous le demandiez au nom de M. des Argues, à qui je serois bien aise de témoigner que je suis son très humble serviteur.

Les graines de l'herbe sensitive ne sont point encore levées ici en aucun lieu, quoique plusieurs en aient semé [1].

---

[1] « *En la page 104 de ma Dioptrique, j'ai effacé depuis la ligne 10, où*

La raison qui me fait dire que les corps qui descendent sont moins poussés par la matière subtile à la fin de leur mouvement qu'au commencement, n'est autre chose, sinon qu'il y a moins de disproportion entre leur mouvement et celui de cette matière subtile; ainsi que si le corps A, étant sans mouvement, est rencontré par le corps B qui tende à se mouvoir vers C de telle vitesse qu'il puisse faire, par exemple, une lieue en un quart d'heure, il sera davantage poussé par ce corps B qu'il ne seroit s'il se mouvoit déjà de soi-même vers C de telle vitesse qu'il pût faire une lieue en demi-heure, et il n'en sera point poussé du tout s'il se meut déjà vers C de telle vitesse qu'il fasse une lieue en un quart d'heure, etc.

La façon dont s'explique la pesanteur n'a aucune affinité avec celle dont s'explique la lumière, et je ne vois aucune raison pourquoi les corps pèseroient moins l'hiver que l'été.

Je ne mets point ici comment on peut calculer combien il faudroit de coups d'un petit marteau pour égaler la force d'un gros, à cause qu'il y a

---

sont ces mots, si on tire du point B, *jusqu'à l'antépénultième ligne, où sont ces mots*, de plus si on tire; *et j'ai mis au lieu de cela*, à cause que tant les lignes AB et NI que les lignes AL et GI sont parallèles, les triangles ALB et IGN sont semblables; d'où il suit que AL est à IG comme AB est à NI, ou bien parceque AB et BI sont égales, comme BI est à I. Puis si on tire, etc. »

tant de choses à considérer en tels calculs, et ils s'accordent si difficilement avec les expériences et servent si peu, qu'il est, ce me semble, mieux de n'en point parler. Voilà pour votre lettre du vingt-cinquième mars. Je viens à la suivante du sixième mai. Je vous remercie de la pierre qui se remue dans le vinaigre; j'en viens de faire l'expérience, et je l'ai mise aussi dans l'esprit de vitriol, où elle s'est remuée encore plus que dans du vinaigre, ce qui me fait croire qu'elle fait le même en toutes sortes d'eaux fortes: et je n'en puis dire autre chose, sinon qu'elle a plusieurs pores qui reçoivent facilement les parties de ces liqueurs, mais qui n'ont pas la figure propre à recevoir les parties de l'eau douce ni des autres liqueurs qui n'ont point cet effet; et que lorsque les parties du vinaigre entrent dans les pores qui sont au-dessous de cette pierre, elles en font sortir des parties d'air ou d'eau qui y étoient, et qui se dilatant lorsqu'elles sortent, comme prouvent les petits bouillons qu'on voit alors autour de la pierre, la soulèvent et la remuent, ensuite de quoi elle doit couler vers le penchant de l'assiette ainsi qu'elle fait.

Les efforts du géostaticien me touchent fort peu, et je serai bien aise de ne les point voir jusques à ce qu'ils soient imprimés, ou du moins que M. de Beaune ait pris la peine de les voir et qu'il les approuve.

Je n'ai point ouï parler ici de l'ingénieur qui fiche des pieux en terre sans frapper, mais je ne doute point que cela ne se puisse faire par la force de la presse, qui peut par ce moyen être comparée avec celle de la percussion ; mais il en faudroit plusieurs diverses expériences, autant qu'on en pût faire des règles générales. Je ne sache point qu'il y ait d'autre raison pourquoi un œuf se rompt moins lorsqu'on le presse par les deux bouts que par le côté, sinon que ses parties étant plus égales en ce sens-là, il faudroit qu'il y en eût plus qui commençassent à se séparer dès le premier moment qu'il commenceroit à se rompre.

J'explique comment la lumière trouve des pores droits de tous côtés dans les corps transparents par exemple d'un tas de boules rondes, qui étant jointes l'une à l'autre, composent un corps dix fois plus solide que n'est aucun de ceux qui sont transparents, comme je puis prouver ; et toutefois, sur quelque côté que soit tourné ce corps composé de boules, si on jette du sable dessus, ce sable passera au travers, en lignes assez droites pour transférer son action en lignes exactement droites : car j'ai dit en divers lieux que l'action de la lumière suit des lignes exactement droites, nonobstant que la matière subtile qui la transmet ne compose pas de telles lignes.

Je crois avoir mis au second discours de ma Dioptrique la raison *à priori* pourquoi la réflexion se fait à angles égaux, et je m'étonne que vous la demandiez encore. La méthode que j'ai donnée pour les tangentes est bonne pour les conchoïdes et la cissoïde, et semblables, mais non pas pour la quadratrice si on n'y ajoute quelque chose : car cette quadratrice est du nombre des lignes que j'ai dit n'être que mécaniques. Pour les retours géométriques des choses trouvées par l'algèbre, ils sont toujours si faciles, mais avec cela si longs et si ennuyeux aux plus grandes questions, qu'ils ne méritent pas qu'un homme qui sait quelque chose prenne la peine de les écrire, et ne sont bons que pour le géostaticien ou ses semblables.

Il ne faut pas estimer la pesanteur des nues par celle de l'eau qui en vient, mais penser que les parties de cette eau étant séparées l'une de l'autre, ainsi qu'elles doivent être pour composer une nue, ont incomparablement plus de superficie selon l'étendue de laquelle il faut qu'elles divisent l'air pour descendre, qu'elles n'en ont lorsqu'elles les composent des gouttes d'eau.

Lorsque le bout d'une aprête de mie de pain frais est mis sur de l'eau ou sur du vin, et qu'elle l'attire à deux ou trois pouces, cela vient de ce que les pores de ce pain, étant plus grands qu'il n'est besoin pour ne recevoir que de l'air, y sont environnés tout autour de la matière subtile, qui les fait mouvoir plus vite qu'ils ne se meuvent ailleurs, où ils s'entre-touchent : et pourceque tous les corps qui se meuvent tendent à sortir des lieux où ils sont, quand ces parties d'air sortent de ceux de ces pores qui touchent la superficie de l'eau, les parties de cette eau succèdent en leur place, et à cause qu'elles remplissent mieux les pores de ce pain, elles ne s'y meuvent pas si vite que faisoient les parties de l'air; d'où vient qu'elles n'en sortent pas, si ce n'est pour monter encore plus haut, en la place de l'air qui tend à sortir des pores de ce pain; et c'est le même dans tous les corps brûlés ou calcinés par la force du feu. J'en suis à votre dernière du premier juin.

Pour la circulation du sang, il ne faut pas penser qu'elle ne se fasse qu'aux extrémités du corps; mais il faut prendre garde qu'on ne sauroit couper les bras en aucun lieu qu'il n'y ait plusieurs petites veines et artères qui se terminent en ce lieu-là, et par lesquelles se fait aisément la circulation, nonobstant que les plus gros tuyaux qui passoient vers la main soient bouchés.

Il n'y a point de doute que les plis de la mémoire s'empêchent les uns les autres, et qu'on ne peut pas avoir une infinité de tels plis dans le cerveau, mais on peut bien y en avoir plusieurs; et la mémoire intellectuelle a ses espèces à part, qui ne dépendent nullement de ces plis, dont je ne crois pas que le nombre soit guère grand. Je n'explique pas sans âme le sentiment de la douleur, etc., car[1] ce sentiment est en l'âme ou en l'entendement même, mais bien tous les mouvements extérieurs qui accompagnent en nous ce sentiment, lesquels seuls se trouvent aux bêtes. Je pensois aller voir aujourd'hui M. de F.[2] pour lui demander des nouvelles de l'histoire que vous me mandez de son père et des trois prodiges qu'on lui a écrits, comme venant de ce pays, où je n'en ai point ouï parler qu'à lui seul, qui les raconta il y a quelque temps; à savoir qu'à Wesel une dent étoit crue fort longue à un pendu, non pas en une nuit, mais en peu de temps; ce qui ne laissera pas sans doute d'être faux aussi bien que les deux autres : car nous avons ici des gazettes qui n'auroient pas oublié de telles choses. Je ne sais que dire de la déclinaison de l'aiguille, *est questio facti*. Je suis fort peu curieux de voir ce que M. F. a écrit de nouveau sur les tangentes; et pour ceux qui veulent gloser sur ce que j'ai écrit de la conchoïde, ce ne peuvent être que des hommes de grand loisir : car je n'en ai donné que la construction, qui est courte, en avertissant que, par la façon que j'avois donnée, on s'y pou-

[1] « Car, selon moi, la douleur n'est que dans l'entendement, mais j'explique bien tous......... lesquels seuls et non la douleur proprement dite, se trouvent... »

[2] « Saumaise. »

voit engager en de longs calculs; d'où ils devoient connoître que j'avois d'autres moyens pour y parvenir, mais que je n'avois pas voulu leur dire tout, ni m'expliquer plus clairement pour les tangentes, comme ils auroient aisément reconnu de mon style s'ils avoient eu de l'esprit. Il n'y a point de faute au bas de la page 351, car le sens est qu'on pourroit s'engager dans un long calcul si on cherchoit le point où CG coupe BH, etc.

Il y a long-temps que j'ai su les passages du Deutéronome, *sanguis enim eorum anima est*, etc., et je l'ai cité en ma réponse aux objections de M. Fromond, que je lui ai envoyée il y a plus de deux ans. La matière subtile n'élargit pas indifféremment les pores de tous les corps, mais seulement ceux qui se trouvent trop larges d'un côté et trop étroits de l'autre, comme sont ceux d'un arc plié et non ceux de l'or ou du plomb, etc. La façon dont j'explique le flux et reflux de la mer n'a rien du tout de commun avec celle de Galilée. L'observation qu'il y a toujours une nue proche du soleil qui reçoit les rayons pour faire l'arc-en-ciel est entièrement imaginaire, car on voit l'arc-en-ciel en des fontaines où il n'y a point de telles nues[1]. Je suis, etc.

---

[1] « J'écrirai à M. Zuytlichen pour lui demander le livre de M. de la Chambre, et vous en dirai mon sentiment. Je ne vous réponds rien touchant ce qu'on vous a écrit d'Angleterre, parceque je ne crois pas qu'on

A M. DESCARTES[1].

(Lettre 15 du tome II. Version.)

CETTE LETTRE CONTIENT PLUSIEURS OBJECTIONS CONTRE SES MÉDITATIONS ET LES RÉPONSES QU'IL AVOIT DÉJA FAITES.

MONSIEUR,

Après avoir lu les réponses que vous avez faites aux difficultés qui vous ont été jusques ici proposées, je n'ai pas laissé d'en rencontrer encore par-ci par-là quelques unes que j'ai toutes ramas-

---

vous l'ait écrit pour me le mander ; mais je vous puis dire entre nous que, bien que l'offre de ce seigneur me semble très grande pour lui à un homme qu'il n'a jamais vu, et que je lui en sois très obligé, elle est toutefois fort petite pour moi ; et que, bien qu'il y ait plus de dix ans que j'ai eu envie d'aller en Angleterre, il me seroit néanmoins plus honnête d'y aller pour mon plaisir que d'y être attiré par telle promesse. J'oubliois à vous dire que la gageure dont M. Rivet vous avoit écrit est terminée, et perdue entièrement pour le badin qu'il vous mandoit vouloir disputer contre moi. Je suis, etc. »

[1] « Dom Porlier pense que cette lettre est de 1647, car on peut voir, par le commencement de la lettre, qu'elle ne peut être antérieure, puisque l'édition française, qui n'a paru qu'en 1647, y est citée. »

Une seconde main :

« Cette lettre est d'un homme qui se faisoit appeler Hyperaspistès. Ces objections sont écrites du 1ᵉʳ juillet. Voyez la preuve de cela dans le nouveau cahier. »

sées le mieux que j'ai pu, et que je prends la liberté de vous proposer aujourd'hui, comme le reste de ce qui peut vous être objecté. Ne dédaignez donc pas, s'il vous plaît, de vous éprouver contre moi, après avoir si souvent mesuré vos forces avec celles de tant de braves combattants. Et si par ma défaite, à laquelle je m'attends, vous mettez une fois fin à tant d'illustres et glorieux combats, tous les mortels vous rendront des grâces immortelles, de leur avoir fait connoître l'immortalité de leur âme, à laquelle tout le monde tâche autant qu'il peut de parvenir : voici donc les dernières objections qu'il me semble qu'on vous peut faire.

1. Je m'étonne fort de ce qu'en la page 541 de votre réponse à ce subtil philosophe Pierre Gassendi, et même aussi souvent en plusieurs autres lieux de la version françoise, vous avez osé assurer qu'il ne faut pas chercher dans les choses qui regardent la conduite de la vie une vérité aussi claire et aussi certaine que celle que vous voulez qu'on ait lorsqu'on s'applique à la contemplation de la vérité. Quoi donc, ne faut-il pas bien vivre? Et comment pourrez-vous bien vivre, c'est-à-dire saintement, si vous ne dirigez vos actions selon la règle de la vérité? La vérité doit-elle donc manquer aux actions morales de chrétiens? Certainement la vie d'un chrétien sera jugée très bonne s'il rapporte toujours toutes ses actions et sa personne

même à la gloire de Dieu. Cela n'est-il pas aussi vrai qu'aucune autre chose que nous connoissions clairement et distinctement? Et ne se doit-il pas toujours abstenir de quelque action que ce soit, lorsqu'il croit qu'elle déplaira à Dieu? Et est-il jamais obligé de s'abstenir de quelque chose, s'il ne connoît clairement qu'il s'en faut abstenir? Et dans les choses où il est question d'agir, ne doit-il pas toujours faire ce qu'il voit clairement que Dieu demande de lui : car qui peut dire qu'il soit obligé de faire quelque chose par une autre raison? et partant, un chrétien n'étant jamais obligé de faire ou de s'abstenir de quelque chose sans cette lumière et clarté, pourquoi voulez-vous, ou plutôt pourquoi supposez-vous moins de vérité dans les mœurs que dans les sciences, puisqu'un chrétien se doit beaucoup moins soucier de faillir dans les sciences métaphysiques et géométriques que dans les mœurs? Mais, me direz-vous, si quelqu'un veut douter dans la conduite de sa vie de l'existence des corps et des autres objets qui se présentent à lui, comme dans la métaphysique, on ne fera presque rien. Qu'importe qu'on ne fasse rien, pourvu qu'on ne pèche point? Mais si cela est, vous me direz, par exemple, je n'entendrai donc point la messe un jour de dimanche, à cause que je puis douter si les murs de l'église, que je pense voir, sont de vrais murs ou plutôt, ainsi qu'il arrive ordinairement dans les songes, s'ils ne sont rien. A cela je réponds que, tandis que vous douterez avec raison que ce soient de vrais murs et que ce soit une vraie église, pour lors vous n'êtes point obligé d'y entrer; non plus que vous n'êtes point obligé de manger, quelque éveillé que vous soyez, si vous ignorez que vous ayez du pain devant vous, et si vous croyez être endormi. Vous me direz, peut-être, si vous agissez de la sorte, vous vous laisserez donc mourir de faim; et moi je vous répondrai, que je ne suis point obligé de manger, s'il ne m'est évident que j'ai devant moi de quoi sustenter ma vie, laquelle, faute d'un aliment qui me soit clairement connu, je puis et je dois offrir en holocauste à Dieu, qui ne m'oblige point à agir, si je ne sais certainement que j'agis, et que les objets qui sont autour de moi sont réels et véritables. Vous n'avez donc point dû établir deux genres de vérité : et ne dites point que jamais on n'a ouï parler de semblables difficultés; car il seroit ici injuste de vouloir agir avec moi par des préjugés dont vous avez voulu vous-même que je me défisse entièrement, et que, malgré vous et tous ceux qui voudroient s'y opposer, je veux même rejeter dans les choses qui regardent la conduite de la vie, si vous ne me démontrez que cela ne se peut et ne se doit point faire.

2. Lorsque vous dites, en la page 546, qu'il ne s'ensuit pas que l'âme soit plus imparfaite de ce

qu'elle agit plus imparfaitement dans un petit enfant que dans un adulte, il ne s'ensuit pas aussi qu'elle ne soit pas plus imparfaite; tout de même aussi lorsqu'on dit que l'âme d'un enfant ne pense point pendant qu'il est au ventre de sa mère, encore que vous disiez le contraire, il ne s'ensuit pas qu'il pense; car vous n'apportez aucune raison ni expérience pour confirmer votre dire, et vous l'assurez seulement de ce que vous croyez que l'esprit, quelque part qu'il soit, pense toujours, encore qu'il ne se ressouvienne pas des pensées qu'il a eues, pourcequ'il n'en laisse aucuns vestiges dans le cerveau. L'opération de l'âme ou de l'esprit, qui est incorporelle, peut-elle donc imprimer de soi aucuns vestiges corporels? Car, puisque tout ce qui est reçu dans un sujet y est reçu conformément à la nature de ce sujet, le cerveau dans lequel ils sont reçus étant corporel, il s'ensuit nécessairement que ces vestiges doivent être corporels. Mais il n'est pas moins impossible que l'esprit ait un vestige corporel, qu'il est impossible que le corps en ait un incorporel. De plus, comment ces vestiges corporels du cerveau nous feront-ils avoir une pensée incorporelle? Comment l'esprit peut-il contempler ces vestiges corporels? Est-ce par lui-même sans aucune image, comme vous croyez, ou même sans aucune espèce spirituelle? Mais les théologiens attribuent cette manière de contempler les choses sans aucune espèce à Dieu seul. Vous direz peut-être qu'il se sert d'une espèce incorporelle; mais par quelle cause sera produite cette espèce? Ce ne sera pas par le vestige du cerveau, puisqu'il est corporel; ce ne sera pas aussi par l'esprit seul, autrement pourquoi auroit-il eu besoin de vestige? Vous voyez donc dans quelles difficultés vous vous jetez pour défendre votre opinion.

3. Lorsque vous dites, en la page 551, art. 5, que c'est autre chose de dire que quelque chose vous appartient, et autre chose de dire qu'elle appartient à la connoissance que vous avez de vous-même, il semble que vous nous donniez à entendre que votre métaphysique n'établit rien du tout que les choses qui appartiennent à cette connoissance : en sorte que nous ne savons s'il y a en effet rien de réel dans les choses que vous pensez ou que vous feignez de contempler. Et partant, ou votre esprit ne sera point incorporel, ou du moins on ne saura pas certainement s'il est incorporel; mais il sera seulement vrai en votre pensée. Car il ne s'ensuit pas qu'une chose soit véritablement telle que vous la pensez être; mais seulement il est vrai que vous la pensez être telle, ou que votre esprit s'imagine quelque chose comme une chose vraie. Sur quoi je voudrois bien vous demander pourquoi vous vous servez plus souvent du mot de *croire* que de celui de *savoir*, lors même qu'il semble

que vous deviez vous en servir. Car, à proprement parler, nous ne savons pas ce que nous croyons simplement, si ce n'est peut-être que vous vouliez dire qu'il ne faut jamais donner créance à une chose, si l'on ne voit clairement que la chose que l'on nous propose à croire est vraie, comme vous semblez dire dans votre réponse aux secondes objections, dans laquelle tout le monde s'étonne de ce que vous dites que la grâce éclaire quelquefois de telle sorte l'esprit de quelques uns qu'ils voient aussi clairement, voire même plus clairement, les vérités les plus obscures de notre créance qu'aucune vérité de géométrie, ou autre semblable. Mais qui est celui qui a jamais expérimenté cela en soi? Croyez-vous, par exemple, concevoir plus clairement le mystère de la Trinité, ou que quelque autre le conçoive plus clairement que le contraire ne l'est par un juif ou par un arien? De plus, je vous demande, touchant ces personnes que vous dites au commencement de la page 556 être prêtes de mourir pour la défense de leurs fausses opinions, dont elles ne voient pas clairement la vérité, pensez-vous qu'elles soient de pire condition que les autres qui souffrent la mort pour de vraies, dont toutefois ils ne voient pas plus clairement la vérité que ceux-là celle de leurs fausses opinions? Car, ayant dit auparavant que la probabilité suffit pour la conduite de la vie, et les uns et les autres croyant avoir cette probabilité, pourquoi la mort et les mérites ne seront-ils pas égaux? Ce qui toutefois est absurde, autrement un hérétique aura autant de mérite dans le martyre qu'un orthodoxe. Que si vous refusez de répondre à cela pourceque vous n'êtes pas théologien, je vous dis que vous êtes chrétien; et même, comme vous pensez, orthodoxe, à qui la sainte Écriture ordonne d'être toujours prêt de rendre raison de sa foi; mais vous ne devez pas refuser de me répondre, puisque dans vos réponses mêmes vous avez donné lieu à de telles difficultés.

4. Touchant ce que vous dites vers la fin de la page 577, je nie que la méthode que vous avez donnée, pour donner à connoître si nous concevons quelque chose clairement ou non, soit assez exacte; car, en effet, le plus haut point de votre certitude est lorsque nous pensons voir une chose si clairement, que nous l'estimons d'autant plus vraie que nous y pensons davantage : comme lorsque nous pensons à cet axiome, *si des choses égales on ôte choses égales, les restes sont égaux*, ou à cette proposition, qui selon vous est un axiome, à savoir *que l'esprit humain est incorporel*. Or est-il qu'il semble aussi clair à un Turc, ou à un socinien, qu'il implique contradiction que le Verbe, ou le fils de Dieu, ait de Dieu son père tout ce qu'il a, et que néanmoins il n'en dépende point, et ne soit point obligé de lui rendre grâce de l'essence,

ou de la nature qu'il a reçue de lui; comme aussi qu'il y ait trois personnes en la Trinité, et non pas trois essences, ou trois choses, ou trois êtres. Et il semble aussi clair à un calviniste qu'il implique que le corps de Jésus-Christ soit en deux ou plusieurs lieux : ce qui toutefois semble suivre du sacrement de l'Eucharistie. Et aussi clair à un déiste qu'il implique que la souveraine bonté de Dieu livre un homme aux peines éternelles; et plusieurs choses de cette nature, lesquelles néanmoins vous croyez être très vraies, bien loin de penser qu'il y ait en cela de la contradiction. Vous direz : ces personnes-là ne conçoivent pas clairement et distinctement que ces choses enferment une contradiction; cependant ils pensent le bien concevoir, et soutiennent qu'il n'y a rien de plus clair dans la géométrie, ou dans la métaphysique. Voudriez-vous donc éprouver si vous pourrez si bien répondre aux démonstrations qu'ils disent avoir, que vous leur fassiez clairement connoître qu'ils n'ont aucunes véritables démonstrations ?

5. En la page 557. Vous semblez nier qu'il soit nécessaire que vous conceviez ce que c'est qu'une *chose*, pour concevoir que vous êtes une chose qui pense. Se peut-il faire que vous conceviez une proposition, n'en concevant pas le sujet, ni le prédicat : je puis dire pourtant que vous ne savez pas ce que c'est qu'une *chose*, ce que c'est qu'*exister*, ce

que c'est que *la pensée;* ou, si vous le savez, enseignez-moi si clairement ce que c'est, que je conçoive clairement la vérité de cette proposition, *je suis une chose qui pense.* A quoi je puis ajouter que vous ne savez pas si c'est vous-même qui pensez, ou si c'est l'âme du monde qui est en vous qui pense, comme veulent les platoniciens. Mais posé que ce soit vous qui pensiez, si je vous interroge cent fois, et que vous me répondiez cent fois, vous ne penserez jamais à rien autre chose qu'à une chose corporelle, à la grandeur, ou aux parties de laquelle l'esprit ou la pensée s'applique, s'ajuste, et se proportionne. Vous voyez donc qu'il est nécessaire qu'à la façon d'une chose corporelle l'esprit s'étende à sa manière, afin qu'une partie de la pensée convienne à une partie de l'objet, et une autre partie à une autre partie; comme il se fait en l'œil, de qui chaque partie répond à chaque partie de l'objet.

6. Sur la page 560. C'est en vain que vous dites que nous ne concevons pas l'infini par la négation du fini, ou de la limitation : car, puisque la limitation contient la négation de l'infini, il s'ensuit que la négation de la limitation contient la connoissance de l'infini ; car les choses contraires ont une cause contraire.

Et en la page 564. Vous avouez vous-même qu'il suffit, pour avoir la véritable idée de tout l'infini, qu'une chose soit conçue n'avoir aucunes limites. Et partant ce raisonnement que vous improuviez est très bon; à savoir, cette chose n'a aucune limites donc elle est infinie; en sorte qu'il semble que vous vous contredisiez entièrement.

Et un peu plus bas, page 567, vous dites que cette faculté de notre esprit par laquelle il agrandit les choses nous vient de Dieu. Mais vous ne le prouvez point, et ne l'avez prouvé nulle part. Ne peut-elle donc pas venir de l'esprit même, comme d'une substance éternelle et indépendante? car vous ne voyez pas plus clairement que votre esprit dépend d'autrui, que je vois que le mien n'en dépend point, puisqu'il ne s'ensuit pas qu'il doive avoir toutes sortes de perfections de ce qu'il est par soi, c'est-à-dire de ce qu'il ne dépend de personne, d'autant qu'il suffit que de sa nature il soit tel qu'il puisse agrandir par sa pensée quelque objet fini qu'on lui propose. Et même il se trouve des philosophes très subtils qui croient que les atomes et les premiers corps sont d'eux-mêmes; que s'ils n'aperçoivent pas cela assez clairement aussi ne voient-ils pas clairement qu'ils dépendent d'autrui, si vous ne les obligez par une lumière plus forte à se départir de leur premier sentiment, pour suivre le vôtre, de quoi ils vous seront fort obligés.

En la page 562, vous dites qu'un sabot en pirouettant en rond agit sur lui-même, quoique pourtant il n'agisse point, mais plutôt qu'il souffre par le fouet, quoique absent, dont le coup a contraint le sabot de tourner en rond : ce qui fait que le sabot est plutôt pâtissant que non pas agissant; comme une pierre qui est jetée en l'air, et un boulet qui sort d'un canon.

Enfin, un peu après vous faites voir que vous croyez que les idées des choses corporelles peuvent venir de l'entendement, ou de l'esprit humain; comme il arrive dans les songes, ainsi que vous semblez dire ailleurs. Cela posé, il s'ensuit qu'encore que Dieu ne soit point trompeur, nous ne saurions savoir s'il y a quelque chose de corporel dans la nature : car si l'esprit forme une fois de lui-même l'idée de quelque chose de corporel, pourquoi non toujours? outre que, puisqu'une chose corporelle n'est pas plus noble que l'idée que l'esprit en a, et que l'esprit contient éminemment tous les corps, il s'ensuit que tous les corps, comme aussi tout ce monde visible, peuvent être produits par l'esprit humain; et cela étant, voyez où vos opinions vous conduisent? Car pourquoi une cause ne pourroit-elle pas produire tout ce qu'elle contient éminemment? vu même que c'est la raison pourquoi nous croyons que Dieu peut créer le monde.

7. Vous niez en la page 565, article 9, qu'aucune chose puisse être conservée dans son être

sans le continuel concours de Dieu, tout de même que la lumière ne se conserve pas sans le soleil. Je dis premièrement que, dans une chambre fermée, la lumière du soleil peut être conservée sans la présence du soleil, par le moyen d'une pierre de Boulogne, ainsi que je l'ai souvent expérimenté : par conséquent on peut aussi dire que chaque chose peut être conservée sans le concours de Dieu. De plus, encore que Dieu retirât son concours, notre esprit, ou le soleil, par exemple, s'évanouiroient-ils, ou plutôt ne subsisteroient-ils pas encore? Qui détruiroit donc leur substance? Et de vrai, puisqu'il est certain que de rien rien ne se fait, il est vrai aussi qu'aucune chose ne peut de soi-même être anéantie; ce que tous les êtres abhorrent et fuient autant qu'ils peuvent. Que si vous dites que la créature n'est rien autre chose qu'une influence ou un écoulement de Dieu; donc la créature n'est pas une substance, mais seulement un accident, semblable au mouvement local, ce que personne ne dira jamais. Que si c'est une substance, elle peut donc subsister; en quoi Dieu se montre très admirable, de ce qu'il a pu faire une chose si ferme et si stable, qu'elle n'a point besoin de son concours pour être conservée; et vous dérogez à cette puissance et à cette bonté de Dieu lorsque vous dites le contraire.

A cela vous objectez que Dieu tendroit au non-être s'il détruisoit la créature d'une autre manière que par la seule cessation de son concours, où vous tombez en la fosse que vous aviez préparée : car ne tend-il pas au non-être lorsqu'il cesse de prêter son concours, puisque pour lors il le détruit? En effet, il suffit qu'une chose puisse être détruite par Dieu pour en être dépendante, de quelque manière qu'il la puisse détruire. Quoique pourtant il ne se faille pas beaucoup mettre en peine de la manière dont il peut détruire une chose, puisqu'il ne détruit jamais ce qu'il a une fois produit; non plus qu'il ne détruit point la nature du triangle, et de semblables êtres éternels, que vous croyez être produits par lui, comme nous dirons tout maintenant. Mais bien davantage, je soutiens même que Dieu ne peut détruire la nature d'aucune chose éternelle et immuable, tels que sont les êtres géométriques et métaphysiques; et néanmoins, selon vous, ces êtres dépendent de Dieu, pour être produits et pour être conservés. Or je prouve que ces êtres ne peuvent être détruits. Que Dieu fasse tout ce qu'il voudra; et supposons par impossible que Dieu n'ait jamais pensé à la nature du triangle, et que cependant vous ne laissiez pas d'être dans le monde tel que vous êtes maintenant, n'avouerez-vous pas qu'il est vrai que les trois angles d'un triangle sont égaux à deux droits? Dieu peut-il faire que si de choses égales ou ôte choses égales, les restes ne soient pas égaux ? Que faut-il donc qu'il fasse, ou qu'a-t-il dû faire de toute éternité, pour faire que ces choses ne fussent pas maintenant vraies? Qu'a-t-il dû faire afin qu'il ne fût pas vrai qu'il est impossible qu'une même chose soit et ne soit pas en même temps? Or, selon vous, toutes ces vérités ne dépendent pas moins de Dieu (comme vous soutenez en la page 579) que votre esprit, ou votre corps; et partant, si ces vérités n'ont pas besoin du concours de Dieu, si elles sont immuables, si elles ne peuvent être détruites, quelle fermeté et constance peut-il y avoir en vos paroles. Mais dites-moi, je vous prie, s'il est vrai (comme vous dites) que ces vérités dépendent de Dieu, en quel genre de cause elles en dépendent?

8° Dans ce même article, page 567, vous niez le progrès à l'infini, dans les causes qui sont subordonnées; mais il me semble que vous n'avez pas raison, puisque Dieu a pu tellement établir toutes choses, que chaque effet dépendît de causes infinies. Car n'a-t-il pas fait que dans toute sorte de corps, pour petit qu'il soit, il y a des parties infinies? Pourquoi-donc n'auroit-il pu aussi établir des causes infinies, afin que, ne pouvant être représenté tout entier par une seule cause, leur nombre récompensât en quelque façon ce défaut. Mais aussi n'apporte-t-on aucune démonstration contre le progrès à l'infini, des causes qui ont de la liaison entre elles. Car s'il y avoit de cela quelque démonstration, ce seroit principalement pourceque rien ne se feroit, à cause du nombre infini des causes qu'il faudroit parcourir. Mais il n'est pas absurde qu'elles puissent être parcourues en un temps infini, comme chaque effet le témoigne, et comme le temps infini qui a déjà précédé le suppose. Et cela même ne peut être nié par Aristote, qui a cru le monde de toute éternité : car au même instant de l'éternité qu'il a été créé, ne s'est-il pas pu faire quelque génération, ou bien la flamme n'a-t-elle pas pu brûler des étoupes, ou la poussière d'une mèche bien sèche? Que si vous supposez avec quelques autres anciens philosophes que le monde ait été éternellement à soi-même, n'arrivera-t-il pas le même que s'il eût été fait de toute éternité : or, supposant qu'il a été fait de toute éternité, comme il est possible, au moins au jugement de plusieurs célèbres théologiens, il ne s'ensuit rien d'absurde.

9. Il semble que vous vous étonniez de ce que tout le monde n'aperçoit pas en soi l'idée de Dieu : sur quoi j'ai à vous dire qu'il y a ici des géomètres et des théologiens qui, après avoir détaché autant qu'ils ont pu leur esprit des choses corporelles, assurent n'avoir point encore aperçu en eux cette idée de Dieu, que vous dites être née avec nous, et qui semblent même désespérer de l'y pouvoir

jamais rencontrer, non pas même après avoir lu dix fois vos Méditations. D'où ils conjecturent, ou que vous avez un esprit angélique, ou bien que vous vous trompez, de croire jouir d'une idée que vous n'avez point. Et ils sont aussi bien aises de savoir si vous êtes tellement assuré que cette idée réside en vous, que vous soyez certain qu'à l'avenir vous l'y trouverez toujours : car pourquoi ne pourrez-vous pas, peut-être après vingt années, quand votre esprit sera rempli d'une plus solide doctrine, apercevoir qu'en effet vous vous êtes trompé dans cette idée de Dieu, et de votre âme, comme d'une chose entièrement distincte du corps; en sorte que vous disiez pour lors que jusque là vous aviez toujours cru avoir une connoissance claire et distincte de ces idées, mais que depuis vous avez reconnu que vous vous étiez trompé; en même façon que celui-là se trompoit, qui croyoit voir clairement que deux lignes qui s'approchent toujours l'une de l'autre dans un même plan ne pouvoient enfin ne se point rencontrer. Car encore que vous ayez dit que nous devons tenir pour clair et indubitable tout ce qui nous semble d'autant plus assuré que nous le considérons plus souvent, ou même toujours, quoique pourtant ce mot de *toujours* puisse signifier l'éternité, et que vous n'ayez point expérimenté, et ne puissiez pas même expérimenter éternellement si ces idées vous sembleront toujours vraies ; du moins ne serez-vous pas obligé d'avouer que rien ne peut être vrai à notre égard, et ne peut passer pour tel, sinon pendant que nous croyons qu'il est vrai : et d'autant que nous sommes incertains de l'avenir, nous ne pouvons rien assurer de vrai, sinon ce qui est présent à notre pensée, et n'oserions pas avancer que ci-après il nous semblera encore tel qu'il nous semble aujourd'hui ; en sorte que nous ne devons assurer aucune chose comme absolument vraie..

10. En la page 572, vous niez que nous puissions connoître les fins de Dieu aussi facilement que les autres causes, quoique néanmoins il soit aussi clair que la fin de Dieu est que toutes choses se fassent pour sa gloire, qu'il est clair que Dieu a une volonté ; et il n'y a point de doute que l'esprit humain n'ait été fait pour contempler et adorer Dieu, le soleil pour nous illuminer, etc., encore que Dieu ait pu se prescrire d'autres fins particulières. D'où il est évident que la fin de Dieu, du moins la principale, est bien plus aisée à connoître qu'aucune autre cause que ce soit, contre ce que vous pensiez.

11. En la page 576, vous dites beaucoup de choses touchant la détermination de la volonté ; mais je soutiens qu'elle ne pourroit se déterminer, si elle n'étoit éclairée par l'entendement : car si elle se détermine à quelque chose que l'entende-

ment ne lui ait point montré auparavant, donc elle la verra sans l'entendement, c'est-à-dire elle entendra sans entendement, et ainsi elle-même sera l'entendement ; ce qui est absurde. Et j'accorderai bien plutôt ce que vous dites, à savoir qu'elle se porte par hasard à ce que l'entendement lui propose, que non pas qu'elle se détermine à quelque chose qui ne lui soit point du tout proposé par l'entendement. Au même endroit vous dites que le faux n'est pas appréhendé par l'entendement sous l'apparence du vrai ; n'est-il donc pas faux de dire que nous n'ayons pas en nous l'idée de Dieu? et toutefois nos géomètres appréhendent, croient et tiennent pour vrai que nous n'avons point en nous cette idée : n'appréhendent-ils donc pas le faux sous l'apparence du vrai, contre ce que vous soutenez.

12. Je m'étonne de ce que vous dites en quelque endroit de vos écrits, que les enfants, avant même que d'avoir vu aucuns triangles, en ont en eux les idées. Aristote s'est donc trompé lorsqu'il a dit que l'âme est comme une table rase, en laquelle n'y ayant rien d'empreint ou d'imprimé, il a toujours cru qu'il ne pouvoit y avoir rien dans l'entendement qui n'eût été auparavant dans le sens. Et avec lui sont tombés dans la même erreur la plupart des philosophes et des théologiens ; car ils ont tous cru la même chose et ont pensé en donner des preuves assez convaincantes. Dites-

moi, je vous prie, quel est l'aveugle-né qui a jamais eu la moindre idée de la lumière ou de la couleur? Certes il n'y en a pas un; témoin nos quinze-vingts aveugles de Paris, parmi lesquels il y en a un philosophe, qui, ayant été interrogé, a dit ne pouvoir concevoir ce que c'est que la couleur ou la lumière, encore que je discourusse avec lui de l'essence de la lumière et de la nature des couleurs. Et véritablement je ne vois pas pourquoi il n'auroit point le cerveau propre et disposé à recevoir les vestiges de la pensée de la couleur, s'il fût arrivé que son esprit y eût pensé, quoique pourtant je n'ose rien assurer là-dessus, pourceque je ne connois pas clairement si ce défaut vient du cerveau ou de l'âme même; mais vous ne le savez pas non plus, si bien qu'en cela vous n'en savez pas plus que moi. Et je vous montre même que j'en sais plus que vous : car sitôt que la vue a été rendue à un aveugle, aussitôt il voit la lumière; et l'on ne peut pas dire que son esprit ait rien reçu, puisqu'il est indivisible (et cela étant, il ne peut être ni augmenté ni diminué), et que vous osez même assurer qu'étant au ventre de nos mères, notre esprit a l'idée et la connoissance du triangle, de Dieu et de soi-même. Je vous demande néanmoins pourquoi pendant le sommeil, lorsque les sens assoupis semblent devoir rendre à l'esprit son entière liberté, l'esprit n'invente jamais des démonstrations semblables à celles d'Archimède.

Mais je me souviens qu'en la page 550 vous dites que ce qui fait que l'esprit ne se ressouvient pas, est qu'il ne reste aucunes traces ou vestiges des impressions qui ont été faites dans le cerveau. Mais d'où vient que l'esprit par une longue veille est mieux disposé à recevoir et à retenir les vestiges des pensées ou des sensations précédentes? Certainement si l'esprit humain est plus clair-voyant sans le corps et sans l'usage des organes des sens, qu'avec lui, je ne vois pas comment on peut s'empêcher de rejeter sur Dieu même les erreurs de l'esprit, qui lui viennent du corps. Or cet inconvénient n'arrive point dans l'opinion commune des philosophes, qui disent que l'âme ne peut rien savoir ni rien apprendre que par les organes corporels, c'est-à-dire qu'il ne peut y avoir rien dans l'entendement qui n'ait été premièrement dans le sens.

13. Vous dites, en la page 583, qu'il n'en est pas de l'essence de Dieu comme de l'essence du triangle, en ce que l'essence de Dieu ne peut être conçue sans son existence, ainsi que le peut être celle du triangle; et cela d'autant que Dieu est lui-même son être. Qu'appelez-vous *son être?* Le triangle est-il donc un être étranger, et non pas son être? De plus, en la page 584, vous niez que les sceptiques puissent douter de la vérité des choses géométriques, s'ils

connoissoient Dieu comme il faut : et moi je vous dis au contraire, que puisque vous avez les mêmes raisons de douter que celles qu'ils ont, et puisqu'ils démontrent aussi bien que vous, tant d'une manière analytique que synthétique, tout ce qu'Euclide et les autres géomètres ont écrit (car quelles preuves ou raisons pouvez-vous avoir qu'ils n'aient pas en main aussi bien que vous?), et que nonobstant cela ils ne laissent pas de douter, par conséquent vous doutez aussi vous-même, encore que vous pensiez connoître Dieu comme il faut. Car, par exemple, n'êtes-vous pas en doute avec tous les plus célèbres philosophes, savoir si la ligne est composée de points, ou si elle est composée de parties finies ou infinies? Que si vous la supposez composée de parties infinies, voyez dans quel abîme vous vous jetez d'être contraint d'avouer qu'un pied est égal à une lieue, et une goutte d'eau à tout l'Océan. Si vous supposez qu'elle est composée de parties finies, il s'ensuivra que la conchoïde devra rencontrer en fort peu de temps la droite, sur laquelle elle est inclinée : si vous dites qu'elle est composée de points, prenez garde que par là vous détruisez le dixième livre d'Euclide, et tout ce qu'il dit des incommensurables. Si vous dites qu'elle n'est pas composée de points, voyez ce que deviendront toutes les applications que l'on fait d'un point mû sur un plan et les divers attouchements de ce même point, qui d'eux-mêmes engendrent la ligne. Ne douterez-vous donc point des choses géométriques, encore que vous ayez la connoissance d'un Dieu? Que si vous répondez à cela que vous voyez toujours clairement que la ligne qui soutient l'angle droit en un triangle rectangle est égale en puissance à ses deux autres côtés, le sceptique en pourra dire autant que vous, encore qu'il ne connoisse point Dieu; et même il dira aussi hardiment que vous que quelque malin génie tâche autant qu'il pourra de me tromper; si est-ce néanmoins que je suis bien assuré qu'il ne pourra jamais me tromper en cette proposition, qui m'est aussi évidente lorsque je la démontre, ou que je pense à elle, qu'il m'est évident que j'existe.

14. En la page 589, vous niez que l'esprit soit étendu, encore qu'il soit uni à un corps étendu : comment se peut-il faire qu'il soit uni à tout un corps, sans toutefois que chacune de ses parties soit unie à chaque partie de ce corps? Et comme cela n'est pas intelligible, ne voudriez-vous point dire que l'esprit touche le corps en un point, comme un globe fait un plan? Et ne pensez-vous point la même chose de Dieu, lorsque vous le concevez coétendu à tout le monde? Je ne puis vous exprimer ici l'obligation que je vous aurai si vous expliquez si intelligiblement cette manière dont Dieu est coétendu à tout le monde, qu'elle puisse

être comprise par l'esprit ; et si à cela vous ajoutez comment il faut entendre le passage de l'Ecclésiaste, qui, au chapitre III, dit que l'homme *n'a rien de plus que la jument.* Qui dit *rien*, comprend l'esprit même, qui est une partie de l'homme, lequel par conséquent vous devez confesser être mortel, si l'âme de la jument est sujette à la mort : car si vous dites que l'Ecclésiaste entend seulement parler du corps, comment le pourrez-vous prouver? Je n'ai plus qu'une chose à vous proposer touchant ce qui regarde une claire connoissance, qui est de savoir si nous devons toujours juger que deux choses ne sont pas distinctes entre elles, lorsque nous ne pouvons concevoir l'une sans l'autre; de même que vous dites qu'elles sont distinctes lorsque l'une des deux peut être clairement conçue sans l'autre comme une chose complète : car cette manière de concevoir ne marque-t-elle point plutôt la foiblesse de notre esprit, qu'elle ne doit être prise pour la règle du jugement que nous devons faire touchant la vraie distinction qui est entre deux choses. Car encore que je ne puisse concevoir le fils sans le père, toutefois le père est distingué du fils : et lorsque je conçois l'essence de l'homme ou du triangle, sans leur existence, l'essence de l'homme n'est pas pour cela distinguée de son existence, si ce n'est peut-être par une raison raisonnée, comme enseignent les plus savants philosophes.

Voilà, monsieur, ce qui reste à être éclairci par votre réponse, comme les derniers efforts de ceux qui vous pourroient attaquer : car je ne vois pas que désormais on vous puisse rien objecter que vous ne puissiez justement mépriser, à moins qu'un monde nouveau ne fasse naître encore de nouveaux adversaires.

RÉPONSE DE M. DESCARTES

AUX PRÉCÉDENTES OBJECTIONS [1].

(Lettre 16 du tome II. Version.)

Monsieur,

Encore que j'eusse résolu, en mettant sous la presse les objections qui m'ont ci-devant été faites, de réserver pour un autre volume celles qui pourroient survenir de nouveau, toutefois, pourceque celles-ci me sont proposées comme les dernières que l'on me puisse faire, je me hâterai très volontiers d'y répondre, afin qu'elles puissent être imprimées conjointement avec les autres.

---

[1] La seconde main :

« Cette réponse de M. Descartes est datée du 25 juillet 1641. Voyez-en les preuves dans le nouveau cahier. »

1. Il seroit à souhaiter autant de certitude dans les choses qui regardent la conduite de la vie, qu'il en est requis pour acquérir la science; mais néanmoins il est très facile de démontrer qu'il n'y en faut pas chercher ni espérer une si grande. Et cela par cette sorte de preuve que les philosophes appellent *a priori*, c'est-à-dire qui prouve les effets par leurs causes : c'est à savoir, d'autant que le composé de l'homme est de sa nature corruptible, et que l'esprit est incorruptible et immortel. Mais cela peut encore être démontré plus facilement par cette autre sorte de preuve qu'ils appellent *a posteriori*, à savoir par les conséquences qui s'en ensuivroient. Comme par exemple, si quelqu'un vouloit s'abstenir entièrement de prendre aucune nourriture, tant et si long-temps qu'enfin il mourût de faim, sous ce prétexte qu'il ne seroit pas assuré qu'il n'y auroit point de poison mêlé parmi, et qu'il croiroit n'être point obligé de manger, pourcequ'il ne connoîtroit pas clairement et évidemment qu'il auroit présent devant lui de quoi sustenter sa vie, et qu'il vaut mieux attendre la mort en s'abstenant de manger que de se tuer soi-même en prenant des aliments : certainement celui-là devroit être accusé de folie et condamné comme l'auteur de sa mort. Que si au contraire nous supposons que cet homme ne puisse avoir d'autres aliments que des viandes empoisonnées,

lesquelles toutefois ne lui semblent pas telles, mais au contraire très agréables et salutaires; et que nous supposions aussi qu'il a reçu un tel tempérament de la nature, que l'abstinence entière du boire et du manger serve à la conservation de sa santé, bien qu'il lui semble qu'elle ne lui doive pas moins nuire qu'aux autres hommes, il est certain, nonobstant cela, que cet homme sera obligé de manger et d'user de ces viandes, et ainsi de faire plutôt ce qui paroît utile que ce qui l'est en effet. Et cela est de soi si manifeste, que je m'étonne que le contraire ait pu venir en l'esprit de quelqu'un.

2. Je n'ai dit nulle part que de ce que l'esprit agit plus imparfaitement dans un petit enfant que dans un adulte, il s'ensuivoit qu'il n'étoit pas plus imparfait; et par conséquent je ne dois point en être repris : mais pourcequ'il ne s'ensuit pas aussi qu'il soit plus imparfait, celui qui avoit avancé cela en a été, ce me semble, justement repris. Et ce n'est pas aussi sans raison que j'ai assuré que l'âme humaine, quelque part qu'elle soit, pense toujours, même dans le ventre de nos mères. Car quelle raison plus certaine ou plus évidente pourroit-on souhaiter que celle dont je me suis servi, puisque j'ai prouvé que sa nature ou son essence consistoit en ce qu'elle est une chose qui pense, comme l'essence du corps consiste en ce qu'il est une chose étendue; car il n'est pas possible de pri-

ver aucune chose de sa propre essence : et partant il me semble qu'on ne doit pas faire plus de compte de celui qui nie que son âme ait pensé au temps auquel il ne se ressouvient point d'avoir aperçu qu'elle ait pensé, que s'il nioit que son corps ait été étendu pendant qu'il ne s'est point aperçu qu'il y a eu l'étendue. Ce n'est pas que je me persuade que l'esprit d'un petit enfant médite dans le ventre de sa mère sur les choses métaphysiques : au contraire, s'il m'est permis de conjecturer d'une chose que l'on ne connoit pas bien, puisque nous expérimentons tous les jours que notre esprit est tellement uni au corps que presque toujours il souffre de lui, et quoiqu'un esprit agissant dans un corps sain et robuste jouisse de quelque liberté de penser à d'autres choses qu'à celles que les sens lui offrent, toutefois l'expérience ne nous apprend que trop qu'il n'y a pas une pareille liberté dans les malades, dans ceux qui dorment, ni dans les enfants, et même qu'elle a de coutume d'être d'autant moindre que l'âge est moins avancé : il n'y a rien de plus conforme à la raison que de croire que l'esprit nouvellement uni au corps d'un enfant n'est occupé qu'à sentir ou à apercevoir confusément les idées de la douleur, du chatouillement, du chaud, du froid, et semblables qui naissent de l'union ou pour ainsi dire du mélange de l'esprit avec le corps. Et toutefois en cet état même l'esprit n'a pas moins en soi les idées de Dieu, de lui-même, et de toutes ces vérités qui de soi sont connues, que les personnes adultes les ont lorsqu'elles n'y pensent point : car il ne les acquiert point par après avec l'âge. Et je ne doute point que s'il étoit dès lors délivré des liens du corps, il ne les dût trouver en soi. Et cette opinion ne nous jette en aucunes difficultés; car il n'est pas plus difficile de concevoir que l'esprit, quoique réellement distingué du corps, ne laisse pas de lui être joint et d'être touché par les vestiges qui sont imprimés en lui, ou même aussi d'en imprimer en lui de nouveaux, qu'il est facile à ceux qui supposent des accidents réels de concevoir (comme ils font d'ordinaire) que ces accidents agissent sur la substance corporelle, encore qu'ils soient d'une nature totalement différente d'elle. Et il ne sert de rien de dire que ces accidents sont corporels : car si par *corporel* on entend tout ce qui peut, en quelque manière que ce soit, affecter le corps, l'esprit en ce sens devra aussi être dit corporel; mais si par *corporel* on entend ce qui est composé de cette substance qui s'appelle corps, ni l'esprit ni même ces accidents, que l'on suppose être réellement distingués du corps, ne doivent point être dits corporels : et c'est seulement en ce sens qu'on a coutume de nier que l'esprit soit corporel. Ainsi donc, quand l'esprit étant uni au corps pense à quelque chose de corporel, certaines particules du cerveau sont remuées de leur place, quelquefois par les objets extérieurs qui agissent contre les organes des sens, et quelquefois par les esprits animaux qui montent du cœur au cerveau; mais quelquefois aussi par l'esprit même, à savoir lorsque de lui-même et par sa propre liberté il se porte à quelque pensée. Et c'est par le mouvement de ces particules du cerveau qu'il se fait un vestige duquel dépend le ressouvenir. Mais pour ce qui est des choses purement intellectuelles, à proprement parler on n'en a aucun ressouvenir; et la première fois qu'elles se présentent à l'esprit, on les pense aussi bien que la seconde, si ce n'est peut-être qu'elles ont coutume d'être jointes et comme attachées à certains noms qui, étant corporels, font que nous nous ressouvenons aussi d'elles. Mais il y a encore plusieurs autres choses à remarquer en tout ceci qu'il n'est pas nécessaire d'expliquer plus exactement, pourceque ce n'en est pas ici le lieu.

3. De ce que j'ai mis distinction entre les choses qui m'appartiennent, c'est-à-dire à ma nature, et celles qui appartiennent seulement à la connoissance que j'ai de moi-même, on ne peut avec raison inférer *que ma métaphysique n'établit rien du tout de ce qui appartient à cette connoissance,* ni aucunes des autres choses qui me sont ici objectées. Car le lecteur peut facilement reconnoître

quand j'ai traité seulement de la connoissance que j'ai de moi-même et quand j'ai en effet traité de la vérité des choses. Et je ne me suis servi en aucun lieu du mot de *croire*, où il a fallu employer celui de *savoir*; et même dans le lieu ici cité, le mot de croire ne s'y trouve point. Et dans ma réponse aux secondes objections, j'ai dit *qu'étant éclairés surnaturellement de Dieu, nous avions cette confiance, que les choses qui nous sont proposées à croire ont été révélées par lui*, pourcequ'en cet endroit-là il étoit question de la foi et non pas de la science humaine. Et je n'ai pas dit que, par la lumière de la grâce, nous connoissions clairement les mystères de la foi (encore que je ne nie pas que cela ne se puisse faire), mais seulement que nous avions confiance qu'il les faut croire. Or personne ne peut trouver étrange, s'il est vraiment fidèle, et ne peut même douter qu'il ne soit très évident qu'il faut croire les choses que Dieu a révélées, et qu'il ne faille préférer la lumière de la grâce à celle de la nature. Et tout ce que vous me demandez ensuite ne me regarde point, puisque je n'ai donné aucune occasion en mes écrits de me faire de telles demandes. Et pourceque j'ai déjà ci-devant déclaré, en ma réponse aux sixièmes objections, que je ne répondrois point à de telles questions, je n'ajouterai ici rien davantage.

4. Je n'ai rien avancé que je sache qui ait pu

servir de fondement à cette quatrième objection qui est, *que le plus haut point de ma certitude est lorsque nous pensons voir une chose si clairement, que nous l'estimons d'autant plus vraie que nous y pensons davantage;* et par conséquent je ne suis point obligé de répondre à ce que vous ajoutez ensuite, quoiqu'il ne seroit pas fort difficile à une personne qui sait distinguer la lumière de la foi de la lumière naturelle, et qui préfère l'autre à celle-ci.

5. Je n'ai aussi rien avancé qui ait pu servir de fondement à cette cinquième objection; et je nie tout net que nous ignorions ce que c'est qu'une chose, ce que c'est que la pensée, ou qu'il soit besoin que je l'enseigne aux autres, pourceque tout cela est de soi si manifeste, qu'il n'y a rien par quoi on le puisse expliquer plus clairement; et enfin je nie que nous ne pensions à rien qu'à des choses corporelles.

6. Il est très vrai de dire que nous ne concevons pas l'infini par la négation du fini; *et de ce que la limitation contient en soi la négation de l'infini*, c'est en vain qu'on infère *que la négation de la limitation ou du fini contient la connoissance de l'infini;* pourceque ce par quoi l'infini diffère du fini est réel et positif, et qu'au contraire la limitation par laquelle le fini diffère de l'infini est un non-être ou une négation d'être : or ce qui n'est point ne nous peut conduire à la connoissance de ce qui est; mais

au contraire, par la connoissance d'une chose il est aisé de concevoir sa négation. Et lorsque j'ai dit, en la page 564, qu'il suffit que nous concevions une chose qui n'a point de limites pour concevoir l'infini, j'ai suivi en cela la façon de parler la plus usitée; comme aussi lorsque j'ai retenu le nom d'*être infini*, qui plus proprement auroit pu être appelé l'*être très ample*, si nous voulions que chaque nom fût conforme à la nature de chaque chose; mais l'usage a voulu qu'on l'exprimât par la négation de la négation : de même que si, pour désigner une chose très grande, je disois qu'elle n'est pas petite, ou qu'elle n'a point du tout de petitesse; mais par là je n'ai pas prétendu montrer que la nature positive de l'infini se connoissoit par une négation, et partant je ne me suis en aucune façon contredit.

Je demeure bien d'accord que notre esprit a la faculté d'agrandir et d'amplifier les idées des choses; mais je nie que ces idées ainsi agrandies, et même la faculté de les agrandir de la sorte, pussent être en lui, si l'esprit même ne tiroit son origine de Dieu, dans lequel toutes les perfections où cette ampliation peut atteindre existent véritablement. Ce que j'ai souvent inculqué et prouvé par cette raison très claire et accordée de tout le monde, à savoir qu'un effet ne peut avoir aucune perfection qui n'ait été auparavant dans sa cause. Et il n'y a

personne qui croie que les atomes soient d'eux-
mêmes, qui puisse passer en cela pour très subtil
philosophe, pourcequ'il est manifeste par la lumière naturelle qu'il ne sauroit y avoir qu'un seul
être souverain indépendant de tout autre. Et quand
on dit qu'un sabot n'agit pas sur soi-même lorsqu'il se tourne en rond, mais seulement qu'il
souffre par le fouet, encore qu'il soit absent, je
voudrois bien savoir de quelle manière un corps
peut souffrir d'un autre qui est absent, et comment l'action et la passion sont distinguées l'une
de l'autre; car j'avoue que je ne suis pas assez subtil pour pouvoir comprendre comment une chose
peut souffrir d'une autre qui n'est point présente,
et même qu'on peut supposer n'être plus, si, par
exemple, aussitôt que le sabot a reçu le coup de
fouet, le fouet cessoit d'être. Et je ne vois pas ce
qui pourroit empêcher qu'on ne pût aussi pareillement dire qu'il n'y a plus maintenant d'actions
dans le monde, mais que tout ce qui se fait sont
des passions des premières actions qui ont été dès
la création de l'univers. Pour moi j'ai toujours
cru que l'action et la passion ne sont qu'une seule
et même chose à qui on a donné deux noms différents, selon qu'elle peut être rapportée, tantôt au
terme d'où part l'action, et tantôt à celui où elle se
termine, ou en qui elle est reçue; en sorte qu'il
répugne qu'il y ait durant le moindre moment

une passion sans action. Enfin, bien que je demeure d'accord que les idées des choses corporelles peuvent dépendre de l'esprit, et même que j'accorde, non pas à la vérité que tout ce monde visible, ainsi qu'on m'objecte, mais bien que l'idée d'autant de choses qu'il y en a dans ce monde visible peut être produite par l'esprit humain; c'est toutefois mal raisonner que d'inférer de là que nous ne pouvons savoir s'il y a quelque chose de corporel dans la nature. Et mes opinions ne nous jettent dans aucunes difficultés, mais seulement les conséquences qui en sont mal déduites : car je n'ai pas prouvé l'existence des choses matérielles de ce que leurs idées sont en nous, mais de ce qu'elles se présentent à nous de telle sorte, que nous connoissons clairement qu'elles ne sont pas faites par nous, mais qu'elles nous viennent d'ailleurs.

7. Je dis ici, premièrement, que la lumière du soleil ne se conserve pas dans cette pierre de Boulogne, mais qu'une nouvelle lumière s'allume en elle par les rayons du soleil, laquelle est vue par après dans l'ombre. Et secondement, que c'est mal conclure, de vouloir inférer de là que chaque chose peut être conservée sans le concours de Dieu, parceque souvent il est permis d'éclaircir des choses vraies par des exemples faux; et il est beaucoup plus certain qu'aucune chose ne peut exister sans le concours de Dieu, qu'il n'est certain qu'aucune

lumière du soleil ne peut exister sans le soleil. Et il ne faut point douter que si Dieu retiroit une fois son concours, toutes les choses qu'il a créées retourneroient aussitôt dans le néant, pourceque avant qu'elles fussent créées, et qu'il leur prêtât son concours, elles n'étoient qu'un néant : mais cela n'empêche pas qu'elles ne doivent être appelées des substances, parceque quand on dit de la substance créée qu'elle subsiste par elle-même, on n'entend pas pour cela exclure le concours de Dieu, duquel elle a besoin pour subsister, mais seulement on veut dire qu'elle est telle qu'elle peut exister sans le secours d'aucune autre chose créée : ce qui ne se peut dire de même des modes qui accompagnent les choses, comme sont la figure, ou le nombre, etc. Et Dieu ne feroit pas paroître que sa puissance est immense, s'il créoit des choses telles, que par après elles pussent exister sans lui; mais, au contraire, il montreroit par là qu'elle seroit finie, en ce que les choses qu'il auroit une fois créées ne dépendroient plus de lui pour être. Et je ne retombe point dans la fosse que j'avois préparée, lorsque je dis qu'il est impossible que Dieu détruise quoi que ce soit d'une autre façon que par la cessation de son concours, pourceque autrement il s'ensuivroit que, par une action positive, il tendroit au non-être. Car il y a une très grande différence entre les choses qui se font par l'action positive de Dieu, lesquelles ne sauroient être que très bonnes, et celles qui arrivent à cause de la cessation de cette action positive, comme tous les maux et les péchés, et la destruction d'un être, si jamais aucun être existant étoit détruit. Et ce que vous ajoutez de la nature du triangle n'a point de force : car, comme j'ai dit souvent, quand il est question des choses qui regardent Dieu, ou l'infini, il ne faut pas considérer ce que nous en pouvons comprendre (puisque nous savons qu'elles ne doivent pas être comprises par nous), mais seulement ce que nous en pouvons concevoir, ou atteindre par quelque raison certaine. Maintenant, pour savoir en quel genre de cause ces vérités dépendent de Dieu, voyez ma réponse aux sixièmes objections, article 8.

8. Je ne me souviens point d'avoir jamais écrit, ni même pensé ce que l'on m'attribue ici.

9. Je ne me ressouviens point aussi que je me sois jamais étonné *de ce que tout le monde n'aperçoit pas en soi l'idée de Dieu;* car j'ai si souvent reconnu que les choses que les hommes jugent sont différentes de celles qu'ils conçoivent, qu'encore que je ne doute point qu'un chacun n'ait en soi l'idée de Dieu, du moins implicite, c'est-à-dire qu'il n'ait en soi la disposition pour la concevoir explicitement et distinctement, je ne m'étonne pas pourtant de voir des hommes qui ne sentent point avoir en

eux cette idée, ou plutôt qui ne s'en aperçoivent point, et qui peut-être ne s'en apercevront pas encore, après avoir lu mille fois, si vous voulez, mes Méditations. Ainsi lorsqu'ils jugent que l'espace, qu'ils appellent vide, n'est rien, ils le conçoivent néanmoins comme une chose positive; et lorsqu'ils pensent que les accidents sont réels, ils se les représentent comme des substances, encore qu'ils ne jugent pas que ce soient des substances. Ainsi, quoique dans la notion qu'ils ont de l'âme ils ne remarquent rien qui ait du rapport avec le corps, ou l'étendue, ils ne laissent pas de se la représenter comme corporelle, et de se servir de leur imagination pour la concevoir, et ensuite d'en juger, et d'en parler comme d'un corps ; et ainsi souvent en beaucoup d'autres choses les jugements des hommes diffèrent de leurs perceptions. Mais ceux qui ne jugent jamais que des choses qu'ils conçoivent clairement et distinctement, ce que je tâche toujours de faire autant que je puis, ne peuvent pas juger d'une même chose autrement en un temps qu'en un autre. Et encore *que les choses qui sont claires et indubitables nous paroissent d'autant plus certaines que nous les considérons plus souvent et avec plus d'attention*, je ne me souviens pas néanmoins d'avoir jamais donné cela pour la marque d'une certitude claire et indubitable : et je ne sais pas aussi en quel endroit est ce mot de *toujours*, duquel il est ici fait mention; mais je sais très bien que lorsque nous disons qu'une certaine chose se fait toujours par nous, on n'a pas coutume par ce mot de *toujours* de dénoter l'éternité, mais seulement que nous la faisons *toutes les fois* que l'occasion se présente de faire la même chose.

10. C'est une chose qui de soi est manifeste, que nous ne pouvons connoître les fins de Dieu, si lui-même ne nous les révèle : et encore qu'il soit vrai, en morale, eu égard à nous autres hommes, que toutes choses ont été faites pour la gloire de Dieu, à cause que les hommes sont obligés de louer Dieu pour tous ses ouvrages; et qu'on puisse aussi dire que le soleil a été fait pour nous éclairer, pourceque nous expérimentons que le soleil en effet nous éclaire : ce seroit toutefois une chose puérile et absurde d'assurer en métaphysique que Dieu, à la façon d'un homme superbe, n'auroit point eu d'autre fin en bâtissant le monde que celle d'être loué par les hommes, et qu'il n'auroit créé le soleil, qui est plusieurs fois plus grand que la terre, à autre dessein que d'éclairer l'homme, qui n'en occupe qu'une très petite partie.

11. L'on confond ici les fonctions de la volonté avec celles de l'entendement : car ce n'est pas le propre de la volonté d'entendre, mais seulement de vouloir; et encore qu'il soit vrai que nous ne voulons jamais rien dont nous ne concevions en

quelque façon quelque chose, comme j'ai déjà ci-devant accordé, toutefois l'expérience nous montre assez que nous pouvons vouloir d'une même chose beaucoup plus que nous n'en pouvons connoître. Et le faux n'est point aussi appréhendé sous l'apparence du vrai; et ceux qui nient en nous l'idée de Dieu n'appréhendent ou n'aperçoivent point cela, quoique peut-être ils l'assurent, qu'ils le croient, et qu'ils le soutiennent; car, comme j'ai remarqué sur l'article 9, il arrive souvent que les jugements des hommes sont fort différents de leur perception ou appréhension.

12. Puisqu'on ne m'oppose ici que l'autorité d'Aristote et de ses sectateurs, et que je ne dissimule point que je crois moins à cet auteur qu'à ma raison, je ne vois pas que je doive me mettre beaucoup en peine de répondre.

Or il importe fort peu si celui qui est venu aveugle au monde a en soi les idées des couleurs, ou non. Et c'est en vain que l'on apporte ici le témoignage d'un philosophe aveugle : car, encore que nous supposions qu'il a des idées tout-à-fait semblables à celles que nous avons des couleurs, il ne peut pas toutefois savoir qu'elles sont semblables aux nôtres, et partant elles ne doivent point être appelées les idées des couleurs, pourcequ'il ignore quelles sont les nôtres. Et je ne vois pas en quoi je suis ici inférieur aux autres, pourceque, encore que l'esprit soit indivisible, il n'est pas pour cela moins capable d'acquérir diverses propriétés. Et il ne faut pas trouver étrange si durant le sommeil il n'invente aucunes démonstrations semblables à celles d'Archimède; car il demeure uni au corps, même pendant le sommeil, et il n'est alors en aucune façon plus libre que durant la veille. Et le cerveau par une longue veille n'est pas mieux disposé à retenir les vestiges qui sont imprimés en lui; mais, soit durant le sommeil, soit pendant la veille, ces vestiges se retiennent d'autant mieux qu'ils ont été plus fortement imprimés : et c'est pour cela que nous nous ressouvenons quelquefois de nos songes; mais nous nous ressouvenons beaucoup mieux des pensées que nous avons eues étant éveillés, de quoi je rendrai clairement la raison en physique.

13. Lorsque j'ai dit que Dieu étoit son être, je me suis servi d'une façon de parler fort usitée par les théologiens, par laquelle on entend qu'il est de l'essence de Dieu qu'il existe; ce qu'on ne peut pas dire de même du triangle, pourceque toute son essence se conçoit fort bien, encore qu'on supposât qu'il n'y en eût aucun dans la nature. Or j'ai dit que les sceptiques n'auroient jamais douté des vérités géométriques s'ils eussent connu Dieu comme il faut, pourceque ces vérités géométriques étant fort claires, ils n'auroient eu aucune occasion d'en

douter, s'ils eussent su que toutes les choses que l'on conçoit clairement sont vraies ; et c'est ce que nous apprend la connoissance que nous avons de Dieu quand elle est entière et suffisante, et cela même est le *moyen* qu'ils n'avoient pas en main.

Enfin cette question, savoir si la ligne est composée de points ou de parties, ne sert ici de rien au sujet, et ce n'est pas le lieu d'y répondre ; mais je vous avertis seulement que, dans le lieu cité en la page 584, je n'ai pas entendu parler de tout ce qui regarde la géométrie, mais seulement de celles de ses démonstrations dont les sceptiques doutoient, quoiqu'ils les eussent clairement conçues. Et c'est mal à propos que l'on produit ici un sceptique, disant, *que ce mauvais génie me trompe autant qu'il pourra,* etc. ; car quiconque parlera de la sorte, dès là il ne sera plus sceptique, pourcequ'il ne doutera pas de toutes choses. Et certes je n'ai jamais nié que les sceptiques mêmes, pendant qu'ils concevoient clairement une vérité, ne se laissassent aller à la croire, en sorte qu'ils n'étoient sceptiques que de nom, et peut-être même ne persistoient-ils dans l'hérésie où ils étoient de douter de toutes choses, que pour ne pas démordre de leur résolution, et ne paroître pas inconstants et de légère créance. Mais j'ai seulement parlé des choses que nous nous ressouvenons avoir autrefois clairement conçues, et non pas de celles que présentement nous concevons clairement, ainsi qu'on peut voir en la page 84, 325 et 26.

14. J'ai déjà expliqué sur la fin de mes réponses aux sixièmes objections, par l'exemple de la pesanteur, en tant que prise pour une qualité réelle, comment l'esprit est co-étendu à un corps étendu, encore qu'il n'ait aucune vraie extension, c'est-à-dire aucune par laquelle il occupe un lieu et qui fait qu'il en chasse tout autre corps. Et j'ai aussi montré dans ces mêmes réponses, article 5, que lorsque l'Ecclésiaste dit *que l'homme n'a rien de plus que la jument*, il parle seulement du corps, pourceque aussitôt après il parle séparément de l'âme en ces termes, *qui sait si l'esprit des enfants d'Adam*, etc.

Enfin, pour reconnoître laquelle de ces deux manières de concevoir est la plus imparfaite, et marque plutôt la foiblesse de notre esprit, ou bien celle par laquelle nous ne pouvons concevoir une chose sans l'autre, comme l'esprit sans le corps, ou bien celle par laquelle nous les concevons distinctement l'une sans l'autre, comme des choses complètes, il faut prendre garde laquelle de ces deux manières de penser procède d'une faculté positive, dont la privation soit la cause de l'autre; car on concevra facilement que cette faculté-là de l'esprit est réelle, par laquelle il conçoit distinctement deux choses l'une sans l'autre, comme des choses complètes, et que c'est la privation de cette même faculté qui fait qu'il appréhende ces deux choses confusément, comme si ce n'en étoit qu'une, ainsi que dans la vue il y a une plus grande perfection lorsqu'elle distingue exactement chaque particule d'un objet que lorsqu'elle les aperçoit toutes ensemble comme une seule. Que si quelqu'un ayant les yeux chancelants et non arrêtés prend une chose pour deux, comme il arrive souvent aux ivrognes; et si quelquefois les philosophes distinguent, je ne dis pas l'essence de l'existence, pourcequ'ils n'ont pas de coutume de mettre une autre distinction entre ces deux choses que celle qui y est en effet, mais bien conçoivent dans un même corps la matière, la forme et plusieurs divers accidents, comme autant de choses différentes l'une de l'autre, pour lors ils reconnoîtront facilement, par l'obscurité et la confusion de leur perception, que cela vient non seulement d'une faculté positive, mais aussi du défaut de quelque faculté, si, considérant de plus près les choses, ils prennent garde qu'ils n'ont pas des idées tout-à-fait différentes de ces choses qu'ils supposent ainsi être diverses.

Au reste, s'il est vrai que tous les lieux que je n'avois pas suffisamment expliqués dans mes précédentes réponses aient été marqués dans ces objections, je suis bien obligé à leur auteur de ce que par son moyen j'ai un juste sujet de n'en plus attendre d'autres.

AU R. P. MERSENNE.

(Lettre 2 du tome III.)

Du 22 juillet 1640.

Mon révérend père,

Ce mot n'est que pour vous remercier de l'affection que vous m'avez témoignée en la dispute contre les thèses des jésuites. J'écris à leur recteur pour les prier tous en général de s'adresser à moi s'ils ont des objections à proposer contre ce que j'ai écrit : car je ne veux point avoir affaire à aucun d'eux en particulier, sinon en tant qu'il sera avoué de tout l'ordre, supposant que ceux qui n'en pourront être avoués n'auront pas une bonne intention : comme en effet il paroît, ce semble, par la vélitation que vous m'avez envoyée, que celui qui l'a faite a plutôt dessein d'obscurcir que d'éclaircir la vérité. J'y répondrai dans huit jours comme il mérite, et à toutes vos autres lettres, ce qui m'est impossible pour ce voyage. Au reste, je feins d'ignorer l'auteur de ces thèses dans la lettre que j'écris à leur recteur, pour avoir plus d'occasion de m'adresser à tout le corps; et en effet vous ne m'aviez point fait savoir son nom dans vos premières lettres. Mais il me semble que vous m'avez autrefois mandé que ce père est parent de M. P.[1]. Si cela est, je ne m'étonne pas qu'il ait voulu engager sa réputation pour l'amour de son parent; mais je m'étonne de ce qu'il a osé m'envoyer sa belle vélitation, vu qu'elle ne sert qu'à me montrer son impuissance, pourcequ'il ne dit pas un seul mot contre moi, mais seulement contre des chimères qu'il a feintes pour les réfuter, et me les attribuer à faux : comme ce qu'il me fait dire, que *cessat determinatio deorsum, tanquam si annihilaretur, nec ulla succederet sursum;* et que, *manet sola et eadem determinatio dextrorsum*, faisant force sur le mot de *sola*, auquel je n'ai jamais pensé. Je ne sais si j'ai bien deviné, mais je conjecture que cette vélitation a été la préface que le répondant a récitée avant que de commencer la dispute. Vous m'apprendrez, s'il vous plaît, ce qui en est. Je vous envoie ici d'autres thèses, dans lesquelles on n'a rien du tout suivi que mes opinions, afin que vous sachiez que s'il y en a qui les rejettent, il y en a aussi d'autres qui les embrassent. Peut-être que quelques uns de vos médecins ne seront pas marris de voir ces thèses, et celui qui les a faites[2] en pré-

---

[1] « Petit. » — [2] « M. Leroi. »

pare encore de semblables sur toute la physiologie de la médecine, et même, si je lui voulois promettre assistance, sur tout le reste; mais je ne la lui ose promettre, à cause qu'il y a mille choses que j'ignore, et ceux qui enseignent sont comme obligés de dire leur jugement de toutes choses. Je suis, etc.

AU R. P. RECTEUR

DU COLLÉGE DE CLERMONT.

(Lettre 4 du tome III. Version.)

Du 22 juillet 1640.

Mon révérend père,

Comme j'ai reconnu de tout temps dans les pères de votre société une très grande bonté et disposition à enseigner, et que je sais aussi que vous vous intéressez fort en tout ce qui regarde l'utilité publique, j'espère que votre révérence ne trouvera pas mauvais si je prends aujourd'hui la liberté de lui écrire, n'ayant autre dessein que de lui donner une occasion d'user de cette bonté envers moi, et par même moyen de veiller à l'utilité du public.

C'est pourquoi je ne lui ferai point ici d'excuses si, tout inconnu que peut-être je lui suis, j'ose bien l'importuner de quelque prière; mais je dirai seulement que j'ai été averti qu'on soutint publiquement, il n'y a pas long-temps, dans votre collége de Paris, certaines thèses, lesquelles à la vérité je n'ai pas vues tout entières, mais dont on m'a seulement envoyé les extraits suivants:

De la page 11. *Comme il ne suffit pas pour expliquer l'action de la lumière et des couleurs sur les yeux, de dire qu'elle procède de la motion ou du mouvement d'une certaine matière aussi imaginaire que subtile répandue dans l'air; de même aussi il est inutile de prétendre que par le mouvement de l'air on puisse expliquer assez clairement cette force tout-à-fait admirable et cette action des sons sur l'oreille.*

De la page 15. *De vouloir expliquer l'action de la lumière et des couleurs sur les yeux, par le mouvement d'une certaine matière subtile répandue dans les pores de l'air et des autres corps transparents, que les corps qu'on nomme lumineux poussent vers nos yeux, et par le moyen de laquelle ils les touchent et les affectent en plusieurs diverses façons, et ne se pas vouloir servir pour cela des espèces intentionnelles, c'est en effet guérir une plaie par de nouvelles blessures, et prendre plaisir à s'embarrasser dans de nouvelles difficultés sans sortir de ses premières ténèbres; bref, c'est en faisant voir le peu d'éclaircissement* qu'on tire de ces espèces, montrer en même temps l'inutilité de cette matière subtile, et découvrant les défauts de nos philosophes, ne rien avancer qui vaille mieux.

Ce principe universel des réflexions, à savoir, l'angle de réflexion est égal à l'angle d'incidence, semble devoir tirer sa preuve ou son explication d'ailleurs que de la distinction qui est entre la force qui fait qu'une balle se meut, et sa détermination à se mouvoir plutôt vers un côté que vers un autre ; et même d'ailleurs que de la division de cette détermination, en une qui la porte en bas, et une autre qui la fait aller vers le côté droit : de toutes lesquelles choses, et autres semblables, si l'on n'ajoute rien de plus, on conclut manifestement le contraire. Il faut dire le même des principes que l'on apporte pour les réfractions ; car si quelqu'un vouloit par là entreprendre d'en rendre raison, il verroit que, se laissant tromper par son analyse, il concluroit tout le contraire.

Mais d'autant que les opinions que l'on réfute dans ces thèses ne reconnoissent point, que je sache, d'autre auteur que moi, j'ai été très aise d'avoir eu de là occasion de vous prier, comme je fais très instamment, de vouloir prendre la peine de m'avertir de mes erreurs, et même une occasion si juste, qu'il est, ce me semble, de votre prudence et de votre charité de ne me pas refuser ; et certes, encore que je ne sache ni le nom de celui qui a composé ces thèses, ni de quelle science il fait particulièrement profession, toutefois il est aisé de conjecturer par ce qu'il traite qu'il enseigne la physique ou les mathématiques : et comme je sais que tous ceux qui composent votre corps sont tellement unis ensemble, que jamais pas un d'eux ne publie et ne fait aucune chose qui n'ait auparavant reçu l'approbation de tous les autres, ce qui fait que ce qui vient de quelqu'un des vôtres a bien plus d'autorité que ce qui ne vient que de quelques particuliers, ce n'est pas sans raison que je souhaite et que je me promets d'obtenir de votre révérence, ou plutôt de toute votre société, une chose qui a été publiquement promise par un des pères de votre compagnie. De plus, je vous déclare sincèrement que je ne suis point de ces opiniâtres qui ne veulent jamais démordre de leurs premiers sentiments; et que je ne pense pas qu'il y ait personne qui soit plus disposé à enseigner que je le suis à apprendre. Ce que j'ai déjà assez déclaré dans le discours de la Méthode qui sert de préface à mes Essais, dans lequel, page 75, j'ai prié en termes exprès tous ceux qui auroient quelques objections à faire contre ce que j'ai écrit, de prendre la peine de me les envoyer. Or, entre les choses que j'ai proposées, une des plus considérables est cette matière subtile, de laquelle sans doute vous avez démontré l'inutilité en présence de vos écoliers. Ce que j'ai aussi écrit de la réflexion et de la réfraction n'est pas des moindres; mais je ne fais point de doute que vous ne leur ayez aussi fait voir qu'en cela même j'ai été trompé par mon analyse: car je n'estime pas qu'il puisse entrer dans la pensée que de si grands hommes voulussent dans leurs thèses avancer des choses, et qu'ils les osassent même promettre à ceux qui assistent à leurs disputes, s'ils ne les savoient parfaitement, et s'ils ne les avoient auparavant enseignées à leurs disciples. Mais je vous prie que, puisqu'on n'a pas trouvé mes opinions indignes d'être réfutées publiquement dans vos écoles, vous ne me jugiez pas aussi indigne d'apprendre ce qui a été dit pour les réfuter, et de pouvoir, par ce moyen, être encore compté au nombre de vos disciples; et pour vous convier à examiner avec soin, non seulement ce que vous avez déjà agité dans vos thèses, mais aussi le reste de mes écrits, et à réfuter par de bonnes raisons tout ce qui s'y trouvera de contraire à la vérité, je ne feindrai point de vous dire ici qu'il s'en trouve plusieurs, et même des meilleurs esprits, qui semblent incliner à vouloir suivre mes opinions. C'est pourquoi il importe beaucoup pour le bien commun de la république des lettres de les réfuter de bonne heure, si elles se trouvent fausses, pour empêcher qu'elles n'aient de la suite;

et à dire le vrai je ne pense pas que cela se puisse faire plus commodément que par les pères de votre société ; car vous avez parmi vous un si grand nombre de savants philosophes, que si chacun d'eux vouloit se donner la peine de me faire seulement une objection, je ne fais point de doute que toutes ensemble elles ne comprissent très aisément toutes celles que les autres me pourroient faire. C'est pourquoi vous me permettrez, s'il vous plaît, d'attendre cela de vous ; et je vous confesse qu'il y a déjà quelque temps que je me l'étois promis, non seulement parceque cela me sembloit raisonnable, mais aussi parceque j'en avois déjà prié, il y a deux ou trois ans, quelques uns des vôtres, et principalement parcequ'ayant autrefois été instruit près de neuf ans dans un de vos colléges, j'ai conçu depuis ma jeunesse tant d'estime et j'ai encore maintenant tant de respect pour votre vertu et pour votre doctrine, que j'aime beaucoup mieux être repris par vous que par d'autres. Je suis, etc.

A MONSIEUR *** [1].

(Lettre 107 du tome III.)

Monsieur,

Je tiens à une extrême faveur que parmi tant de diverses occupations, et tant d'importantes affaires qui doivent passer par votre esprit, vous daigniez encore vous souvenir d'une personne si inutile comme je suis, et je ne doute point que les lettres que vous avez pris la peine de procurer pour Le Tourneur n'aient porté coup; mais il n'en a pas encore senti les effets, sinon en tant que messieurs de cette ville n'ont jusqu'ici donné à personne la place qu'il désire, et que le visage de ceux auxquels il a parlé ne lui en a point ôté l'espérance. Je m'étonne qu'on vous ait dit que je faisois imprimer quelque chose de métaphysique, pourceque je n'en ai encore rien mis entre les mains de mon libraire, ni n'ai même rien préparé, qui ne

[1] « Cette lettre est adressée à M. de Zuytlichen; voyez-en le commencement. Elle n'est pas datée; mais, comme il dit au milieu qu'il a écrit au supérieur des jésuites une lettre fixement datée du 22 juillet (voyez les 3e et 4e de ce volume), je ne puis mettre cette lettre plus haut que le 25 juillet 1640. »

soit si peu, qu'il ne vaut pas le parler; et enfin, on ne peut vous en avoir rien rapporté qui soit vrai, si ce n'est ce que je me souviens vous avoir dit dès l'hiver passé, à savoir, que je me proposois d'éclaircir ce que j'ai écrit dans la quatrième partie de la Méthode, et de ne le point publier, mais d'en faire seulement imprimer douze ou quinze exemplaires, pour les envoyer à douze ou quinze des principaux de nos théologiens, et d'en attendre leur jugement : car je compare ce que j'ai fait en cette matière aux démonstrations d'Apollonius, dans lesquelles il n'y a véritablement rien qui ne soit très clair et très certain, lorsqu'on considère chaque point à part ; mais à cause qu'elles sont un peu longues, et qu'on ne peut y voir la nécessité de la conclusion, si l'on ne se souvient exactement de tout ce qui la précède, on trouve à peine un homme en tout un pays qui soit capable de les entendre ; et toutefois, à cause que ceux qui les entendent assurent qu'elles sont vraies, il n'y a personne qui ne les croie. Ainsi je pense avoir entièrement démontré l'existence de Dieu, et l'immatérialité de l'âme humaine; mais pourceque cela dépend de plusieurs raisonnements qui s'entre-suivent, et que si on en oublie la moindre circonstance, on ne peut bien entendre la conclusion, si je ne rencontre des personnes bien capables et de grande réputation pour la métaphysique, qui prennent la peine d'examiner curieusement mes raisons, et qui, disant franchement ce qu'ils en pensent, donnent par ce moyen le branle aux autres pour en juger comme eux, ou du moins pour avoir honte de leur contredire sans raison, je prévois qu'elles feront fort peu de fruit; et il me semble que je suis obligé d'avoir plus de soin de donner quelque crédit à ce traité qui regarde la gloire de Dieu, que mon humeur ne me permettroit d'en avoir s'il s'agissoit d'une autre matière. Au reste, je crois que je m'en vais entrer en guerre avec les jésuites : car leur mathématicien de Paris a réfuté publiquement ma Dioptrique en ses thèses, sur quoi j'ai écrit à son supérieur, afin d'engager tout leur corps en cette querelle; car, bien que je sache assez il y a long-temps qu'il ne fait pas bon s'attirer des adversaires, je crois pourtant que, puisqu'ils s'irritent d'eux-mêmes et que je ne le puis éviter, il vaut mieux une bonne fois que je les rencontre tous ensemble, que de les attendre l'un après l'autre, en quoi je n'aurois jamais de fin. Cependant mes affaires domestiques m'appellent en France, et si je puis trouver commodité pour y aller dans cinq ou six semaines, je me propose de faire le voyage; mais Vassenaer ne désire pas que je parte avant l'impression de ce que l'opiniâtreté de son adversaire l'a contraint d'écrire [1], et quoi-

---

[1] « Stampion. »

que ce soit une drogue dont je suis fort las, l'honneur toutefois ne me permet pas de m'exempter d'en voir la fin, ni le service que je dois à ce pays d'en dissimuler la vérité. Vous la trouverez ici dans sa préface, dont je lui ferai encore différer l'impression quinze jours, ou plus s'il est besoin, afin d'en attendre votre jugement, s'il vous plait me faire la faveur de me l'écrire, et il nous servira de loi inviolable. Cependant je vous prie de croire très assurément que son adversaire a très bien su que tout son livre ne valoit rien, avant même que de le publier, comme les subterfuges de sa gageure l'ont assez montré, et qu'il a eu la science de Socrate, en ce qu'il a su qu'il ne savoit rien; mais il a avec cela une impudence incroyable à calomnier, et à se vanter de savoir des choses impossibles et extravagantes, qui est à mon jugement la qualité la plus dangereuse et la plus nuisible qu'un homme de sa condition sauroit avoir; et je pense être obligé de vous mander en cela mon jugement, car je suis, etc.

AU R. P. MERSENNE [1].

(Lettre 40 du tome II.)

Mon révérend père,

Je commencerai ma réponse par la lettre de M. Meyssonnier [2], pourcequ'elle est la plus vieille en date de celles que vous m'avez envoyées. Je suis fort son serviteur, c'est tout ce que je puis rendre à ses compliments : pour les discours qu'il fait du sel aérien et la différence qu'il met entre les esprits vitaux et animaux, les comparant au feu élémentaire et au mercure aérien, ce sont des choses qui surpassent ma capacité, c'est-à-dire, entre nous, qui me semblent ne signifier rien d'intelligible, et n'être bonnes que pour se faire admirer par les ignorants.

Pour les marques d'envie, puisqu'elles ne s'impriment point sur l'enfant lorsque la mère mange du fruit dont elle a envie, il est bien vraisemblable qu'elles peuvent aussi quelquefois être guéries

---

[1] « Cette lettre est la 31ᵉ des manuscrits de Lahire, et fixement datée du 30 juillet 1640. »

[2] « Lazare Meyssonnier, médecin de Lyon. »

lorsque l'enfant mange de ce fruit, à cause que la même disposition qui étoit dans le cerveau de la mère et qui causoit son envie, se trouve aussi dans le sien, et correspond à l'endroit qui en est marqué, ainsi que la mère en se frottant à pareil endroit au temps de son envie, y a rapporté l'effet de son imagination : car généralement chaque membre de l'enfant correspond à chacun de ceux de la mère, comme on peut prouver par raison mécanique; et plusieurs expériences le témoignent, dont j'en ai lu autrefois une fort remarquable dans le Forestus[1], d'une dame qui, s'étant rompu le bras lorsqu'elle étoit enceinte, accoucha d'un fils qui avoit le bras rompu comme elle, et appliquant à ce bras de l'enfant les mêmes remèdes qu'à celui de la mère, il les guérit tous deux séparément.

Pour les bêtes brutes, nous sommes si accoutumés à nous persuader qu'elles sentent ainsi que nous, qu'il est malaisé de nous défaire de cette opinion; mais si nous étions aussi accoutumés à voir des automates qui imitassent parfaitement toutes celles de nos actions qu'ils peuvent imiter et à ne les prendre que pour des automates, nous ne douterions aucunement que tous les animaux sans raison ne fussent aussi de automates, à cause que nous trouverions toutes les mêmes différences entre nous et eux, qu'entre nous et les automates, comme j'ai

---

[1] « Dans Forestus. »

écrit page 56 de la Méthode; et j'ai déduit très particulièrement en mon Monde, comment tous les organes qui sont requis pour faire toutes ces actions en automates se trouvent dans le corps des animaux.

Je viens à l'autre paquet, où étoit la thèse des pères jésuites, avec la lettre du médecin[1], que j'ai cru vous devoir renvoyer, pourcequ'elle semble n'être qu'une partie d'un plus long discours. Je crois que M. de Martigny vous aura fait voir ce que j'écris au recteur des jésuites à l'occasion de ces thèses; car vous ne m'en aviez point nommé l'auteur, et j'ai été bien aise de l'ignorer, pour avoir plus d'occasion de m'adresser au corps.

Les histoires de la soie qui croît au front d'une fille, et l'épine qui fleurit sur le corps d'un Espagnol, méritent bien qu'on s'en enquière fort particulièrement; et pour la soie, je ne puis croire que ce soit de la vraie soie qui croisse, mais, ou une excroissance de chair qui, sortant par le trou de la cicatrice où la soie a été, en représente aucunement la figure, ou peut-être du poil qui sort de ce trou, ce qu'on peut aisément juger à l'œil. Mais pourceque vous dites qu'on ne sauroit expliquer ce phénomène, en ne mettant point d'autre principe de vie dans les animaux que la chaleur, il me semble au contraire qu'on le peut bien mieux

[1] « De Sens. »

expliquer ainsi qu'autrement; car la chaleur étant un principe commun pour les animaux, les plantes et les autres corps, ce n'est pas merveille qu'elle-même serve à faire vivre un homme et une plante, au lieu que s'il falloit quelque principe de vie dans les plantes qui ne fût pas de même espèce que celui qui est dans les animaux, ces principes ne pourroient pas si bien compatir ensemble.

Pour la lettre du médecin De Sens, elle ne contient aucune raison pour impugner ce que j'ai écrit de la glande nommée *conarium*, sinon qu'il dit qu'elle peut être altérée comme tout le cerveau, ce qui n'empêche point qu'elle ne puisse être le principal siége de l'âme, car il est certain que l'âme doit être jointe à quelque partie du corps; et il n'y en a point qui ne soit autant ou plus sujette à altération que cette glande, qui, bien que fort petite et fort molle, toutefois, à cause de sa situation, est si bien gardée, qu'elle ne peut quasi être sujette à aucune maladie, non plus que l'humeur cristalline de l'œil; et il arrive bien plus souvent que des personnes deviennent troublées d'esprit sans qu'on en sache la cause, auquel cas on la peut attribuer à quelque maladie de cette glande, qu'il n'arrive que la vue manque par quelque défaut de cette humeur cristalline, outre que toutes les altérations qui arrivent à l'esprit, comme lorsqu'on dort après qu'on a bu, etc., peuvent être attribuées à quelques altérations qui arrivent en cette glande.

Pour ce qu'il dit que l'âme se peut servir des parties doubles, je lui accorde, et qu'elle se sert aussi des esprits qui ne peuvent pas résider tous en cette glande; car je n'imagine point que l'âme soit tellement comprise en elle, qu'elle n'étende ailleurs ses actions; mais c'est autre chose se servir, et être immédiatement jointe et unie; et notre âme n'étant point double, mais une et indivisible, il me semble que la partie du corps à laquelle elle est le plus immédiatement unie doit aussi être une et non divisée en deux semblables, et je n'en trouve point de telle en tout le cerveau que cette glande : car pour le *cerebellum*, il n'est un que *superficie et nomine tenus ;* et il est certain que même son *processus vermiformis*, qui semble le mieux n'être qu'un corps, est divisible en deux moitiés, et que la moelle de l'épine du dos est composée de quatre parties, dont les deux viennent des deux moitiés du cerveau, et les deux autres des deux moitiés du *cerebellum*, et le *septum lucidum*, qui sépare les deux ventricules antérieurs, est aussi double.

Pour l'esprit fixe qu'il veut introduire, c'est une chose qui ne me semble pas plus intelligible que s'il parloit d'une lumière ténébreuse ou d'une liqueur dure; et j'admire que des personnes de bon esprit, en cherchant quelque chose de probable, préfèrent des imaginations confuses et impossibles, à des pensées plus intelligibles, et sinon vraies, au moins possibles et probables; mais c'est l'usage de l'école qui lui ensorcelle les yeux.

Je ne trouve rien en sa lettre touchant les cercles de l'eau dont vous m'écrivez; mais il est certain que ces cercles se font beaucoup plus facilement et plus subtilement[1], et autrement en la superficie de l'eau qu'ils ne se font au dedans : car en la superficie ils se font à cause que, lorsque la pierre entre dans l'eau, cette eau se hausse un peu autour d'elle, puis à cause qu'elle est plus pesante que l'air qui la touche elle redescend, partie dans le trou qu'a fait la pierre, et partie de l'autre côté : or, celle-ci poussant d'autre eau un peu plus loin tout autour, la fait hausser en un plus grand cercle, et l'eau de ce cercle se rabaissant en cause un autre plus grand, et ainsi ce cercle s'accroît successivement. De plus, l'eau qui rentre tout-à-coup dans le trou qu'a fait la pierre, s'y hausse derechef un peu plus que le niveau de l'eau, et en redescendant commence derechef un second cercle, et ainsi il s'en fait plusieurs qui s'entre-suivent, ce qui n'arrive point dans le fond de l'eau ni dans le milieu de l'air; mais il s'y fait d'autres cercles, principalement dans l'air, par la condensation et raré-

---

[1] « *Sensiblement.* »

faction, et ce sont ces cercles qui causent le son : car lorsqu'un corps se meut un peu vite dans l'eau ou dans l'air, la partie de cet air dont il prend la place, ne peut lui céder si promptement qu'elle ne se condense quelque peu; puis aussitôt après s'être condensée elle se dilate derechef, et presse l'autre air qui est un peu plus loin tout autour en forme de cercle, lequel derechef se dilatant en presse d'autre, et ainsi de suite; et un corps n'a pas besoin de se mouvoir guère loin, mais seulement de se mouvoir fort vite, et il ne faut que tant soit peu d'air pour causer de tels cercles; d'où il est aisé à entendre pourquoi le son ne fait point sensiblement mouvoir la flamme d'une chandelle, et pourquoi plusieurs mouvements de grands corps qui ne pressent pas l'air, ni ne sont fort vites, ne causent point de son, et plusieurs sons ou cercles peuvent être ensemble, à cause qu'un même corps est capable de plusieurs mouvements en même temps; mais néanmoins ils ne sont pas si distincts, comme aussi l'expérience le montre. Je n'ai pas encore fait imprimer mes cinq ou six feuilles de métaphysique, quoiqu'elles soient prêtes il y a long-temps; et ce qui m'en a empêché est que je ne désire point qu'elles tombent entre les mains des ministres, ni dorénavant en celles des PP. NN.[1] (avec lesquels je prévois que je vais entrer en guerre),

---

[1] « Jésuites. »

jusqu'à ce que je les aie fait voir et approuver par divers docteurs, et, si je puis, par le corps de la Sorbonne : et pourceque j'ai eu dessein de faire un tour cet été en France, je me proposois d'en être moi-même le porteur, et ne les ai voulu faire imprimer que lorsque je me verrois sur le point de partir, de peur que le libraire en débitât cependant quelque exemplaire sans mon su; mais l'été est déjà si avancé, que j'ai peur de ne pouvoir faire ce voyage, et, en ce cas, je vous en enverrai dix ou douze exemplaires, ou plus, si vous jugez qu'il en soit besoin; car je n'en ferai pas imprimer davantage, et je vous prierai d'en être le distributeur et protecteur, et de ne les mettre qu'entre les mains des théologiens que vous jugerez les plus capables, les moins préoccupés des erreurs de l'école, les moins intéressés à les maintenir, et enfin les plus gens de bien, et sur qui la vérité et la gloire de Dieu ait plus de force que l'envie et la jalousie.

Je viens à votre troisième paquet [1]. Je suis fort mécontent de l'écrit de N.; car il n'objecte pas un seul mot contre ce que j'ai écrit, mais il me fait dire des sottises auxquelles je n'ai jamais pensé, et

---

[1] « Où étoit la lettre pour M. Schuerman, que j'ai adressée. Il demeure sur le cimetière du Dom, à Utrecht, et M. Bannius demeure en la rue de Saint-Jean, vis-à-vis de la Commanderie, à Harlem. Je suis fort scandalisé de la vélitation du sieur Bourdin; car..... »
S.

après il les réfute, qui est une chose très honteuse en un particulier, et bien plus en un philosophe[1] comme lui. Je vous prie de me mander si c'est lui qui vous a donné cet écrit pour me l'envoyer, ou comment vous l'avez eu, et si ce n'est point la préface qu'a récitée le répondant au commencement de la dispute. En effet, s'il prend ce chemin de m'attribuer des choses que je n'ai point dites pour les réfuter en présence de ses disciples, c'est bien le moyen de me décrier pendant qu'ils ne sauront pas mieux; mais si je ne meurs dans peu de temps, je vous assure que j'aurai soin de publier la vérité de son procédé, et par provision je serois bien aise qu'il soit su de tous ceux auxquels il vous plaira montrer ma réponse.

Pour l'objection de ce qu'on peut voir divers objets et diversement colorés par un même trou, je pense l'avoir assez résolue en ma réponse à M. Morin, et il faut remarquer que ce trou ne doit pas être extrêmement petit, comme ces chercheurs de cavillations le supposent, mais assez grand, ou autrement qu'on ne pourroit guère voir par lui qu'une couleur; mais je voudrois bien qu'il nous expliquât mieux cela par ses espèces intentionnelles ou par quelque autre moyen que ce puisse être : car s'il y a là quelque difficulté, elle est en la chose même, et non en la façon dont je l'expli-

---

[1] « *Religieux.* »

que, à cause qu'il est impossible de rien trouver de moins matériel, ni par conséquent dont plusieurs puissent mieux être ensemble en un même sujet, que les diverses impressions qui sont reçues en un même corps. Pour ce qu'il dit, *ut causa ad causam, ita effectus ad effectum*, je lui accorde très volontiers, mais cela n'explique rien ; car toute la difficulté est de montrer ici comment les causes sont l'une à l'autre.

Pour ce qu'il dit que c'est la densité du milieu qui cause la réfraction, cela peut être manifestement convaincu de fausseté, parceque la réfraction d'un rayon de lumière qui entre dans l'eau se fait *versus perpendicularem*, et celle d'une balle s'y fait *a perpendiculari* ; de façon que la même densité auroit à ce compte deux effets du tout contraires.

Pour votre objection, pourquoi le mobile qui va d'A[1] vers B ne retourne pas de B vers A, je réponds qu'il ne peut jamais toucher B en un point indivisible, mais toujours *in parte inadæquate sumpta*, sur laquelle il appuie autrement à angles inégaux qu'à angles droits. Et il ne peut aussi glisser de B vers E, car la force dont il appuie sur le point B le fait remonter vers F. Mais pour savoir combien il remonte, cela se conclut de ce qu'il doit faire tant de chemin en général dans un tel temps et tant en particulier vers la main droite

[1] Figure 23.

dans le même temps; et c'est ce que j'ai écrit en ma Dioptrique.

Pour l'ingénieur de race dont vous m'écrivez, je voudrois voir les effets pour en croire les propositions. On peut bien faire tenir un corps en l'air quelque temps, mais non pas qu'il y puisse demeurer ferme s'il n'est au moins retenu par en bas, comme le fer qui se tiendra suspendu à la présence d'un seul aimant, sans courir jusques à lui, il sera sans doute retenu avec un simple fil de soie si délié et si hors du jour qu'il ne pourra être vu; ce qui est puéril; mais pour les oiseaux, ils battent l'air plus ou moins selon qu'il en est besoin, ce qui ne peut être imité par aucune machine faite de main d'homme.

Vous nommez le sel, l'huile et le soufre pour les principes des chimistes, où vous mettez l'huile au lieu du mercure; car ils prennent l'huile et le soufre pour une même chose, comme aussi l'eau et le mercure. Or ces principes ne sont rien qu'une fausse imagination fondée sur ce qu'en leurs distillations ils tirent des eaux qui sont toutes les parties les plus glissantes et pliantes des corps dont ils les tirent, et ils les rapportent au mercure; ils en tirent aussi des huiles qui sont les parties en forme de branches, qui sont assez déliées pour pouvoir être séparées, et ils les rapportent au soufre; et les parties les plus déliées de ce qui reste qui se peuvent mêler et comme incorporer avec l'eau, ils les rapportent au sel; puis enfin les parties plus grossières qui demeurent sont leur *caput mortuum*, ou *terra damnata*, qu'ils ne comptent point. Au reste je ne conçois point ces parties indivisibles ni autrement indifférentes entre elles que par la diversité de leurs figures.

1° Je viens à votre dernière du quinzième juillet, où vous me menacez de m'envoyer quelque écrit du géomètre qui a écrit contre M. des Argues, ce que je vous prie de ne point faire : car je suis assuré que tout ce qui vient de lui ne peut rien valoir, et je ne désire pas seulement voir ce qu'il écrira contre moi. 2° Je conçois que la matière subtile tourne partout à peu près de même vitesse, et d'occident vers l'orient, et plus vite que la terre ni la lune, qui sont soutenues par elle, ainsi que les oiseaux par l'air[1]. 3° La largeur de tout un tuyau ne se doit mesurer que par l'endroit le plus étroit, principalement si cet endroit plus étroit est sa sortie, ni sa hauteur que depuis la superficie de l'eau qu'il contient jusques au niveau de l'endroit par où elle sort : comme si l'ouverture C du tuyau ABC[2] n'est pas plus large que E, celle du

---

[1] « L'air. Sa nécessité se prouve aisément, par cela seul que NON DATUR VACUUM, et qu'il y a des pores dans les corps durs par où l'air peut passer; car, de quoi ces pores peuvent-ils être remplis, que de quelque matière plus subtile que l'air? La largeur... »

[2] Figure 24.

tuyau DE, et que les deux lignes AD et CE soient parallèles à l'horizon, encore que tout le reste de l'un de ces tuyaux soit plus large et qu'aucun endroit de l'autre ne soit plus large, pourvu qu'il ne soit pas aussi plus étroit, ils ne jetteront point plus d'eau l'un que l'autre en même temps, pourvu qu'on les suppose toujours pleins. Mais j'ai ici deux choses dont je doute, et qui peuvent aisément être expérimentées : l'une, savoir si l'eau ne s'écoulera point plus vite par le trou E du tuyau FE ou autre vaisseau, lorsqu'elle coule perpendiculairement de haut en bas, que lorsqu'elle est détournée vers en haut par le moyen du robinet EG [1] que je suppose partout un peu plus large que ce trou E, à cause que sa trop grande largeur ne change rien, et s'il étoit plus étroit cela changeroit beaucoup; et je suppose aussi son ouverture G être exactement à même hauteur ou niveau que le trou E. L'autre est, savoir si l'eau contenue dans le tuyau H [2], s'écoulera également vite par les deux tuyaux IK et MN, entre lesquels je ne suppose autre différence, sinon que l'endroit le plus étroit de l'un est en I et celui de l'autre est en N, et ces deux ouvertures I et N sont égales.

Je crois qu'il y a grande différence entre l'eau qui coule par un lieu penchant, sans être enfer-

[1] Figure 25.
[2] Figure 26.

mée, et celle qui est enfermée dans un tuyau et aussi entre la descente d'une boule. Car, par exemple, si les tuyaux ABDE[1] et BCFG sont mis entre les parallèles AC et DG ou entre leurs ouvertures ou basse, égales et semblables, encore que le plus long soit plus étroit que le plus court, je crois qu'ils jetteront autant d'eau l'un que l'autre; mais en l'air libre, l'eau couleroit moins vite par la pente BF que par la perpendiculaire BE et non pas toutefois de tant moins qu'une boule iroit moins vite de B en F que de B en E, dont les raisons seroient trop longues à mettre ici.

Pour les rivières, si leur lit étoit partout égal je ne vois point qu'elles dussent couler moins vite au fond qu'en leur superficie; mais pour ce qu'elles sont ordinairement plus profondes en un lieu qu'en l'autre, il est certain qu'où elles sont plus profondes, elles doivent aller plus lentement au fond qu'au-dessus, à cause que l'eau du fond y est arrêtée ainsi que dans une fosse : et je ne crois point aussi qu'on puisse juger de leur pente par l'inégalité de leur vitesse, mais seulement en la mesurant avec un niveau.

Je vois bien que je ne me suis pas assez expliqué en vous disant ce que je prends pour la pesanteur, que je dis venir de ce que la matière subtile tournant fort vite autour de la terre, chasse les corps

[1] Figure 27.

terrestres vers le centre de son mouvement ainsi que vous pourrez expérimenter en faisant tourner de l'eau en rond en quelque grand vaisseau et jetant dedans quelques petits morceaux de bois, vous verrez qu'ils iront vers le milieu de l'eau et s'y soutiendront comme la terre se soutient au milieu de la matière subtile, ce qui n'a rien du tout de commun avec la lumière : mais je ne puis expliquer exactement l'un et l'autre dans une lettre.

Tous les corps étant de même matière, deux parties de cette matière de même grosseur et figure ne peuvent être plus pesantes l'une que l'autre; de façon que si l'on pouvoit tirer de l'or une partie qui ne fût pas plus grande qu'une partie d'air, elle ne pèseroit pas davantage; mais pour les feuilles d'or battu qui volent en l'air, cela ne vient que de leur figure, car elles ne laissent pas d'être plus pesantes; et dans un air où il n'y auroit point du tout de vent, elles descendroient peu à peu; et ce qui les empêcheroit d'aller vite, est que la feuille ABC[1], par exemple, ne peut tant soit peu descendre que l'air qui est dessous vers B n'aille vers A ou vers C pour en sortir, ce qu'il ne peut faire en peu de temps s'il n'est fort pressé, à cause qu'il y a beaucoup de chemin : mais dans l'air ordinaire qui est toujours mû par le vent, ces feuilles sont aisément emportées en haut avec l'air

---

[1] Figure 28.

qui les environne, lorsqu'il monte plus vite qu'elles ne peuvent descendre[1].

C'est un abus de croire que nous nous souvenons mieux de ce que nous avons fait en jeunesse que de ce que nous avons fait depuis : car nous avons fait en ce temps-là une infinité de choses dont nous ne nous souvenons plus du tout : et pour celles dont nous nous souvenons, ce n'est pas seulement à cause des impressions que nous en avons reçues en jeunesse, mais principalement à cause que nous les avons répétées et renouvelées depuis en nous en ressouvenant à divers temps[2].

Pour l'aimant qu'on a vu en Angleterre, qui tire les épées d'un fourreau de dix pieds, je crois qu'il y a un peu de fable parmi.

Pour la vitesse de la corde d'un arc qui se débande, je ne doute point qu'elle ne soit en sa plus grande vitesse au point E[3], et qu'elle ne commence à diminuer en allant d'E vers C; mais je ne sais pas s'il n'y a point quelque endroit entre E et D comme vers 2, où elle commence à être en sa plus grande vitesse, en sorte qu'elle n'augmente ni ne

---

[1] « Descendre. *Je ne crois point qu'il soit besoin de tant de plis dans le cerveau pour la mémoire. Mais on me dit que le messager part, c'est pourquoi je n'ai pas loisir d'achever. Je suis, mon R. P., votre très humble et très affectionné serviteur, Descartes*, 30 juillet 1640. » Ici finit la lettre.

[2] « La suite de cette lettre est au second alinéa de la lettre 41 : *Par le reflux de la mer...* »

[3] Figure 29.

diminue depuis 2 jusques à E : car cela est une question de fait et ne peut être déterminé par raison [1].

Pour répondre au billet que vous m'avez envoyé de la part de quelques uns de vos médecins, je vous dirai ici en peu de mots[2], que la raison qui m'a fait juger que quelques unes des plus pénétrantes parties du sang sont portées dans l'estomac et dans les intestins par les artères pour aider à la dissolution des viandes, et que j'ai remarqué que la salive qui vient en grande abondance dans la bouche quand on mange, ou seulement quand on en a le désir et l'imagination fort présente, n'y vient pas seulement des amandes qui sont à l'entrée de la gorge (d'où peut-être elle ne va que vers le gosier, si ce n'est qu'on l'attire dans la bouche avec les muscles de la langue), mais des artères qui descendent aux gencives : car j'en ai fait l'expérience très claire, et je n'ai pu douter

[1] « La suite de cette lettre est au 3ᵉ alinéa de la lettre 41 : *Je ne sais quelle…* »

[2] « Cet alinéa et le reste de cette lettre, jusqu'à la 41ᵉ, est une réponse de Descartes à un billet qui lui avoit été envoyé par le P. Merseune. On ne peut savoir précisément en quel jour cette réponse a été écrite ; ce que l'on peut dire de plus assuré, est que Descartes, dans la 41ᵉ lettre, datée fixement du 6 août 1640, parle de cette réponse comme l'ayant envoyée peu auparavant ; ainsi je la fixe au même jour que la lettre qu'il avoit envoyée l'ordinaire précédent : c'eût été au 30 juillet 1640, car cette réponse est de la propre main de Descartes, et est la 78ᵉ des manuscrits de Lahire. »

que ce ne fût le même des artères qui se rendent aux intestins et au ventricule, vu qu'on voit que les purgatifs font descendre quantité d'humeurs de tout le corps par les intestins, et qu'il n'y a point d'autres voies que je sache pour ces humeurs que les artères : car pour les veines elles ont mille valvules qui en empêchent, comme on peut éprouver en liant les unes et les autres dans le mésentère d'un chien vivant : car on verra que les artères se désenfleront entre les intestins et le lien, et non au-delà, et que les veines lactées et autres feront le contraire. Or ces parties du sang qui entrent ainsi dans l'estomac n'en doivent point retenir la couleur rouge, non plus que la salive (qui aide aussi dans la bouche à la dissolution des viandes qu'on mâche), ni les larmes, ni la sueur, etc., qui se séparent du sang en même façon en passant par les extrémités des artères, à cause que cette rougeur dépend des plus gluantes de toutes ses parties, lesquelles je crois avoir des figures fort irrégulières et être comme des branches qui, s'entrelaçant les unes dans les autres ne peuvent passer par des trous si étroits, mais bien les plus pénétrantes que je conçois comme de petites anguilles qui se glissent par les plus petits trous. Et l'expérience montre assez la facilité de leur séparation dans le sang tiré des veines; car on voit que la sérosité s'en sépare d'elle-même et demeure toute claire, pendant que le reste qui est rouge ou noir se congèle.

Pour la cause qui fait entrer le chyle dans les veines, je ne crois point qu'elle soit autre que la même qui fait sortir les boyaux du ventre quand il est percé d'un coup d'épée, c'est-à-dire que la pression des peaux ou autres parties qui les contiennent; outre que les plus coulantes parties de ce chyle y peuvent passer sans cette pression par leur seule pesanteur, ainsi que l'eau sort du lait caillé par les trous d'une vaisselle et aussi par leur agitation naturelle ; car je conçois que chaque petite partie des liqueurs est en continuel mouvement, et enfin l'action des muscles y aide beaucoup, en ce qu'elle fait que les parties du chyle viennent vis-à-vis des trous par où elles peuvent entrer dans les veines, tant les lactées que les autres : car je ne mets point de différence entre elles, sinon que le suc est blanc dans les lactées, à cause qu'elles n'ont point d'artères qui les accompagnent, et rouge dans les autres, à cause qu'il s'y mêle avec le sang qui vient des artères. Or, je compte ici entre les muscles, non seulement tous ceux du ventre et de la poitrine et le diaphragme, mais aussi presque tout le corps des intestins et du ventricule ; et j'ai remarqué dans les chiens ouverts tout vifs, que leurs boyaux ont un mouvement réglé quasi comme celui de la respiration. Au reste ce mouvement des muscles n'est point ici entièrement nécessaire, comme il est nécessaire de mouvoir un crible pour en faire sortir la poudre, à cause que les parties du chyle se meuvent déjà d'elles-mêmes, ce que ne font pas les parties de la poudre; mais la comparaison de ce crible me semble fort propre pour faire entendre les diverses séparations du sang qui se font dans le réservoir de la bile, dans les reins, et autres endroits (d'où j'excepte la rate, à cause que je ne crois pas que l'humeur mélancolique y vienne par séparation, mais plutôt que le sang y prend cette qualité); car on fait des cribles par où il ne passe que la poussière et les grains ronds, d'autres par où l'avoine peut passer et non le seigle, d'autres au contraire par où le seigle passe et non l'avoine, etc., selon la grandeur ou figure de leurs trous : à l'exemple de quoi je m'imagine que les petits passages par où la bile entre en son réservoir sont faits d'autre figure que ceux par où passe la sérosité dans les reins, etc.; et pour le pus, quand il s'en remarque dans l'urine, il ne vient ordinairement que des reins ou de plus bas, et s'il vient jamais de plus haut, on peut connoître de cela même qu'il est composé de parties plus pénétrantes que celles qui rendent le sang rouge, vu qu'elles passent par un lieu par où celles-ci ne peuvent passer : car quelle faculté pourroit-on imaginer qui eût la force d'empêcher le sang de couler par des ouvertures qui seroient assez grandes pour le recevoir? Je suis, etc.

AU R. P. MERSENNE[1].

(Lettre 41 du tome II.)

Mon révérend père,

Je pris mon temps si court pour vous écrire il y a huit jours, que je n'eus pas le loisir de répondre à tous les points de votre dernière, et j'en demeurai au neuvième, où vous parlez des plis de la mémoire, lesquels je ne crois point devoir être en fort grand nombre pour servir à toutes les choses dont nous nous pouvons souvenir, à cause qu'un même pli sert à toutes les choses qui se ressemblent, et qu'outre la mémoire corporelle dont les images peuvent être représentées par ces plis du cerveau, je trouve qu'il y a encore en notre entendement une autre sorte de mémoire qui ne dépend point des organes du corps, et qui ne se trouve point dans les bêtes, et c'est d'elle particulièrement que nous nous servons.

[1] « Cette lettre est la 32ᵉ des manuscrits de Lahire, fixement datée de Leyde le 6 août 1640. »

[1] Pour le flux de la mer, quoiqu'il dépende entièrement de la suite de mon Monde, et que je ne le puisse bien expliquer séparément, toutefois à cause que je ne vous puis rien refuser, je tâcherai d'en dire ici grossièrement quelque chose. Soit T la terre, EFGH l'eau qui est au-dessus de cette terre, L[2] la lune, ABCD le ciel, que je conçois comme une liqueur qui tourne continuellement autour de la terre, en sorte qu'il n'y a rien du tout qui la soutienne au lieu où elle est, que le mouvement circulaire de cette liqueur, lequel la retiendroit toujours exactement dans le centre de ce ciel, si la lune ne l'empêchoit point : car la même matière qui passe vers B, passant aussi vers C et vers D, auroit besoin d'autant d'espace d'un côté de la terre que de l'autre, et ainsi la presseroit également de tous côtés. Mais si la lune se trouvant dans le ciel vers sa superficie, par exemple au point L, et ne tournant pas si vite que lui, elle est cause que la matière du ciel presse un peu davantage la terre vers E que vers F ni vers H, au moyen de quoi cette terre sort quelque peu du centre du ciel et s'approche vers N, ce qui fait que l'eau qui est vers G est aussi un peu plus pressée et abaissée que celle qui est vers F ou H. Or à

---

[1] « Avant cet alinéa, placer celui de la lettre précédente, qui commence par : *C'est un abus...* »

[2] Figure 3o.

cause que la terre tourne en vingt-quatre heures autour de son centre, le même endroit de cette terre qui est maintenant au point E où il y a basse marée, sera dans six heures au point F où il y a haute marée, et dans douze heures au point G où il y a derechef basse marée; et de plus à cause que la lune fait aussi le même tour presque en trente jours, il faut ajouter environ deux cinquièmes parties d'une heure à chaque marée, en sorte qu'elle emploie environ douze heures et vingt-quatre minutes à monter et à descendre en chaque lieu.

Outre cela, je trouve que le ciel LMNO n'est pas exactement rond, mais un peu en ovale, et que la lune étant pleine ou nouvelle, se trouve dans le plus petit diamètre de cet ovale, ce qui est cause que les marées sont plus grandes alors qu'aux autres temps. Au reste je ne serois pas bien aise que ceci fût publié ni su de plusieurs, à cause que c'est une partie de mon Monde, et que si jamais il voit le jour, il est bon que la grâce de la nouveauté s'y trouve encore [1].

Je ne sais quelle réponse [2] je fis dernièrement au billet de messieurs vos médecins; car je la fis si à la hâte, que je n'eus pas le temps de la revoir; mais vous m'obligerez, s'il vous plaît, lorsque vous

---

[1] « La suite de cette lettre est à l'alinéa de la précédente : *Pour l'aimant qu'on a vu en Angleterre...* »

[2] « C'est la 78ᵉ des manuscrits de Lahire. »

m'enverrez ainsi quelque écrit, de m'apprendre plus particulièrement quelles personnes ce sont et leurs noms, afin que je sache mieux de quelle façon je me dois comporter en leur répondant [1]. Et

[1] La suite de cette lettre est dans la 2ᵉ page de la 32ᵉ des manuscrits de M. de la Hire, dont voici le commencement :

« Et quoique c'en soit, je saurai toujours bon gré à ceux qui s'adres-
» seront à moi pour avoir éclaircissement de ce que j'ai écrit, et je tâche-
» rai de les satisfaire. Mais pour ceux qui tâchent de persuader à leurs
» auditeurs que j'ai écrit des choses qu'ils savent bien que je n'ai jamais
» écrites, et après les réfutent comme miennes, je tâcherai de faire que
» leur mauvaise volonté ne soit ignorée de personne.

» Le papier que vous trouverez avec cette lettre contient le sujet d'une
» gageure, dont M. Rivet vous avoit écrit, et c'est Golius qui m'a prié
» de vous l'envoyer, sur ce qu'il a eu avis que ce badin qui a perdu fait
» transcrire quelque écrit en françois pour le faire imprimer et en deman-
» der le jugement des mathématiciens de Paris. Et pourcequ'il est extrê-
» mement menteur et impudent, il y mettra sans doute tout autre chose
» que ce dont il est question ; car c'est sa façon ordinaire ; et il a toujours
» bien su que son fait ne valoit rien. Même peut-être qu'il y mettra la
» règle donnée par son adversaire ou, quelque autre trouvée à son imita-
» tion, à la place de la sienne, afin que s'il peut seulement tirer de
» quelques uns cette confession, que la règle qu'il leur aura envoyée
» est bonne, il s'en puisse ici prévaloir pour faire croire que les profes-
» seurs de Leyde ont mal jugé. C'est pourquoi je vous envoie ici sa sotte
» règle tout du long sans qu'on en ait omis ou changé un seul mot, et pour
» laquelle seule a été toute la gageure ; et je vous envoie aussi celle de sa
» partie, tant afin qu'on voie s'il ne s'en sera point servi pour corriger
» la sienne, comme aussi à cause que l'invention en est nouvelle et qu'il
» ne se trouve point de conte pour même sujet dans aucun livre,
» bien que plusieurs aient tâché d'en donner. Je vous prie donc, si vous
» apprenez que ce badin ait envoyé quelque écrit aux mathématiciens
» de votre connoissance de leur faire voir aussi ce papier pour les dé-
» tromper. Mais si vous n'en apprenez rien, je ne crois pas qu'il soit

pour l'auteur de ce billet, je crois lui avoir de l'obligation de ce qu'il s'adresse à moi pour avoir éclaircissement de ce que j'ai écrit ; car cette procédure est bien plus honnête et plus juste que celle de N., qui a tâché de persuader à ses auditeurs que j'ai écrit des choses auxquelles je n'ai jamais pensé, afin de les pouvoir réfuter. Je suis, etc.

AU R. P. MERSENNE.

(Lettre 7 du tome III.)

Mon révérend père,

Je vous suis très obligé et à M. Mydorge des peines qu'il vous a plu prendre pour moi, et des soins que vous avez de ce qui me touche; mais je vous dirai que pour ce qui est de ma lettre au R. P. recteur des jésuites, vous avez eu des considérations entièrement contraires aux miennes: car les mêmes pour lesquelles il semble que vous avez trouvé bon qu'elle ne lui fût point donnée, sont

« besoin de leur montrer. Je suis, mon R. P., votre très humble et « affectionné serviteur, Descartes. De Leyde, ce 16 août 1640. »

* « Cette lettre est la 34ᵉ des manuscrits de Lahire, et fixement datée du 30 août 1640. » — Il y a beaucoup de petites variantes que je néglige.

* « Martigny. »

cause que j'ai regret qu'il ne l'a pas reçue, et que je vous supplie très humblement derechef de la lui vouloir donner ou faire donner par qui il vous plaira, puisqu'elle est entre vos mains. Je vous écris une lettre latine que je joins avec celle-ci [1], et que je serois aussi bien aise qu'il voie, afin qu'il ne puisse ignorer les raisons pour lesquelles je lui ai écrit; ou bien, s'il ne les veut pas entendre, qu'au moins je les puisse faire entendre ci-après au public et à la postérité : car enfin ayant reconnu, tant par l'action du père B.[2] que par celles de plusieurs autres, qu'il y en a quantité parmi eux qui parlent de moi désavantageusement, et que n'ayant point moyen de me nuire par la force de leurs raisons, ils pourroient peut-être le faire par le grand nombre de leurs voix; je ne me veux point adresser à aucun d'eux en particulier, ce qui me seroit un travail infini et impossible; mais j'espère que je serai assez fort pour leur résister à tous ensemble; et mon dessein est de les obliger, ou à me proposer une bonne fois toutes les raisons qu'ils peuvent avoir contre ce que j'ai écrit, auxquelles j'espère de pouvoir aisément satisfaire, et d'autoriser la vérité par mes réponses, et de finir bientôt avec eux par ce moyen; ou bien de me le refuser, ce qu'ils ne peuvent sans faire connoitre qu'ils n'ont rien de bon à contre-

---

[1] « La suivante : la douceur étudiée du style en fait foi. »
[2] « Bourdin. »

dire; et après ce refus, si aucun d'eux parle contre moi en mon absence, on aura sujet de ne le pas croire, et enfin je tâche à les traiter avec tant de respect et de soumission, qu'ils ne peuvent témoigner aucune haine ou mépris contre moi, que cela ne leur tourne à blâme et ne soit à leur confusion. Et je vous dirai qu'il m'importe fort peu qu'ils refusent de recevoir ma lettre, ou qu'ils la reçoivent sans me répondre, ou même qu'ils me répondent avec aigreur ou mépris, ou enfin qu'ils fassent tout le pis qui se puisse imaginer, pourvu seulement que je le sache et que ma lettre leur ait été présentée. Mais il m'importe beaucoup qu'elle leur soit présentée, et que je sache ce qu'ils auront fait, à cause que j'aurois quelque tort de m'adresser à eux par écrits imprimés, avant que de l'avoir fait par lettres particulières, et je prévois qu'il me faudra dans quelque temps en venir là. Vous ne m'avez point mandé si c'est le père B. qui vous avoit donné lui-même sa vélitation pour me l'envoyer, et par quelle occasion vous l'avez eue, ce que je suis curieux de savoir, à cause que n'y ayant rien du tout dedans en quoi il ne me semble qu'il a fait voir ou sa méprise ou son ignorance, qui sont deux choses que je ne puis croire de lui, j'admire qu'il ait bien voulu que je la visse.

Je ne juge pas que votre expérience d'un vaisseau de plomb plein d'eau pour la condenser puisse servir, à cause que la force de l'eau condensée peut étendre le plomb. Pour ce qui est de condenser l'air le plus qu'on pourra dans quelque vaisseau, et après le peser, je crois que l'expérience en seroit utile, afin de savoir le poids de l'air, au moins s'il se trouve sensible en cette façon; et pour savoir la quantité de l'air qu'on auroit pesé, il ne faudroit que le faire entrer dans une vessie toute vide, lorsqu'il sortira du vaisseau où il auroit été condensé, et peser derechef ce vaisseau après que cet air en seroit sorti. Pour l'instrument du maître des mines où il y a des aimants pour tous les métaux, je ne le puis croire jusqu'à ce que vous l'ayez vu. J'ai bien ouï dire qu'ils usent de certaines verges pour connoître les lieux où il y a des mines sous terre; mais je crois qu'il y a en cela plus de superstition ou de tromperie que de vérité.

Le principe que j'ai supposé dans ma Dioptrique qu'il semble que les cavillations du P. B. vous aient empêché de remarquer, est que la force du mouvement n'est point du tout changée ni diminuée par la réflexion, d'où il suit qu'à la détermination de haut en bas, il en doit nécessairement succéder une autre de bas en haut; et ainsi la balle ne peut couler le long de la superficie qu'elle rencontre, si ce n'est lorsque cette superficie est si molle qu'elle diminue beaucoup son mouvement; mais ce n'est pas de ces superficies qu'il est là question, car la réflexion ne s'y fait pas à angles égaux.

On peut bien faire une machine qui se soutienne en l'air comme un oiseau, *metaphysice loquendo* : car les oiseaux mêmes, au moins selon moi, sont de telles machines; mais non pas *physice* ou *moraliter loquendo*, pourcequ'il y faudroit des ressorts trop subtils et tout ensemble trop forts pour être fabriqués par des hommes.

Vous n'avez pas bien pris ce que je désirois être expérimenté pour le jet des eaux, ou plutôt je ne me suis pas assez fait entendre; car ma difficulté est, si ayant un tuyau HAK[1], partout également large, excepté seulement en un endroit où il soit bouché de quelque corps, comme B, qui remplisse justement toute la capacité du tuyau et qui ait seulement un trou au milieu par lequel l'eau puisse passer; à savoir, dis-je, si lorsque ce bouchon B sera mis à l'endroit du tuyau marqué A, il n'empêchera pas moins l'eau de couler que s'il est mis à l'endroit marqué K.

Je vous ai déjà écrit plusieurs fois que je ne crois point que la vitesse des corps qui descendent s'augmente toujours *in ratione duplicata temporum*, mais qu'elle peut bien s'augmenter à peu près en cette sorte, au commencement qu'ils descendent, bien qu'il s'en faille beaucoup que cela ne continue;

[1] Figure 31.

car après qu'ils ont acquis une certaine vitesse, elle ne s'augmente plus, et ce que vous dites des gouttes de pluie le confirme.

Vous demandez pourquoi la colonne d'eau qui est dans le tuyau AB[1] pèse toute sur ma main quand je la tiens au-dessous, et pourquoi la colonne d'air qui est depuis B jusques au ciel n'y pèse point en même façon : ce qui vient de ce que si ma main est ôtée du point A, cette colonne d'air ne descendra point pour cela, mais si fera bien celle de l'eau. Car il faut savoir, 1° qu'il n'y a rien qui pèse que ce qui peut descendre, lorsque le corps sur lequel il pèse est ôté ; et 2° que n'y ayant point de vide lorsqu'un corps descend en la place d'un autre, celui-ci doit entrer en la place d'un autre, et ainsi de suite jusques à ce que le dernier entre circulairement en la place du premier : comme l'eau qui est vers A descendant vers C, l'air qui est vers C doit monter vers D, et celui-ci doit monter vers E, et enfin celui-ci vers B en la place de l'eau qui descend, de façon que toute la colonne d'air qui est au-dessus de B jusques au ciel ne se meut aucunement, et par conséquent aussi ne pèse point. Et de ceci on peut entendre une partie de ce qui est au commencement de votre seconde lettre du 19 août ; mais je ne réponds point à ce que vous

[1] Figure 32.

me demandez d'Archimède, à cause que je n'ai pas le livre.

Il est certain qu'un poisson qui nage dans un vaisseau plein d'eau qui est dans l'un des plats d'une balance ne le peut rendre plus pesant ou plus léger, encore qu'il aille au fond ou qu'il se soutienne à moitié hors de l'eau. Et je crois que tous les poissons vifs sont à peu près aussi pesants que l'eau, et que lorsqu'ils dorment il n'y a que leur pesanteur naturelle qui les soutienne, ou au-dessus ou au-dessous de l'eau, selon qu'ils sont plus pesants ou plus légers qu'elle.

J'admire ceux qui disent que ce que j'ai écrit ne sont que *centones Democriti*, et je voudrois bien qu'ils m'apprissent d'où j'ai emprunté ces *centones*, et si on a jamais vu quelques écrits où Démocrite ait expliqué comme moi le sel, la neige hexagone, l'arc-en-ciel, etc. Ces gens montrent leur mauvaise volonté et leur impuissance en disant des choses si hors d'apparence, aussi bien que ceux qui s'offensent de ce que j'ai dit que les vœux sont pour remédier à la foiblesse humaine ; car, outre que j'ai très expressément excepté en mon discours tout ce qui touche la religion, je voudrois qu'ils m'apprissent à quoi les vœux seroient bons si les hommes étoient immuables et sans foiblesse. Et bien que ce soit une vertu que de se confesser aussi bien que de faire des vœux de religieux, si est-ce que cette vertu n'auroit jamais de lieu si les hommes ne péchoient point.

Il est certain que la figure empêche beaucoup la vitesse des corps pesants, bien qu'elle n'empêche pas toujours le mouvement; par exemple, une lame un peu plus légère que l'eau viendra au-dessus peu à peu, au lieu qu'une boule de même matière y montera plus vite. Mais ce qui fait que les aiguilles ou autres tels corps nagent sur l'eau, c'est que la superficie de cette eau est plus difficile à diviser que le dedans, et qu'ils l'enfoncent un peu comme j'ai écrit dans mes Météores. J'ai fait demander aux Elzévirs les écrits de Viete que vous leur avez donnés; ils ont répondu qu'ils ne les pouvoient rendre, à cause qu'ils en avoient déjà fait faire les figures et qu'ils avoient dessein de les imprimer, mais qu'ils ne pouvoient dire quand ils commenceroient, et qu'un d'eux iroit bientôt à Paris, qui vous en parleroit. Je suis, etc.

AU R. P. MERSENNE.

(Lettre 9 du tome III. Version.)

Mon révérend père,

Puisque les lettres que j'avois écrites au révérend père recteur du collége de Clermont ne lui ont pas encore été rendues, mais qu'elles ont été laissées entre les mains de votre révérence par M. Mydorge[1], dans la pensée peut-être qu'il avoit d'aller aux champs, il est important que je vous fasse savoir ici le dessein que j'ai eu en les écrivant; car j'estime que ce qui a empêché ce prudent et fidèle ami à qui je les avois envoyées de les rendre à leur adresse, a été la crainte qu'il a eue que tous les pères de cette société ne se soulevassent contre moi, et que je ne fusse pas assez fort pour soutenir le choc de tant d'adversaires; mais tant s'en faut que j'aie sujet de rien appréhender de ce côté-là, qu'au contraire je ne désire rien tant que de m'acquérir par là leur bienveillance, et j'ai même sujet de l'espérer : car autant que je les ai pu connoître, il m'a toujours semblé qu'ils sont bien aises d'avoir affaire avec des

« Martigny »

personnes d'un esprit docile, et que jamais ils ne
refusent de leur faire part de ce qu'ils savent. Or
dans la lettre que j'ai écrite au R. P. recteur, je
ne témoigne rien tant que le grand désir que j'ai
d'apprendre, et même d'apprendre d'eux plutôt que
d'aucun autre, parceque'ils ont été autrefois mes
maîtres, et que comme tels je les aime et les respecte
encore. Et je n'appréhende pas qu'ils croient que
j'use ici de dissimulation, parceque j'ai toujours
témoigné par ma façon de vivre que j'avois un respect et une vénération toute particulière pour eux,
et que je n'avois rien tant à cœur que de m'instruire. Je ne crains pas aussi qu'ils me blâment
de ce que j'ai plutôt adressé ma lettre au R. P.
recteur qu'à l'auteur de ces thèses qui m'ont donné
occasion de leur écrire; car premièrement je ne le
connoissois point, et pour dire la vérité je ne savois
point qu'il fût rempli du zèle qu'on dit qu'il a pour
la charité chrétienne. Car j'ai prié en termes si exprès dans mon discours de la Méthode tous ceux
qui trouveroient quelques erreurs à reprendre dans
mes écrits de me faire la faveur de me les montrer,
et j'ai, ce me semble, témoigné si ouvertement qu'on
me trouveroit toujours prêt de les corriger, que
je n'ai pas cru qu'il y en eût aucun qui fît profession d'une vie religieuse qui aimât mieux en mon absence me condamner d'erreur devant les autres que
de me les montrer à moi-même, de la charité du-

quel il ne me fût au moins permis de douter. Et je ne pense pas que pour cela les autres pères de la société se puissent fâcher contre moi, car je ne me suis plaint de lui en aucune façon dans mes lettres; et tout le monde sait qu'il n'y eut jamais de corps si sain qui n'eût quelquefois quelque partie un peu malade. Enfin j'ai toujours espéré que je recevrois des objections en bien plus grand nombre, de bien plus fortes et bien plus solides, de toute sa compagnie que de lui seul; et je ne pense pas qu'ils blâment en cela le désir que j'ai d'apprendre le plus de choses et les meilleures qu'il m'est possible. Je ne crains pas aussi que peut-être ils ne trouvent rien dans mes écrits qu'ils puissent solidement réfuter, et que pour cela ils me veuillent du mal, comme si je les avois invité à entreprendre une chose dont je croirois qu'ils ne pourroient jamais venir à bout : car je n'ose pas tant me promettre de mes inventions, que de croire qu'elles soient exemptes de faute; et même quand cela seroit, tant s'en faut que je crusse mériter pour cela la colère ou la haine de personnes si religieuses et si dévouées à la défense de la vérité, qu'au contraire je croirois plutôt avoir mérité par là leur amitié et bienveillance. C'est pourquoi je ne vois rien qui puisse empêcher que ces lettres ne soient rendues au révérend père recteur. Et même depuis qu'elles sont écrites, il n'est rien survenu de nouveau qui me donne aujourd'hui moins de sujet qu'auparavant de souhaiter qu'elles lui soient rendues; au contraire, depuis que j'ai su que cette belle vélitation à laquelle j'ai répondu venoit du même auteur que les thèses, et que j'ai ici un témoin auriculaire et oculaire, qui m'a dit avoir été présent quand elle fut récitée en pleine assemblée d'un ton déclamatoire, et que là, sous la personne d'un anonyme, mais que tout le monde presque connoissoit, j'y fus un peu mal mené; et qu'on y proposa plusieurs choses pour miennes, que je n'ai pourtant jamais écrites, qu'on disoit être des monstres d'opinions; depuis, dis-je, que par là j'ai surpris l'auteur de ces thèses dans une cavillation très manifeste, et tout-à-fait inexcusable, pour ne rien dire de plus, si je n'avois déjà envoyé mes premières lettres, je croirois qu'il seroit de mon devoir d'en écrire de nouvelles, pour avertir ses supérieurs d'un procédé qui, selon mon jugement, est peu digne d'une telle société. Car il n'y a personne qui puisse connoître mieux que moi ce qu'il m'a attribué à faux; et il est de leur intérêt de savoir les mauvais moyens qu'il a tenus pour obscurcir la vérité et pour attaquer la réputation d'un homme qui n'a jamais désobligé ni lui ni les siens en quoi que ce soit. Et pour ce qui est de la réponse que j'ai reçue naguère comme de leur part, à savoir que ces thèses ont été faites par le P. B. seul, sans l'avis d'aucun de leurs pères, mais qu'il n'avoit eu en cela aucun dessein de m'offenser, et enfin que dans six mois il pourroit écrire quelque chose qu'il ne mettroit point au jour que je ne l'eusse vue, c'est cela même qui fait que je désire davantage qu'on fasse tenir au R. P. recteur les lettres que je lui ai ci-devant écrites, parcequ'il verra par là qu'il n'est point question de tout cela. Car je ne me suis point informé si le Père B. avoit communiqué son dessein aux autres, pourceque je n'ai point cru que cela fît rien à l'affaire; et après avoir vu sa vélitation, je croyois leur faire grand tort si j'en avois le moindre soupçon; mais seulement j'ai pris de là occasion de les inviter tous le plus civilement que j'ai pu à examiner mes écrits. Je ne me suis point aussi informé s'il avoit eu dessein de m'offenser; car je ne suis nullement de ceux qui s'offensent de ce qu'on réfute leurs opinions; au contraire je me tiendrai toujours très obligé à ceux qui tout de bon et sans chicaner entreprendront de les impugner; et si quelqu'un me faisoit la faveur de me montrer quelque chose en quoi je me fusse trompé, il ne pourroit m'obliger davantage. Et même ceux qui tâcheront par leurs sophismes et cavillations de combattre mes opinions pourront s'assurer que si je ne fais pas grand compte d'eux, au moins je ne m'en tiendrai point offensé, car par là ils en confirmeront la vérité; et plus ils feront paroitre d'envie, plus j'aurai sujet de croire qu'ils m'estiment ou qu'ils me craignent. Et enfin je ne me mettrois pas fort en peine de voir l'écrit du P. B. si c'étoit de lui seul qu'il dût venir; car, je le dis hardiment, après avoir vu sa vélitation, où il paroît manifestement qu'il n'a eu aucun soin de rechercher la vérité, mais où il est très constant qu'il m'attribue des opinions que je n'ai jamais pensées ni écrites, je pense avoir droit de ne pas beaucoup estimer tout ce qui ne viendra que de lui seul, et de le juger indigne qu'on le lise et qu'on y réponde. Mais après que le révérend père recteur aura reçu mes lettres, j'attendrai avec impatience, et verrai même avec plaisir et estime, tout ce que non seulement le révérend père B. mais aussi les autres pères de sa société écriront contre mes opinions; car pour lors je serai assuré que, quoique ce soit, et quelque nom qu'un tel écrit porte, ce ne sera pas l'ouvrage d'un seul, mais qu'il aura été composé, examiné et corrigé par plusieurs des plus doctes et des plus sages de sa compagnie; et par conséquent qu'il ne contiendra aucunes cavillations, aucuns sophismes, aucunes invectives, ni aucun discours inutile, mais seulement de bonnes et solides raisons; et qu'on n'y aura omis pas un des arguments qu'on peut légitimement apporter contre moi; en sorte que par ce seul écrit j'aurai sujet d'espérer de pouvoir être délivré de toutes mes erreurs; et même si dans le grand nombre des choses que j'ai écrites et expliquées il y en avoit quelqu'une qui ne s'y trouvât point réfutée, j'aurai lieu de croire qu'elle ne le peut être par personne, et partant qu'elle est entièrement vraie et indubitable, car les choses que j'ai écrites sont telles, que n'étant appuyées que sur des raisons mathématiques ou sur des expériences certaines, elles ne peuvent rien contenir de faux, qu'il ne soit très facile à des personnes si pleines d'esprit et si savantes de le réfuter par une démonstration très évidente; et ils ne négligeront pas, comme j'espère, de les examiner, quoique je les aie prouvées par des raisons mathématiques, et que faisant distinction entre la mathématique et la philosophie, ils fassent une plus ouverte profession de celle-ci que de l'autre; car j'ai traité de plusieurs choses qu'on n'a coutume de traiter qu'en philosophie, comme entre autres de tous les météores; et je pense qu'on ne sauroit rien souhaiter de plus en une matière de philosophie que d'en pouvoir donner une démonstration mathématique. Or, encore que je me sois peut-être trompé en beaucoup de choses, je ne pense pas toutefois m'être trompé en tout. Je ne me moque point, mes ennemis mêmes avouent tous d'un commun accord que je ne suis pas tout-à-fait ignorant dans les mathématiques, quoique dans les autres choses ils tâchent autant qu'ils peuvent de décrier ce que mes amis disent de moi. Mais si toute ma mathématique ne m'a point trompé, et si par son moyen j'ai seulement découvert la vérité dans une ou deux questions de philosophie, je puis prétendre quelque part aux bonnes grâces de ces révérends pères qui emploient une bonne partie de leur temps à une si utile recherche. Et encore qu'il n'y en eût aucune où je ne me fusse trompé, ils ne pourront toutefois s'empêcher de me vouloir du bien et de louer mon entreprise, qui ne tend qu'à rechercher la vérité avec candeur, et à satisfaire au désir que j'ai de m'instruire sans opiniâtreté. Enfin, puisque ma réponse à la vélitation du révérend père B. lui a été non seulement montrée, mais aussi au révérend père Phelippeaux, les autres pères de la société ne peuvent pas maintenant ignorer ce qu'elle contient; et je me souviens que j'y ai fait mention des lettres que j'avois écrites au révérend père recteur, en sorte qu'il peut avoir sujet de s'étonner de ne les avoir point encore reçues, et même aussi de l'interpréter à mal, à cause que j'ai répondu assez librement à cette vélitation, ne me doutant point qu'elle vînt d'aucun des pères de cette société. Et certes on ne m'a point en cela fait de plaisir de leur avoir montré une réponse qui ne sauroit leur être fort agréable, et de ne leur avoir pas montré mes lettres par lesquelles je tâchois de me concilier leur bienveillance. C'est pourquoi je prie très instamment votre révérence de faire rendre au plus tôt ces lettres au révérend père recteur, ou même, si elle n'y a point de répugnance, de prendre elle-même la peine de les lui porter, et en même temps aussi de lui faire voir la présente, afin qu'il connoisse d'autant mieux ce qui m'a porté à lui écrire, et combien j'ai de respect et de soumission pour toute sa société.

AU R. P. BOURDIN, JÉSUITE [1].

(Lettre 16 du tome III. Version.)

Mon révérend père,

Je ne reçus vos dernières, datées du septième août, qu'avant-hier, qui étoit le sixième septembre. Et il y a trois semaines que je fis réponse à vos précédentes, qui m'avoient aussi été rendues plus tard qu'elles ne devoient, eu égard à la distance des lieux. Et je m'étonne fort que vous n'ayez point fait de difficulté d'impugner, et même de condamner comme fausse et ridicule, une doctrine que vous dites vous avoir semblé douteuse, vu

[1] « Datée fixement le 7 septembre. Voyez la 82ᵉ lettre des manuscrits de Lahire. »

que vous me reprenez d'avoir réfuté un écrit que je n'ai point douté être absolument faux. Et il importe fort peu que cet écrit fût achevé, ou seulement commencé; car n'ai-je pas trouvé dans le commencement assez d'arguments pour pouvoir hardiment le condamner de fausseté; et vous, n'avouez-vous pas que dans le mien, qui étoit complet, vous n'en avez pu trouver assez que pour vous faire douter de sa doctrine. J'omets le reste du contenu de votre lettre, pourceque j'y ai déjà assez répondu dans mes précédentes. Mais j'ai une prière à vous faire, qui est que comme j'ai fait imprimer votre écrit, avec les notes que j'ai faites dessus, tel que je l'avois reçu, sans y changer une seule lettre, de même aussi, s'il vous prend envie d'écrire quelque chose contre mes remarques, je vous prie de ne les point proposer estropiées et imparfaites, mais de les faire voir tout entières, et telles qu'elles sont, avec la lettre que j'y ai jointe. Ajoutez-y aussi, si bon vous semble, toutes vos autres questions; mais si vous en ajoutez quelqu'une, gardez-vous bien d'oublier celle où vous devez parler de l'existence de Dieu. Vous savez combien les athées et les libertins sont malicieux et médisants; et si après avoir rejeté mes arguments, vous n'en apportez point de meilleurs, sans doute qu'ils diront que vous n'en avez point; et peut-être même (ce qu'à Dieu ne plaise) qu'ils rejetteront cet opprobre sur tout le corps de votre société. Enfin, vous ne devez point craindre que de mon côté je tâche à faire en sorte qu'on vous empêche d'achever et de publier les écrits que vous voulez faire contre moi; car, au contraire, si vous me voulez croire, je vous conseille plutôt de le faire, que de vous amuser plus long-temps à écrire des lettres; car cela pourroit donner occasion à ceux qui vous voudroient du mal de croire que vous cherchez à reculer, et à ruser, n'étant pas assez fort pour en venir à un combat ouvert. Je n'appréhende point aussi l'aigreur du style, ni la multitude ou la renommée de mes adversaires. Il y a long-temps que j'ai tâché de faire en sorte qu'on ne pût rien dire de moi de véritable que je ne voulusse bien entendre. Mais si quelques uns usent de calomnies, j'espère qu'il me sera facile de découvrir leurs finesses, et ils ne le pourront faire sans s'exposer au mépris et à la risée de toutes les personnes sages, et même plus le nombre de mes adversaires sera grand, et plus leur nom sera célèbre, d'autant plus aussi aurai-je sujet de me glorifier de la grandeur de leur envie. Mais pour ceux qui aiment la vérité, tels que sont sans doute tous les pères de votre société, je ne doute point qu'ils ne me soient tous amis. Et comme je fais une estime toute particulière de tous ceux qui excellent en piété ou en doctrine, aussi suis-je entièrement au service de ceux qui me font l'honneur de me mettre au rang de leurs amis.

AU R. P. MERSENNE[1].

(Lettre 42 du tome II.)

Mon révérend père,

Il y a environ quinze jours que je pensois vous envoyer les lettres qui précèdent; mais je fus inopinément hors la ville avant que de les avoir fermées, ce qui est cause qu'elles sont demeurées ici jusqu'à présent, et j'ai reçu depuis trois autres de vos lettres. Je vous remercie des bons avis que vous me donnez en la première touchant mon Traité de métaphysique, où je crois n'avoir presque rien omis de ce qui est nécessaire pour démontrer la vérité, laquelle étant une fois bien connue, toutes les objections particulières qu'on peut faire n'auront point de force. Je crois que M. de Zuytlichen se porte bien; il n'y a pas long-temps que j'ai eu de ses nouvelles de l'armée, où il est encore, et il me mandoit que vous lui aviez envoyé des thèses

---

[1] « Cette lettre est la 34ᵉ des manuscrits de Lahire, et fixement datée du 15 septembre 1640. »

du père Bourdin qu'il m'auroit envoyées, sinon qu'elles se trouvèrent égarées au temps qu'il m'écrivoit, ce qui me fait croire qu'il n'a point reçu les caractères des passions, ni aucun autre livre que vous lui ayez envoyé pour moi, car il me les auroit envoyés. Ils ont eu une mauvaise campagne cette année. Je ne réponds point ici à quelques questions que vous me faites touchant le jet des eaux et autres questions mécaniques, à cause qu'étant en des pensées très éloignées de celles-là, j'ai peur de m'y méprendre, et je dois faire moi-même quelques expériences pour en bien savoir la vérité. Toute la graine sensitive que vous nous avez envoyée n'a point levé, mais on en a reçu d'autre ici cet été, qui leva incontinent dans le jardin d'un homme de cette ville, où je l'ai vue, et je crois qu'elle y est encore. Il est certain que les missiles ne reçoivent point tout leur mouvement en un instant, mais que la main, ou l'arc, ou la poudre qui les pousse, augmente sa vitesse pendant certain espace de temps, et que pendant cela le missile reçoit cette même vitesse. Pour la matière subtile, je crois que c'est environ la même qui revient vers nous, après avoir fait le tour de la terre, non pas en vingt-quatre heures [1], mais en plus ou moins,

---

[1] « Heures, mais en quelque autre temps qui est fort difficile à déterminer, et ne consiste qu'en l'excès de ce que cette matière subtile se meut plus vite que la terre; car si elles tournoient, la terre et elle, d'égale

selon qu'elle va plus vite que la terre, qui est une chose fort difficile à déterminer. Pour l'aimant, ce ne peut être que la seule matière subtile qui lui donne ses qualités, et je ne les puis bien expliquer l'une sans l'autre, ni toutes dans une lettre. Il s'en faut beaucoup que les lunettes à puce puissent faire voir des pores ou tubérosités sur le verre, quoique non poli, car ces pores sont trop petits à comparaison de la force de ces lunettes, si ce n'est qu'elles fussent incomparablement plus parfaites que celles que nous avons, et la superficie du verre est toujours polie de soi-même, encore qu'elle ne l'ait pas été par l'art. Je n'ai point de hâte de voir le livre de géométrie qu'on vous a donné pour moi; car je ne perds pas le dessein de passer en France, et l'hiver ne m'en empêchera pas; mais ce ne sera pas encore de six semaines que je partirai. Je me soucie fort peu des efforts du père N., et je n'ai pas peur de ne pouvoir répondre à tout ce qu'il dira ou écrira contre moi : mais je vous prie que le père recteur reçoive la lettre que je lui ai écrite, et qu'il voie aussi celle que je vous envoie en latin avec celle-ci; et je serai aussi bien aise que plusieurs autres les voient, et sachent que le recteur les aura vues, ou refusé de voir, afin qu'il ne le puisse dissimuler [1].

vitesse, à savoir en vingt-quatre heures, la même matière subtile qui est maintenant sur la Hollande, y devroit toujours demeurer. »

[1] « Et puisque le nom de jésuite a servi au P. Bourdin pour autoriser des calomnies, je puis aussi m'adresser à eux pour m'en défendre. »

Il n'y a aucune comparaison entre une balle qui vient d'A' vers B, et un bâton AB poussé d'A vers B; car la balle étant toute en B, et ayant à continuer son mouvement, ne le peut faire sans remonter, comme vous pourrez voir en faisant AB perpendiculaire sur EC, car alors la balle ne va ni à droite ni à gauche, mais elle remonte seulement en haut, au lieu que le bâton qui est conduit de la main coule de B vers C, comme sur un plan incliné, et acquiert continuellement une nouvelle détermination à cela par la main qui le conduit. Mais si vous supposez qu'il soit jeté de la main contre EC, en sorte qu'elle ne lui touche plus lorsqu'il est en l'endroit AB, alors son extrémité B réfléchira vers D, bien que son extrémité A descende encore vers EC, au moyen de quoi il se détournera et prendra un mouvement composé de ces deux [*]. Pour les corps mous qui ne rejaillissent point, c'est tout une autre raison, et j'ai supposé seulement parler de ceux qui ne perdent rien du tout de leur force en rejaillissant.

Vous avez raison, contre Galilée, de dire que la figure des corps plus pesants que l'eau les peut

---

[1] Figure 33.

[*] *« Ce que j'entends lorsque AB est incliné sur EC; car si AB est perpendiculaire, alors il réfléchira en haut, ainsi qu'une balle; et s'il est conduit de la main, il s'arrêtera comme feroit aussi une balle qui seroit poussée de la main contre le point B. Pour les corps mous...*

empêcher de descendre, et votre exemple des métaux dissous en l'eau forte est sans réplique. Je ne doute point que le *caput mortuum* des chimistes ne se puisse tout résoudre en sel, en eau, en huile, et en matière plus subtile, en le digérant avec quelques dissolvants qui soient propres à cet effet. Pour la grandeur des étoiles, Lansbergius les fait incomparablement plus grandes que le soleil; mais pour moi je ne les juge qu'environ de la même grosseur; et je ne conçois qu'une seule cause en tout l'univers qui fait que la terre se meut en vingt-quatre heures autour de son centre, en un an autour du soleil, Jupiter en douze ans, Saturne en trente, et ainsi des autres selon leurs diverses situations; mais tout ceci ne se peut bien entendre que dans mon Monde, ni aussi toutes les difficultés qu'on peut avoir de la lumière. Je crois que la plus grande force d'une épée est, comme vous dites, entre son centre de gravité et sa pointe, et que l'endroit où elle est est d'autant plus proche de la pointe qu'on frappe avec plus de force, et d'autant plus proche du centre de gravité que le coup est plus foible. L'*Impetus* imprimé en une balle d'arquebuse n'est point différent de sa vitesse, et ainsi la raison pour prouver qu'elle va plus vite à trente pas qu'à deux ou trois me semble nulle, comme aussi je doute de l'effet. Il est certain que tout ce qu'on conçoit distinctement est possible; car la puissance de Dieu s'étend plus loin que notre esprit [1]. Je suis [2], etc.

AU R. P. MERSENNE [3].

(Lettre 43 du tome II.)

Mon révérend père,

Je ne vous eusse point encore écrit à ce voyage, sinon que je me suis avisé d'une chose dont je serai bien aise d'avoir votre avis et instruction. C'est que je m'étois ci-devant proposé de ne faire imprimer que vingt ou trente exemplaires de mon petit Traité de métaphysique, pour les envoyer à autant de théologiens, et leur en demander leur opinion ainsi que je vous avois mandé; mais pourceque je ne vois pas que je puisse faire cela sans qu'il soit vu de tous ceux qui seront curieux de le voir, soit qu'ils l'aient de quelques uns de ceux à qui je l'aurai envoyé, soit du libraire, qui ne manquera pas d'en faire imprimer plus d'exemplaires que je ne voudrai,

---

[1] « S'étend au moins aussi loin que notre pensée. »

[2] « 15 septembre 1640. »

[3] « Cette lettre est la 35ᵉ des manuscrits de Lahire, et fixement datée du 30 septembre 1640. »

il me semble que je ferai peut-être mieux d'en faire faire une impression publique du premier coup : car enfin je ne crains pas qu'il y ait rien qui puisse désagréer aux théologiens; mais j'eusse seulement désiré avoir l'approbation de plusieurs pour empêcher les cavillations des ignorants qui ont envie de contredire, et qui pourront être d'autant plus éloquents en cette matière qu'ils l'entendront moins, et qu'ils croiront qu'elle peut être moins entendue par le peuple, si ce n'est que l'autorité de plusieurs gens doctes les retiennent; et pour cela j'ai pensé que je ne ferois peut-être pas mal si je vous envoyois mon traité en manuscrit, et que vous le fissiez voir au R. P. Gibieuf, auquel je pourrois aussi écrire pour le prier de l'examiner, et je suis fort trompé s'il manque à me faire la faveur de l'approuver : puis vous le pourriez aussi faire voir à quelques autres selon que vous le jugeriez à propos ; et ainsi ayant l'approbation de trois ou quatre ou de plusieurs, on le feroit imprimer ; et je le dédierois, si vous le trouvez bon, à MM. de Sorbonne en général, afin de les prier d'être mes protecteurs en la cause de Dieu : car je vous dirai que les cavillations de quelques uns [1] m'ont fait résoudre à me munir dorénavant le plus que je pourrai de l'autorité d'autrui, puisque la vérité est si peu estimée étant seule. Je ne ferai point en-

---

[1] « Cavillations du P. Bourdin. »

core mon voyage pour cet hiver; car, puisque je dois recevoir les objections des PP. jésuites dans quatre ou cinq mois, je crois qu'il faut que je me tienne en posture pour les attendre; et cependant j'ai envie de relire un peu leur philosophie (ce que je n'ai pas fait depuis vingt ans), afin de voir si elle me semblera maintenant meilleure qu'elle ne faisoit autrefois : et pour cet effet je vous prie de me mander les noms des auteurs qui ont écrit des cours de philosophie, lesquels sont les plus suivis par eux, et s'ils en ont quelques nouveaux [1]; je ne me souviens plus que des conimbres [2]. Je voudrois savoir aussi s'il y en a quelqu'un qui ait fait un compendium de toute la philosophie de l'école et qui soit suivi, car cela m'épargneroit le temps de lire leurs gros livres. Il y avoit, ce me semble, un feuillant ou chartreux qui l'avoit fait, mais je ne me souviens plus de son nom. Au reste, si vous trouvez bon que je dédie mon Traité de métaphysique à la Sorbonne, je vous prie aussi de me mander comment il faudroit mettre au titre de la lettre dédicatoire.

Je viens à votre lettre du quinzième de ce mois, où la première difficulté est touchant la force de la troisième poulie, à laquelle je puis facilement répondre, à cause que je trouve que tous ont raison,

---

[1] « Depuis vingt ans. »
[2] « Toldius et Rubius. »

aussi bien ceux qui disent qu'elle quadruple la force de la première, que ceux qui disent qu'elle ne fait que la tripler; et la différence ne vient que de ce qu'ils la considèrent diversement, à savoir, ceux qui disent que la troisième poulie triple la force de la première, et que la quatrième la quadruple, la cinquième la quintuple, et ainsi à l'infini, entendent que ces poulies dépendent l'une de l'autre, comme elles font d'ordinaire, en sorte qu'il n'y a qu'une même corde qui passe par toutes: et lors il est bien clair que, comme la première poulie double la force, ainsi la troisième la sextuple, à cause que pour hausser, par exemple, d'un pied le poids A[1], par le moyen de la corde C, qui est passée au travers de trois poulies en B, et trois autres en D, il est évident qu'il faut tirer cette corde de la longueur de six pieds, vu qu'elle est pliée en six; mais les autres entendent, ou doivent entendre, qu'il y a une corde particulière pour chaque poulie, comme par exemple pour lever le poids H, la corde passée dans la poulie B est attachée par un bout à la muraille au point A, et par l'autre à une seconde poulie C, dans laquelle est passée une autre corde qui est attachée par un bout à la muraille au point D, et par l'autre à la troisième poulie E, dans laquelle passe derechef une troisième corde qui est attachée par un bout à la muraille F;

[1] Figure 34.

et en tirant le bout G, il est évident qu'il le faudra hausser de huit pieds pour faire que le poids H se hausse d'un pied, de façon que cette troisième poulie octuple la force simple sans poulie, et quadruple celle de la première poulie.

Quant aux règles pour tirer la racine cubique des binômes, il est certain que la première est très fausse et impertinente; mais pour la dernière je ne craindrai pas de vous dire que c'est moi-même qui l'ai faite, et que je ne crois pas qu'il y manque aucune chose, et même il est aisé de l'appliquer aux racines sursolides et autres à l'infini; et pourceque je voudrois bien mériter les bonnes grâces de M. Dounot, que j'ai connu de réputation il y a plus de vingt ans, ayant su dès lors qu'il étoit ami d'un de mes plus intimes, nommé M. le V.[1], que j'honore extrêmement[2], je tâcherai ici de l'expliquer. Premièrement il n'y a point de binômes dont la racine se puisse tirer telle que ce soit, sinon ceux qui, soit du premier coup, soit du moins après avoir été multipliés ou divisés par quelque nombre, ont l'une de leurs parties rationnelle, et dont l'autre partie est la racine carrée d'un nombre

---

[1] « Verrier. »

[2] « Extrêmement. *Il n'est besoin ici que de parler des binômes, dont une partie en nombre rationnel, et l'autre la racine d'un nombre rationnel, car il n'y a que ceux-là et ceux qui se peuvent rendre tels par le moyen de quelques multiplications dont on puisse tirer la racine. Ayant donc un tel binôme, il faut tirer la racine...* »

rationnel, si bien qu'il est seulement besoin de parler de ceux-ci : et il faut tirer la racine (notez que partout où je mets la racine sans dire carrée ou cubique, etc., il faut entendre celle qui est de même dénomination que celle qu'on cherche; et pour racine cubique j'écris v 3; pour racine sursolide, que d'autres nomment carré de cube, j'écris v 5, et ainsi des autres); il faut, dis-je, tirer la racine de la différence qui est entre les carrés de leurs parties si elle est rationnelle, ou, si elle ne l'est pas, il faut multiplier le binôme donné par cette différence si on cherche la v 3, ou par son carré si on cherche la v 5, ou par son cube si on cherche la v 7, et ainsi à l'infini ; et lors on aura un binôme dans lequel la racine de la différence qui est entre les carrés de ses parties sera rationnelle. Après cela il faut diviser cette racine de la différence par un nombre rationnel un peu plus grand que la racine de tout le binôme, mais qui ne l'excède pas d'un demi (ce nombre rationnel est toujours aisé à trouver par l'arithmétique); au quotient il faut ajouter ce même nombre rationnel lorsque la partie rationnelle du binôme donné est plus grande que l'irrationelle, ou l'en ôter quand elle est moindre, et le produit est un nombre rompu, duquel il faut rejeter la fraction qui est moindre que l'unité, et la moitié du nombre entier qui reste est la partie rationnelle de la racine : et de son carré ayant soustrait la racine de la différence susdite lorsque la partie rationnelle est la plus grande, ou lui ayant ajouté lorsqu'elle est la moindre, le produit est le carré de l'autre partie, au moins si la racine du binôme donné peut être exprimée par nombres, de quoi on peut toujours faire la preuve par la multiplication [1]; mais j'avois engagé cette preuve dans l'autre règle, afin d'y faire paroître un peu plus d'artifice: et la démonstration de tout ceci est bien claire; car la racine de la différence qui est entre les carrés des parties du binôme donné est toujours la différence des carrés des parties de la racine : puis, d'un côté, on sait que le double de la partie rationnelle de la racine doit être un nombre entier; et, de l'autre, que ce nombre entier ne peut être moindre d'une unité que le nombre rompu qu'on a trouvé [2], de façon qu'on le trouve nécessairement en rejetant la fraction.

Or, par cette règle, on peut aussi tirer la racine de 1C-6 n-40 : car par la règle de Cardan on trouve que cette racine est composée de la racine cubique de $20 + \sqrt{392}$, ajoutée à la racine cubique de son résidu $20 - \sqrt{392}$, de façon qu'ayant tiré ces deux ra-

---

[1] « Multiplication. *Car si on manque à produire ce binôme, il est certain qu'il n'a point de racine qu'on puisse exprimer: mais j'ai un peu déguisé cette preuve...* »

[2] « *D'où il suit qu'en rejetant la fraction, on doit avoir le double du nombre cherché.* »

cines cubiques qui sont $2 + \sqrt{2}$, et $2 \sqrt{2}$, et les ayant ajoutées l'une à l'autre, il vient 4. On le pourroit encore trouver d'autre façon; mais pourceque je ne me suis jamais arrêté à ces choses-là, il m'y faudroit penser pour vous l'écrire.

Il est certain que lorsqu'un tuyau est fort étroit, cela retarde la descente de l'eau, à cause que les parties ne se déjoignent pas volontiers les unes des autres, comme on voit de ce qu'elles tombent alors par gouttes et non par filets; c'est-à-dire qu'elles se rassemblent plusieurs ensemble contre le bas du tuyau, avant qu'aucune d'elles puisse tomber. Ce n'est pas merveille que la pesanteur relative d'un corps soit plus grande que l'absolue; car cette absolue demeure toujours une même, au lieu que la relative peut changer en une infinité de façons et croître à l'infini.

Ce qu'on vous a écrit de Blaye, que tout ce que nous concevons distinctement comme possible est possible, et nous concevons distinctement qu'il est possible que le monde ait été produit, donc il a été produit: c'est une raison que j'approuve entièrement; et il est certain qu'on ne sauroit concevoir distinctement que le soleil ni aucune autre chose [1] soit indépendante [2], si ce n'est qu'on y conçoive

---

[1] « Finie. »

[2] « Car l'indépendance, étant conçue distinctement, comprend en soi l'infinité. Et on se trompe... »

une puissance infinie laquelle n'est qu'en Dieu ; mais on se trompe bien fort de penser concevoir distinctement que chaque atome, ou même chaque partie de la matière est indifférente à occuper un plus grand ou un moindre espace : car [1] en la pensée distincte d'une partie de la matière, la quantité déterminée de l'espace qu'elle occupe doit nécessairement être comprise. Le principal but de ma Métaphysique n'est que d'expliquer les choses qu'on peut concevoir distinctement. Pour le flux et reflux, je m'assure que si vous aviez vu ce que je vous en ai écrit, avec le reste de la pièce dont il est tiré, vous n'en chercheriez point d'autre cause ; celle-là est trop évidente et se rapporte exactement à toutes les expériences : car le flux, qui se fait également en tout le corps de la mer, paroît diversement aux diverses côtes selon qu'elles sont diversement situées et disposées. Comme en la mer qui est ici le long de la Hollande, l'eau est beaucoup moins à monter qu'à descendre, ce qui vient de ce qu'elle se décharge par le Texel dans le Zuydersée et par la Zélande dans le Rhin : et le marscaret vient de ce que toute l'eau que le flux ap-

---

[1] « *Car, premièrement, pour un atome, il ne peut jamais être conçu distinctement, à cause que la seule signification du mot implique contradiction, à savoir d'être corps et d'être indivisible. Et pour une vraie partie de la matière, la quantité déterminée de l'espace qu'elle occupe est nécessairement comprise en la pensée distincte qu'on en puisse avoir. Le principal but de ma...* »

porte entre les côtes d'Espagne et de Bretagne, se va décharger ensemble vers la Dordogne, comme vous pouvez voir dans la carte; et ainsi, en connoissant bien particulièrement toutes les côtes, la raison particulière du flux qui s'y observe se peut aisément déduire de la générale que j'ai donnée.

Pour les objections de l'homme de Nismes, je juge, du peu que vous m'en écrivez, qu'elles ne doivent guères valoir; car de dire qu'on ne doit pas supposer que la balle n'ait ni pesanteur ni figure, etc., c'est montrer qu'il ne sait ce que c'est que science. On sait bien qu'une balle n'est pas sans pesanteur ni parfaitement dure, et que son mouvement diminue toujours, d'où il suit que jamais sa réflexion ne se fait à angles parfaitement égaux; mais c'est être ridicule que de ne vouloir pas qu'on examine ce qui arriveroit en cas qu'elle fût telle; et en l'action de la lumière je ne considère pas le mouvement, mais l'action, qui, étant instantanée, ne peut ainsi diminuer [1]. Je prévois que j'aurai assez de cavillations du père N. [2] en cette matière, c'est pourquoi je n'ai point envie d'en voir d'autres. Pour la grande quantité des odeurs qui s'exhalent des fleurs, elle ne vient que de l'extrême petitesse des parties qui les   . Je suis, etc.

---

[1] « *Et encore qu'elle diminueroit, il est certain que ce doit être de fort peu, vu qu'elle ne se perd pas toute en venant du soleil jusqu'à nous, et ainsi que cela ne doit point être considéré*. Je prévois...

[2] « Bourdin. »

A M. REGIUS[1].

(Lettre 82 du tome I. Version.)

Monsieur,

Je n'étois point ici lorsqu'on apporta votre lettre, et je ne fais que de la recevoir à mon retour. Les objections de M. Silvius ne me paroissent pas de grande importance, et elles prouvent qu'il n'est pas bien habile en mécanique. Je voudrois pourtant que votre réponse fût un peu plus douce. J'ai marqué avec un crayon à la marge les endroits qui me paroissent un peu durs. Je voudrois que vous ajoutassiez au premier point, *que, bien qu'il y ait peu de sang dans le corps, les veines en sont cependant remplies, parcequ'elles se resserrent et se proportionnent à sa mesure.* Vous avez bien dit la même chose; mais ce n'a été seulement qu'en passant, et je crois que cela n'est pas essentiel pour résoudre sa difficulté. Au second, je crois que le sang d'un homme qui meurt d'hydropisie se refroidit dans les plus petites de ses veines et qui sont les plus éloignées

[1] « Cette lettre sert de réponse à la 13ᵉ des manuscrits de Regius, datée du 7 octobre 1640; c'est pourquoi je la fixe au 15 octobre 1640. »

du cœur, et qu'étant figé, il empêche que de nouveau sang ne coule par la circulation des artères dans les veines, tandis cependant que le sang encore chaud dans la veine cave auprès du cœur tombe dans son ventricule droit, et qu'ainsi la veine cave s'est vidée. Au troisième, la pesanteur est à la vérité souvent une cause concomitante et adjutrice, mais elle n'est pas cause première; car, au contraire, la situation du corps étant renversée, et la pesanteur y résistant, le sang ne laisseroit pas, je ne dis pas de tomber dans le cœur, mais d'y couler ou d'y saillir, à cause de la circulation et de la contraction naturelle des vaisseaux. Au quatrième, où vous parlez de l'effervescence du sang, j'aimerois mieux que vous traitassiez de sa raréfaction; car il y a certaines choses qui bouillonnent davantage sans se raréfier si considérablement. Au cinquième, où il vous accuse de lui prêter une objection qu'il n'avoue pas, je répondrois que je ne lui prête rien; car lorsque vous avez dit, *et il n'est pas contraire à ces choses de dire que dans le mouvement de systole, les ventricules ne sont pas vides de tout corps*, c'est la même chose que si vous eussiez dit *qu'il suffit qu'ils soient vides au moins pour la plus grande partie;* que vous avez ensuite expliqué fort au long comment ils sont vides pour la plus grande partie, et que vous avez répondu à cette objection sans recourir à aucun faux-fuyant.

Enfin, à l'égard des oreillettes du cœur, il paroît que vous avez tort de les distinguer des extrémités de la veine cave et de l'artère veineuse; car ce ne sont autre chose que l'extension de cette ouverture, et vous leur attribuez aussi mal à propos une sorte de coction du sang par une ébullition particulière, etc. Adieu.

AU R. P. MERSENNE [1].

(Lettre 13 du tome III. Version.)

Mon révérend père,

J'ai vu la réponse des R. P. jésuites, que le R. P. Bourdin a pris la peine de m'écrire de leur part, et véritablement elle est telle que je pense leur en devoir de très grands remerciements. Ce que je prendrois moi-même plaisir de leur témoigner par mes lettres, n'étoit que je craindrois de passer dans leur esprit pour un importun, si je les sollicitois de nouveau à m'écrire sans sujet. Et d'autant que l'ancienne correspondance qui est entre nous me permet d'user de plus de familiarité avec vous qu'avec eux, je crois qu'il est plus à propos

---

[1] « Cette lettre est datée de Leyde, 28 octobre 1640. Voyez la 36ᵉ des manuscrits de Lahire. » Quelques variantes latines insignifiantes.

que je mette ici les choses que je suis bien aise qu'ils sachent que de leur écrire à eux-mêmes. Premièrement, que je me réjouis et que je les remercie de ce qu'ils ont usé de tant de civilité et m'ont témoigné tant de bienveillance dans leur réponse. Et quant à ce qu'ils ajoutent *qu'ils n'entreprennent et qu'ils n'entreprendront jamais aucun combat particulier contre mes opinions*, que je ne sais si je dois m'en réjouir ou m'en attrister; car s'il étoit vrai qu'ils ne s'en abstinssent que pour m'obliger, comme si j'étois de ceux qui ont de la peine à souffrir qu'on les contredise, je serois très fâché de n'avoir pu encore leur persuader que je ne souhaite rien tant que de m'instruire et de voir des personnes célèbres comme eux s'employer à réfuter mes opinions s'il s'en rencontre quelques unes de fausses, de peur que n'étant pas réfutées à temps, elles ne traînent après soi une suite d'erreurs. Que s'ils s'en abstiennent pour quelque autre raison, comme je n'en vois plus qu'une seule qu'ils puissent avoir, savoir est, pourcequ'ils ne trouvent rien dans mes écrits, ou du moins rien de considérable, qui puisse être repris de fausseté, j'ai grand sujet de m'en réjouir. Et à dire le vrai, il n'y a que la connoissance que j'ai de mon insuffisance qui m'empêche de croire que c'est ce qui les a retenus jusques à présent: car il n'est pas vraisemblable que, pour me favoriser et m'épargner en ceci, ils voulussent négliger le bien et l'utilité que la république des lettres tireroit de la réfutation de mes erreurs s'il y en a quelques unes dans mes écrits. Mais quoi qu'il en soit, puisque le révérend père Bourdin confesse lui-même dans sa lettre n'avoir ci-devant rien accordé à cette invitation solennelle que j'ai faite dans la page 75 du discours de la Méthode, que parcequ'il ne l'avoit pas encore lue, du moins j'espère que désormais toutes les fois que quelqu'un d'entre eux croira avoir trouvé quelque chose qui sera contraire à mes opinions, ils me feront la grâce de m'en donner la communication par son moyen, avant même que d'en avoir parlé à aucun de leurs jeunes disciples; non seulement parceque je suis aussi leur disciple et même plus ancien que pas un d'eux, mais aussi parceque, comme nous sommes tous hommes et par conséquent tous fautifs (ainsi que l'exemple du révérend père Bourdin le témoigne), s'il arrivoit par hasard que celui-là n'eût pas bien pris mon sens, il est bien plus juste de me prendre moi-même pour l'interprète de mes pensées que de dire aux autres quelque chose de contraire à la vérité. Et enfin parceque j'ai toujours eu beaucoup de respect et de déférence pour eux.

Pour ce qui est de la lettre françoise que vous m'avez en même temps envoyée, comme vous ayant été mise entre les mains par le révérend père Bourdin quelques semaines auparavant pour me la faire tenir, encore qu'il n'y ait ni adresse, ni nom, et qu'elle soit ouverte, toutefois parceque je vois que c'est celle dont il est fait mention dans cette lettre latine en ces termes : *Je n'ajouterai rien à ce que j'ai déjà fait savoir au révérend père, etc.*, et qu'elle est écrite de la main même du révérend père Bourdin, je pense être obligé d'y faire ici un mot de réponse. Et, pour y satisfaire, je veux bien qu'il sache que je ne me suis jamais plaint de ce qu'il a celé mon nom; au contraire, je crois lui être bien obligé de ce que, dans les occasions où j'avois à être maltraité, il m'a toujours fait paroître avec le masque sur le visage. Mais je m'étonne de ce qu'il persiste à dire, sans toutefois le prouver, qu'il suit de mes écrits que la seule détermination vers la droite demeure dans la réflexion; car il est certain que le mot même de réflexion porte avec soi cette signification, qu'un corps qui est poussé en bas rejaillit, non pas plutôt vers la droite que vers la gauche, mais rejaillit nécessairement en haut; et après tout, quand bien même je n'aurois point parlé du tout de ce rejaillissement, par quelle analyse, je vous prie, suit-il de là que je l'aie nié? Ainsi donc toutes les fois que les géomètres parlent des angles d'un carré, sans dire expressément qu'ils sont droits, ou des diamètres d'un cercle sans ajouter qu'ils sont égaux entre eux, il faudra croire qu'ils le nient. Et par ce moyen il n'y aura point de démonstration, pour exacte et mathématique qu'elle soit, où l'on ne puisse très facilement trouver des vices et des absurdités. Je m'étonne aussi de ce qu'il dit : *que la démonstration que j'ai donnée touchant la réflexion est défectueuse, et même qu'elle conclut plutôt le contraire de ma proposition*, vu cependant qu'il ne donne aucune raison de son dire; car d'autant que si ce qu'il dit étoit véritable, je devrois passer pour un homme fort mal avisé et de fort peu de sens, comme m'étant si lourdement trompé dans une chose si claire et si évidente, que de vouloir faire passer pour une démonstration mathématique des paroles qui prouvent tout le contraire de ce que j'avois dessein de prouver, c'est ce me semble me faire injure que d'avancer cela sans le prouver; et les traités qu'il dit avoir composés sur ce sujet ne l'excusent point, non plus que ce qu'il dit ici, qu'il m'en envoie quelques extraits qu'il en a tirés, car cependant il ne m'envoie rien; et il est peu équitable de vouloir que présentement on l'en croie touchant une chose dont il promet les raisons de jour en jour, et peut-être même en un jour qui ne viendra jamais, puisque ses amis, comme il dit lui-même, lui conseillent de ne les pas donner. De plus, je m'étonne de ce qu'il ajoute, *que ma prétendue démonstration peut être rendue bonne par de certains moyens qu'il connoît, mais dont il n'a vu aucuns vestiges dans mes écrits, et même que je rejette*, à ce qu'il dit, *comme ne faisant rien à mon sujet*. Car conférant tout ceci avec ce qu'il dit dans la cinquième et sixième de ses thèses d'Optique, page 9, et avec ce qu'il a dit dans cette vélitation qu'il a faite contre ma Dioptrique, je ne puis me persuader autre chose, sinon qu'il n'a rien enseigné à ses disciples touchant la réflexion et la réfraction que ce que j'en ai écrit, et que nul autre avant moi n'avoit démontré; ayant seulement changé et détourné le sens de quelques paroles, afin qu'il semblât dire quelque chose de nouveau que je n'eusse pas dit; et qu'il m'a attribué plusieurs fausses opinions, afin d'avoir occasion de les reprendre et de les corriger par après. Car qu'il m'ait attribué à faux diverses opinions, cela se voit manifestement par sa vélitation; qu'il ait changé et détourné le sens de quelques paroles, cela se voit par sa cinquième thèse, où il nomme *angle de réfraction*, non pas celui à qui tous les opticiens et moi avec eux donnons ce nom, mais cet autre qu'on a coutume de nommer *angle rompu*. Et où j'ai dit dans la Dioptrique, page 21, ligne 8, qu'il faut prendre garde que l'inclination des lignes se doit mesurer par la quantité des perpendiculaires, comme celles qui marquent la plus courte distance qu'il y a d'un côté à l'autre, et non pas par celle des angles ou arcs de cercles; lui, tout au contraire, pour mesurer cette inclination se sert des angles, et dit qu'il faut mesurer ces angles par la plus courte distance qu'il y a d'un côté à l'autre. Qu'il n'ait aussi rien enseigné touchant cette doctrine que ce que j'en ai écrit, cela se voit encore par cette vélitation dont j'ai déjà parlé, dans laquelle il a accordé toutes les choses qui étoient requises pour ma démonstration, et n'a combattu que les chimères qu'il s'étoit imaginées. Comme aussi par sa sixième thèse que j'ai déjà citée, qui ne contient autre chose que ce que j'ai dit et qui est le principal de mon invention; si ce n'est qu'affectant par trop des termes différents des miens, il s'est grandement mépris, en ce qu'il a dit: *que comme le milieu où se fait l'incidence est au milieu où se fait la réflexion ou la réfraction*, etc.; car elles ne se font pas dans les milieux mêmes, ainsi que demeurent d'accord tous ceux qui savent tant soit peu d'optique; mais la réfraction se fait en la superficie qui est entre les deux milieux; et la réflexion se fait en celle qui termine un des milieux : car jamais, quand il y a réflexion, il n'y a deux milieux, qu'il n'y ait aussi quelque réfraction. Et il ne peut ici s'échapper, si ce n'est peut-être qu'il veuille dire qu'il appelle la superficie même *le milieu*, parcequ'elle est moyenne entre ces deux espaces que les autres appelent *milieux*, et qu'ainsi il continue de changer la signification des mots, et par ce moyen de confondre tout; ce que je remarque ici en passant, afin qu'il sache que, s'il le désire, il obtiendra de moi sans beaucoup de peine une chose que je n'ai pu encore obtenir de lui jusqu'ici, qui est que volontiers je lui ferai voir les raisons que j'aurai à proposer contre ce qu'il écrira et donnera au public. Enfin, qu'il ait eu dessein qu'on sût qu'il a corrigé mes erreurs, cela se voit par sa lettre même, où il dit que ma prétendue démonstration peut être rendue bonne par de certains moyens qui lui sont connus, mais non pas à moi, qui les ai rejetés comme ne servant de rien à mon sujet; et il est à croire qu'il se vante encore bien plus de tout ceci dans les compagnies où je n'ai personne qui me soit ami et qui me défende; puisque même, dans la lettre qu'il m'a envoyée, il n'a pas feint de me l'écrire; et c'est peut-être pour cela qu'il l'a laissée ouverte. Au reste je ne dis pas ici qu'il ait suivi en tous mes opinions; car je n'ai vu que fort peu de ses écrits; mais seulement j'ose dire que jamais personne ne dira rien contre ce que j'ai écrit touchant cette matière, et même qu'on n'avancera jamais aucune chose qui ne lui soit pas conforme, que je ne fasse voir très clairement qu'il y a du paralogisme, ou qu'on use de cavillation. Que le révérend père en fasse maintenant l'épreuve dans un exemple, et qu'il choisisse celui qu'il croira le meilleur de tous ceux à l'occasion desquels il s'est peut-être vanté avec beaucoup de bruit et de présomption d'avoir réfuté mes opinions, et je donnerai très volontiers les mains, et me confesserai vaincu, si je ne montre qu'il s'est trompé; mais si je le montre, ou s'il refuse de me faire voir ses raisons, je le prie très instamment de s'abstenir de plus mal parler de moi, de peur qu'enfin il ne m'oblige à défendre publiquement mon droit; car j'aimerois beaucoup mieux oublier le passé, et vivre avec lui et les siens comme une personne qui voudroit les servir. Je suis, etc.

AU R. P. MERSENNE¹.

Lettre 11 du tome III. Version.)

Mon révérend père,

J'ai lu la vélitation contre ma Dioptrique, que votre révérence m'a fait la faveur de m'envoyer de la part d'une personne qui n'a point voulu être nommée; et certainement je l'ai lue avec quelque sorte d'étonnement; non pas que ce me soit une chose nouvelle de voir des personnes qui s'efforcent beaucoup, et qui ne font rien, mais parceque

---

¹ « 30 juillet 1640. Voyez le nouveau cahier. »

je ne puis comprendre à quel dessein il a désiré que je la visse. Car il ne fait autre chose que m'attribuer certaines chimères, que non seulement je n'ai jamais écrites ni pensées, mais même qui sont si éloignées de toute vraisemblance, qu'il n'y a pas d'apparence que jamais personne les puisse croire: et cependant c'est cela seul qu'il réfute. En quoi certes il paroit n'avoir pas eu dessein de me tailler beaucoup de besogne, ni même de faire paroître son esprit ou sa sincérité. Car qu'y a-t-il qui me soit plus facile, que de nier que j'aie écrit ce que je n'ai jamais écrit? et où est l'adresse qu'il a dû employer soit à inventer soit à réfuter des choses qui sont hors de raison, et qui n'ont aucune apparence de vérité? et enfin comment a-t-il pu me l'attribuer à faux sans s'en apercevoir? Toutefois je lui répondrai ici en peu de mots, non pas à la vérité que j'estime que son écrit soit digne d'aucune réponse, mais parceque son auteur pourroit me l'avoir envoyé sous cette confiance que je ne lui répondrois point, et que cependant il pourroit se vanter parmi les ignorants que je n'ai eu aucune réponse à lui faire. Et afin que la vérité paroisse tout entière, je mettrai ici ses propres paroles sans y changer une seule lettre, sur lesquelles je ferai ensuite mes observations.

ÉCRIT QUI M'A ÉTÉ ENVOYÉ SANS LE NOM DE L'AUTEUR.

Il semble ici qu'en m'appelant un auteur anonyme, il veuille me reprocher de n'avoir pas mis mon nom en mes écrits ; mais s'il y a de la prudence en cela, je m'en rapporte[1], puisque lui-même n'a pas voulu que son nom parût en l'écrit que vous m'avez envoyé de sa part ; et certainement je n'ai pas peur que ceux qui sauront pourquoi lui et moi avons voulu taire nos noms, me blâment plus en cela que lui.

Ces mots, à savoir, *la détermination vers le bas cesse, et cesse toute seule*, etc., ne sont pas rapportés de bonne foi comme venant de moi ; car j'ai écrit que cette détermination étoit *changée*, savoir en ma Dioptrique, page 14, ligne 16, et qu'elle étoit *empêchée*, page 15, ligne 12 ; mais je n'ai écrit en aucun lieu qu'elle cessoit entièrement. J'ai aussi écrit que la détermination vers la droite restoit la même, et n'étoit point empêchée, mais non pas qu'elle restoit *seule*, comme si aucune détermination de bas en haut ne succédoit en la place de celle de haut en bas. Et j'admire l'esprit de cet homme, qui, me voulant attribuer quelques opinions qu'il pût réfuter, m'en a seulement attribué de telles, que jamais personne ne se persuadera vraisemblablement que j'aie eues ; et qui non seulement ne servent de rien pour ma conclusion, mais même qui lui sont manifestement

[1] Lisez : *Je m'en étonne*, ou *je ne l'entends pas*.

contraires. Car qui pourra croire que, traitant de la réflexion, je n'aie pas su que le mobile qui tendoit en partie en bas lorsqu'il étoit mû d'A vers B, tendoit après cela en partie en haut, lorsqu'il est réfléchi de B vers F, et quelle vraisemblance, je vous prie, auroient eue mes raisons, si j'eusse nié cela. Mais je n'ai pas expliqué le changement qui se fait de la détermination de haut en bas en celle de bas en haut, parceque ce changement est assez clair de soi-même; car de ce qu'un corps qui se meut tombe perpendiculairement sur la superficie d'un corps dur, il s'ensuit qu'il doit de même perpendiculairement réfléchir ou rejaillir, ce que personne, que je sache, n'a encore jamais mis en doute, et ce n'est pas ma coutume de m'arrêter à expliquer des choses qui sont si communes: et même je n'ai pas dû le faire en ce lieu-là, où je n'ai parlé de la réflexion qu'en passant, et seulement par rapport à la réfraction, où il n'arrive aucun tel changement, et où une telle détermination n'est point changée en celle qui lui est contraire.

Il continue encore ici ses cavillations, et m'attribue une façon de parler fort impropre et tout-à-fait inepte; car ce n'est pas cette détermination vers la droite qui porte le mobile à quatre pieds, ou qui fait quatre pieds (comme il dit un peu plus bas); mais c'est cette vertu et cette force même, en tant qu'elle est déterminée vers la droite; et il n'a pu inférer autre chose de mes écrits, comme il paroît en la page 15, ligne 12, et en tous les autres endroits où j'ai traité de cette matière : car j'ai dit que cette détermination étoit cause, non pas que le mobile se mût à quatre pieds, ni seulement qu'il se mût, comme si elle étoit la cause de son mouvement, mais qu'il se mût vers le côté droit, parcequ'en effet cette détermination est la cause, non pas de son mouvement, mais de ce que son mouvement se fait vers le côté droit.

Il nous apprend ici une chose fort difficile et fort cachée, comme si, de ce qu'ayant dit qu'il faut distinguer la figure de la quantité, il étoit nécessaire de m'avertir que je me ressouvienne que l'une ne peut être séparée de l'autre, et qu'il ne peut y avoir de corps étendu qui n'ait aussi sa quantité et sa figure.

Il se plaint en cet endroit de ce que je ne suis pas tombé dans la même faute ni dans les mêmes difficultés où lui-même est tombé incontinent après : car il faut remarquer que la rencontre de la superficie CBE [1] divise bien à la vérité la détermination en deux parties, et fait changer celle qu'avoit la balle d'aller en bas en celle d'aller en haut, mais qu'elle ne divise point pour cela la force ; et cela ne doit point sembler étrange : car bien que la force ne puisse être sans détermination,

[1] Figure 35.

toutefois la même détermination peut être jointe à une plus grande ou moindre force, et la même force peut rester, quelque changement qui arrive en la détermination : de même que, bien que la superficie n'existe point sans le corps, elle peut néanmoins être changée, c'est-à-dire être augmentée ou diminuée, quoique le corps ne change point; et bien que, par exemple, la superficie d'un cube soit divisée en six faces carrées, toutefois ce même cube n'est pas pour cela divisé en six parties, mais tout son corps repose sur chacune de ces six faces.

Il argumente ici aussi justement en forme que s'il disoit, pour écrire il faut nécessairement de l'encre et du papier : or est-il que le papier est blanc, donc il faut aussi que l'encre soit blanche. A votre avis n'est-ce pas bien raisonner, et n'est-ce pas bien ajuster ses raisons au niveau ou aux règles d'une exacte analyse? Et de vrai, encore qu'ici, où il s'agit seulement de la réflexion, on ne laissât pas de pouvoir tirer une conséquence véritable, en feignant que la force et la détermination sont conjointement divisées, néanmoins il ne le faudroit pas feindre, parceque la conclusion ne procèderoit pas de la force de cette division imaginaire et supposée, et cela ne serviroit qu'à faire naître de nouvelles et inutiles difficultés, quand on viendroit à expliquer comment ces diverses forces, l'une de trois pieds et l'autre de quatre (ainsi qu'il parle), pourroient, étant jointes ensemble, composer la force de cinq pieds, etc.; et de plus, lorsqu'il s'agiroit des réfractions, on ne pourroit plus de semblables fictions tirer aucunes conclusions véritables, mais seulement d'absurdes et entièrement fausses.

Il demeure ici d'accord de la vérité d'une chose qui seule suffit et est requise pour la force de ma conclusion.

Il faut remarquer que tout ce qu'il ne veut pas ici admettre dépend du mot de *seule*, qu'il m'attribue à tort, et dont il s'est fait une chimère qu'il a entrepris de combattre, ce qui est ici très évident, en ce qu'il ne prouve rien autre chose, sinon que la détermination vers la droite ne reste pas seule, parcequ'il y en a encore une autre qui tend vers le haut.

Il ne prouve encore rien ici; mais, comme s'il étoit lassé du combat, il semble vouloir capituler et traiter des conditions de paix; et premièrement il demande que je prouve pourquoi la détermination vers la droite demeure toujours la même sans être augmentée ni diminuée, et secondement pourquoi la détermination de haut en bas se change en celle de bas en haut, sans devenir plus grande ni moindre.

Or il est aisé de satisfaire à ces deux demandes, tant par ce qu'il accorde ici, que par ce qu'il a admis un peu auparavant: car certainement puisque la même force qui étoit auparavant demeure, et que la superficie CBE n'est point opposée à la détermination vers la droite, on ne sauroit rien imaginer par quoi cette détermination puisse être changée, et par conséquent elle doit persévérer sans être augmentée ni diminuée : et d'autant qu'il est possible que le mobile dans la seconde minute parcoure une ligne de cinq pieds, et qu'en même temps la même force demeure déterminée vers la droite comme auparavant (c'est-à-dire en telle sorte que le mobile avance de quatre pieds vers la droite pendant cette seconde minute), à moins que la détermination de haut en bas ne soit changée en une de bas en haut qui ne soit ni plus grande ni moindre, il s'ensuit de là qu'elle doit être ainsi changée.

Mais néanmoins il se tourne ici derechef vers sa chimère, et se mettant en posture pour la combattre, il y a, dit-il, ici beaucoup de choses embrouillées, il est vrai; mais c'est lui-même qui les a ainsi brouillées et confondues : il y en a d'autres, ajoute-t-il, qui ne sont pas bien liées; j'en demeure d'accord : mais ce sont celles qu'il a lui-même désunies et détachées. Il ne trouve rien qui soit bien déduit des antécédents; mais il ne s'en faut pas étonner, puisqu'il les a tournés à contre-sens par ce misérable mot de *seule*, qu'il a lui-même introduit sur la scène, comme je le ferai voir tout maintenant; et tout de même que les gentils et idolâtres adoroient des dieux qu'ils avoient eux-mêmes fabriqués de leurs propres mains, ainsi cet homme redoute un monstre qu'il s'est forgé lui-même en sa fantaisie, et qui n'est autre que cette façon de parler impropre que j'ai marquée plus haut. Cependant, pour faire voir combien exacte est l'analyse dont il se sert, et combien fortes ont été les raisons qu'il a eues de se figurer un tel monstre, incontinent après il me met en jeu, et me fait dire, *la même force demeure;* et un peu après, *la détermination vers la droite demeure* (car ici le mot de *seule* ne fait rien au sujet), donc le mobile se mouvera vers la droite, et avancera autant vers ce côté-là en la seconde minute qu'en la première, c'est-à-dire qu'il avancera de ce côté-là de quatre pieds, ou qu'il sera autant mû vers la droite qu'auparavant; mais en tout cela il n'y a rien d'embrouillé, rien qui ne s'entretienne ou qui soit mal déduit des antécédents : mais, afin qu'il puisse avoir ici un fantôme à combattre, il feint que j'ai dit que la détermination vers la droite a fait quatre pieds, ne se ressouvenant pas que cela vient d'être dit tout à l'heure du mobile, et non pas de la détermination.

Il continue jusqu'à la fin de se tourmenter beaucoup et de ne rien faire. Il interroge, il presse, il répond, et écrit de telle sorte, qu'il semble se trémousser, et être tout en sueur; car on ne trouvera pas dans toute cette excellente pièce la moindre chose que j'aie ou écrite ou pensée, qui soit tant soit peu combattue, et tout son feu n'est employé qu'à insulter contre ces deux vaines fictions que j'ai ci-devant remarquées.

Toutefois il veut paroître ici avoir vaincu; car il m'a, dit-il, contraint d'avouer que la force de cinq pieds et la détermination vers la droite demeure, non plus *seule* (comme il prétend que j'aie dit), parcequ'à la détermination de haut en bas il en succède une autre toute semblable de bas en haut, ce qui devoit, dit-il, avoir été dit dès le commencement, oui bien par lui, s'il eût voulu agir de bonne foi.

Mais je m'aperçois ici qu'il se dispose à une nouvelle expédition; car je vois qu'il prépare de nouvelles chimères qu'il doit peut-être combattre une autre fois : car il répète ici qu'une force ou une vertu de cinq pieds est la même chose qu'une force de trois pieds et une autre de quatre, et qu'à la détermination de haut en bas il en succède une autre toute semblable de bas en haut, ou dans le mot de *semblable* il y a de la captation.

Mais certes, qu'il combatte en l'air tant qu'il lui plaira, s'il ne dit rien meilleur, je ne crois pas que cela vaille la peine que je lui réponde davantage : car ceux qui liront ceci connoîtront assez quel il est; et encore que je pusse écrire beaucoup de choses, je ne pourrois pas néanmoins faire en sorte qu'elles fussent lues de plusieurs, et de plus j'attends des objections sur ce même sujet de la part des révérends pères jésuites; car j'apprends que depuis peu ils ont impugné dans leurs thèses publiques ce que j'ai écrit de la réflexion et de la réfraction, c'est pourquoi je les ai priés, il y a huit jours, par mes lettres, de me vouloir apprendre les raisons qu'ils allèguent contre mes opinions; et je m'assure qu'ils ne refuseront pas de me les apprendre : et même je vous dirai que j'aimerois mieux être vaincu par ces vieux guerriers armés de toutes pièces, que de triompher de ce carabin armé à la légère. Je suis, etc.

AU R. P. MERSENNE [1].

(Lettre 44 du tome II.)

Mon révérend père,

Je ne saurois assez vous exprimer combien vous m'avez obligé lorsque vous dites publiquement au père B. dans sa classe, que s'il avoit quelque chose de bon à m'objecter il me le devoit envoyer : c'a été le plus insigne trait d'ami que vous pouviez jamais faire. Je m'assure qu'il se fût bien gardé de m'envoyer sa vélitation sans cela ; mais c'est une pièce que je garderai pour m'en servir à bonne bouche : car enfin s'ils s'abstiennent dorénavant lui et les siens de parler de moi, je serai bien aise d'oublier le passé, et de ne point publier les fautes qu'il a faites en me reprenant ; mais si j'apprends qu'il y en ait aucun qui blâme mes opinions sans m'envoyer les raisons pour lesquelles il les blâme, je croirai avoir droit de publier ce qui s'est passé entre eux et moi ; et afin d'avoir toutes les pièces en bonne forme, je vous écris encore ici une lettre

[1] « Cette lettre est la 37ᵉ des manuscrits de Labire, datée de Leyde, du 28 octobre 1640. Elle est assez conforme à l'original. »

latine pour servir de réponse à celles que vous m'avez envoyées de leur part. Vous leur ferez voir, s'il vous plaît, et même, s'ils en désirent copie, je serai bien aise qu'ils l'aient, aussi bien que les précédentes, afin qu'ils aient plus de temps à les voir, et qu'ils prennent mieux mon intention, car je n'ai point envie de les surprendre, et s'ils n'y font réponse que de bouche, je serois bien aise, si cela ne vous importune, que vous voulussiez prendre la peine de mettre en latin en cinq ou six lignes ce que vous aurez à m'écrire sur ce sujet, et même vous leur pourriez faire voir avant que de me l'envoyer, et y faire mention en passant que vous leur avez fait voir ou donné copie de ce que je vous ai envoyé pour eux. Je vous prie aussi, en cas que le père B. voulût en son particulier vous donner quelques objections pour m'envoyer, de ne me les envoyer qu'après en avoir averti ses supérieurs, ce que vous avez raison de faire pour l'amour d'eux-mêmes, à cause que je vous ai ci-devant mandé que je prendrai dorénavant tout ce qui viendra de quelques uns des leurs comme s'il venoit de tout leur corps. Ce qui me fait prévoir[1] à ceci, est qu'il pourroit arriver que le père B., pour n'avoir pas la honte de se dédire et de souffrir que le démenti lui demeure, seroit bien aise de m'envoyer quelques objections tant mauvaises qu'elles

---

1 « *Pourvoir*. »

puissent être, pour gagner cependant du temps et m'en faire perdre ; mais quand ils verront qu'il y va de l'honneur de toute la société, je crois qu'ils aimeront mieux le faire taire, car je sais bien qu'il n'a rien de bon à dire.

M. de Zuytlichem m'a envoyé quatre traités que vous lui avez fait copier, l'un des cercles qui se font dans l'eau, où je vois que l'auteur a fort bon style, et qu'il tâche de philosopher à la bonne mode ; mais les fondements lui manquent, et il emploie beaucoup de paroles pour une chose dont la vérité se pourroit expliquer en peu de mots. Le second est la lettre du géostaticien contre M. des Argues, auquel je ne vois pas qu'il fasse grand mal. Le troisième est de M. F.[1], pour les tangentes, où le premier point n'est rien de nouveau, et pour le second qu'il dit que j'ai jugé difficile, il n'est aucunement résolu ; et bien qu'en l'exemple qu'il donne de la roulette le fait[2] vienne bien, ce n'est pas toutefois par la force de sa règle, mais plutôt il paroît qu'il a accommodé sa règle à cet exemple. Le quatrième est pour le mouvement journalier de la terre, où je ne vois guère rien qui ne soit ailleurs. Pour les Caractères des passions, il ne me les a point envoyés, non plus que l'Institution du dauphin.

---

[1] Fermat.

[2] « *Facit.* » Ce mot est souligné dans l'exemplaire de la bibliothèque de l'Institut.

Vous demandez d'où je sais que la balle venant de D[1] vers B retourne vers E plutôt que de s'opiniâtrer à demeurer vers B; ce que j'apprends par la connoissance des lois de la nature, dont l'une est que, *quidquid est, manet in eodem statu in quo est, nisi a causa externa mutetur*, ainsi, *quod est quadratum manet quadratum*, etc., et, *quod est semel in motu, semper movetur, donec aliquid impediat*; et la seconde est que, *unum corpus non potest alterius motum tollere, nisi illum in se sumat*. D'où vient que si la superficie ABC est fort dure et immobile, elle ne peut empêcher que la balle qui va de D vers B ne continue vers E; mais si cette superficie est molle, elle ne peut l'arrêter, et c'est pour cela que j'ai supposé en ma Dioptrique que la superficie et la balle sont parfaitement dures, et que la balle n'a ni pesanteur ni grosseur, etc., pour rendre ma démonstration mathématique. Car je sais bien que la réflexion d'une balle commune ne se fait jamais exactement à angles égaux, ni peut-être celle d'aucun rayon de lumière; mais toutefois pour les rayons, d'autant qu'ils peuvent venir du ciel jusqu'à nous sans perdre leur force, ce qu'ils en peuvent perdre en donnant contre un corps poli n'est aucunement considérable.

Les expériences de frapper des boules également fort avec un grand et petit mail, ou tirer des

---

[1] Figure 36.

flèches avec un grand ou petit arc, sont presque impossibles à faire, mais la raison est très évidente et très certaine. Car soit que l'arc ou le mail soient grands ou petits, s'ils touchent de même force et vitesse, ils auront le même effet; mais ce qui trompe est qu'il faut sans comparaison moins de force à la main pour frapper avec un grand mail aussi fort qu'avec un petit, ou pour bander un grand arc en sorte qu'il ait autant de force qu'un petit; et pour les longues arquebuses, elles ne portent plus loin que les courtes qu'en tant que la balle demeurant plus long-temps dans le canon est plus long-temps poussée par la poudre, et par conséquent aussi plus vite. De dire qu'un boulet tiré d'un canon ait plus de force après ses derniers bonds, que s'il étoit poussé de la main, en sorte qu'il se mût de même vitesse, je crois que ce n'est qu'une imagination, et j'en ai vu l'expérience en une cuirasse faussée par le bond d'un boulet sans que celui qui la portoit fût tué; car sans doute que si le boulet eût été jeté par une moindre force, mais qui eût été capable de lui faire faire un bond de quatre ou cinq pieds de haut comme il avoit fait en venant contre la cuirasse, il n'avoit pas moins fait que la fausser. Il est vrai que la blessure d'un boulet tiré d'un canon est plus dangereuse que s'il n'étoit que poussé de la main; mais c'est pour une autre raison, à savoir qu'il est plus échauffé, et souvent tournoie autour de son centre, et qu'il retient encore autour de soi le vent de la poudre qui peut aisément causer une gangrène.

La difficulté des parties des métaux qui flottent dans l'eau-forte se peut résoudre par ce que j'ai dit en mes Météores de celles du sel qui flottent dans l'eau, à savoir que leurs parties se mêlent et s'engagent en telle façon dans celles de l'eau-forte que celles-ci en sont aidées en leur mouvement et non empêchées : mais ce n'est pas le même de la poussière; et il n'y a point de doute que la matière subtile ne soit dans l'eau et dans tous les corps terrestres en grande abondance.

Quand j'ai dit qu'une boule qui en rencontre une autre qui lui est double en grosseur lui doit donner les deux tiers de son mouvement, cela s'entend afin qu'elle se joigne à elle, et qu'elles se meuvent ensemble après cela, et qu'elles soient parfaitement dures et sur un plan parfaitement poli, etc.; d'où il est facile à calculer, suivant la loi de la nature que j'ai tantôt touchée, à savoir que si un corps en meut un autre, il doit perdre autant de son mouvement qu'il lui en donne : car si A et B se meuvent ensemble, chaque moitié de B a autant de mouvement qu'A, et ainsi B a deux tiers et A un tiers de tout le mouvement qui étoit auparavant en A seul.

Pour le flux et reflux, il n'y a aucune apparence

que les étangs ou lacs en puissent avoir, par la raison que j'en donne, si ce n'est qu'ils communiquent avec l'Océan par plusieurs conduits souterrains, ainsi que font quelques uns, et même aussi quelques puits qui ont flux et reflux. Car il n'y a que cette grande masse d'eau qui environne la terre qui puisse sentir en même temps en toutes ses parties, de deux côtés, plus grande liberté que devant pour se hausser, et de deux autres un peu de contrainte pour se baisser.

Je passe à la lettre du médecin de Sens, où je trouve qu'en tout le raisonnement qu'il fait du sel, il prouve seulement que les corps terrestres se font les uns des autres, mais non point que l'air ou la terre se fassent du sel plutôt que le sel de l'air ou de la terre; et ainsi il devoit seulement conclure que tant le sel que tous les autres corps ne sont faits que d'une même matière; ce qui est très vrai et s'accorde tant à la philosophie de l'école qu'avec la mienne, sinon qu'en l'école on n'explique pas bien cette matière, en ce qu'on la fait *puram potentiam*, et qu'on lui ajoute *des formes substantielles* et *des qualités réelles* qui ne sont que des chimères.

Pour la force de la percussion, il est certain qu'elle peut être égalée par la pesanteur; et ce qu'il dit que *le poids F dessus D est en son repos*, etc., n'est nullement recevable; car il est certain qu'un corps ainsi appuyé sur un autre ne pèse pas moins pour être appuyé sur lui ; et l'exemple que vous donnez de la presse dont on marque les pistoles est fort à propos : car on peut aisément calculer par son moyen de combien de livres pesant devroit être le poids qui, étant appuyé sur une pistole sans percussion, seroit suffisant pour la marquer, et ainsi égaler la force du coup de marteau qui la peut aussi marquer.

Je viens à l'autre lettre d'un de vos religieux de Blaye ; et pourceque je ne sais point quels sont les deux points dont vous vouliez avoir mon sentiment, je dirai ici un mot de chacun de ceux qu'il traite. 1° Je vois bien qu'on peut expliquer un même effet particulier en diverses façons qui soient possibles, mais je crois qu'on ne peut expliquer la possibilité des choses en général que d'une seule façon, qui est la vraie. 2° Il a raison de dire qu'on a eu grand tort d'admettre pour principe que nul corps ne se meut de soi-même : car il est certain que de cela seul qu'un corps a commencé de se mouvoir, il a en soi la force de continuer à se mouvoir, ainsi que de cela seul qu'il est arrêté en son lieu, il a la force de continuer à y demeurer ; mais pour le principe de mouvement qu'il imagine différent en chaque corps, il est du tout imaginaire. 3° Je n'approuve point non plus ces indivisibles, ni les naturelles inclinations qu'il leur donne ; car je ne puis concevoir de telles inclinations sans entendement, et je n'en attribue pas même aux animaux sans raison; mais j'explique tout ce que nous appelons en eux appétits ou inclinations par les seules règles des mécaniques. Je n'approuve point non plus tous ces éléments qui sont autant de choses non intelligibles, qu'il en veut faire entendre d'autres par son moyen. 4° Deux indivisibles ne pourroient faire, à tout rompre, qu'une chose divisible en deux; mais de dire qu'ils puissent faire un corps, il faut savoir ce qu'on entend par le nom de corps, à savoir une chose longue, large et étendue; ce qui ne peut être composé d'indivisibles, à cause qu'un indivisible ne peut avoir aucune longueur, largeur et profondeur, ou bien, s'il en avoit, nous pourrions derechef le diviser par notre imagination, ce qui suffit pour montrer qu'il n'est pas indivisible; car si nous la pouvons ainsi diviser, un ange, ou Dieu même le peut diviser réellement. Pour ce qu'il ne veut pas qu'on n'admette point d'autres principes que la figure et le mouvement, à cause qu'il craint qu'on ne puisse expliquer par leur moyen toutes les diverses qualités qui sont dans le vin, vous pourrez lui ôter cette crainte en l'assurant qu'on les a déjà toutes expliquées et avec cela toutes les autres qui se peuvent présenter à nos sens. Pour le miracle qu'il rapporte ici, il auroit besoin d'être vu pour être cru. 5° Je n'entends pas le sujet de cet article, faute d'avoir vu votre lettre à laquelle il répond; mais il est certain que la plus grande vitesse de la corde n'est pas ni au commencement ni à la fin, mais environ le milieu de chaque tour ou retour. 6° Je ne dis rien à tout cet article qui regarde la lumière, à cause qu'il n'y a rien que je ne croie que vous puissiez aisément résoudre; et ce n'est pas merveille que ceux qui n'ont ouï que quelques mots de mes pensées touchant cela les interprètent mal, et y trouvent plusieurs choses incompréhensibles. 7° Pour ce qu'il dit ici que ce qui lui fait admettre tous ces éléments est qu'il ne voit pas qu'on puisse expliquer les phénomènes de la nature avec moins de suppositions, je m'assure que si on les lui explique tous par les seules figures et mouvements, on pourra aisément le convertir : car aussi bien ne peut-il pas entendre tous ces éléments qu'il suppose, et ainsi il ne fait que tâcher d'expliquer *obscurum per obscurius*[1]. 8° Je ne vois pas pourquoi il confond la doctrine des athées avec celle de ceux qui expliquent la nature par les figures et par les mouvements, comme s'il y avoit quelque affinité entre l'une et l'autre ; mais quand il dit que l'idée d'un être simple que nous concevons contenir tout être ne pourroit être conçue si elle n'avoit un exemplaire véritable, et que nous ne pouvons concevoir (*supple* distinctement) que les choses possibles et vraies, il semble avoir lu mes écrits, car

---

[1] « *Aut saltem æque obscurum.* »

ils contiennent cela même; mais il met ensuite beaucoup de choses que je ne puis approuver, comme que cet être ait des dimensions, et qu'on puisse concevoir des dimensions sans composition de parties, ou au moins sans que ce qui a des dimensions soit divisible, etc. Il a raison aussi, que tout ce que nous ne concevons pas distinctement n'est pas faux pour cela, et il l'applique bien au mystère de la Trinité, qui est de la foi, et qui ne peut être connu par la seule raison naturelle. Je ne trouve rien aux autres articles à remarquer [1]. Je suis, etc.

AU R. P. MERSENNE.

(Lettre 45 du tome II.)

Mon révérend père,

Je vous remercie des nouvelles du sieur N[2]. Je n'y trouve rien d'étrange, sinon qu'il ait ignoré ce

---

[1] « *Et mon papier manque. J'espère vous envoyer ma Métaphysique dans huit ou quinze jours, pour le plus tard, puisqu'il vous plaît de la prendre sous votre protection. Je l'enverrois dès à présent, sinon que j'en veux faire faire auparavant une copie. Je l'enverrai peut-être par M. de Zuytlichem.* »

[2] « *Voëtius.* »

que je vous suis; car il n'y a personne ici qui me connoisse tant soit peu qui ne le sache : c'est le plus franc pédant de la terre, et il crève de dépit de ce qu'il y a un professeur en médecine en leur académie d'Utrecht, qui fait profession ouverte de ma philosophie, et fait même des leçons particulières de physique, et en peu de mois rend ses disciples capables de se moquer entièrement de la vieille philosophie. Voëtius et les autres professeurs ont fait tout leur possible pour lui faire défendre par le magistrat de l'enseigner; mais tout au contraire le magistrat lui a permis malgré eux. Ce Voëtius a gâté aussi la demoiselle de Schurmans; car au lieu qu'elle avoit l'esprit excellent pour la poésie, la peinture, et autres telles gentillesses, il y a déjà cinq ou six ans qu'il la possède si entièrement, qu'elle ne s'occupe plus qu'aux controverses de la théologie, ce qui lui fait perdre la conversation de tous les honnêtes gens; et pour son frère, il n'a jamais été connu que pour un homme de petit esprit. J'ai fait rendre une lettre pour Voëtius au messager, afin qu'il en paie le port, comme si elle n'étoit point venue sous couvert, et que vous soyez par là un peu vengé des six livres qu'il vous a fait payer pour ses thèses.

Pour la philosophie de l'école, je ne la tiens nullement difficile à réfuter, à cause des diversités de leurs opinions; car on peut aisément renverser tous les fondements desquels ils sont d'accord entre eux, et cela fait, toutes leurs disputes particulières paroissent ineptes. J'ai acheté la Philosophie du frère Eust. à Sancto P.[1], qui me semble le meilleur livre qui ait jamais été fait en cette matière, je serai bien aise de savoir si l'auteur vit encore.

Votre supputation de la force de la presse, composée avec la pesanteur, est fort bonne, et je n'y saurois rien ajouter. Pour la vis d'Archimède, elle n'a point d'autre raison, sinon que le creux ou la concavité qui contient l'eau monte toujours, à mesure que la vis tourne : car, par exemple, le creux A[2], dans lequel est l'eau, sera monté à B lorsque la vis aura fait un tour, et cette eau ne peut sortir de ce creux pendant que la vis tourne, ou bien il faudroit qu'elle montât ; car A est plus bas que C et D, et B est aussi plus bas que C et E.

Je répondrois très volontiers à ce que vous demandez touchant la flamme d'une chandelle, et choses semblables ; mais je vois bien que je ne vous pourrai jamais bien satisfaire touchant cela, jusques à ce que vous ayez vu tous les principes de ma philosophie ; et je vous dirai que je me suis résolu de les écrire avant que de partir de ce pays, et de les publier peut-être avant qu'il soit un an.

---

[1] « *Eustachius à Sancto Paulo, vulgo* le Feuillant. »
[2] Figure 3.

Et mon dessein est d'écrire par ordre tout un cours de ma philosophie en forme de thèses, où, sans aucune superfluité de discours, je mettrai seulement toutes mes conclusions avec les vraies raisons d'où je les tire, ce que je crois pouvoir faire en fort peu de mots; et au même livre, de faire imprimer un cours de la philosophie ordinaire, tel que peut être celui du frère Eustache, avec mes notes à la fin de chaque question, où j'ajouterai les diverses opinions des autres, et ce qu'on doit croire de toutes; et peut-être à la fin je ferai une comparaison de ces deux philosophies: mais je vous supplie de ne rien encore dire à personne de ce dessein, surtout avant que ma Métaphysique soit imprimée; car peut-être que si les régents le savoient, ils feroient leur possible pour me donner d'autres occupations, au lieu que, quand la chose sera faite, j'espère qu'ils en seront tous bien aises. Cela pourroit aussi peut-être empêcher l'approbation de la Sorbonne, que je désire, et qui me semble pouvoir extrêmement servir à mes desseins : car je vous dirai que ce peu de métaphysique que je vous envoie contient tous les principes de ma physique. La raison pour la divinité du livre dont vous m'écrivez, que si le soleil a lui éternellement il n'a pu illuminer un hémisphère avant l'autre, etc., ne prouve rien, sinon que notre âme étant finie, ne peut comprendre l'infini. Je vous ai déjà écrit que j'ai vu quatre des discours que vous avez fait écrire pour M. Huygens [1]; j'aurai soin de lui demander encore celui du flux et reflux, et celui de la réflexion. Je verrai aussi le cours de philosophie de M. Draconis [2], qui, je crois, se trouvera ici : car s'il étoit plus court que l'autre, et autant reçu, je l'aimerois mieux; mais je ne veux rien faire en cela sur les écrits d'un homme vivant, si ce n'est avec sa permission, laquelle il me semble que je devrois aisément obtenir, lorsqu'on saura mon intention, qui sera de considérer celui que je choisirai comme le meilleur de tous ceux qui ont écrit de la philosophie, et de ne le reprendre point plus que tous les autres. Mais il n'est point temps de parler de ceci que ma Métaphysique n'ait passé.

Pour la vitesse des balles qui sortent d'un mousquet, je crois qu'elle est plus grande en sortant de la bouche du canon qu'en aucun autre lieu, et la raison que vous m'écrivez est du tout nulle; car l'impétuosité qui est dans la balle ne sert qu'à lui faire conserver son mouvement, et non point à l'augmenter, au lieu que la pesanteur produit à chaque moment une nouvelle impétuosité, et ainsi augmente la vitesse. Je suis bien aise de ce que M. le cardinal de Bagné se souvient encore de moi, il lui faudra envoyer ma Métaphysique lorsqu'elle

---

[1] « Huygens et Zuylichem est le même nom. »

[2] « De Raconis. »

sera imprimée. Il n'est point besoin que vous m'adressiez rien pour M. de Zuytlichem, mais plutôt lorsque vous m'enverrez quelque paquet un peu gros vous lui pourrez adresser, pendant qu'il n'est point à l'armée; car j'ai pris garde qu'on me rend ici souvent de vos lettres qui ont été ouvertes, ce que j'attribue à l'infidélité du messager, qui s'accorde avec quelqu'un qui est curieux de savoir ce que vous m'écrivez. Le bon est qu'il n'y a jamais rien qui ne puisse bien être vu. J'ai envoyé dès hier ma Métaphysique à M. de Zuytlichem pour vous l'adresser, mais il ne l'enverra que dans huit jours, car je lui ai donné ce temps pour la voir. Je n'y ai point mis de titre, mais il me semble que le plus propre sera de mettre *Renati Descartes Meditationes de prima philosophia*; car je ne traite point en particulier de Dieu et de l'âme, mais en général de toutes les premières choses qu'on peut connoître en philosophant. Vous verrez assez par les lettres que j'y ai jointes quel est mon dessein; et je n'en dirai ici autre chose sinon que je crois qu'il n'y aura pas de mal, avant que de la faire imprimer, de stipuler avec le libraire qu'il nous en donne autant d'exemplaires que nous en aurons de besoin, et même qu'il les donne tout reliés, car il n'y a pas plaisir d'acheter ses propres écrits; et je m'assure que le libraire pourra bien faire cela sans y perdre. Je n'aurai besoin ici que d'environ trente exemplaires; pour Paris c'est à vous de juger combien il nous en faudra. Je suis, etc.

De Leyde, 11 novembre 1640.

A UN R. P. DOCTEUR DE SORBONNE¹.

(Lettre 46 du tome II.)

MONSIEUR ET RÉVÉREND PÈRE,

L'honneur que vous m'avez fait, il y a plusieurs années, de me témoigner que mes sentiments touchant la philosophie ne vous sembloient pas incroyables, et la connoissance que j'ai de votre singulière doctrine, me fait extrêmement désirer qu'il vous plaise prendre la peine de voir l'écrit de métaphysique que j'ai prié le révérend père Mersenne de vous communiquer. Mon opinion est que le chemin que j'y prends pour faire connoître la nature de l'âme humaine, et pour démontrer l'existence de Dieu, est l'unique par lequel on en puisse bien venir à bout; je juge bien qu'il auroit pu être beaucoup mieux suivi par un autre, et que j'aurai omis plusieurs choses qui avoient besoin d'être expliquées,

¹ « Cette lettre est adressée à un P. de l'Oratoire. Elle est écrite, comme la suivante, au P. Mersenne, le 11 novembre 1640, et comme la 48ᵉ envoyée le 19 novembre 1640. »

mais je me fais fort de pouvoir remédier à tout ce qui manque, en cas que j'en sois averti, et de rendre les preuves dont je me sers si évidentes et si certaines, qu'elles pourront être prises pour des démonstrations. Il y manque toutefois encore un point, qui est que je ne puis faire que toutes sortes d'esprits soient capables de les entendre, ni même qu'ils prennent la peine de les lire avec attention, si elles ne leur sont recommandées par d'autres que par moi; et d'autant que je ne sache personne au monde qui puisse plus en cela que messieurs de Sorbonne, ni de qui j'espère des jugements plus sincères, je me suis proposé de chercher particulièrement leur protection; et pource que vous êtes l'un des principaux de leur corps, et que vous m'avez toujours fait l'honneur de me témoigner de l'affection, et surtout à cause que c'est la cause de Dieu que j'ai entrepris de défendre, j'espère beaucoup d'assistance de vous en ceci, tant par votre conseil, en avertissant le père Mersenne de la façon qu'il doit ménager cette affaire, que par votre faveur, en me procurant des juges favorables, et en vous mettant de leur nombre. En quoi vous m'obligerez à être passionnément toute ma vie, etc.

AU R. P. MERSENNE.

(Lettre 47 du tome II.)

Mon révérend père,

Je vous envoie enfin mon écrit de métaphysique, auquel je n'ai point mis de titre, afin de vous en faire le parrain et vous laisser la puissance de le baptiser. Je crois qu'on le pourra nommer, ainsi que je vous ai écrit par ma précédente, *Meditationes de prima philosophia;* car je n'y traite pas seulement de Dieu et de l'âme, mais en général de toutes les premières choses qu'on peut connoître en philosophant par ordre; et mon nom est connu de tant de gens, que si je ne le voulois pas mettre ici, on croiroit que j'y entendrois quelque finesse, et que je le ferois plutôt par vanité que par modestie.

Pour la lettre à messieurs de Sorbonne, si j'ai manqué au titre, ou qu'il y faille quelque souscription ou autre cérémonie, je vous prie d'y vouloir suppléer, et je crois qu'elle sera aussi bonne étant écrite de la main d'un autre que de la mienne. Je vous l'envoie séparée du traité, à cause que si toutes choses vont comme elles doivent, il me semble que le meilleur seroit, après que tout aura été vu par le père G.[1], et, s'il vous plaît, par un ou deux autres de vos amis, qu'on imprimât le traité sans la lettre, à cause que sa copie en est trop mal écrite pour être lue de plusieurs, et qu'on le présentât ainsi imprimé au corps de la Sorbonne avec la lettre écrite à la main. En suite de quoi il me semble que le droit du jeu sera, qu'ils commettent quelques uns d'entre eux pour l'examiner, et il leur faudra donner autant d'exemplaires pour cela qu'ils en auront besoin, ou plutôt autant qu'ils sont de docteurs, et s'ils trouvent quelque chose à objecter, qu'ils me l'envoient afin que j'y réponde, ce qu'on pourra faire imprimer à la fin du livre. Et après cela il me semble qu'ils ne pourront refuser de donner leur jugement, lequel pourra être imprimé au commencement du livre avec la lettre que je leur écris. Mais les choses iront peut-être tout autrement que je ne pense, c'est pourquoi je m'en remets entièrement à vous, et au père G., que je prie par ma lettre de vous vouloir aider à ménager cette affaire : car la vélitation que vous savez m'a fait connoître que, quelque bon droit qu'on puisse avoir, on ne laisse pas d'avoir toujours besoin d'amis pour le défendre. L'importance est en ceci que, puisque je soutiens la cause de Dieu, on ne sauroit rejeter mes raisons, si ce n'est

[1] « Gibieuf. »

qu'on y montre du paralogisme, ce que je crois être impossible, ni les mépriser, si ce n'est qu'on n'en donne de meilleures, à quoi je pense qu'on aura assez de peine. Je suis, etc.

AU R. P. MERSENNE[1].

(Lettre 48 du tome II.)

Mon révérend père,

Il y a huit jours que j'avois écrit les encloses pour vous être adressées par Zuytlichem avec ma Métaphysique, mais il passa par ici il y a deux jours pour aller à Groningue avec M. le Pr.[2] et me les rapporta, comme ne pouvant écrire en France de quelques semaines. J'ai fait prix avec le messager, qui ne doit avoir que trois livres de port. Je vous en ai déjà laissé payer beaucoup d'autres pour mes lettres, et je voudrois bien avoir occasion de vous les pouvoir rendre, ce sera quand il vous plaira me la donner. Je suis bien obligé à M. des Argues,

---

[1] « Cette lettre est datée le 19 novembre 1640. Il n'y a qu'à voir la date de la précédente avec les trois premières lignes de cette lettre pour en être convaincu. »

[2] « Prince d'Orange. »

de ce qu'il lui a plu défendre ma cause contre le père B.[1], et je suis très aise de ce que vous l'avez fait témoin de notre procédé. Je ne puis croire qu'il désapprouve que vous fassiez voir ma dernière lettre latine à ceux de sa compagnie : car encore que le père B ne vous ait point prié de m'envoyer sa lettre françoise, toutefois ne vous ayant point aussi prié de ne me la pas envoyer, comme il n'a eu aucune occasion de le faire, vu qu'il vous l'a envoyée pour vous faire voir ce qu'il avoit eu intention de m'écrire, et vous en ayant donné une autre pour moi, je ne vois pas qu'il puisse en aucune façon trouver mauvais que vous me l'ayez envoyée comme pour me témoigner la même chose qu'il avoit voulu vous témoigner par cette lettre, à savoir qu'il avoit pris la peine, il y a long-temps, de me répondre ; et ainsi vous pourrez dire que c'a été pour le gratifier que vous me l'avez envoyée. Au reste, tout bien considéré, je crois que je n'ai rien mis de trop en ma réponse; car, quelque amitié et douceur qu'ils fassent paroître, je suis assuré qu'ils m'observeront soigneusement, et qu'ils auront d'autant moins d'occasion de me nuire, qu'ils verront que je leur réponds plus vertement, et que si j'use ailleurs de douceur, c'est par modération, et non par crainte ni par foiblesse, outre que ce qu'a écrit le père B. ne mérite rien moins que ce que je lui

---

[1] Bourdin.

mande. J'ai reçu l'imprimé de M. des Argues, mais je n'en ai pu lire que l'exorde et la conclusion, à cause que je n'en ai pas encore les figures, et je crains de ne les avoir de long-temps, puisqu'elles viennent par M. Zuytlichem qui est en voyage.

Je vous remercie des passages de saint Thomas pour les vœux, bien que je n'en ai jamais été en peine, car la chose est trop claire, et ceux qui objectent de telles choses, comme aussi le *fiat lux*, dont vous m'écrivez, montrent qu'ils ont de la mauvaise volonté sans science. Et je crois que vous avez plus de raison de vous moquer d'eux de ce qu'ils veulent réfuter des choses qu'ils n'entendent pas par d'autres qu'ils entendent encore moins, qu'ils n'en peuvent avoir de vous brocarder. La réponse que vous leur avez donnée, à savoir que lorsque Dieu a dit *fiat lux*, il a fait mouvoir les parties de la matière, et leur a donné inclination à continuer ce mouvement en lignes droites, est bonne, car cela même est la lumière; mais je crois que vous ferez mieux de laisser telles gens sans autre réponse, sinon que, s'ils ont quelque chose à m'objecter, ils me le doivent envoyer, quand ce ne seroit qu'un seul mot, et que je le recevrai en bonne part, mais que je me moque de tous ceux qui parlent de ce que j'ai écrit sans m'en avertir, et que je publie partout que je les tiens pour médisants.

Il est certain que le poids C [1] ne pèse sur le plan AD que la différence qui est entre la force qu'il faut à le soutenir sur ce plan et celle qu'il faut pour le soutenir en l'air, comme s'il pèse cent livres et qu'il n'en faille que quarante pour le soutenir sur AD, ce plan AD en porte soixante seulement; et même la force d'un coup de canon ou de mousquet se peut mesurer ainsi, comme vous pouvez voir en ma Dioptrique, page 19, où l'eau se trouve assez forte pour résister à un coup de canon tiré obliquement; mais néanmoins il y a diverses choses à considérer en ceci auxquelles je ne puis penser à présent, car je n'ai le temps que de vous dire que je vous suis, etc.

[1] Figure 38.

AU R. P. MERSENNE.

(Lettre 49 du tome II.)

Mon révérend père,

Je ne puis manquer de vous renvoyer la lettre françoise du P. B., puisque vous la demandez; mais je ne sais comment vous la lui pourrez rendre, à cause que vous avez écrit dessus, et qu'il y a aussi à la marge une apostille de ma main, que j'y ai mise ci-devant, en l'envoyant à un de mes amis pour la lui faire voir : car je ne vous puis celer que je l'ai montrée à plusieurs. Et comme les jésuites ont partout des intelligences, et même qu'il y en a un en cette ville fort familier à un de mes amis (duquel pourtant il n'a rien appris que l'autre ait cru être à mon préjudice, car c'est un ami qui m'est très fidèle), peut-être qu'ils savent déjà que vous m'avez envoyé cette lettre; c'est pourquoi, sauf meilleur avis, il seroit, ce me semble, aussi bon

---

* « Cette lettre est de dix-sept ou dix-huit jours plus tard que la 48°, fixement datée du 19 novembre; car ne renvoyant pas la lettre du P. Bourdin la première fois que le P. Mersenne lui en avoit parlé, il lui falloit bien dix-huit jours pour avoir la seconde réponse: ainsi cette lettre est, selon ma conjecture, du 6 décembre 1640. »

de lui dire franchement que vous me l'aviez envoyée pensant lui faire plaisir en cela : car, en effet, il ne peut y avoir aucune raison, au moins qui lui soit honnête à confesser, pour laquelle il puisse dire vous l'avoir envoyée, que pour la même il n'ait dû aussi trouver bon que je la visse; et il ne le peut trouver mauvais, qu'il ne témoigne par là que le sujet qui lui a fait écrire a été pour vous faire croire qu'il vouloit maintenir des choses contre moi, qu'il n'ose pourtant ni ne peut maintenir devant moi. Et cependant il en a composé de gros traités pour les débiter à ses disciples; car un Danois m'a dit ici en avoir vu un entre les mains d'un des soutenants, nommé Potier, duquel il s'étoit promis d'avoir copie, mais il n'a pu; peut-être que le P. B. l'a empêché. Mais je vous envoie derechef la réponse que j'avois faite à leur lettre latine, afin que vous leur puissiez faire voir toute seule, s'il vous plaît; car il me semble nécessaire qu'ils sachent en quel sens j'ai pris leurs paroles. Et si vous trouvez bon d'avouer au P. B. que vous m'aviez envoyé sa lettre, vous pourrez aussi lui faire voir en confidence la réponse que j'y avois faite, et lui dire que vous n'avez pas voulu lui montrer auparavant, à cause que vous la jugiez trop rude et craigniez que cela n'empêchât que nous ne pussions devenir amis; et enfin en confessant toute la pure vérité, je crois que vous ferez plaisir à l'un et à l'autre : car j'espère que, voyant que j'ai bec et ongle pour me défendre, il sera d'autant plus retenu quand il voudra parler de moi à l'avenir. Et bien qu'il me seroit peut-être plus avantageux d'être en guerre ouverte contre eux, et que j'y sois entièrement résolu s'ils m'en donnent juste sujet, j'aime toutefois beaucoup mieux la paix, pourvu qu'ils s'abstiennent de parler.

Au reste, je suis extrêmement obligé à M. des Argues de ce qu'il veut prendre la peine de catéchiser le père B. : c'est la meilleure invention qu'il est possible pour faire qu'il chante la palinodie de bonne grâce, au moins s'il se veut laisser convertir; s'il le fait, je serai très aise de dissimuler le passé, et même d'être particulièrement son serviteur, et j'en aurai beaucoup meilleure opinion de lui et des siens.

Pour la musique de M. Bau.[1], je crois qu'elle diffère de l'air de Bosset comme la criée d'un écolier qui a voulu pratiquer toutes les règles de sa rhétorique diffère d'une oraison de Cicéron, où il est malaisé de les reconnoître. Je lui en ai dit la même chose, et je crois qu'il l'avoue à présent; mais cela n'empêche pas qu'il ne soit très bon musicien, et d'ailleurs fort honnête homme et mon bon ami, ni aussi que les règles ne soient bonnes, aussi bien en musique qu'en rhétorique.

[1] « *Bannius*, je crois... »

Je vous remercie de la lettre qu'il vous a plu faire transcrire pour moi ; mais je n'y trouve rien qui me serve, ni qui ne me semble aussi peu probable que la philosophie de l'école. Pour votre difficulté, à savoir pourquoi les parties très subtiles s'aplatissent plus tôt pour remplir les angles des corps, que ne font celles qui sont plus grosses, nonobstant que la matière des unes et des autres ne diffère rien du tout, elle est aisée à résoudre par cette seule considération, que plus un corps est petit, plus il a de superficie à raison de la quantité intérieure de sa matière : comme, par exemple, un cube qui n'aura que la huitième partie d'autant de matière qu'un autre n'aura pas seulement un huitième de sa superficie, mais deux huitièmes ou un quart, et ainsi des autres figures : car c'est de la quantité intérieure que dépend la dureté ou résistance à la division, et c'est au contraire la grandeur de la superficie qui la facilite, et avec cela l'extrême vitesse de cette matière très subtile.

Je ne connois pas assez la nature de l'or pour déterminer comment se meuvent ses parties dans l'eau-forte autrement que par l'exemple de celles du sel, que j'ai décrites en mes Météores. Mais il y a un million d'expériences qui peuvent prouver le mouvement des parties de l'eau qu'on ne voit point à l'œil, comme quand on a dissous dedans du salpêtre, comment est-ce que toutes les parties de ce sel se vont attacher en forme de bâtons au fond et aux côtés du vaisseau, si elles ne se remuent en y allant; enfin, jetez une goutte de vin rouge dans de l'eau, et vous verrez à l'œil comme il coule partout pour se mêler avec elle. Je crois bien que les parties de l'or et des autres corps durs ont quelque mouvement, à cause de la matière subtile qui passe par leurs pores, mais non pas qui les sépare, comme les feuilles et branches des arbres sont ébranlées par le vent sans en être détachées.

Pour la pression de la lune, elle ne peut être sensible sur les lacs, à cause qu'ils n'ont aucune proportion avec toute la masse de la terre à laquelle cette pression se rapporte.

Le sieur Saumaise a grand tort s'il me prend pour ami de H.[1], auquel je n'ai encore jamais parlé, et que j'ai su avoir aversion de moi il y a long-temps, à cause que j'étois ami de Balzac et qu'il est pédant. Mais M. Saum. est ingénieux à se forger des adversaires. H. a fait imprimer un vers à la fin de son livre sur le Nouveau Testament, composé en sa faveur par M. de Z[2]. Il a déclamé contre ce vers en la préface de son second tome *De usuris*, que ceux qui flattent ainsi les auteurs des livres qu'ils n'ont point vus, *utrem inflare pergunt*, etc. M. de Z. s'en plaignit à M. Rivet, auquel M. Sau. écrivit une lettre,

[1] « Heinsius. »
[2] « Zuylichem. »

non tant pour s'en excuser que pour se défendre : et M. de Z. a fait quelques remarques sur cette lettre, lesquelles il m'envoya pour me les faire voir, et je lui en mandai mon sentiment; en telle sorte que je suis assuré, bien que je ne me souvienne plus de ce qui étoit en ma lettre, qui étoit si peu étudiée que je n'en avois pas fait de brouillon, de n'y avoir rien mis au désavantage de M. de Saumaise, sinon peut-être qu'il étoit un peu trop aisé à offenser : ce qu'il vérifie en s'offensant de moi pour cette lettre; car c'est celle qu'il dit avoir vue, et je n'ai d'ailleurs jamais eu grande familiarité avec lui.

Je ne suis pas marri que les ministres fulminent contre le mouvement de la terre, cela conviera peut-être nos prédicateurs à l'approuver : et à propos de ceci, si vous écrivez à ce M.[1] du C. de B., je serois bien aise que vous l'avertissiez que rien ne m'a empêché jusqu'ici de publier ma Philosophie, que la défense du mouvement de la terre, lequel je n'en saurois séparer, à cause que toute ma physique en dépend, mais que je serai peut-être bientôt contraint de la publier, à cause des calomnies de plusieurs qui, faute d'entendre mes principes, veulent persuader au monde que j'ai des sentiments fort éloignés de la vérité; et que vous le priiez de sonder son cardinal sur ce sujet,

---

[1] « Naudé, attaché au cardinal de Baigné. »

à cause qu'étant extrêmement son serviteur, je serois très marri de lui déplaire, et qu'étant très zélé à la religion catholique, j'en révère généralement tous les chefs. Je n'ajoute point que je ne me veux pas mettre au hasard de leur censure; car, croyant très fermement l'infaillibilité de l'église, et ne doutant point aussi de mes raisons, je ne puis craindre qu'une vérité soit contraire à l'autre.

Vous avez raison de dire que nous sommes aussi assurés de notre libre arbitre que d'aucune autre notion première, car c'en est véritablement une. Quand une chandelle s'allume à une autre, ce n'est qu'un même feu qui s'étend d'une mèche à l'autre, pourceque les parties de la flamme, agitées par la matière très subtile, ont la force d'agiter et de séparer celles de cette autre mèche, et ainsi ce feu s'augmente, puis il est divisé en deux feux quand on sépare ces deux mèches. Mais je ne puis bien expliquer le feu qu'en donnant toute ma philosophie, et je vous dirai entre nous que je commence à en faire un abrégé où je mettrai tout le cours par ordre, pour le faire imprimer avec un abrégé de la philosophie de l'école, tel que celui du P. Eust.[1], sur lequel j'ajouterai mes notes à la fin de chaque question, qui contiendront les diverses opinions des auteurs, ce qu'on en doit croire de toutes, et leur utilité; ce que je crois pouvoir faire en telle sorte,

[1] « Eustache. »

qu'on verra facilement la comparaison de l'une avec l'autre, et que ceux qui n'ont point encore appris la philosophie de l'école l'apprendront beaucoup plus aisément de ce livre que de leurs maîtres, à cause qu'ils apprendront par même moyen à la mépriser : et tous les moindres maîtres seront capables d'enseigner la mienne par ce seul livre. Si le père E. à S. P.[1] vit encore, je ne me servirai pas de son livre sans sa permission ; mais il n'est pas encore temps de la demander ni même d'en parler, à cause qu'il faut voir auparavant comment mes Méditations de métaphysique seront reçues.

Tout ce que vous m'écrivez touchant la réflexion et la réfraction est entièrement selon mes pensées, et je suis bien aise que ce qu'a écrit le père B. vous ait convié à les mieux examiner ; et ce que vous dites des deux diverses déterminations, l'une d'A[2] vers D qui demeure toujours la même, et l'autre d'A vers B, qui, changeant tant qu'on voudra, n'empêche pas que le mobile n'arrive toujours en temps égal à quelque point de la ligne DC, est une chose claire, et une si belle façon pour expliquer ma démonstration, que le père B., ne l'ayant pas voulu entendre, a montré par là qu'il aime mieux que ce soit M. des Argues que vous qui ait l'honneur de sa conversion. Je crois que ce que je vous écris

[1] « *Eustachius à Sancto Paulo.* »
[2] Figure 39.

pour eux en latin est suffisant pour l'obliger à m'envoyer ses objections s'il en a envie, sans qu'il soit besoin que je lui en écrive plus particulièrement : car je mande que puisqu'il n'y a rien eu qui l'ait empêché de me les envoyer, sinon qu'il n'avoit pas lu la page 75 de ma préface ou de ma Méthode, je me promets qu'il n'y manquera pas dorénavant, puisqu'il sait ce qu'elle contient.

Je verrai S. Anselme à la première occasion; vous m'aviez ci-devant averti d'un passage de saint Augustin touchant mon, *je pense, donc je suis*, que vous m'avez, ce me semble, redemandé depuis; il est au livre onzième *De civitate Dei*, chapitre 26. Je suis, etc.

AU R. P. MERSENNE.

(Lettre 14 du tome III.)

Du 3 décembre 1640.

Mon révérend père,

Ce que vous me mandez de saint Augustin et de saint Ambroise, que notre cœur et nos pensées ne sont pas en notre pouvoir, et que *mentem confundunt alioque trahunt*, etc., ne s'entend que de la partie sensitive de l'âme, qui reçoit les impressions des objets, soit extérieurs, soit intérieurs, comme les tentations, etc. Et en ceci je suis bien d'accord avec eux, et je n'ai jamais dit que toutes nos pensées fussent en notre pouvoir; mais seulement que s'il y a quelque chose absolument en notre pouvoir, ce sont nos pensées, à savoir celles qui viennent de la volonté et du libre arbitre, en quoi ils ne me contredisent aucunement; et ce qui m'a fait écrire cela, n'a été que pour faire entendre que la juridiction de notre libre arbitre n'étoit point absolue sur aucune chose corporelle, ce qui est vrai sans contredit.

J'admire qu'on vous ait fait lire le *Pentalogos*, et si c'est le même qui vous recommande le livre allemand où il y a de si hautes pensées, je n'en puis avoir bonne opinion : en effet, je vois que si ceux des Petites-Maisons faisoient des livres, ils n'auroient pas moins de lecteurs que les autres; car je ne tiens pas l'auteur du *Pentalogos* en autre rang. C'est un chimiste bohémien demeurant à La Haye, qui me semble m'avoir fait beaucoup d'honneur, en ce qu'ayant témoigné vouloir dire de moi tout le pis qu'il pouvoit, il n'en a rien su dire qui me touchât.

Je suis extrêmement obligé à M. des Argues, et je veux bien croire que le père Bourdin n'avoit pas compris ma démonstration; car il n'y a guère de gens au monde si effrontés que de contredire à une démonstration qu'ils entendent, quand ce ne seroit que de crainte d'être repris par les autres qui l'entendent aussi; et je vois que même vos grands géomètres MM. Fer. et Rob. n'ont pas vu clair en celle-ci : mais cela n'empêche pas que la vélitation du père Bourdin ne contienne des cavillations, qui n'ont pas été inventées seulement par ignorance, mais par quelque subtilité que je n'entends point. Et pour son enclouure, que vous dites consister en ce qu'il ne pouvoit concevoir comment l'eau ne retarde point la balle de gauche à droite aussi bien que de haut en bas, il me semble que je l'avois assez prévenue, en ce que, page 18, j'avois fait considérer la réfraction dans une toile, pour montrer qu'elle ne se fait point dans la profondeur de l'eau, mais seulement en sa superficie; et en ce que j'avertis expressément, à la fin de la page 18, qu'il faut seulement considérer vers quel côté se détermine la balle en entrant dans l'eau, à cause que par après, quelque résistance que l'eau lui fasse, cela ne peut changer sa détermination; comme, par exemple, si la balle qui est poussée d'A[1] vers B, étant au point B, est déterminée par la superficie CBE à aller vers I, soit qu'il y ait de l'air au-dessous de cette superficie, soit qu'il y ait de l'eau, cela ne changera point sa dé-

[1] Figure 10.

termination, mais seulement sa vitesse, qui diminuera beaucoup plus dans l'eau que dans l'air. Mais je crois que ce qui l'aura aussi embarrassé sera le mot de *détermination*, qu'il aura voulu considérer sans aucun mouvement, ce qui est chimérique et impossible; au lieu qu'en parlant de la détermination vers la droite, j'entends toute la partie du mouvement qui est déterminée vers la droite. Toutefois je n'ai pas cru devoir faire mention du mouvement en cela, pour n'embarrasser point le lecteur de ce calcul surprenant de la vélitation où il dit que 3 et 4 font 5, et ne perdre point de paroles à l'expliquer; car on peut assez voir en ce que j'ai écrit que j'ai tâché d'éviter les paroles superflues.

J'ai vu la philosophie de M. de Raconis, mais elle est bien moins propre à mon dessein que celle du père Eustache; et pour les conimbres, ils sont trop longs : mais je souhaiterois bien de bon cœur qu'ils eussent écrit aussi brièvement que l'autre, et j'aimerois bien mieux avoir affaire à la grande société qu'à un particulier. J'espère, avec l'aide de Dieu, que mes raisons seront aussi bien à l'épreuve de leurs arguments que de ceux des autres. Au reste, la dernière lettre que vous m'avez envoyée m'apprend la mort de mon père dont je suis fort triste, et j'ai bien du regret de n'avoir pu aller cet été en France, afin de le voir avant qu'il mourût; mais puisque Dieu ne l'a pas permis, je ne crois point partir d'ici que ma Philosophie ne soit faite. Je suis, etc.

A MONSIEUR ***.

(Lettre 117 du tome II. Version.)

Monsieur,

Vous me comblez toujours de tant de civilité et de bons offices, que vous me réduisez au point de ne vous pouvoir jamais satisfaire : mais, à dire le vrai, ce m'est une chose bien agréable et bien avantageuse d'être vaincu de la sorte. Je suivrai le plus exactement qu'il me sera possible vos ordres et vos avis, principalement dans les choses qui regardent la théologie et la religion, où je ne pense pas qu'il y ait rien avec quoi ma philosophie ne s'accorde beaucoup mieux que la vulgaire. Et pour ce qui est de ces controverses qui s'agitent aujourd'hui dans la théologie, à cause des faux principes de philosophie sur lesquels elles sont fondées, je ne m'ingèrerai point de les vouloir éclaircir, de peur de passer les bornes de ma profession : mais s'il arrive jamais que mes opinions soient reçues, j'ose croire que toutes ces controverses cesseront, et qu'elles tomberont d'elles-mêmes. Il ne me reste plus à présent qu'un seul scrupule, qui est touchant le mouvement de la terre : et pour cela j'ai mis ordre à ce qu'on consultât pour moi un cardinal qui me fait l'honneur de m'avouer pour un de ses amis il y a plusieurs années, et qui est l'un de cette congrégation[1] qui a condamné Galilée; j'apprendrai volontiers de lui comment je me dois comporter en cela; et pourvu que j'aie de mon côté Rome et la Sorbonne, ou du moins que je ne les aie pas contre moi, j'espère de pouvoir tout seul soutenir sans beaucoup de peine tous les efforts de mes envieux. Quant aux philosophes, je ne leur déclare la guerre que pour les obliger à une paix : car, m'apercevant déjà que secrétement ils me veulent du mal, et qu'ils me dressent des embûches, j'aime bien mieux leur faire une guerre ouverte, afin qu'ils soient, ou victorieux, ou vaincus, que d'attendre à les recevoir à mon désavantage. Je ne pense pas aussi que ma philosophie me doive faire de nouveaux ennemis; bien au contraire, j'espère qu'elle me procurera de nouveaux amis et de nouveaux défenseurs; que si néanmoins le contraire arrivoit, mon esprit n'en sera point abattu pour cela, et je ne laisserai pas durant la guerre de jouir en mon intérieur d'une paix et d'une tran-

[1] « Barberin, car Bagné n'en étoit pas. »

quillité aussi profonde que j'ai fait jusqu'à présent au milieu de mon repos.

Je commence maintenant à m'apercevoir que je ne suis pas tout-à-fait malheureux; et je vous confesse que j'aurois tort de me repentir d'avoir mis mes écrits en lumière, sachant qu'une personne de votre mérite se donne la peine de les lire avec attention, s'étudie à les bien comprendre, et me sait gré de les avoir publiés. Mais comme il y en a fort peu qui vous ressemblent en cela, j'ai sujet de vous rendre grâces, et vous suis infiniment obligé de l'insigne faveur que je reçois de vous, d'avoir bien voulu vous mettre de ce petit nombre, et même d'y paroître comme un des plus considérables; ce que je dis, non seulement eu égard aux assurances que vous me donnez de votre amitié, mais aussi pour les belles et savantes remarques dont vous avez accompagné votre lettre. Et véritablement mes pensées sont si conformes à celles qui sont couchées dans cet écrit, que je ne me souviens point d'avoir rien vu jusqu'ici où tout ce qu'il y a de moelle et de substance (pour ainsi dire) dans ma Métaphysique soit mieux compris et renfermé que là-dedans. Et afin que vous ne croyiez pas que je ne dis ceci que par manière de compliment et que je ne parle autrement que je ne pense, je marquerai ici deux ou trois endroits qui sont les seuls où j'ai remarqué que vous vous étiez éloigné, non pas de mon sens, mais de la façon ordinaire dont je m'exprime. Il y en a deux en la quatrième colonne; le premier contient ces mots : *ni Dieu n'a pas non plus la faculté de se priver de son existence ;* car par ce mot de *faculté* nous entendons ordinairement quelque *perfection ;* or ce seroit une imperfection en Dieu de se pouvoir priver de sa propre existence : c'est pourquoi, pour obvier aux calomnies des médisants, je serois d'avis que vous vous servissiez de ces mots, *et il répugne que Dieu se puisse priver de sa propre existence, ou qu'il la puisse perdre d'ailleurs*, etc.

Le second est où vous dites que *Dieu est la cause de soi-même* : mais pourceque ci-devant quelques uns ont mal interprété ces paroles, il me semble qu'il est à propos de les éclaircir en leur donnant l'explication suivante : *être la cause de soi-même, c'est-à-dire être par soi et n'avoir point d'autre cause de soi-même que sa propre essence, que l'on peut dire en être la cause formelle.*

Le troisième endroit que j'ai remarqué est vers la fin de vos annotations, où vous dites que *la matière est la machine du monde;* au lieu de quoi j'aurois mieux aimé dire que *le monde, comme une machine, est composé de matière,* ou bien que *les choses naturelles n'ont point d'autre cause de leur mouvement que les artificielles,* ou quelque chose de semblable.

Mais ces fautes sont si légères et de si petite conséquence, que j'en trouve beaucoup plus à corriger toutes les fois que je repasse les yeux sur mes propres écrits; et nous ne pouvons jamais être si exacts en ce que nous faisons, que nous ne laissions aux chicaneurs aucune matière pour exercer leur style. Au reste, je ne pense pas qu'il y ait rien qui porte plus les hommes à une mutuelle amitié que la conformité de leurs pensées : c'est pourquoi, comme je me persuade aisément que vous tiendrez la promesse que vous me faites d'une parfaite amitié, de même aussi je vous prie de ne point douter du zèle et de l'affection que j'ai pour vous. Je suis, etc.

A MONSIEUR ***.

(Lettre 118 du tome II.)

Monsieur,

Je suis bien aise que la liberté que j'ai prise de vous écrire mon sentiment ne vous ait pas été désagréable, et je vous suis obligé de ce que vous témoignez le vouloir suivre, nonobstant que vous ayez des raisons au contraire que je confesse être très fortes : car je ne doute point que votre esprit ne vous puisse fournir de meilleurs divertissements que ne fait le tracas du monde; et bien que la coutume et l'exemple fassent estimer le métier de la guerre comme le plus noble de tous, pour moi, qui le considère en philosophe, je ne l'estime qu'autant qu'il vaut, et même j'ai bien de la peine à lui donner place entre les professions honorables, voyant que l'oisiveté et le libertinage sont les deux principaux motifs qui y portent aujourd'hui la plupart des hommes, ce qui fait que j'aurois un regret inconsolable s'il vous y mésarrivoit. Enfin j'avoue qu'un homme incommodé de maladie se doit estimer plus vieux qu'un autre, et qu'il vaut mieux se retirer sur son gain que sur sa perte. Toutefois, pourcequ'au jeu dont il est ici question je ne crois point qu'il y ait aucun hasard de perte, mais seulement de gagner ou ne gagner pas, il me semble qu'il est assez à temps de s'en retirer lorsqu'on n'y gagne plus. Et pourceque j'ai vu souvent des vieillards qui m'ont dit avoir été plus malsains en leur jeunesse que beaucoup d'autres qui sont morts plus tôt qu'eux, il me semble que, quelque foiblesse ou disposition du corps que nous ayons, nous devons user de la vie et en disposer les fonctions en même façon que si nous étions assurés de parvenir jusqu'à une extrême vieillesse : bien qu'au contraire, quelque force ou quelque santé que nous ayons, nous devions aussi être préparés à recevoir la mort sans regret quand elle viendra, parcequ'elle peut venir à tous moments, et que nous ne saurions faire aucune action qui ne soit capable de la causer : si nous mangeons un morceau de pain, il sera peut-être empoisonné ; si nous passons par une rue, quelque tuile peut-être tombera d'un toit qui nous écrasera, et ainsi des autres. C'est pourquoi, puisque nous vivons parmi tant de hasards inévitables, il me semble que la sagesse ne nous défend pas de nous exposer aussi à celui de la guerre, quand une belle et juste occasion nous y oblige, pourvu que ce soit sans témérité, et que nous ne refusions pas de porter des armes à l'épreuve autant qu'il se peut. Enfin, je crois que, quelque agréables que soient les divertissements que nous choisissons de nous-mêmes, ils ne nous empêchent point tant de penser à nos incommodités que font ceux auxquels nous sommes obligés par quelque devoir, et que notre corps s'accoutume si fort au train de vie que nous menons, qu'il arrive bien plus souvent qu'on s'incommode en sa santé lorsqu'on le change, que non pas qu'on la rende meilleure, principalement quand le changement est trop subit : c'est pourquoi il me semble que le meilleur est de ne passer d'une extrémité à l'autre que par degrés. Pour moi, avant que je vinsse en ce pays pour y chercher la solitude, je passai un hiver en France à la campagne, où je fis mon apprentissage ; et si j'étois engagé en quelque train de vie dans lequel mon indisposition ne me permît pas de persister long-temps, je ne voudrois point dissimuler cette indisposition, mais plutôt la faire paroître plus grande qu'elle ne seroit, afin de me pouvoir dispenser honnêtement de toutes les actions qui lui pourroient nuire, et ainsi, prenant mes aises peu à peu, de parvenir par degrés à une entière liberté.

Je sais bien que vous n'avez point affaire de ces gros livres; mais afin que vous ne me blâmiez pas d'employer trop de temps à les lire, je ne les ai pas voulu garder davantage : il est vrai que je ne les ai pas tous lus, mais je crois néanmoins avoir vu tout ce qu'ils contiennent. Ledit N. a quantité de forfanteries, et est plus charlatan que savant : il parle entre autres choses d'une matière qu'il dit avoir eue d'un marchand arabe, qui tourne nuit et jour vers le soleil. Si cela étoit vrai la chose seroit curieuse; mais il n'explique point quelle est cette matière. Le père Mersenne m'a autrefois mandé que c'étoit de la graine d'héliotropium, ce que je ne crois pas véritable, si ce n'est que cette graine ait plus de force en Arabie qu'en ce pays; car j'eus assez de loisir pour en faire l'expérience, mais elle ne réussit point.

Pour la variation de l'aimant, j'ai toujours cru

qu'elle ne procédoit que des inégalités de la terre, en sorte que l'aiguille se tourne vers le côté où il y a le plus de la matière qui est propre à l'attirer, et pourceque cette matière peut changer de lieu dans le fond de la mer ou dans les concavités de la terre, sans que les hommes le puissent savoir, il m'a semblé que ce changement de variation, qui a été observé à Londres, et aussi en quelques autres endroits, ainsi que rapporte votre Kirkerus, étoit seulement une question de fait, et que la philosophie n'y avoit pas grand droit.

Vous m'avez obligé de m'avertir du passage de saint Augustin auquel mon *je pense, donc je suis*, a quelque rapport; je l'ai été lire aujourd'hui en la bibliothèque de cette ville, et je trouve véritablement qu'il s'en sert pour prouver la certitude de notre être, et ensuite pour faire voir qu'il y a en nous quelque image de la Trinité, en ce que nous sommes, nous savons que nous sommes, et nous aimons cet être et cette science qui est en nous; au lieu que je m'en sers pour faire connoître que ce *moi* qui pense est *une substance immatérielle*, et qui n'a rien de corporel, qui sont deux choses fort différentes; et c'est une chose qui de soi est si simple et si naturelle à inférer, qu'on est, de ce qu'on doute, qu'elle auroit pu tomber sous la plume de qui que ce soit : mais je ne laisse pas d'être bien aise d'avoir rencontré avec saint Augustin, quand ce ne seroit que pour fermer la bouche aux petits esprits qui ont tâché de regabeler sur ce principe. Le peu que j'ai écrit de métaphysique est déjà en chemin pour aller à Paris, où je crois qu'on le fera imprimer; et il ne m'en est resté ici qu'un brouillon si plein de ratures, que j'aurois moi-même de la peine à le lire, ce qui est cause que je ne puis vous l'offrir; mais sitôt qu'il sera imprimé, j'aurai soin de vous en envoyer des premiers, puisqu'il vous plaît me faire la faveur de le vouloir lire, et je serai fort aise 'en apprendre votre jugement.

Encore' que la principale raison qui m'a fait vous importuner pour l'adresse de mes rêveries de métaphysique soit que j'ai recherché cette occasion pour les pouvoir soumettre à votre censure, et vous prier de m'en apprendre votre jugement, si est-ce que, pensant aux affaires infinies qui, si elles ne sont suffisantes pour vous occuper, ne peuvent au moins manquer de vous interrompre, j'appréhende bien fort que vous n'y puissiez prendre de goût ni

---

[1] « Ce dernier alinéa paroît être un fragment d'une lettre adressée à M. de Zuytlichem, d'autant que ce fut par son moyen et par son adresse que Descartes voulut envoyer d'abord à Paris son *Traité de Métaphysique*. Voyez la lettre 48 de ce volume, datée du 11 novembre. Il paroît, par le commencement de ce fragment et de cette lettre 48, que ce fragment est d'une lettre adressée à M. de Zuytlichem, et datée du 11 novembre 1640. »

de plaisir, à cause que je ne me persuade pas qu'il soit possible d'y en prendre aucun, je dirois, à méditer sur les mêmes matières que j'ai traitées, si je ne craignois par là de vous en dégoûter de telle sorte que vous ne daignassiez les regarder; mais je dirai, si ce n'est qu'on prenne au moins la peine de lire tout d'une haleine les cinq premières méditations, avec ma réponse de ce qui est à la fin des sixièmes objections, et qu'on n'écrive brièvement sur un papier les principales conclusions, afin qu'on en puisse mieux remarquer la suite. Je serois malavisé de vous avertir de cela, si je le faisois comme pour vous donner quelque instruction que vous pouvez prendre meilleure de vous-même; mais pourceque cette instruction vous coûteroit nécessairement le temps et la peine de parcourir une partie de cet écrit, et que je ne le fais que pour vous épargner l'un et l'autre, je m'assure que vous trouverez bon que je vous prie de ne point commencer à lire ces rêveries que lorsqu'il vous plaira y perdre deux heures de suite, sans être diverti par personne, et je serai toute ma vie, etc.

A MONSIEUR ***[1]

(Lettre 31 du tome II.)

Monsieur,

Si vous n'aviez jamais dit aucun bien de moi, je n'aurois peut-être jamais eu de familiarité avec aucun prêtre de ces quartiers, car je n'en ai qu'avec deux, dont l'un est M. Bannius, de qui j'ai acquis la connoissance par l'estime qu'il avoit ouï que vous faisiez du petit Traité de musique qui est autrefois échappé de mes mains; et l'autre est son intime ami, M. Bloemert, que j'ai aussi connu par même occasion. Ce que je n'écris pas à dessein de vous en faire des reproches : car au contraire je les ai trouvés si braves gens, si vertueux et si exempts des qualités pour lesquelles j'ai coutume en ce pays d'éviter la fréquentation de ceux de leur robe, que je compte leur connoissance entre les obligations que je vous ai; mais je suis bien aise d'avoir ce prétexte pour excuser un peu l'importunité de la prière que j'ai ici à vous faire en leur faveur. Ils désirent une grâce de son Altesse, et pensent la

[1] « Zuylichem, 1640. »

pouvoir obtenir de sa clémence par votre intercession. Je ne sais point le particulier de leur affaire; mais si vous permettez à M. Bloemert de vous en entretenir, je m'assure qu'il vous l'exposera en telle sorte, que vous ne trouverez rien d'incivil en sa requête, ni moins de prudence et de raison en ses discours qu'il y a d'art et de beauté dans les airs que compose son ami; et je dirai seulement ici que je crois les avoir assez fréquentés pour connoître qu'ils ne sont pas de ces simples qui se persuadent qu'on ne peut être bon catholique qu'en favorisant le parti du roi qu'on nomme catholique, ni de ces séditieux qui le persuadent aux simples, et qu'ils sont trop dans le bon sens et dans les maximes de la bonne morale. A quoi j'ajoute qu'ils sont ici trop accommodés et trop à leur aise dans la médiocrité de leur condition ecclésiastique, et qu'ils chérissent trop leur liberté, pour n'être pas bien affectionnés à l'état dans lequel ils vivent. Que si on leur impute à crime d'être papistes, je veux dire de recevoir leur mission du pape, et de le reconnoître en même façon que font les catholiques de France et de tous les autres pays où il y en a, sans que cela donne de jalousie aux souverains qui y commandent, c'est un crime si commun et si essentiel à ceux de leur profession, que je ne me saurois persuader qu'on le veuille punir à la rigueur en tous ceux qui en sont coupables; et si quelques uns en peuvent être exceptés, je m'assure qu'il n'y en a point qui le méritent mieux que ceux-ci, ni pour qui vous puissiez plus utilement vous employer envers son Altesse; et j'ose dire que ce seroit un grand bien pour le pays que tous ceux de leur profession leur ressemblassent. Vous trouverez peut-être étrange que je vous écrive de la sorte de cette affaire, principalement si vous savez que je le fais de mon mouvement, sans qu'ils m'en aient requis et nonobstant que je juge qu'ils ont plusieurs autres amis, dont ils peuvent penser que les prières auroient plus de force envers vous que les miennes, et même que je sais que l'un d'eux vous est très connu; mais je vous dirai qu'outre l'estime particulière que je fais d'eux, et le désir que j'ai de les servir, je considère aussi en ceci mon propre intérêt : car il y en a en France entre mes faiseurs d'objections qui me reprochent la demeure de ce pays, à cause que l'exercice de ma religion n'y est pas libre; même ils disent que je ne suis pas en cela si excusable que ceux qui portent les armes pour la défense de cet état, pourceque les intérêts en sont joints à ceux de la France, et que je pourrois faire partout ailleurs le même que je fais ici; à quoi je n'ai rien de meilleur à répondre, sinon qu'ayant ici la libre fréquentation et l'amitié de quelques ecclésiastiques, je ne sens point que ma conscience y soit contrainte. Mais si ces ecclésiastiques étoient estimés coupables, je n'espère pas en trouver d'autres plus innocents en ce pays, ni dont la fréquentation soit plus permise à un homme qui aime si passionnément le repos qu'il veut éviter même les ombres de tout ce qui pourroit le troubler, mais qui n'est pas pour cela moins passionné pour le service de tous ceux qui lui témoignent de l'affection, et vous m'en avez déjà témoigné en tant d'occasions, qu'encore que je ne pourrois rien obtenir de vous en celle-ci, je ne laisserois pas d'être toute ma vie, etc.

AU R. P. MERSENNE[1].

(Lettre 50 du tome II.)

Mon révérend père,

Je ne viens que de recevoir vos lettres une heure ou deux avant que le messager doive retourner, ce qui sera cause que je ne pourrai pour cette fois répondre à tout ponctuellement; mais pourceque la difficulté que vous proposez pour le *conarium*

[1] « On voit bien que cette lettre est écrite au mois de décembre 1640. Je la fixe au 31 décembre. »

semble être ce qui presse le plus, et que l'honneur que me fait celui qui veut défendre publiquement ce que j'en ai touché en ma Dioptrique m'oblige à tâcher de lui satisfaire, je ne veux pas attendre à l'autre voyage à vous dire que *glandula pituitaria* a bien quelque rapport *cum glandula pineali*, en ce qu'elle est située comme elle entre les carotides et en la ligne droite par où les esprits viennent du cœur vers le cerveau, mais qu'on ne sauroit soupçonner pour cela qu'elle ait même usage, à cause qu'elle n'est pas comme l'autre dans le cerveau, mais au-dessous et entièrement séparée de sa masse dans une concavité de l'os sphénoïde qui est faite exprès pour la recevoir, *etiam infra duram meningem*, si j'ai bonne mémoire, outre qu'elle est entièrement immobile, et nous éprouvons en imaginant que le siége du sens commun, c'est-à-dire la partie du cerveau en laquelle l'âme exerce toutes ses principales opérations, doit être mobile. Or ce n'est pas merveille que cette *glandula pituitaria* se rencontre où elle est, entre le cœur et le *conarium*, à cause qu'il s'y rencontre aussi quantité de petites artères qui composent le *plexus mirabilis*, et qui ne vont point du tout jusqu'au cerveau; car c'est quasi une règle générale partout le corps, qu'il y a des glandes où plusieurs branches de veines ou d'artères se rencontrent; et ce n'est pas merveille aussi que les carotides envoient en ce lieu-là plusieurs branches, car il y en faut pour nourrir les os et les autres parties, et aussi pour séparer les plus grossières parties du sang, des plus subtiles qui montent seules par les branches les plus droites de ces carotides, jusqu'au dedans du cerveau où est le *conarium*. Et il ne faut point concevoir que cette séparation se fasse autrement que *mechanice*, de même que s'il flotte des joncs et de l'écume sur un torrent, lequel se divise quelque part en deux branches, on verra que tous ces joncs et cette écume iront se rendre en celle où l'eau coulera le moins en ligne droite. Or c'est avec grande raison que le *conarium* est semblable à une glande, à cause que le principal office de toutes les glandes est de recevoir les plus subtiles parties du sang qui exhalent des vaisseaux qui les environnent, et le sien de recevoir en même façon les esprits animaux. Et d'autant qu'il n'y a que lui de partie solide en tout le cerveau qui soit unique, il faut de nécessité qu'il soit le siége du sens commun, c'est-à-dire de la pensée, et par conséquent de l'âme. Car l'un ne peut être séparé de l'autre; ou bien il faut avouer que l'âme n'est point immédiatement unie à aucune partie solide du corps, mais seulement aux esprits animaux qui sont dans ses concavités, et qui rentrent et sortent continuellement ainsi que l'eau d'une rivière, ce qui seroit estimé trop absurde; outre que la situation du *co-*

narium est telle, qu'on peut fort bien entendre comment les images qui viennent des deux yeux, ou les sons qui entrent par les deux oreilles, etc., se doivent unir au lieu où il est, ce qu'elles ne sauroient faire dans les concavités, si ce n'étoit en celle du milieu ou dans le conduit au-dessus duquel est le *conarium*, ce qui ne pourroit suffire, à cause que ces concavités ne sont point distinctes des autres où les images sont nécessairement doubles. Si je puis quelque autre chose pour celui qui vous avoit proposé ceci, je vous prie de l'assurer que je ferai très volontiers tout mon possible pour le satisfaire.

Pour ma Métaphysique, vous m'obligez extrêmement des soins que vous en prenez, et je me remets entièrement à vous pour y corriger ou changer tout ce que vous jugerez à propos; mais je m'étonne que vous me promettiez les objections de divers théologiens dans huit jours, à cause que je me suis persuadé qu'il falloit plus de temps pour y remarquer tout ce qui y est; et celui qui a fait les objections qui sont à la fin l'a jugé de même. C'est un prêtre d'Alcmaer[1], qui ne veut point être nommé; c'est pourquoi si son nom se trouve en quelque lieu, je vous prie de l'effacer. Il faudra aussi, s'il vous plait, avertir l'imprimeur de changer les chiffres de ses objections où les pages des Méditations sont ci-

---

[1] « Sans doute M. Caterus. Voyez la lettre suivante. »

tées, pour les faire accorder avec les pages imprimées.

Pour ce que vous dites que je n'ai pas mis un mot de l'immortalité de l'âme, vous ne vous en devez pas étonner; car je ne saurois pas démontrer que Dieu ne la puisse annihiler, mais seulement qu'elle est d'une nature entièrement distincte de celle du corps, et par conséquent qu'elle n'est point naturellement sujette à mourir avec lui, qui est tout ce qui est requis pour établir la religion; et c'est aussi tout ce que je me suis proposé de prouver. Vous ne devez pas aussi trouver étrange que je ne prouve point en ma seconde méditation que l'âme soit réellement distincte du corps, et que je me contente de la faire concevoir sans le corps, à cause que je n'ai pas encore en ce lieu-là les prémisses dont on peut tirer cette conclusion; mais on la trouve après en la sixième méditation : et il est à remarquer en tout ce que j'écris, que je ne suis pas l'ordre des matières, mais seulement celui des raisons, c'est-à-dire que je n'entreprends point de dire en un même lieu tout ce qui appartient à une matière, à cause qu'il me seroit impossible de le bien prouver, y ayant des raisons qui doivent être tirées de bien plus loin les unes que les autres; mais en raisonnant par ordre, *a facilioribus ad difficiliora*, j'en déduis ce que je puis, tantôt pour une matière, tantôt pour une autre, ce qui est à mon avis le vrai chemin pour bien trouver et expliquer la vérité; et pour l'ordre des matières, il n'est bon que pour ceux dont toutes les raisons sont détachées, et qui peuvent dire autant d'une difficulté que d'une autre. Ainsi je ne juge pas qu'il soit aucunement à propos, ni même possible, d'insérer dans mes Méditations la réponse aux objections qu'on y peut faire; car cela en interromproit toute la suite, et même ôteroit la force de mes raisons, qui dépend principalement de ce qu'on se doit détourner la pensée des choses sensibles, desquelles la plupart des objections seroient tirées : mais j'ai mis celles de Caterus à la fin, pour montrer le lieu où pourront aussi être les autres s'il en vient; mais je serai bien aise qu'on prenne du temps pour les faire, car il importe peu que ce Traité soit encore deux ou trois ans sans être divulgué : et pourceque la copie en est fort mal écrite, et qu'elle ne pourroit être vue que par un à la fois, il me semble qu'il ne seroit pas mauvais qu'on en fît imprimer par avance vingt ou trente exemplaires; et je serai fort aise de payer ce que cela coûtera, car je l'aurois fait faire dès ici, sinon que je ne me suis pas fié à aucun libraire, et que je ne voulois pas que les ministres de ce pays le vissent avant nos théologiens. Pour le style, je serois fort aise qu'il fût meilleur qu'il n'est; mais réservé les fautes de grammaire, s'il y en a, ou ce qui peut sentir la phrase françoise, comme *in dubium ponere* pour *revocare*, je crains qu'il ne s'y puisse rien changer sans préjudice du sens, comme en ces mots, *nempe quicquid hactenus ut maxime verum admisi, vel a sensibus vel per sensus accepi*, qui ajouteroit *falsum esse*, comme vous me mandez, changeroit entièrement le sens, qui est que j'ai reçu des sens ou par les sens, tout ce que j'ai cru jusqu'ici être le plus vrai. De mettre *erutis fundamentis*, au lieu de *suffossis*, il n'y a pas si grand mal, à cause que l'un et l'autre est latin et signifie quasi le même ; mais il me semble encore que le dernier n'ayant que la seule signification en laquelle je le prends, est bien aussi propre que l'autre, qui en a plusieurs. Je vous enverrai peut-être dans huit jours un abrégé des principaux points qui touchent Dieu et l'âme, lequel pourra être imprimé avant les Méditations, afin qu'on voie où ils se trouvent ; car autrement je vois bien que plusieurs seront dégoûtés de ne pas trouver en un même lieu tout ce qu'ils cherchent. Je serai bien aise que M des Argues soit aussi un de mes juges, s'il lui plait d'en prendre la peine, et je me fie plus en lui seul qu'en trois théologiens. On ne me fera point aussi de déplaisir de me faire plusieurs objections, car je me promets qu'elles serviront à faire mieux connoître la vérité, et grâces à Dieu je n'ai pas peur de n'y pouvoir satisfaire : l'heure me contraint de finir. Je suis, etc.

ANNÉE 1641.

AU R. P. MERSENNE[1].

(Lettre 51 du tome II.)

Mon révérend père,

Je n'ai point reçu de vos lettres à ce voyage, mais pourceque je n'eus pas le temps il y a huit jours de vous répondre à tout, j'ajouterai ici ce que j'avois omis. Et premièrement je vous envoie un argument de ma Métaphysique, qui pourra, si vous l'approuvez, être mis au-devant des six Méditations ; ensuite de ces mots qui les précèdent, *easdem quas ego ex iis conclusiones deducturos*, on ajoutera *sed quia in sex sequentibus Med.*, etc. On pourra voir là en abrégé tout ce que j'ai prouvé de l'immortalité de l'âme, et tout ce que j'y puis ajouter en donnant ma Physique ; et je ne saurois sans pervertir l'ordre prouver seulement que l'âme est dis-

---

[1] « Cette lettre n'est pas datée, mais par les premières lignes on voit qu'elle est de huit jours plus tard que la précédente, qui étant fixée au 31 décembre, fixe celle-ci au 8 janvier. »

tincte du corps avant l'existence de Dieu. Ce que vous dites, *qu'on ne sait pas si l'idée d'un être très parfait n'est point la même que celle du monde corporel*, est aisé à résoudre, par cela même qui provoque que l'âme est distincte du corps, à savoir, parcequ'on conçoit toute autre chose en l'un qu'en l'autre ; mais il est besoin pour cela de former des idées distinctes des choses dont on veut juger, ce que l'ordinaire des hommes ne fait pas, et c'est principalement ce que je tâche d'enseigner par mes Méditations ; mais je ne m'arrête pas davantage sur ces objections, à cause que vous me promettez de m'envoyer dans peu de temps toutes celles qui se pourront faire, sur quoi j'ai seulement à vous prier qu'on ne se hâte point : car ceux qui ne prendront pas garde à tout, et se seront contentés de lire la seconde méditation pour savoir ce que j'écris de l'âme, ou la troisième pour savoir ce que j'écris de Dieu, m'objecteront aisément des choses que j'ai déjà expliquées. Je vous prie, en l'endroit où j'ai mis *juxta leges logicæ meæ*, de mettre au lieu *juxta leges veræ logicæ* : c'est environ le milieu de mes réponses *ad Cæterum*, où il m'objecte que j'ai emprunté mon argument de saint Thomas ; et ce qui me fait ajouter *meæ* ou *veræ* au mot *logicæ*, est que j'ai lu des théologiens qui, suivant la logique ordinaire, *quærunt prius de Deo quid sit, quam quæsiverint an sit*. Vous avez raison qu'où j'ai mis *quod facultas ideam Dei in se habendi esse non posset in nostro intellectu, si ille,* etc., au lieu de *ille* il vaut mieux dire *hic;* c'est environ la quatrième ou cinquième page de ma réponse aux objections, et il est bon aussi de mettre *sui causam* au lieu *de causam* en la ligne suivante, comme vous remarquez. Pour ce que je mets ensuite que *nihil potest esse in me, hoc est in mente, cujus non sim conscius*, je l'ai prouvé dans les Méditations, et il suit de ce que l'âme est distincte du corps, et que son essence est de penser. Pour la période où vous trouvez de l'obscurité, que ce qui a la puissance de créer ou conserver quelque chose séparé de soi-même, a aussi à plus forte raison la puissance de se conserver, etc., je ne vois guère de moyen de la rendre plus claire, sans y ajouter beaucoup de paroles qui n'auroient pas si bonne grâce en une chose dont je n'ai touché qu'un mot en passant. Il est bon où je parle *de infinito* de mettre, comme vous dites, *infinitum, quatenus infinitum est, nullo modo a nobis comprehendi;* le monde *fortasse limitibus caret ratione extensionis, sed non ratione potentiæ, intelligentiæ,* etc. *Et sic non omni ex parte limitibus caret.* Un peu après on peut mettre, comme vous dites, *qua de re nullum dubium esse potest*, après le mot *aliquid reale*, en l'enfermant entre deux parenthèses; mais il ne me semble pas obscur de la façon qu'il est, et on trouvera mille endroits dans Cicéron qui le sont plus.

Il me semble bien clair qu'*existentia possibilis continetur in omni eo quod clare intelligimus, quia ex hoc ipso quod clare intelligimus, sequitur illud a Deo posse creari.* Pour le mystère de la Trinité, je juge avec saint Thomas qu'il est purement de la foi, et ne se peut connoître par la lumière naturelle ; mais je ne nie point qu'il n'y ait des choses en Dieu que nous n'entendons pas, ainsi qu'il y a même en un triangle plusieurs propriétés que jamais aucun mathématicien ne connoîtra, bien que tous ne laissent pas pour cela de savoir ce que c'est qu'un triangle. Il est certain qu'il n'y a rien dans l'effet *quod non contineatur formaliter vel eminenter in causa* EFFICIENTE *et* TOTALI, qui sont deux mots que j'ai ajoutés expressément : or le soleil ni la pluie ne sont point la cause totale des animaux qu'ils engendrent. J'achevois ceci lorsque j'ai reçu votre dernière lettre, qui me fait souvenir de vous prier de m'écrire si vous avez su la cause pourquoi vous ne recûtes pas ma Métaphysique au voyage que je vous l'avois envoyée, ni même sitôt que les lettres que je vous avois écrites huit jours après, et si le paquet n'avoit point été ouvert, car je l'avois donné au même messager. Je vous remercie du *majorem* que vous avez changé en *majus*, comme il falloit. Je ne m'étonne pas qu'il se trouve de telles fautes en mes écrits ; car j'y en ai souvent rencontré moi-même de telles, qui arrivent lorsque j'écris en pensant ailleurs; mais je m'étonne que trois ou quatre de mes amis qui ont lu cela ne m'avoient pas averti du solécisme. Je ne serai pas marri de voir ce que M. Morin a écrit de Dieu, à cause que vous dites qu'il procède en mathématicien, bien qu'*inter nos* je n'en puisse beaucoup espérer, à cause que je n'ai point ci-devant ouï parler qu'il se mêlât d'écrire de la sorte, non plus que l'autre imprimé à La Rochelle. M. de Z. est de retour, et si vous lui envoyez cela avec le discours de l'Anglois [1], je les pourrai recevoir par lui, pourvu toutefois qu'il soit prié de me les envoyer promptement, car il a tant d'autres affaires qu'il les pourroit oublier. Au reste, réservé ce qui touche ma Métaphysique, à quoi je ne manquerai pas de répondre sitôt que vous me l'aurez envoyé, je serai bien aise de n'avoir que le moins de divertissements qu'il se pourra, au moins pour cette année, que j'ai résolu d'employer à écrire ma Philosophie en tel ordre qu'elle puisse aisément être enseignée; et la première partie que je fais maintenant contient quasi les mêmes choses que les Méditations que vous avez, sinon qu'elle est entièrement d'autre style, et que ce qui est mis en l'un tout au long, est plus abrégé en l'autre, *et vice versa*.

Je crois n'avoir plus rien à répondre au père B. [2],

[1] Thomas Hobbes.
[2] Bourdin.

sinon que pour ce qu'il met que d'autres des leurs pourroient encore me réfuter devant leurs disciples, sans m'apprendre leurs réfutations, faute d'avoir lu le lieu de la Méthode où je les en prie, je tiens cela pour une défaite, et je vous assure que si je puis apprendre qu'aucun d'eux me fasse injustice, je le saurai faire éclater en bon lieu, et il faudra que je tâche d'avoir ce qu'il dicte maintenant touchant la réflexion à ses disciples. Pour le billet du père Gib.[1], je n'y réponds aussi encore rien ; car puisqu'il veut m'écrire et faire voir mes Méditations à leur général, je dois attendre cela, et je serai bien aise qu'ils ne se hâtent point. Je vous souhaite une heureuse nouvelle année.

Je ne manquerai d'envoyer un transport à M. Soly, pour le privilége, sitôt qu'il en sera besoin, et aussi la copie du privilége si vous ne l'avez. Je crois que dans l'impression il me faudra nommer *Cartesius*, à cause que le nom François est trop rude en latin. Je prie Dieu pour les âmes de MM. Dounot et de Beaugrand ; mais pour M. de Beaune je prie Dieu qu'il le conserve, car, puisque vous n'avez point de nouvelles de sa mort, je ne la veux pas croire ni m'en attrister avant le temps, et je le regretterois extrêmement, car je le tiens pour un des meilleurs esprits qui soient au monde. Je suis, etc.

[1] Gibieuf.

AU R. P. MERSENNE.

(Lettre 52 du tome II.)

Mon révérend père,

Les glaces sont maintenant cause que notre messager arrive si tard, que je ne reçus il y a huit jours votre dernière, du troisième jour de l'an, qu'à l'heure même que l'ordinaire devoit retourner. J'ai été bien aise d'avoir les objections que vous m'avez envoyées, et je suis obligé à ceux qui ont pris la peine de les faire. La lettre qu'on vous avoit adressée pour moi vient de Rennes, de celui auquel j'avois ci-devant écrit, qui vous en adressera encore ci-après plusieurs autres si cela ne vous importune, car c'est un mien intime ami*, auquel j'ai résolu de laisser tout le soin des affaires que la mort de mon père me peut avoir laissées en ce pays-là, afin de n'être point obligé de partir d'ici que ma Philosophie ne soit achevée et imprimée.

---

* « Cette lettre est du 21 janvier ; car il y avoit huit jours que Descartes avoit reçu la lettre du P. Mersenne, du 3 de l'an, quand il écrivoit celle-ci ; or il falloit bien encore sept ou huit jours pour le chemin de la lettre. Donc celle-ci est du 21 janvier 1641. »

* « M. de la Villeneuve du Ronëxie. »

Je serai bien aise de recevoir encore d'autres objections des docteurs, des philosophes et des géomètres, comme vous me faites espérer; mais il sera bon que les derniers voient celles des premiers, et aussi celles qui m'ont déjà été envoyées, afin qu'ils ne répètent point les mêmes choses; et c'est, ce me semble, la meilleure invention qu'il est possible pour faire que tout ce en quoi le lecteur pourroit trouver de difficulté se trouve éclairci par mes réponses; car j'espère qu'il n'y aura rien en quoi je ne satisfasse entièrement avec l'aide de Dieu; et j'ai plus de peur que les objections que l'on me fera soient trop foibles, que non pas qu'elles soient trop fortes. Mais, comme vous me mandez de saint Augustin, je ne puis pas ouvrir les yeux des lecteurs, ni les forcer d'avoir de l'attention aux choses qu'il faut considérer pour connoître clairement la vérité, tout ce que je puis est de la leur montrer comme du doigt. M. de Zuyt. m'envoya hier le livre de M. Morin avec les trois feuilles de l'Anglois : je n'ai pas encore lu le premier; mais pour les dernières, vous verrez ce que j'y réponds. Je l'ai mis en un feuillet à part, afin que vous lui puissiez faire voir si vous le trouvez à propos; et aussi afin que je ne sois point obligé de répondre au reste de la lettre que je n'ai pas encore: car, entre nous, je vois bien qu'il n'en vaudra pas la peine; et puisque c'est un homme qui témoigne faire quelque état de moi, je serois marri de le désobliger. Je n'ai pas peur que sa philosophie semble la mienne, encore qu'il ne veuille considérer comme moi que les figures et les mouvements : ce sont bien les vrais principes, mais si on commet des fautes en les suivant, elles paroissent si clairement à ceux qui ont un peu d'entendement, qu'il ne faut pas aller si vite qu'il fait pour y bien réussir. Je prie Dieu qu'il vous conserve en santé : nous avons aussi eu ici plusieurs malades, et je n'ai été occupé tous ces jours qu'à en visiter et à écrire des lettres de consolation.

Je reviens à votre lettre du vingt-troisième décembre, à laquelle je n'ai pas encore fait réponse. Le passage de saint Augustin touchant ceci, à savoir, *que Dieu est ineffable*, ne dépend que d'une petite distinction qui est bien aisée à entendre : *Non possumus omnia quæ in Deo sunt verbis complecti, nec etiam mente comprehendere, ideoque Deus est ineffabilis et incomprehensibilis ; sed multa tamen sunt revera in Deo, sive ad Deum pertinent, quæ possumus mente attingere, ac verbis exprimere, imo etiam plura quam in ulla alia re, ideoque hoc sensu Deus est maxime cognoscibilis et effabilis.* Tout ce que vous proposez ici de la réfraction est très vrai, à savoir, que si la balle qui vient d'A[1] vers B perdoit en quelque point de la ligne AB tout le mouvement

---

[1] Figure 41.

qui la porte de gauche à droite, sans rien perdre de celui qui la porte de haut en bas, elle commenceroit en ce point-là à descendre à plomb; et que si elle perdoit tout le mouvement qui la porte de haut en bas sans perdre l'autre, elle iroit horizontalement de gauche à droite : car perdant ce mouvement, on perd aussi la détermination qui lui est jointe, mais la détermination se peut bien perdre sans mouvement.

Assurez-vous qu'il n'y a rien en ma Métaphysique que je ne croie être *vel lumine naturali notissimum, vel accurate demonstratum;* et que je me fais fort de le faire entendre à ceux qui voudront et pourront y méditer : mais je ne puis pas donner de l'esprit aux hommes, ni faire voir ce qui est au fond d'un cabinet à des gens qui ne veulent pas entrer dedans pour le regarder.

Je crois bien qu'*inter corpora physica* il n'y en a guère *quæ non atterantur una ab aliis, quia constant ex particulis variarum figurarum, et fieri potest ut aeris vel cujuslibet alterius tenuissimi corporis particula sit talis figuræ, et incurrat tali modo in particulam aeris, vel cujuslibet alterius corporis densissimi aut durissimi, ut in illam possit agere;* mais ce n'est pas à dire pour cela que *minima vis possit aliquantulum movere id quod maxime resistit;* et aussi *nullum corpus movet, nisi moveatur;* et votre instance de l'aimant ne presse pas ; car on peut dire que ce n'est pas lui immédiatement qui tire le fer, mais qu'il le fait par l'entremise de quelque matière subtile qui se meut pour lui : *sed et si hoc verum sit de corporibus, quis dixit illi authori idem esse de omni alia substantia? nempe nullam aliam agnoscit, sed in eo errat.* De dire que les pensées ne sont que des mouvements du corps, c'est chose aussi apparente que de dire que le feu est glace ou que le blanc est noir, etc., car nous n'avons point deux idées plus diverses du blanc et du noir que nous en avons du mouvement et de la pensée ; et nous n'avons point d'autre voie pour connoître si deux choses sont diverses ou une même que de considérer si nous en avons deux diverses idées ou une seule. Je ne serois pas marri de savoir qui vous a dit que j'avois ici des ouvriers : car bien que ce soit une chose si éloignée de la vérité qu'il n'y a personne qui me connoisse tant soit peu qui ne sache assez le contraire, je serois toutefois bien aise de savoir qui sont ceux qui se plaisent à mentir ainsi à mes dépens. Je suis marri de la mort du père Eustache, car encore que cela me donne plus de liberté de faire mes notes sur sa Philosophie, j'eusse toutefois mieux aimé le faire par sa permission, et lui vivant. Je vous prie d'assurer M. de Beaune que je suis extrêmement son serviteur, mais que je n'ai aucune espérance en ses verres concaves et convexes. Si je fusse allé en France l'été passé, comme je pensois, il eût été l'un des premiers que j'eusse été voir, car j'eusse pris mon chemin par Blois tout exprès, et peut-être que nous eussions pu aviser ensemble à quelque moyen pour les hyperboliques, plutôt en les rendant convexes des deux côtés; mais de faire un concave et un convexe, c'est une chose qui me semble trop difficile. Je n'ai pas le loisir d'achever ma réponse aux objections contre ma Métaphysique, ce qui me contraint d'attendre au prochain voyage à vous les envoyer. Je suis, etc.

A MONSIEUR ***[1].

(Lettre 107 du tome I.)

Monsieur,

Je viens d'apprendre la triste nouvelle de votre affliction, et bien que je ne me promette pas de rien mettre en cette lettre qui ait grande force pour adoucir votre douleur, je ne puis toutefois

---

[1] « Cette lettre est de M. Descartes à un gentilhomme qui avoit perdu son frère. Comme Descartes y dit qu'il avoit senti depuis peu la perte de deux personnes qui lui étoient très chères, on voit bien qu'il entend la mort de son père et de sa fille, arrivée sur la fin de 1640. C'est pourquoi je place cette lettre le 10 janvier 1641. »

m'abstenir d'y tâcher, pour vous témoigner au moins que j'y participe. Je ne suis pas de ceux qui estiment que les larmes et la tristesse n'appartiennent qu'aux femmes, et que pour paroître homme de cœur on se doive contraindre à montrer toujours un visage tranquille ; j'ai senti depuis peu la perte de deux personnes qui m'étoient très proches, et j'ai éprouvé que ceux qui me vouloient défendre la tristesse l'irritoient, au lieu que j'étois soulagé par la complaisance de ceux que je voyois touchés de mon déplaisir. Ainsi je m'assure que vous me souffrirez mieux si je ne m'oppose point à vos larmes, que si j'entreprenois de vous détourner d'un ressentiment que je crois juste; mais il doit néanmoins y avoir quelque mesure, et comme ce seroit être barbare de ne se point affliger du tout lorsqu'on en a du sujet, aussi seroit-ce être trop lâche de s'abandonner entièrement au déplaisir, et ce seroit faire fort mal son compte que de ne tâcher pas de tout son pouvoir à se délivrer d'une passion si incommode. La profession des armes en laquelle vous êtes nourri accoutume les hommes à voir mourir inopinément leurs meilleurs amis, et il n'y a rien au monde de si fâcheux que l'accoutumance ne le rende supportable. Il y a, ce me semble, beaucoup de rapport entre la perte d'une main et d'un frère : vous avez ci-devant souffert la première sans que j'aie jamais remarqué que vous en fussiez affligé, pourquoi le seriez-vous davantage de la seconde? Si c'est pour votre propre intérêt, il est certain que vous la pouvez mieux réparer que l'autre, en ce que l'acquisition d'un fidèle ami peut autant valoir que l'amitié d'un bon frère; et si c'est pour l'intérêt de celui que vous regrettez, comme sans doute votre générosité ne vous permet pas d'être touché d'autre chose, vous savez qu'il n'y a aucune raison ni religion qui fasse craindre du mal après cette vie à ceux qui ont vécu en gens d'honneur, mais qu'au contraire l'une et l'autre leur promet des joies et des récompenses. Enfin, monsieur, toutes nos afflictions, quelles qu'elles soient, ne dépendent que fort peu de raisons auxquelles nous les attribuons, mais seulement de l'émotion et du trouble intérieur que la nature excite en nous-mêmes; car lorsque cette émotion est apaisée, encore que toutes les raisons que nous avions auparavant demeurent les mêmes, nous ne nous sentons plus affligés. Or je ne veux point vous conseiller d'employer toutes les forces de votre résolution et constance pour arrêter tout d'un coup l'agitation intérieure que vous sentez, ce seroit peut-être un remède plus fâcheux que la maladie; mais je ne vous conseille pas aussi d'attendre que le temps seul vous guérisse, et beaucoup moins d'entretenir et prolonger votre mal par vos pensées; je vous prie seulement de tâcher peu à peu de l'adoucir, en ne regardant ce qui vous est arrivé que du biais qui vous le peut faire paroître le plus supportable, et en vous divertissant le plus que vous pourrez par d'autres occupations. Je sais bien que je ne vous apprends ici rien de nouveau, mais on ne doit pas mépriser les bons remèdes pour être vulgaires, et m'étant servi de celui-ci avec fruit, j'ai cru être obligé de vous l'écrire : car je suis, etc.

AU R. P. MERSENNE [1].

(Lettre 30 du tome III. Version.)

Mon révérend père,

J'ai lu une partie de la lettre qui vous a été envoyée d'Angleterre, que M. de Zuytlichem m'a fait la faveur de me prêter, et je me suis fort étonné de ce que celui qui l'a écrite, paroissant par son

---

[1] « Cette lettre est une réponse que Descartes fait aux objections qui venoient originairement de Thomas Hobbes, Anglois, et qui étant alors à Paris, les avoit formées à la sollicitation du P. Mersenne. Cette lettre n'est pas datée, mais comme dans la lettre 52 du tome II, datée du 21 janvier 1641, et adressée au P. Mersenne, Descartes lui marque qu'il lui envoie cette réponse, c'est une preuve évidente que cette réponse est du 21 janvier 1641. »

style homme d'esprit et savant, s'éloigne néanmoins de la vérité en tout ce qu'il propose de lui-même. Je ne répondrai point au commencement de sa lettre, où il parle de Dieu et de l'âme comme de choses corporelles, ni à ce qu'il dit de son esprit interne, et de beaucoup d'autres choses qui ne me touchent point : car bien qu'il dise que ma matière subtile soit la même chose que son esprit interne, je ne le puis néanmoins reconnoître; premièrement, parcequ'il veut que son esprit interne soit la cause de la dureté, quoique ma matière subtile au contraire soit plutôt la cause de la mollesse; et aussi parceque je ne vois pas par quel moyen cet esprit, qui de sa nature est très mobile, peut être si bien renfermé dans les corps durs qu'il n'en puisse jamais sortir, ni comment il se glisse et entre dans les corps mous, lorsqu'ils deviennent durs. Mais je viens aux raisons par lesquelles il tâche de réfuter ma Dioptrique. Premièrement, il dit que j'aurois parlé plus clairement, si, au lieu de dire la détermination, j'avois dit le mouvement déterminé, en quoi je ne suis pas de son avis : car encore bien que l'on puisse dire que la vitesse de la balle qui va d'A* vers B soit composée de deux autres vitesses, à savoir de celle d'A vers H, et de celle d'A vers C, j'ai cru néanmoins que je devois m'abstenir de cette façon de parler, de peur que par là l'on en vint à en-

* Figure 42.

tendre que, dans le mouvement ainsi composé, la quantité de ces vitesses, et la proportion de l'une à l'autre demeure, ce qui n'est nullement vrai : car si cela étoit, si nous supposions, par exemple, qu'une balle fut mue d'A vers la droite avec un degré de vitesse, et de haut en bas pareillement avec un degré, elle parviendra au point B avec deux degrés de vitesse, dans le même temps qu'une autre balle qui seroit aussi mue d'A vers la droite avec un degré de vitesse, et de haut en bas avec deux degrés, parviendra au point G avec trois degrés de vitesse, d'où il s'ensuivroit que la proportion de la ligne AB à la ligne AG seroit comme 2 à 3, laquelle toutefois est comme 2 à r. 10, etc.

Ce qu'il dit ensuite, à savoir, que la terre ôte ou fait perdre la vitesse qui portoit la balle en bas, est contre mon hypothèse; car j'ai supposé tout au contraire que la balle ne perdoit rien du tout de sa vitesse; et même contre l'expérience; car autrement une balle tombant perpendiculairement sur la terre jamais ne rejailliroit; je ne vois donc point que ma démonstration pèche en quoi que ce soit ; mais il s'est lui-même grandement trompé pour n'avoir pas distingué le mouvement d'avec la détermination ; car il est certain que le mouvement ne se doit en aucune façon diminuer, pour faire que la réflexion se fasse à angles égaux.

De plus, ce qu'il avance comme un principe, à

savoir que ce qui ne cède point à la moindre force ne peut être emporté par quelque force que ce soit, n'a aucune apparence de vérité: car qui croira, par exemple, que le bassin d'une balance chargé de cent livres cède tant soit peu au poids d'une livre qui est mis de l'autre côté, à cause qu'il cède et peut être enlevé par le poids de deux cents livres. Je demeure pourtant bien d'accord que la partie de la terre sur laquelle tombe une balle cède ou prête tant soit peu, comme aussi que la partie de la balle qui touche la terre se recourbe aussi quelque peu en dedans, et même de ce que la terre et la balle reprennent aussitôt après leur première situation, que cela est en partie cause du bond de la balle ; mais je soutiens que le bond qu'elle fait est toujours plus empêché de ce que la balle et la terre cèdent l'une et l'autre, qu'il n'est aidé par leur ressort ; et que de là l'on peut démontrer que la réflexion d'une balle, et des autres semblables corps qui ne sont pas entièrement durs, ne se fait jamais précisément à angles égaux ; mais cela se voit sans aucune démonstration par la seule expérience qui nous montre que les balles les plus molles ne rebondissent pas si haut ni par des angles si grands, que celles qui sont plus dures : d'où l'on voit combien vainement et inutilement il apporte pour raison de cette égalité des angles en la réflexion cette mollesse de la terre, vu principalement que de là il s'ensuivroit, que si la terre et la balle étoient si dures qu'elles ne pussent en aucune façon prêter ou se courber en dedans, il ne se feroit aucune réflexion, ce qui est incroyable et contre le sens commun; et cela fait voir aussi avec combien de raison j'ai supposé que la terre et la balle étoient parfaitement dures, afin de réduire la chose à un examen mathématique.

Il n'est pas plus heureux en ce qu'il dit touchant la réfraction [1], lorsqu'il distingue celle qui se fait quand le corps qui est mû parcourt les deux milieux, d'avec celle qui se fait quand il ne les parcourt pas; car l'une et l'autre se fait d'un même côté par un corps de même nature : et il n'a pas assez bien conçu ce que j'ai écrit touchant cela; car je ne dis pas que la lumière se répande plus facilement dans un milieu dense que dans un rare, mais qu'elle se transmet plus aisément dans un corps dur que dans un mou, soit que celui-ci soit plus rare ou plus dense que l'autre, à cause que dans un corps dur la matière subtile ne communique pas de son mouvement aux parois des pores dans lesquels elle se trouve; et j'ai de ceci l'expérience et la raison pour moi, tant en ce qui est de la lumière, qu'en ce qui est des autres corps sensibles et palpables; et l'exception qu'il apporte, tirée de l'âpreté d'un tapis, n'est aucunement considérable; car la même

[1] « Dans l'original de Labire : *reflexionem*. »

chose arrivera dans un tapis de soie ou de cuir, qui n'aura aucune âpreté. Pour ce qu'il dit avoir été démontré par un sien ami, je ne l'ai point vu, et partant je n'en puis rien juger; mais j'admire grandement qu'après cela il ajoute que ma démonstration n'est pas légitime, quoique néanmoins il n'apporte autre chose pour la combattre, sinon qu'il dit qu'elle contient des choses qui ne s'accordent pas avec l'expérience, lesquelles néanmoins y sont très conformes et sont très véritables.

Mais il semble n'avoir pas bien remarqué la différence qui est entre la réfraction d'une balle ou des autres corps qui tombent dans l'eau, et celle de la lumière, quoique néanmoins il y en ait deux fort considérables. La première est, que celle de la lumière se fait en approchant de la perpendiculaire, et l'autre tout au contraire en s'en éloignant; et bien que les rayons de la lumière passent plus facilement au travers de l'eau que de l'air, de la troisième partie ou environ de l'effort ou de l'impétuosité de leur mouvement, on ne doit pas pour cela s'imaginer qu'une balle doive se ralentir ou être retardée par l'eau de la troisième partie de sa vitesse, n'y ayant aucun rapport ou convenance entre ces deux choses. La seconde est, qu'une lumière foible et débile souffre une pareille réfraction dans l'eau qu'une lumière plus forte; mais il n'en est pas de même d'une balle, laquelle étant jetée dans l'eau avec grande force n'est pas retardée par elle d'une si grande partie de sa vitesse, que si elle étoit jetée avec une moindre force ; et partant ce n'est pas merveille s'il dit avoir expérimenté qu'un boulet de canon tiré à cinq degrés d'élévation étoit entré dans l'eau, et s'y étoit enfoncé au lieu de rejaillir, parcequ'alors peut-être ne s'étoit-il pas affoibli de la millième partie de sa vitesse. Il veut après cela faire accroire que j'aie supposé que toute la perte de la vitesse de la balle doit être imputée au mouvement de haut en bas, où au contraire j'ai toujours dit que cette perte devoit être imputée à tout le mouvement pris et considéré simplement. Et quant au moyen dont il se sert pour expliquer la cause de la réfraction, il est aisé de voir qu'il n'est pas fort exact, puisqu'il répugne manifestement à ce qu'il a dit auparavant avoir été démontré par son ami ; c'est à savoir qu'en la réfraction, comme le sinus de l'angle d'une inclinaison est au sinus de l'angle de l'autre inclinaison, ainsi le sinus de l'angle rompu en une inclinaison est au sinus de l'angle rompu en l'autre inclinaison ; car de son parallélogramme même il résulte tout une autre proportion entre les sinus que celle-là, et même une proportion fort irrationnelle. Je n'ai pas encore vu le reste de sa lettre, c'est pourquoi je ne puis ici y répondre. Je suis, etc.

AU R. P. MERSENNE.

RÉPONSE DE M. HOBBES A LA LETTRE PRÉCÉDENTE[1].

(Lettre 32 du tome III. Version.)

Mon révérend père,

J'ai bien du regret de ce que les difficultés que par votre ordre je vous avois proposées dans ma dernière n'ont pu plaire à M. Descartes, tant parceque je fais beaucoup d'estime de son esprit, que parceque je ne vois encore aucune raison pourquoi je doive changer ce qu'il reprend en ce que je vous ai écrit; et sans mentir je me corrigerois fort volontiers de mes fautes, si je pouvois reconnoître en quoi je me suis trompé; car jusques ici je n'ai encore rien donné au public, qui me puisse obliger à les défendre avec opiniâtreté, pour soutenir parlà en quelque façon mon honneur. Toutefois, afin que l'estime quelle qu'elle soit que vous pouvez faire de moi ne soit point opprimée par l'autorité d'un si grand homme, j'ai cru que je devois répondre ici, avec toute la clarté et la brièveté

[1] « Cette lettre est datée de Paris le 7 février 1641. »

qu'il m'est possible, aux objections qu'il vous a faites, selon l'ordre que vous me les avez envoyées.

Vous dites premièrement que M. Descartes ne reconnoît point que cet esprit interne que je suppose soit la même chose que sa matière subtile.

A quoi je réponds, que par cet esprit j'ai dit que j'entendois un corps subtil et fluide; or je ne vois pas quelle différence il y a entre un corps subtil et une matière subtile.

En second lieu, vous apportez les raisons qu'il a de ne le pas reconnoître, qui sont deux; la première, que je dis que cet esprit interne est la cause de la dureté, là où il veut que sa matière subtile soit la cause de la mollesse; la seconde, parcequ'il ne voit pas comment cet esprit, qui de sa nature est très mobile, peut être si bien renfermé dans les corps durs qu'il n'en sorte jamais, ni comment il y entre pour les rendre durs.

Mais je vous demande, mon révérend père (car c'est vous seul que je tâche maintenant de satisfaire), vous est-il impossible de concevoir que cet esprit fluide et subtil puisse avoir un tel mouvement et si prompt, que ses parties feront plus de résistance, ou céderont moins à notre attouchement et impulsion, que si ces mêmes parties étoient mues d'une autre façon et moins vite? Or qu'est-ce qu'un corps dur, sinon celui dont les parties, quand le tout subsiste, cèdent moins à l'effort du corps qui est poussé contre lui; et un corps mou, sinon celui dont les parties cèdent davantage? Que si cela est véritable, comme il le peut être (car j'ai seulement supposé cette diversité de mouvement dans les esprits comme une chose possible), il s'ensuivra que le même corps subtil, ou la même matière subtile, sera la cause de la dureté et de la mollesse, selon qu'elle se mouvra plus ou moins vite, et d'une certaine ou différente façon. Par conséquent la première raison qu'il allègue pour nier que cet esprit interne soit la même chose que sa matière subtile, fait plutôt voir la volonté que la raison qu'il a de contredire. Quant à la seconde, c'est à savoir, qu'il ne voit pas comment cet esprit, qui de sa nature est très mobile, peut être si bien renfermé dans les corps durs qu'il n'en sorte jamais, ni comment il y entre pour les rendre durs, je dis qu'elle n'est pas non plus suffisante pour le porter à contredire, mais bien pour faire qu'il examine la chose de plus près et avec plus de soin; car je n'ai pas dit que les corps devenoient durs par l'entrée de ces esprits, ni qu'ils devenoient mous par leur sortie, mais que ces esprits subtils et liquides pouvoient, par la véhémence de leur mouvement, constituer des corps durs comme des diamants, et par leur lenteur pouvoient en constituer de mous, comme de l'eau ou de l'air. Or cette hypothèse, qui, pour rendre raison de la dureté, suppose dans les corps durs plus de véhémence dans le mouvement des esprits que non pas dans les autres, ne me semble pas inférieure à celle de M. Descartes, qui la fait consister dans de certains entrelacements et entortillements de ses atomes, par le moyen desquels les parties des corps durs demeurent jointes et attachées les unes aux autres. Car si quelqu'un lui demandoit par quels liens et par quels nœuds les parcelles de ces plus grosses parties qu'il suppose être dans les corps durs se joignent ensemble, je m'assure qu'il auroit de la peine à répondre, et qu'il ne pourroit trouver un meilleur moyen pour se démêler d'une semblable question, qu'en supposant un certain mouvement de la matière subtile dans ces atomes mêmes qu'il dit être les plus petits.

En troisième lieu, vous dites qu'il ne demeure pas d'accord qu'il eût parlé plus clairement, si, au lieu de dire la détermination, il avoit dit le mouvement déterminé, et voici sa raison. Car, dit-il, encore bien que l'on puisse dire que la vitesse de la balle qui va d'A vers B soit composée de deux autres vitesses, à savoir, de celle d'A vers H, et de celle d'A vers C, j'ai cru néanmoins que je devois m'abstenir de cette façon de parler, de peur que l'on ne vînt à entendre par là, que la quantité de ces vitesses et la proportion de l'une à l'autre, demeurent dans le mouvement ainsi composé, ce qui n'est nullement vrai. Car si cela étoit, si nous supposions par exemple qu'une balle fût mue d'A vers la droite avec un degré de vitesse et de haut en bas pareillement avec un degré, elle parviendra au point B avec deux degrés de vitesse, dans le même temps qu'une autre balle qui seroit aussi mue d'A vers la droite avec un degré de vitesse, et de haut en bas avec deux degrés, parviendra au point G avec trois degrés de vitesse. D'où il s'ensuivroit que la proportion de la ligne AB à la ligne AG seroit comme 2 à 3, laquelle toutefois est comme 2 à r. 10.

Je réponds à cela, que puisque M. Descartes confesse qu'on peut dire que la vitesse de la balle qui va d'A vers B est composée de deux autres, à savoir de celle d'A vers H, et de celle d'A vers C, il devoit aussi confesser que cela est vrai, puisqu'il dit lui-même qu'un philosophe ne peut rien dire en bonne philosophie qui ne le soit. Mais il s'est abstenu de cette façon de parler, parceque de là il semble, dit-il, qu'on en peut conclure une chose fausse; c'est à savoir, que la raison de la ligne A B à la ligne AG n'est pas comme 2 à r. 10, mais comme 2 à 3. Toutefois je ne vois pas qu'en cela il ait eu raison : car si c'est à tort qu'on en infère cette fausseté, il ne devoit pas se mettre en peine des paralogismes dans lesquels les autres pouvoient tomber. Aussi je ne puis croire que ce soit cela qui l'ait empêché de s'en servir; c'est plutôt qu'il a cru lui-même qu'on en pouvoit véritablement tirer cette conséquence; car on voit en effet qu'il la tire, mais par un faux raisonnement, ainsi que je vais vous faire voir. Car bien que nous supposions qu'une balle soit mue d'A vers la droite avec un degré de vitesse, et de haut en bas avec aussi un degré, ce n'est pas à dire qu'elle parvienne en B avec deux degrés de vitesse; de même si elle est mue vers la droite avec un degré de vitesse, et de haut en bas avec deux degrés, elle ne parviendra pas en G avec trois degrés de vitesse, comme il le prétend ou le suppose. Et pour le prouver, supposons les deux lignes droites AB, AC, inclinées l'une vers l'autre en sorte qu'elles fassent un angle droit, et que la vitesse d'A vers B soit à la vitesse d'A vers C comme AB est à AC, ces deux vitesses composent la vitesse qui est de B[1] vers C. Je dis que la vitesse de B vers C, est à la vitesse d'A vers C, ou bien à celle d'A vers B, comme la droite BC est à la droite AC, ou AB. Maintenant du point A soit menée la ligne AD perpendiculaire à BC, et par le même point soit menée la ligne FAE, parallèle à la même ligne BC; puis des points B et C soient abaissées sur FE les perpendiculaires BF, CE; puis donc

[1] Figure 43.

que le mouvement d'A vers B est composé des deux mouvements d'F vers A et d'F vers B, le mouvement composé AB ne contribuera pas plus de vitesse au mouvement de B vers C, que lui en peuvent contribuer les deux dont il est composé, à savoir FA et FB. Mais celui de FB ne contribue rien au mouvement de B vers C, car il est déterminé vers le bas, et ne tend point du tout de B vers C. Il n'y a donc que celui de FA qui sert au mouvement de B vers C. De même on prouvera que le mouvement AC ne contribue au mouvement de D vers C que par celui de AE. Mais la vitesse que le mouvement AB tire de celui de FA, et par laquelle le mouvement AB contribue à celui de B vers C, est à la vitesse totale d'AB, comme FA ou BD est à AB. De même la vitesse que AC tire d'AE est à la vitesse totale d'AC comme AE ou DC est à AC. Par conséquent les deux vitesses qui contribuent au mouvement de B vers C, jointes ensemble, sont à la seule vitesse qui est AG, ou à celle qui est en AB, comme la toute BC est à la ligne AC ou AB. Et partant, en la figure précédente, les vitesses d'AB, AG seront entre elles comme les lignes mêmes AB, AG; c'est-à-dire comme r 2 à r 5, ou bien comme r 4 à r 10, ou enfin comme 2 à r 10, et non pas comme 2 à 3; ce qui montre que cette absurdité ne suit nullement de cette façon de parler, ainsi que le croyoit M. Descartes. Et, par là, vous voyez, mon révérend père, combien il est facile aux plus savants mêmes de tomber quelquefois en paralogisme par la trop grande confiance qu'ils ont en leur capacité.

En quatrième lieu, vous me mandez qu'il dit que je ne devois pas dire que la terre faisoit perdre la vitesse de la balle, parcequ'il avoit supposé le contraire, et que cela est contre l'expérience; autrement une balle tombant perpendiculairement sur la terre jamais ne rejailliroit.

Je réponds que dans ma lettre je n'ai point du tout changé ou détruit son hypothèse, mais j'ai dit que lui-même l'avoit renversée, et partant qu'il n'avoit pas dû s'en servir (car, quant à mon opinion, j'estime que le mouvement ne se peut perdre ou ôter ni pourtant diminuer). Mais afin que vous puissiez juger vous-même s'il a détruit ou non son hypothèse, servons-nous de sa figure. Il suppose qu'A[1] se meut vers B, et qu'il va toujours d'égale vitesse, mais néanmoins qu'il ne suit pas toujours la même détermination, c'est-à-dire que le mobile va toujours aussi vite, mais qu'il ne va pas toujours par le même chemin ou par la même ligne de direction; je lui accorde. De plus, il dit que la détermination qui fait que le mobile va d'A vers B, est composée de deux autres, dont l'une le porte en bas, à savoir d'A vers C, et l'au-

[1] Figure 44.

tre vers la droite ou d'A vers H; je lui accorde aussi.
De là, il croit prouver que le mouvement qui a
fait aller la balle d'A jusqu'à B, la doit après cela
faire aller de B vers F par l'angle FBE égal à l'angle
ABC sans changer ou détruire son hypothèse; et
c'est ce que j'ai nié. Car quand la balle qui se
meut d'A vers B sera parvenue au point B, elle
doit perdre la détermination qu'elle avoit d'aller
en bas, c'est-à-dire d'AH vers CB; il lui reste donc
la détermination qu'elle avoit d'aller vers la droite,
ou d'AC vers HB; or, selon lui, elle retient toujours
le même degré de vitesse qu'elle avoit au commencement, elle ira donc dans le même temps au point
G de la circonférence du cercle AFG. Il a donc dû
montrer que la balle retenant toute la vitesse
qu'elle avoit quand elle s'est mue d'A vers B, il
étoit impossible qu'elle allât plus loin dans la détermination vers la droite que jusques en E, ce
qu'il n'a pu faire sans prendre cette détermination
d'A vers H ou vers la droite pour un mouvement.
Aussi y a-t-il de l'apparence qu'il l'a prise pour un
mouvement, puisque, dans la démonstration qu'il
apporte, il lui attribue la quantité; car la détermination ou le chemin que suit la balle n'a point
de quantité, sinon en tant que selon ce chemin
elle décrit une ligne d'une telle ou telle longueur.
Or maintenant, si ces deux terminations, l'une perpendiculaire et l'autre latérale, sont des mouve-

ments, il est manifeste que quand la balle est parvenue au point B, elle perd cette partie de son mouvement qui la portoit d'A vers C, et partant après avoir rencontré la terre au point B elle va moins vite qu'elle n'alloit auparavant; ce qui renverse entièrement son hypothèse. Quant à ce qu'il ajoute, qu'il est contre l'expérience que la terre fasse perdre la vitesse qui portoit la balle en bas, puisque nous voyons que les corps qui tombent perpendiculairement sur la terre rejaillissent aussi perpendiculairement, je m'étonne comme il prétend que l'expérience nous puisse apprendre, savoir, si la réflexion qui se fait vers la perpendiculaire vient de ce que le mouvement ne se perd point, ou bien de ce qu'il se restitue par la force du ressort; car ce même effet se peut faire de ces deux manières. Et je demeure d'accord que l'expérience nous apprend que la réflexion se fait à angles égaux, mais elle ne nous apprend pas par quelle cause.

En cinquième lieu, vous dites que M. Descartes demeure volontiers d'accord que la partie de la terre sur laquelle tombe la balle cède tant soit peu, et que l'endroit de la balle qui touche la terre se courbe aussi un peu en dedans, et que l'une et l'autre, savoir la balle et la terre, se restituent en leur premier état, et que néanmoins il lui semble que cet axiome, à savoir, *ce qui ne cède point à la* moindre force ne peut être emporté par quelque force que ce soit, n'a aucune apparence de vérité.

Réponse. J'avois pourtant montré que si cette moindre force ne fait tant soit peu céder le corps contre lequel elle heurte ou qu'elle rencontre, le double de cette même force ne sera pas suffisant, à cause que deux fois rien ce n'est rien ; et ainsi multipliez cette force tant qu'il vous plaira, ce ne sera toujours rien : ce qui sans doute est une démonstration dont il ne nous a point fait voir le vice. Mais il se contente de dire que cela répugne à l'expérience, parceque, si vous mettez dans une balance cent livres, ces cent livres seront mues et emportées par deux cents livres que vous mettrez de l'autre côté, et ne le seront point par une livre; comme si j'avois dit que la moindre force suffit pour mouvoir de sa place non seulement la partie qu'elle heurte et qu'elle touche, mais aussi tout le corps qui est attaché à cette partie. Quand il demeure d'accord que la partie de la terre que rencontre la balle cède quelque peu à son effort, entend-il que toute la terre change de place ? Je ne le crois pas. Pourquoi donc ne sera-ce pas assez, pour la preuve de ma proposition, de dire que de même que la terre est pressée et enfoncée en partie par l'effort d'une balle qu'on a jetée contre, de même aussi le fléau d'une balance est un peu tiré et déprimé ou abaissé en partie par le poids d'une balle qui y est suspendue. Et de même que la force dont une balle est poussée contre la terre, étant multipliée, suffit pour mouvoir toute la terre; de même aussi la force du poids d'une livre ou d'une balle, ou si vous voulez même d'une plume, étant multipliée, suffit pour enlever le poids de cent livres.

En sixième lieu, quant à ce que vous dites qu'il soutient que le bond ou le rejaillissement d'une balle est toujours plus empêché de ce que la balle et la terre cèdent l'une à l'autre, qu'il n'est aidé par leur ressort; et que de là, l'on peut démontrer que la réflexion d'une balle, et des autres semblables corps qui ne sont pas tout-à-fait durs, ne se fait jamais précisément à angles égaux : je réponds que cela est vrai à l'égard d'une balle et des autres semblables corps; parceque, non seulement leur vitesse est continuellement diminuée par la pesanteur, mais aussi parceque les corps sur lesquels ils tombent ne récompensent jamais parfaitement la perte de cette vitesse; c'est pourquoi quand je me suis servi de l'exemple d'une balle pour le rapporter à la réflexion que fait la lumière, je supposois que son mouvement ne se diminuoit point en allant, et que celui qu'elle perdoit à la rencontre du corps qui lui faisoit résistance lui étoit entièrement restitué. Mais quant à la lumière dont le mouvement n'est point empêché ou diverti ni par la pesanteur ni par la légéreté, et dont la matière est très mobile, et partant dont tout le mouvement peut très aisément être restitué par le corps qui lui fait résistance, il est évident que l'égalité des angles d'incidence et de réflexion peut aisément être expliquée par ce ressort des corps.

En septième lieu, il dit que c'est vainement et inutilement que j'apporte pour raison de l'égalité des angles de réflexion cette mollesse de la terre, vu principalement que de là il s'ensuivroit que, si la terre et la balle étoient si dures qu'elles ne pussent en aucune façon se plier ou courber en dedans, il ne se feroit aucune réflexion; ce qui est, dit-il, incroyable et contre le bon sens. Je réponds premièrement, que je n'attribue point la réflexion à la mollesse de la terre, non plus qu'à celle du verre ou de l'acier; mais que l'expérience m'a appris que plus les corps qui se rencontrent sont durs, et plus forte est la réflexion, pourvu que leur dureté ne soit pas actuellement infinie (ce qui est impossible); car si leur dureté n'est pas actuellement infinie, elle cèdera à quelque force, et partant aussi à la moindre comme j'ai montré ci-devant; or les choses dures, plus dures elles sont, et plus fortement elles se restituent et font ressort, c'est pourquoi la réflexion en est d'autant plus grande ou plus forte. Que si quelqu'un vouloit supposer que la dureté fût actuellement infinie (ce que je tiens impossible), tant de la part du corps qui en rencontre un autre que de la part de celui qui est rencontré, jamais personne ne pourra connoître par expérience s'il se feroit réflexion ou non. Car, par exemple, que le corps qui descend par la ligne AB[1] soit infiniment dur, et que celui sur lequel il descend, et qu'il rencontre au point B le soit aussi, quelle raison peut-il y avoir pourquoi il ne s'arrête pas en B, ou pourquoi (posé qu'il se puisse rompre) une partie ne se mouvra pas par la ligne BC, et l'autre par la ligne BD? Que s'il tombe obliquement sur CD par la ligne EB, qui empêche (posé qu'il se rompe) qu'une partie, et peut-être la plus grande, ne s'en aille par BC, et que la moindre aille par BD? car, de ce que nous voyons que cela se fait autrement, cela peut venir de ce qu'il n'y a point de corps qui soient infiniment durs.

En huitième lieu, quant à ce que vous dites qu'il n'approuve pas la distinction que j'ai apportée entre la réfraction des corps qui parcourent les deux milieux, comme quand une balle va et passe de l'air dans l'eau, et celle de ceux qui ne les parcourent point, à cause dit-il, qu'aux uns et aux autres la réfraction se fait vers le même endroit quand les corps sont de même genre; je réponds que je ne conçois pas bien quels sont les corps qu'il range sous un même ou sous un dif-

[1] Figure 45.

férent genre. Pour moi, je conçois deux différentes sortes de propagation du mouvement, quoique dans un même genre de corps. Car, par exemple, une balle peut rompre le corps dur qu'elle parcourt, et se faire passage au travers, et alors je dis que le chemin de la balle se rompt dans le corps dur en s'éloignant de la perpendiculaire; ou bien la même balle peut être repoussée par la dureté du corps où elle passe, en sorte néanmoins que le mouvement se répand et se continue successivement dans toute l'épaisseur de ce corps (ainsi que le mouvement se répand dans toute la cloche quand elle est frappée par un marteau, ou bien comme la lumière se répand quand elle passe dans un corps plus dur que celui d'où elle venoit); et alors j'ai dit que la réfraction se fait vers la perpendiculaire. Or M. Descartes n'a point réfuté cette distinction, et partant je ne dois point la changer s'il ne m'apporte quelque raison ou expérience au contraire : car pour les suppositions qu'il avance touchant les parois des pores par où la lumière passe, et touchant le plus ou moins de vitesse dans un corps dur que dans un mou, ou dans un dense que dans un rare (car je ne sais pas bien encore lequel des deux je dois dire, jusqu'à ce qu'il nous ait donné ses définitions du corps dur et du corps mou, comme aussi celles du dense et du rare, ce qu'il n'a point encore fait dans les écrits qu'il nous a donnés), elles ne sont rien moins à mon avis que des démonstrations, puisqu'elles n'en suivent pas les règles et la méthode.

En neuvième lieu, vous dites que M. Descartes n'estime pas que j'aie rien dit contre sa démonstration touchant la réfraction, laquelle pourtant j'avois condamnée, et qu'il lui semble que je n'ai pas pris garde à la différence qui est entre la réfraction d'une balle et des autres corps qui tombent ou entrent dans l'eau, et celle de la lumière. Je réponds que j'ai fort bien remarqué cette distinction; je l'ai même rapportée et soutenue en l'article précédent contre M. Descartes qui l'avoit condamnée. Maintenant de savoir si je n'ai rien dit contre son explication de la réfraction, c'est à vous, mon révérend père, à en juger, vous qui avez ma lettre entre les mains. Il confesse pourtant que je lui ai objecté quelque répugnance de son hypothèse avec l'expérience, et cela n'est pas peu de chose; cependant il n'y répond point. J'ai à la vérité observé dans les fleuves que l'eau alloit plus vite entre les bateaux qu'aux autres lieux où elle est libre et où elle n'est point empêchée; mais cet exemple ne se peut appliquer à notre question, parceque dans les fleuves le mouvement plus rapide de l'eau qui coule entre des bateaux vient de son élévation; et comme elle est en ces lieux-là plus chargée qu'ailleurs, sa pesanteur lui donne du mouvement et de la vitesse; ce qui ne peut arriver à la matière subtile qui coule dans les pores des corps durs ; car il ne se fait là aucune élévation, et cette matière subtile n'a point de pesanteur. De même quand un corps pesant se meut plus lentement sur un tapis de soie que sur une table de marbre, cela vient de ce que les parties de devant du tapis, qui sont élevées, s'opposent au corps pesant qui les touche et qui les presse, et empêchent le mouvement du tout, à cause de l'union et de la consistance de ses parties; mais cela ne peut arriver à la matière subtile qui est fort fluide et qui n'a point de pesanteur : ajoutez à cela qu'un corps plat se meut plus facilement sur un tapis de soie, du sens que ses petits poils sont couchés, que de l'autre, pourvu que l'extrémité du corps qui est mû soit tant soit peu élevée au-dessus de l'extrémité du tapis, et que ses petits poils ne fassent point d'effort pour se restituer en leur situation : tous lesquels empêchements ne se rencontrent point dans le mouvement de la matière subtile lorsqu'elle coule dans les pores des corps durs.

En dixième lieu, M. Descartes se plaint, dites-vous, que je lui veux faire accroire qu'il a imputé toute la perte de la vitesse au mouvement d'en bas, là où au contraire il a toujours très constamment dit que cette perte se doit imputer à tout le mouvement considéré simplement.

Réponse. J'avoue qu'il a dit en termes exprés qu'il falloit imputer cette perte à tout le mouvement; mais ayant dit dans le premier exemple qu'il a apporté que la seule détermination perpendiculaire, et non la latérale ou vers la droite, étoit diminuée par la rencontre de la toile, il a dit par conséquent que tout le mouvement perpendiculaire étoit diminué : car la détermination le peut être, si par elle l'on n'entend le mouvement. Par conséquent, il n'a pas toujours constamment dit que la perte du mouvement se devoit imputer à tout le mouvement simplement pris. Si donc il se trouve avoir dit l'une et l'autre de ces deux choses contradictoires, il ne doit pas trouver mauvais si je lui en attribue l'une, et ce n'est point lui rien imposer ou attribuer à faux : de plus, s'il impute toute la perte de la vitesse à tout le mouvement, et s'il n'en impute aucune au mouvement latéral ou vers la droite, il faut par nécessité qu'il impute toute cette perte au seul mouvement perpendiculaire.

Vous voyez, si je ne me trompe, mon révérend père, par toutes ces réponses, qu'il ne m'a pas été difficile de répondre clairement et brièvement néanmoins à toutes ses objections ; d'où il est manifeste que cet homme savant et qui a beaucoup d'esprit, soit par négligence ou par prévention, n'a pas donné assez d'attention aux choses que j'avois écrites : je veux bien pourtant que vous lui fassiez voir le reste du contenu en cette même lettre, qui concerne la réfraction ; car il verra par là que le parallélogramme dont je me suis servi pour expliquer la réfraction de la balle n'appartient point du tout à la réfraction de la lumière, comme il s'imagine. Pour ce qui est de cette démonstration de mon ami, si elle ne s'est perdue par l'accident que vous savez, j'espère l'avoir la semaine prochaine : si je l'ai, je vous la ferai voir, et je n'empêcherai point aussi que M. Descartes ne la voie. J'admire la force de son esprit, mais je souhaiterois qu'il apportât aux choses un peu plus de diligence, et si par votre moyen j'étois si heureux qu'il la voulût employer à lire mes ouvrages, il n'y a personne à la censure de qui je voulusse plus volontiers les soumettre. Je suis, etc.

AU R. P. MERSENNE[*].

(Lettre 34 du tome III. Version.)

Mon révérend père,

Quoique j'espérasse que ce que j'avois dernièrement répondu au commencement d'un certain écrit qui vous avoit été envoyé par un savant anglois me dût délivrer de la peine de répondre au reste, toutefois, parceque j'en viens de recevoir tout maintenant de la part de votre révérence les huit dernières feuilles, et que j'apprends en même temps qu'il y en a quelques uns de ceux que l'on met au rang des doctes qui tiennent pour de vraies et légitimes démonstrations ce qui est contenu dans cet écrit, et qui est contraire à ce que j'ai publié depuis quelque temps touchant les réfractions, je pense qu'il est de mon devoir de faire voir ici en peu de mots par quelles marques on peut recon-

[*] « Descartes reçut à Leyde les trois premiers feuillets qui contenoient les premières objections de M. Hobbes, le 20 janvier; il y répondit le 21. Il y a apparence que, vers le 7 ou 8 février, il reçut le reste, auquel il fit la réponse qui fait la 33e et la 34e; c'est pourquoi je fixe cette lettre en réponse au 8 février 1641. »

noître, ce qui doit être pris en cette matière pour du verre ou pour des diamants.

A la fin de la troisième feuille, il se sert d'une raison très frivole pour réfuter ce que j'ai écrit dans la page 19 de la Dioptrique: *car*, dit-il, *il s'ensuivroit qu'une balle auroit la connoissance des lois de la géométrie;* comme si de ce qu'une chose se fait dans la nature selon les lois de la géométrie, il s'ensuivoit pour cela qu'il y eût de l'entendement ou de la connoissance dans les corps où ces lois s'exécutent. Pour moi, j'ai toujours cru que c'étoit assez pour montrer ce qui se feroit, que de faire voir que les lois de la géométrie nous enseignoient qu'une telle chose se devoit faire; et il ne dit rien du tout ici de nouveau, mais seulement il explique un peu plus au long la même chose que j'ai dite, en disant que lorsque l'inclination est grande, la résistance de l'eau est plus forte que l'impulsion vers le bas, ce que j'avois négligé d'expliquer comme une chose que tout le monde peut facilement concevoir: mais cependant l'explication qu'il en a faite le jette par ses principes mêmes dans une grande difficulté: savoir est, comment, selon ses principes, la balle rejaillit à la rencontre de l'eau; car dira-t-il que cela se fait à cause que la superficie de l'eau se courbe comme fait un arc, et qu'en reprenant sa première situation elle repousse la balle?

Dans tout le reste, il ne traite que de la réfraction;

et dans la première hypothèse il suppose une chose fausse, à savoir, que toute action est un mouvement local : car, par exemple, lorsqu'étant appuyé sur un bâton je presse la terre, l'action de ma main est communiquée à tout le bâton et passe jusqu'à la terre, encore que nous supposions que ce bâton ne se meuve point du tout, non pas même insensiblement, comme il suppose un peu plus bas.

Pour sa cinquième hypothèse, à savoir, que l'air résiste moins au mouvement de la lumière que ne fait l'eau ou le verre, il ne la prouve point ; et je demande ici à qui de nous deux on doit ajouter plus de créance, ou à lui qui n'apporte aucune raison de ce qu'il avance, ou à moi qui ai démontré le contraire dans ma Dioptrique. Et l'on ne doit pas s'imaginer qu'il y ait en cela quelque vraisemblance de ce que l'air résiste moins au mouvement de nos mains que ne fait l'eau ou le verre ; car l'action de la lumière n'est pas dans le corps de l'air et de l'eau, mais dans une matière très subtile qui est contenue dans leurs pores.

Je veux ici vous avertir par occasion que quand, dans ma lettre précédente, j'ai dit que la lumière se transmet ou se répand plus facilement dans les corps durs que dans les mous, cela se doit entendre de telle sorte, que cette dureté ne se rapporte pas à l'attouchement de nos mains, mais seulement au mouvement de la matière subtile, de peur que peut-être quelqu'un ne se persuade qu'il s'ensuit de là que la réfraction doit être bien plus grande dans le verre que dans l'eau; car, bien que le verre soit beaucoup plus dur que l'eau au respect de nos mains, toutefois il ne résiste guère davantage au mouvement de la matière subtile.

La première proposition est tout-à-fait imaginaire, et sa preuve se détruit, de ce qu'il se sert pour la prouver de sa première hypothèse, qui a déjà été réfutée.

Si dans sa seconde proposition, au lieu de dire que la balle est *rejetée*, on dit qu'elle est *repoussée*, en sorte que cela s'entende seulement de l'impulsion, et non pas du mouvement, cette proposition est vraie, et n'est point différente de la mienne.

Ce qu'il dit dans la troisième, touchant la systole, se détruit entièrement par ce qui a déjà été dit, comme aussi ce qu'il avance dans son corollaire touchant l'inclination à se mouvoir, qu'il veut être un mouvement, et cela par une fort belle raison, à cause, dit-il, que le principe du mouvement est un mouvement, car qui a jamais dit que l'inclination à se mouvoir fût le principe ou la première partie du mouvement?

Dans la quatrième proposition il parle mal, quand il dit que le rayon est un espace solide; il auroit peut-être mieux parlé s'il eût dit que c'est une vertu ou une force répandue dans un espace solide ; mais il auroit encore mieux fait si, avec tous les opticiens, il l'eût considéré seulement comme une ligne; car par après il ne se sert que de la largeur de ce rayon, comme aussi de sa ligne de lumière, pour fonder et établir ses raisons imaginaires.

Mais sa principale erreur est dans l'explication de la cause physique de la réfraction des rayons; car celle qu'il en apporte est non seulement chimérique, mais aussi contraire aux lois de la mécanique. Elle est chimérique, parcequ'elle est fondée sur la largeur qu'il attribue gratuitement aux rayons, et que par après il leur ôte dans sa quatorzième proposition, et néanmoins il confesse qu'ils se rompent en même façon que s'ils en avoient; et aussi parceque, si cette cause étoit vraie, elle devroit plutôt avoir lieu dans le mouvement d'une balle que dans le rayon de lumière, ce qu'il a néanmoins nié auparavant, et qui est contre l'expérience : comme aussi la raison pour laquelle il a voulu ci-devant qu'une balle se rompît dans l'eau en s'éloignant de la perpendiculaire se peut mieux appliquer aux rayons de lumière ou du moins aussi bien qu'au mouvement d'une balle, car il n'y fait aucune mention du mouvement successif. La seconde cause physique qu'il apporte de la réfraction des rayons, dans laquelle il considère le mouvement successif d'un parallélogramme imaginaire, est contraire aux lois de la mécanique, tant parcequ'il suppose que le mouvement de la partie D [1] du parallélogramme ABCD est autant retardé par la superficie de l'eau EDF, lorsqu'elle commence à la pénétrer, qu'un peu après, lorsque plusieurs parties de la ligne CD sont enfoncées dans l'eau, que parcequ'il veut que la vitesse du mouvement soit augmentée au passage que fait le rayon d'un milieu plus dense dans un plus rare. Et néanmoins il ne sauroit donner aucune raison de cette augmentation; car on conçoit aisément que le mouvement est retardé par la densité du milieu, mais il ne s'ensuit pas qu'où il n'y a pas tant de densité le mouvement s'augmente, mais seulement qu'il est moins diminué; comme aussi pour d'autres raisons qu'il seroit trop long de rapporter ici.

Sa cinquième proposition, à savoir, que le rayon qui tombe obliquement doit être considéré comme ayant de la largeur, a déjà été réfutée et répugne à sa quatorzième proposition; et même la preuve n'en vaut rien, où il avance sans raison et gratuitement qu'on doit prendre garde que le rayon opère ou s'étend plus loin par une partie de son extrémité que par l'autre, ce que jamais personne ne lui accordera, qui voudra considérer le rayon sans aucune largeur.

Ce qui suit jusqu'à la quatorzième proposition

[1] Figure 46.

suit assez bien, comme je pense, de ses principes : je dis, comme je pense, parceque je ne l'ai pas lu avec assez d'attention pour l'oser assurer ; mais ce n'est pas merveille si la vérité suit quelquefois de fausses hypothèses; car il a accommodé ces hypothèses à la vérité qui lui étoit auparavant connue.

Sur la fin de cet écrit, il ne propose rien, touchant les couleurs, que je n'aie écrit avant lui, si ce n'est qu'il n'explique pas assez cette matière. Et c'est fort mal à propos qu'il dit qu'en supposant comme j'ai fait de petits globes, j'ai détruit ma première hypothèse; car en les décrivant je n'ai pas dit qu'il n'y avait rien dans les espaces que ces petits globes ne remplissent point, et je n'ai pas dû expliquer plus de choses qu'il n'en falloit pour mon dessein. Enfin, pour le dire en un mot, je n'ai pas trouvé dans tout cet écrit la moindre raison qui fût différente des miennes, qu'on pût dire être vraie et légitime.

AU R. P. MERSENNE [1].

RÉPONSE DE M. DESCARTES A LA LETTRE DE M. HOBBES.

(Lettre 35 du tome III.)

MON RÉVÉREND PÈRE,

Ayant lu à loisir le dernier écrit de votre Anglois, je me suis entièrement confirmé en l'opinion que je vous mandai il y a huit jours [2] que j'avois de lui, et je juge que le meilleur est que je n'aie point du tout de commerce avec lui, et pour cette fin que je m'abstienne de lui répondre : car s'il est de l'humeur que je le juge, et s'il a les desseins que je crois qu'il a, il seroit impossible que nous eussions communication ensemble, sans devenir ennemis, et j'aime mieux qu'il en demeure où il en est. Je vous prie [3] seulement, si vous lui avez

---

[1] « Cette lettre est du 4 mars 1641. Elle va assez bien jusqu'à la dernière ligne de la page 164. Il faut avoir recours à la copie de M. de Lahire, qui est la 38ᵉ des manuscrits. »

[2] « Quinze. »

[3] « Je vous prie aussi de ne lui communiquer que le moins que vous pourrez de ce que vous savez de mon opinion, et qui n'est point imprimé : car je me trompe fort si ce n'est un homme qui cherche d'acquérir de la réputation à mes dépens, et par de mauvaises pratiques. Que si vous lui

promis de me faire faire réponse à ce dernier écrit, de lui dire que je vous ai mandé que ce qui m'empêche d'y répondre, est que je me promets que vous me ferez la faveur de répondre pour moi, et que vous me défendrez beaucoup mieux que je ne me pourrois défendre moi-même, outre que j'ai des occupations qui ne me permettent en aucune façon de donner du temps à de telles conférences, en suite de quoi vous pourrez l'assurer, s'il y avoit encore par hasard quelque autre paquet de lui par les chemins, que je n'y répondrai pas un seul mot, et que ce seroit peine perdue de m'en envoyer davantage. Mais cependant, afin que vous ne pensiez pas que ce soit faute de savoir que dire que je m'abstiens de lui répondre, je mettrai ici mon sentiment touchant les quatre premiers points.

Premièrement, *quand j'ai parlé d'esprit, j'ai entendu, dit-il, un corps subtil et fluide, donc c'est la même chose que sa matière subtile;* comme si toutes les choses qui conviennent ensemble sous un certain genre, ou sous quelque générale description, étoient pour cela absolument les mêmes; par exemple, un cheval est un animal à quatre pieds qui a une queue; et un lézard est aussi un animal

avez promis de me faire faire une réponse à ce dernier écrit, vous m'en excuserez, s'il vous plaît, envers lui, sur ce que je m'assure que vous me défendrez beaucoup mieux que je ne me pourrois défendre moi-même. Et afin que vous y ayez moins de peine, je m'en vais mettre ici mon sentiment de ses dix points. »

à quatre pieds qui a une queue; donc un cheval et un lézard sont la même chose.

Secondement, puisqu'il prétend que son esprit interne et ma matière subtile ne sont point différents, il a ici à prouver deux choses qui sont contradictoirement opposées; c'est à savoir, que le même corps subtil en vertu de son agitation est la cause de la dureté, ainsi qu'il estime, et qu'en vertu de la même agitation il est la cause de la mollesse, ainsi que je pense. Mais il change l'état de la question; et après avoir supposé que la dureté dépend d'un mouvement fort vite, et la mollesse au contraire d'un mouvement plus lent, il prétend que cela suffit pour son dessein, quoique j'estime tout au contraire qu'un mouvement fort vite cause la mollesse, et que la dureté vient du repos des parties; à quoi il ajoute que je fais plutôt voir ici la volonté que la raison que j'ai de contredire, à cause que je ne veux pas croire que des choses qui sont tout-à-fait opposées soient une même chose. Mais n'est-ce pas lui au contraire qui fait voir qu'il ne lui importe pas quoiqu'il soutienne, pourvu seulement qu'il ait lieu de disputer? Car que fait cela à l'affaire, que son corps subtil soit la même chose que ma matière subtile, ou qu'elle ne le soit pas? vu principalement que si c'est la même chose, je puis dire qu'il a emprunté cela de moi, puisque j'en ai écrit le premier; et qui a-t-il de plus hors de raison que de vouloir que pour lui applaudir, je confesse que je suis dans un sentiment que je n'ai point, et que j'ai déjà plusieurs fois témoigné ne point avoir? Ce qu'il ajoute ensuite ne l'est pas moins, et il m'attribue une opinion touchant la dureté, laquelle, comme vous savez, je n'ai jamais eue; mais je vous prie que par votre moyen il n'apprenne rien de plus de mes principes que ce qu'il en sait déjà.

Troisièmement, ce que j'ai avoué dans ma précédente se pouvoir dire, j'ai cru qu'il pouvoit être entendu en un sens auquel il seroit vrai; mais qu'il pouvoit aussi être entendu en un autre sens, et même plus commun, auquel il sera faux; ce qui a fait que je n'ai pas voulu me servir de cette façon de parler, comme étant moins propre, et qui auroit pu donner aux lecteurs occasion de se tromper; et cela m'a semblé une raison très juste pour ne m'en pas servir; mais il me semble fort injuste de ne la vouloir pas recevoir pour une raison valable; et même je le trouve grandement importun de vouloir inférer de là que je n'ai pas bien entendu la chose, vu que lui-même ne l'entend pas bien encore, comme je ferai voir tout maintenant, et d'oser proposer ici pour démonstration une chose qui n'en a que l'apparence, pour surprendre ceux qui ne sont pas assez intelligents.

Car, premièrement, je voudrois bien savoir ce

qu'il suppose quand il dit que *la vitesse d'A [1] vers B
soit à la vitesse d'A vers C comme la ligne AB à la ligne
AC, ces deux vitesses composent la vitesse qui est de
B vers C.* Car il ne peut pas supposer que la balle se
meuve en même temps d'A vers B et vers C, puisque cela est impossible; mais sans doute qu'il a
voulu dire la vitesse de B vers A et C; en telle sorte
que l'on conçoive que la balle se meuve de B vers
A sur la ligne BA, et que toute cette ligne BA se
meuve vers NC; si bien qu'en même temps la balle
parvienne de B en A, et la ligne BA à la ligne NC;
car, par ce moyen, le mouvement de la balle décrira
la ligne BC; mais peut-être qu'il a embarrassé cela
tout exprès pour faire semblant de dire quelque
chose, quoiqu'il ne dise pourtant rien qui ne soit
inutile. Car pour prouver que la vitesse de B vers
C est composée de celle de B vers A, et d'A vers
C, il les divise toutes deux en disant, que parceque
le mouvement d'A vers B (c'est-à-dire de B vers A) est
composé des mouvements de F vers A et de F vers B,
le mouvement composé AB ne contribuera pas plus
de vitesse au mouvement de B vers C qu'en a contribué FA; ni le mouvement composé AC, plus
qu'en a contribué AE, etc. D'où il eût dû conclure
que BC étoit composé de FA et d'AE, et non pas
de BA et d'AC : mais cela ne dit rien; car la ligne
FA et AE n'est autre que BC. En quoi il a fait de

[1] Figure 47.

même que s'il eût voulu prouver qu'une cognée est composée d'une forêt et d'une montagne, à cause que la forêt a fourni le bois pour faire le manche, et que la montagne a fourni le fer qui a été tiré de ses mines. Et après tout cela il m'accuse fort civilement d'avoir commis un paralogisme; mais en quoi pensez-vous que consiste ce paralogisme? en ce que j'ai dit que je n'avois pas voulu me servir d'une façon de parler si impropre.

Quatrièmement, il montre ici qu'il se trompe en cela même où un peu auparavant il avoit dit, *que je ne devois point avoir peur des paralogismes que les autres pouvoient commettre :* car il en commet un lui-même, en ce qu'il considère le mouvement déterminé au lieu de la détermination. Et pour bien entendre ceci, il faut savoir que le mouvement déterminé est à la détermination même du mouvement comme un corps plan est au plan ou à la surface de ce corps : car de même qu'une surface étant changée, il ne s'ensuit pas que les autres le soient aussi, ou qu'il leur arrive plus ou moins de corps, encore qu'elles soient dans le même corps, et qu'elles ne puissent être sans lui; de même aussi de deux déterminations l'une étant changée, il ne s'ensuit pas que l'autre le soit aussi, ou qu'il lui arrive plus de mouvement ou de vitesse, encore que ni l'une ni l'autre ne puisse être sans mouvement. Que si notre philosophe avoit entendu cela, il ne diroit pas comme il fait, *que je devois avoir démontré que la balle retenant toute la vitesse qu'elle avoit quand elle est venue d'A[1] vers B, il est impossible qu'elle puisse aller plus loin vers la même détermination, à savoir vers la droite, que jusqu'en E;* car il auroit vu que cela même avoit été démontré, de ce que j'avois prouvé que la détermination vers la droite n'étoit point changée; car le mouvement ne peut être augmenté ou diminué vers ce côté-là, que cette détermination n'augmente ou ne diminue à proportion; de même qu'un corps ne peut être changé en sa superficie, que sa superficie ne soit aussi en même temps changée; et néanmoins la détermination n'est pas le mouvement, non plus que la superficie n'est pas le corps. Et il n'auroit pas dit après cela, *maintenant, si les déterminations sont des mouvements, etc.;* car les déterminations ne sont pas plutôt des mouvements que les superficies sont des corps; mais il se trompe lui-même, en ce qu'il considère le mouvement déterminé au lieu de la détermination, ainsi que j'avois promis de faire voir. J'aurois honte[2] de m'arrêter plus long-temps à réfuter le reste de ses discours et de perdre davantage de temps à une chose si inutile. C'est pourquoi je vous promets de ne répondre jamais plus

[1] Figure 48.

[2] « Le reste de cette lettre est dans la 34ᵉ des manuscrits de Labire, 4 mars 1641. »

à tout ce que vous me pourriez envoyer de lui, et je ne me laisse nullement flatter par les louanges que vous me mandez qu'il me donne; car je connois qu'il n'en use que pour faire mieux croire qu'il a raison en ce où il me reprend, et où il m'impute faussement des fautes.

Tous[1] vos amis ont bien parlé de l'arc; mais M. de Roberval a considéré le premier moment auquel la flèche commence à se mouvoir, et les autres ont considéré celui auquel elle cesse d'être poussée par la corde. Je suis, etc.

ET DANS UNE AUTRE LETTRE ON TROUVE CE QUI SUIT, DONT VOICI LA VERSION.

Quant à ce que vous me mandez de l'Anglois, qui dit que son esprit et ma matière subtile sont la même chose, et qu'il a expliqué par son moyen la lumière et les sons dès l'année 1630, ce qu'il croit être parvenu jusqu'à moi, c'est une chose puérile et digne de risée. Si sa Philosophie est telle qu'il ait peur qu'on la lui dérobe, qu'il la publie; pour moi je lui promets que je ne me hâterai pas d'un moment à publier la mienne à son occasion. Ses derniers raisonnements que vous m'écrivez sont aussi mauvais que tous les autres que j'ai vus de lui. Car, premièrement, encore que l'homme et Socrate ne soient pas deux divers suppôts, toute-

---

[1] « Ce petit alinéa n'est pas de cette lettre. »

fois on signifie autre chose par le nom de Socrate que par le nom d'homme, à savoir les différences individuelles ou particulières; de même le mouvement déterminé n'est point différent du mouvement, mais néanmoins la détermination est autre chose que le mouvement.

Secondement, il n'est pas vrai que la cause efficiente du mouvement soit aussi la cause efficiente de la détermination; par exemple, je jette une balle contre une muraille, la muraille détermine la balle à revenir vers moi, mais elle n'est pas la cause de son mouvement.

Troisièmement, il use d'une subtilité très légère quand il demande si la détermination est dans le mouvement comme dans un sujet; comme s'il étoit ici question de savoir si mouvement est une substance ou un accident; car il n'y a point d'inconvénient ou d'absurdité à dire qu'un accident soit le sujet d'un autre accident, comme on dit que la quantité est le sujet des autres accidents; et quand j'ai dit que le mouvement étoit à la détermination du mouvement comme le corps plan est à son plan ou à sa surface, je n'ai point entendu par là faire comparaison entre le mouvement et le corps comme entre deux substances, mais seulement comme entre deux choses concrètes, pour montrer qu'elles étoient différentes de celles dont on pouvoit faire l'abstraction.

Enfin, c'est très mal à propos qu'il conclut qu'une détermination étant changée, les autres le doivent être aussi; parceque, dit-il, toutes ces déterminations ne sont qu'un accident sous divers noms : si cela est, il s'ensuit donc que selon lui l'homme et Socrate ne sont qu'une même chose sous deux noms différents, et partant pas une différence individuelle de Socrate ne sauroit périr, par exemple, la connoissance qu'il a de la philosophie, qu'en même temps il ne cesse d'être homme. Ce qu'il dit ensuite, à savoir qu'un mouvement n'a qu'une détermination, est le même que si je disois qu'une chose étendue n'a qu'une seule figure, ce qui n'empêche pas que cette figure ne se puisse diviser en plusieurs parties comme la détermination le peut aussi être.

Ce qu'il reprend en la Dioptrique, page 18, fait voir seulement qu'il ne cherche que les occasions de reprendre, puisqu'il me veut imputer jusqu'aux fautes de l'imprimeur; car j'ai parlé en ce lieu là de la proportion double, comme de la plus simple, pour expliquer la chose plus facilement, à cause que la vraie ne peut être déterminée, pourcequ'elle change à raison de la diversité des sujets. Mais si dans la figure, la ligne HF n'a pas été faite justement double de la ligne AH, c'est la faute de l'imprimeur, et non pas la mienne. Et en ce qu'il dit être contre l'expérience, il se trompe entièrement, à cause qu'en cela l'expérience varie selon la variété de la chose qui est jetée dans l'eau, et de la vitesse dont elle est mue. Et je ne me suis pas mis en peine de corriger en ce lieu-là la faute de l'imprimeur, pourceque j'ai cru aisément qu'il ne se trouveroit point de lecteur si stupide, qu'il eût de la peine à comprendre qu'une ligne fût double d'une autre, à cause que la figure en représente une qui n'a pas cette proportion, ni qui fût aussi peu juste que de dire que pour cela je méritois d'être repris. Enfin lorsqu'il dit que j'approuve cette partie de ces écrits que je ne reprends point, et dont je ne dis mot, il se trompe encore; car il est plus vrai que c'est que je n'en ai pas fait assez de cas pour croire que je dusse m'employer à la réfuter.

AU R. P. MERSENNE[1].

(Lettre 53 du tome II.)

Mon révérend père,

Ce mot n'est que pour vous dire que je n'ai pu encore pour ce voyage vous envoyer ma réponse

---

[1] « Cette lettre répondant à une du P. Mersenne, datée du 19 janvier, doit être du 28 février. »

aux objections, partie à cause que j'ai eu d'autres occupations qui ne m'ont quasi pas laissé un jour libre, et partie aussi que ceux qui les ont faites semblent n'avoir rien du tout compris de ce que j'ai écrit, et ne l'avoir lu qu'en courant la poste, en sorte qu'ils ne me donnent occasion que de répéter ce que j'y ai déjà mis, et cela me fait plus de peine que s'ils m'avoient proposé des difficultés qui donnassent plus d'exercice à mon esprit : ce qui soit toutefois dit entre nous, à cause que je serois très marri de les désobliger, et vous verrez par le soin que je prends à leur répondre, que je me tiens leur redevable, tant aux premiers qu'à celui aussi qui a fait les dernières, que je n'ai reçues que mardi dernier, ce qui fut cause que je n'en parlai point en ma dernière, car notre messager part le lundi.

J'ai parcouru le livret de M. Morin[1], dont le principal défaut est qu'il traite partout de l'infini, comme si son esprit étoit au-dessus, et qu'il en pût comprendre les propriétés, qui est une faute commune quasi à tous, laquelle j'ai tâché d'éviter avec soin; car je n'ai jamais traité de l'infini que pour me soumettre à lui, et non point pour déterminer ce qu'il est ou qu'il n'est pas. Puis avant que de rien expliquer qui soit en controverse dans son seizième théorème, où il commence à vouloir

[1] *De Deo.*

prouver que Dieu est, il appuie son raisonnement sur ce qu'il prétend avoir réfuté le mouvement de la terre, et sur ce que tout le ciel tourne autour d'elle, ce qu'il n'a nullement prouvé; et il suppose aussi qu'il ne peut y avoir de nombre infini, etc., ce qu'il ne sauroit prouver non plus, et ainsi tout ce qu'il met jusqu'à la fin est fort éloigné de l'évidence et de la certitude géométrique qu'il semble promettre au commencement. Ce qui soit dit aussi, s'il vous plaît, entre nous, à cause que je ne désire nullement lui déplaire.

Je viens de recevoir votre dernière du dix-neuvième janvier, avec le papier de M. des Argues, que je viens de lire tout promptement. L'invention en est fort belle, et d'autant plus ingénieuse, qu'elle est plus simple; car il n'y a pas grande difficulté à reconnoître qu'elle est conforme à la théorie, en considérant seulement que ces trois premières verges représentent trois lignes droites en la superficie du cône que décrit l'ombre du soleil ce jour-là, et que leur rencontre est le sommet de ce cône : que le triangle est imaginé inscrit dans le cercle de l'équateur, duquel il trouve le centre par la rencontre des deux perpendiculaires sur les deux côtés de ce triangle, et que la ligne tirée de la rencontre de ces perpendiculaires à l'un des angles est le rayon de ce cercle, d'où le reste est évident.

Mais il me semble que pour la pratique, l'usage de ces deux fils de métal n'est pas si exact que s'il faisoit faire un triangle de carton ou autre matière, dont on appliqueroit les trois angles aux trois divisions marquées sur les verges, après y avoir fait un trou rond de la grosseur du style, dont le centre seroit en la rencontre des perpendiculaires; car en passant le style par ce trou et le haussant jusqu'à la rencontre des trois verges, on le poseroit en sa juste situation.

Je vous prie de l'assurer que je suis fort son serviteur, et le remercie de ce qu'il a souvenance de moi, pour m'envoyer de ses écrits. Je n'ai pu encore étudier son Traité pour la coupe des pierres, à cause que je n'en ai pas reçu les figures. Si vous m'apprenez quelque chose de ce qu'il dit avoir trouvé touchant l'algèbre, je pourrai peut-être juger ce que c'est en peu de mots; mais pour ce qui est de se servir en même façon du *plus* et du *minus,* c'est chose que nous avons toujours pratiquées. Je vous suis extrêmement obligé de tous les bons avis que vous me donnez touchant ma Métaphysique et autres choses.

Je prétends que nous avons des idées non seulement de tout ce qui est en notre intellect, mais même de tout ce qui est en la volonté : car nous ne saurions rien vouloir, sans savoir que nous le voulons, ni le savoir que par une idée, mais je ne mets point que cette idée soit différente de l'action même.

Il n'y aura, ce me semble, aucune difficulté d'accommoder la théologie à ma façon de philosopher; car je n'y vois rien à changer que pour la transsubstantiation, qui est extrêmement claire et aisée par mes principes, et je serai obligé de l'expliquer en ma Physique, avec le premier chapitre de la Genèse, ce que je me propose d'envoyer aussi à la Sorbonne, pour être examiné avant qu'on l'imprime : que si vous trouvez qu'il y ait d'autres choses qui méritent qu'on écrive un cours entier de théologie, et que vous le vouliez entreprendre, je le tiendrai à faveur, et vous y servirai en tout ce que je pourrai.

J'ai connu autrefois un M. Chaveau, à la Flèche, qui étoit de Melun; je serai bien aise de savoir si ce ne seroit point celui-là qui enseigne les mathématiques à Paris; mais je crois qu'il s'alla rendre jésuite, et nous étions lui et moi fort grands amis. J'ai reçu il y a déjà quelques semaines le livre de M. de la N., et un autre du dixième livre d'Euclide, mis en françois; mais, pour vous avouer la vérité, sur ce que M. de Z. m'avoit dit, avant que de me les envoyer, qu'ils ne contenoient rien de fort exquis, et que j'avois d'autres occupations, je les ai laissé reposer après avoir lu deux ou trois heures dans le premier, sans y rien trouver que des paroles. Je ne crois point qu'il faille rien changer de ce que j'ai mis au commencement de ma Métaphysique à l'occasion du sieur N., car c'est le moins que j'ai pu et que j'ai cru avoir dû dire sur ce sujet; car je me serois fait tort de n'en avoir point du tout parlé, vu que son écrit a été vu de plusieurs, et je vous assure que je me soucie aussi peu qu'il le fasse imprimer, que j'ai fait du pentalogos que vous avez vu. Je crois donc qu'en faisant imprimer ma Métaphysique, il sera bon d'y mettre ce commencement, afin qu'on voie que ce que j'avois écrit dans le discours de ma Méthode n'est que la même chose que j'explique plus au long; mais il est vrai que pour faire écrire des copies ce sera assez de commencer par l'abrégé que je vous ai envoyé.

Je serai bien aise qu'on me fasse le plus d'objections, et les plus fortes qu'on pourra, car j'espère que la vérité en paroitra d'autant mieux; mais je vous prie de faire voir ma réponse et les objections que vous m'avez déjà envoyées à ceux qui m'en voudront faire de nouvelles, afin qu'ils ne me proposent point ce à quoi j'aurai déjà répondu. J'ai prouvé bien expressément que Dieu étoit créateur de toutes choses, et ensemble de tous ses autres attributs; car j'ai démontré son existence par l'idée que nous avons de lui, et même parcequ'ayant en nous cette idée nous devons avoir été créés par lui; mais je vois qu'on prend plus garde aux titres qui sont dans les livres qu'à tout le reste : ce qui me fait penser qu'au titre de la seconde méditation *de mente humana*, on peut ajouter *quod ipsa sit notior quam corpus*, afin qu'on ne croie pas que j'aie voulu y prouver son immortalité, et après, en la troisième *de Deo quod existat*, et la cinquième *de essentia rerum materialium, et iterum de Deo quod existat*, en la sixième *de existentia rerum materialium, et reali mentis à corpore distinctione* : car ce sont là les choses à quoi je désire qu'on prenne le plus garde ; mais je pense y avoir mis beaucoup d'autres choses, et je vous dirai entre nous que ces six méditations contiennent tous les fondements de ma physique ; mais il ne le faut pas dire s'il vous plaît, car ceux qui favorisent Aristote feroient peut-être plus de difficulté de les approuver ; et j'espère que ceux qui les liront s'accoutumeront insensiblement à mes principes, et en reconnoîtront la vérité avant que de s'apercevoir qu'ils détruisent ceux d'Aristote.

AU R. P. MERSENNE [1].

(Lettre 109 du tome III.)

De Leyde, le 18 mars 1641.

Mon révérend père,

Je vous envoie enfin ma réponse aux objections de M. Arnault, et je vous prie de changer les choses suivantes dans ma Métaphysique, afin qu'on puisse connoître par là que j'ai déféré à son jugement, et ainsi que les autres, voyant combien je suis prêt à suivre conseil, me disent plus franchement les raisons qu'ils auront contre moi, s'ils en ont, et s'opiniâtrent moins à me contredire sans raison.

La première correction est *in synopsi ad quartam meditationem*. Après ces mots *quam ad reliqua intelligenda*, où je vous prie d'ajouter ceux-ci : (*Sed ibi interim est advertendum nullo modo agi de peccato, vel errore qui committitur in persecutione boni et mali, sed de eo tantum qui contingit in dijudicatione veri et falsi, nec ea spectari quæ ad fidem pertinent, vel ad vitam agendam, sed speculativas tantum, et*

[1] « Cette lettre est la 39ᵉ des manuscrits de Lahire. »

solius luminis naturalis ope cognitas veritates), et de les enfermer dans une parenthèse, afin qu'on voie qu'ils ont été ajoutés.

Dans la sixième méditation, page 96, après ces mots : *Cum authorem meæ originis adhuc ignorarem*, je vous prie de mettre (*vel saltem ignorare me fingerem*) aussi entre parenthèse.

Puis dans ma réponse aux premières objections, où il est question, *an Deus dici possit esse a se ut a causa*, à l'endroit où sont ces mots : *Adeo ut si putarem nullam rem idem quodammodo esse posse erga se ipsam*, etc., je vous prie de mettre à la marge : *Notandum est per hæc verba nihil aliud intelligi, quam quod alicujus rei essentia talis esse possit, ut nulla causa efficiente indigeat ad existendum.*

Et un peu plus bas, où sont ces mots : *Ita, etiam si Deus nunquam non fuerit, quia tamen ille ipse est qui se revera conservat*, etc., je vous prie aussi de mettre à la marge : *Notandum etiam hic non intelligi conservationem quæ fiat per positivum ullum causæ efficientis influxum; sed tantum, quod Dei essentia sit talis ut non possit non semper existere..*

Et trois lignes plus bas, où sont ces mots : *Etsi enim ii qui putant impossibile esse ut aliquid sit causa efficiens sui ipsius, non soleant*, etc. je vous prie de corriger ainsi le texte : *Etsi enim ii qui non nisi ad propriam et strictam efficientis significationem attendentes, cogitant impossibile esse ut aliquid sit causa efficiens sui ipsius, nullumque hic aliud causæ genus efficienti analogum locum habere animadvertunt, non soleant*, etc. Car mon intention n'a pas été de dire que *aliquid potest esse causa efficiens sui ipsius*, en parlant *de efficiente proprie dicta*, mais seulement que lorsqu'on demande *an aliquid possit esse a se*, cela ne se doit pas entendre *de efficiente proprie dicta*, parceque, comme j'ai dit, *nugatoria esset quæstio*; et que l'axiome ordinaire de l'école, *nihil potest esse causa efficiens sui ipsius*, est cause qu'on n'a pas entendu le mot *a se* au sens qu'on le doit entendre; en quoi je n'ai pas voulu toutefois apertement blâmer l'école.

Je vous prie aussi de n'oublier pas la correction dont je vous ai écrit dans mes précédentes pour la fin des mêmes réponses, où sont ces mots, *deinde quia cogitare non possumus*, etc., car, pendant que mon écrit n'est pas imprimé, je pense avoir droit d'y changer ce que je jugerai à propos. Je pense aussi avoir quelque droit de désirer que dans les objections de M. Arnault, vers la fin de celle où il examine *an Deus sit a se ut a causa*, et où il cite de moi ces paroles : *Adeo ut si putarem nullam rem idem esse posse erga seipsam*, etc., qu'on mit, *idem quodammodo esse*, etc. Car ce mot *quodammodo*, qu'il a oublié, change le sens, et il est ce me semble mieux que je vous prie de l'ajouter dans son texte, que si je l'accusois dans ma réponse de n'avoir pas cité le mien fidèlement, outre qu'il semble ne l'avoir omis que par oubliance. Car il conclut, *cum evidentissimum sit nihil ullo modo erga se ipsum*, etc., où son *ullo modo* se rapporte à mon *quodammodo*.

Je pourrois en même façon vous prier de mettre au commencement de la même objection, où il cite de moi ces mots : *Ita ut Deus quodammodo idem præstet respectu sui ipsius*, etc., de mettre, dis-je, ceux-ci, *Ita ut liceat nobis cogitare Deum quodammodo idem præstare*, etc., comme il y a dans mon texte. Et un peu plus bas où il me cite, disant que *efficientis significatio non videtur ita esse restringenda*, il omet la principale raison que j'en ai donnée, qui est que *nugatoria quæstio esset*, etc., et rapporte seulement la moins principale; mais j'ai remédié à cela tout doucement par ma réponse; c'est pourquoi il importe moins de le changer, et il ne le faudroit pas faire sans sa permission.

Je viens à votre dernière du deuxième mars, que j'ai reçue il y a huit jours, car je n'ai point eu de vos lettres à ce voyage: vous y parlez de l'opinion de l'Anglois qui veut que la réflexion des corps ne se fasse qu'à cause qu'ils sont repoussés comme par un ressort, par les autres corps qu'ils rencontrent; mais cela se peut réfuter bien aisément par l'expérience. Car s'il étoit vrai, il faudroit qu'en pressant une balle contre une pierre dure, aussi fort qu'elle frappe cette même pierre quand elle est jetée contre elle, cette seule pression la pût faire bondir aussi haut que lorsqu'elle est jetée contre. Et cette expérience est aisée à faire, en tenant la balle du bout des doigts, et la tirant en bas contre une pierre qui soit si petite qu'elle puisse être entre la main et la balle, ainsi que la corde d'un arc de bois est entre la main et la flèche, quand on la tire du bout des doigts pour la décocher; mais on verra que cette balle ne rejaillira aucunement, si ce n'est peut-être fort peu en cas que la pierre se plie fort sensiblement comme un arc. Et pour leur faire avouer que la balle ne s'arrête en aucune façon au point de la réflexion, il leur faut faire considérer que si elle s'arrêtoit quand la réflexion se fait justement à angles droits, elle devroit aussi s'arrêter quand ils sont tant soit peu moindres, et ainsi par degrés, encore qu'ils soient les plus aigus qui puissent être, car il n'y a pas plus de raison pour l'un que pour l'autre; mais ces angles plus aigus sont les angles de contingence, qui se trouvent en tous les points imaginables qui sont en la circonférence d'un cercle, en sorte qu'il faudroit imaginer que lorsqu'une balle se meut en rond, elle s'arrête en tous les points de la ligne qu'elle décrit, ce qui ne se peut soutenir que par une opiniâtreté ridicule; si ce n'est qu'on avoue aussi qu'elle s'arrête en tous les points de son mouvement quand elle va en ligne droite; car on ne voit point qu'elle aille notablement plus vite en droite ligne qu'en rond. Et si on veut qu'elle s'arrête en tous les points de son mouvement, ce n'est rien de particulier de dire qu'elle s'arrête aussi au point de réflexion; et il leur faut expliquer la cause qui lui fait reprendre son mouvement après qu'elle l'a perdu en chacun des points où elle s'arrête, ainsi qu'ils prétendent la donner par leur ressort, qui le lui fait reprendre au point de la réflexion. Mais je ne me souviens point d'avoir dit que ses conclusions touchant la réfraction suivissent mal de ses suppositions; car en effet je crois qu'elles suivent bien, et il n'est pas malaisé de bâtir des principes absurdes dont on puisse conclure des vérités qu'on a apprises d'ailleurs; comme si je disois *omnis equus est rationalis, omnis homo est equus; ergo omnis homo est rationalis*: la conclusion est bonne, et l'argument est en forme, mais les principes ne valent rien.

Je suis bien aise que M. Petit ait pris quelque goût en ma Métaphysique; car vous savez qu'il y a plus de joie dans le ciel pour un pécheur qui se convertit, que pour mille justes qui persévèrent.

Je vous laisse le soin de tous les titres de ma Métaphysique; car vous en serez s'il vous plaît le parrain : et pour les objections, il est fort bon de les nommer *primæ objectiones, secundæ objectiones*, etc., et après de mettre, *responsio ad objectiones*, plutôt que *solutiones objectionum*, afin de laisser juger au lecteur si mes réponses en contiennent les solutions ou non. Car il faut laisser mettre *solutiones* à ceux qui n'en donnent que de fausses, ainsi que ce sont ordinairement ceux qui ne sont pas nobles qui se vantent le plus de l'être.

Je ne vous envoie pas encore le dernier feuillet de ma réponse à M. Arnault, où j'explique la transsubstantiation suivant mes principes; car je désire auparavant lire les Conciles sur ce sujet, et je ne les ai encore pu voir. Je suis, etc.

AU R. P. MERSENNE [1].

(Lettre 54 du tome II.)

MON RÉVÉREND PÈRE,

J'ai été deux ou trois voyages sans vous écrire, partie à cause que j'ai eu peu de choses à vous

---

[1] « Cette lettre n'est pas datée; mais comme dans la 40ᵉ des manuscrits de Lahire, fixement datée du 31 mars 1641, M. Descartes dit qu'il va demeurer à la campagne, à une demi-lieue de Leyde, et qu'au commencement de celle-ci il s'excuse d'avoir été trois semaines sans écrire, sur ce que son séjour à la campagne l'a rendu plus négligent, il est aisé de conjecturer que cette lettre est datée du 22 avril 1641. »

mander, et partie aussi que le séjour de la campagne m'a rendu un peu plus négligent que je n'étois auparavant; je n'ai pas laissé toutefois de chercher la question de M. des Argues, car la façon dont vous me l'aviez proposée étoit telle, qu'il n'eût pas été honnête que je m'en fusse excusé; mais pourceque je n'avois pas encore achevé il y a huit jours que j'appris par votre lettre que M. de Rob. l'avoit trouvée, il me sembla que je ne m'y devois pas arrêter davantage, car le calcul en est fort long et difficile, et en effet je n'y ai pas pensé depuis.

Les lieux de saint Augustin cités par M. Arnault sont en la seconde page, *libri secundi de libero arbitrio, capite tertio*. Puis en la neuvième page il cite, *de animæ quantitate*, cap. 15, et *Sol.*, *l.* 1, cap. 40. Mais au principal passage qui est en la pénultième page, *tria enim sunt, ut sapienter monet Augustinus, etc.*, il a oublié de citer le livre. Je me remets entièrement à vous de ce qui concerne l'approbation et l'impression de ma Métaphysique, car je sais que vous en avez plus de soin que je n'en pourrois avoir moi-même, et vous pouvez mieux juger ce qui est expédient, étant sur les lieux, que je ne puis faire d'ici.

J'admire les objections de vos docteurs, à savoir que nous n'avons point de certitude, suivant ma philosophie, que le prêtre tient l'hostie à l'autel, ou qu'il ait de l'eau pour baptiser, etc.

Car qui a jamais dit, même entre les philosophes de l'école, qu'il y eût autre certitude que morale de telles choses ; et bien que les théologiens disent qu'il est de la foi de croire que le corps de Jésus-Christ est en l'Eucharistie, ils ne disent pas toutefois qu'il soit de la foi de croire qu'il est en cette hostie particulière, sinon en tant qu'on suppose *ex fide humana quod sacerdos habuerit voluntatem consecrandi, et quod verba pronunciarit, et sit rite ordinatus, et talia quæ nullo modo sunt fide.*

Pour ceux qui disent que Dieu trompe continuellement les damnés, et qu'il nous peut aussi continuellement tromper, ils contredisent au fondement de la foi et de toute notre créance, qui est que *Deus mentiri non potest*, ce qui est répété en tant de lieux dans saint Augustin, saint Thomas, et autres, que je m'étonne que quelque théologien y contredise, et ils doivent renoncer à toute certitude s'ils n'admettent cela pour axiome que *Deus non fallere potest.*

Pourceque j'ai écrit que l'indifférence est plutôt un défaut qu'une perfection de la liberté en nous, il ne s'ensuit pas de là que ce soit le même en Dieu ; et toutefois je ne sache point qu'il soit *de fide* de croire qu'il est indifférent, et je me promets que le père Gib.[1] défendra bien ma cause en ce point-là, car je n'ai rien écrit qui ne s'accorde

---

[1] « Gibieuf. »

avec ce qu'il a mis dans son livre *de libertate*. Je n'ai point dit en aucun lieu que Dieu ne concourt pas immédiatement à toutes choses, et j'ai assuré expressément le contraire en ma réponse au théologien. Je n'ai pas cru me devoir étendre plus que j'ai fait en mes réponses à l'Anglois, à cause que ses objections m'ont semblé si peu vraisemblables, que c'eût été les faire trop valoir que d'y répondre plus au long.

Pour le docteur qui dit que nous pouvons douter si nous pensons ou non, aussi bien que de toute autre chose, il choque si fort la lumière naturelle, que je m'assure que personne qui pensera à ce qu'il dit ne sera de son opinion.

Vous m'aviez mandé ci-devant qu'en ma réponse à l'Anglois j'ai mis le mot *ideam* deux ou trois fois fort proche l'un de l'autre, mais il ne me semble pas superflu, à cause qu'il se rapporte à des idées différentes; et comme les répétitions sont rudes en quelques endroits, elles ont aussi de la grâce en quelques autres.

C'est en un autre sens que j'enferme les imaginations dans la définition de *cogitatio* ou de la pensée, et en un autre que je les en exclus, à savoir, *formæ sive species corporeæ quæ esse debent in cerebro ut quid imaginemur, non sunt cogitationes, sed operatio mentis imaginantis sive ad istas species se convertentis est cogitatio.*

La lettre où vous m'écrivez ci-devant les objections du *conarion* doit avoir été perdue, si ce n'est que vous ayez oublié de les écrire, car je ne les ai point, sinon ce que vous m'en avez écrit depuis, à savoir que nul nerf ne va au *conarion*, et qu'il est trop mobile pour être le siége du sens commun; mais ces deux choses sont entièrement pour moi : car si chaque nerf étant destiné à quelque sens ou mouvement particulier, les uns aux yeux, les autres aux oreilles, aux bras, etc, si quelqu'un d'eux se rendoit au *conarion* plutôt que les autres, on pourroit inférer de là qu'il ne seroit pas le siége du sens commun, auquel ils se doivent tous rapporter en même façon, et il est impossible qu'ils s'y rapportent tous autrement que par l'entremise des esprits, comme ils font dans le *conarion*. Il est certain aussi que le siége du sens commun doit être fort mobile, pour recevoir toutes les impressions qui viennent des sens; mais il doit être tel qu'il ne puisse être mû que par les esprits qui transmettent ces impressions, et le *conarion* seul est de cette sorte.

Anima en bon latin signifie *aerem, sive oris halitum*, d'où je crois qu'il a été transféré *ad significandam mentem*, et c'est pour cela que j'ai dit que *sæpe sumitur pro re corporea*.

L'axiome que *quod potest facere majus, potest etiam minus, s'entend in eadem ratione operandi*, *vel in iis quæ requirunt eandem potentiam.* Car, *inter homines*, qui doute que tel pourra faire un bon discours qui ne sauroit pour cela faire une lanterne.

Le mathématicien de Tubinge est Schickardas, auquel j'ai cru faire plus d'honneur en le nommant par le nom de sa ville que par le sien, à cause qu'il est trop rude et peu connu; mais pour ceux qui disent que j'ai pris quelqu'autre chose de lui que la simple observation que je cite, ils ne disent pas la vérité : car je vous assure qu'il n'y a pas un seul mot de raisonnement en son livret allemand, que j'ai ici, qui fût à mon usage, non plus que dans la lettre latine que M. Ga.[1] a écrite à M. R.[2] sur ce même phénomène, car je juge que c'est lui qui vous a fait ce discours. Mais il a tort s'il s'offense de ce que j'ai tâché d'écrire la vérité d'une chose dont il avoit auparavant écrit des chimères, ou s'il a cru que je le devois citer en ce lieu-là, où je n'ai pas eu de lui une seule chose, sinon que c'est de ses mains que l'observation du phénomène de Rome, qui est à la fin de mes Météores, est venue à M. Ren., et de là à moi, comme par les mains des messagers et sans qu'il y ait rien contribué; et j'aurois cru lui faire plus de tort si j'avois averti les lecteurs qu'il a écrit de ce phénomène, que je n'ai fait de m'en taire.

[1] « Gassendi. »
[2] « Renery. »

Pour les objections qui pourront encore venir contre ma Métaphysique, je tâcherai d'y répondre ainsi qu'aux précédentes, et je crois que le meilleur sera de les faire imprimer telles qu'elles seront, et au même ordre qu'elles auront été faites, pour conserver la vérité de l'histoire, laquelle agréera plus au lecteur que ne feroit un discours continu, où je dirois toutes les mêmes choses. Je crois avoir ici répondu à tout ce qui a été dans vos lettres.

Je' ne fais point encore réponse aux deux petits feuillets d'objections que vous m'avez envoyées, à cause que vous me mandez que je les pourrai joindre avec celles que je n'ai pas encore reçues, bien que vous me les ayez envoyées il y a huit jours, mais à cause que celui qui demande ce que j'entends par le mot *idea* semble promettre davantage d'objections, et que la façon dont il commence me fait espérer que celles qui viendront de lui seront des meilleures et des plus fortes qui se puissent faire : si par hasard il attendoit ma réponse à ceci, avant que d'en vouloir envoyer d'autres, vous lui en pourrez faire savoir la substance, qui est que par le mot *idea* j'entends tout ce qui peut être en notre pensée, et que j'en ai distingué de trois sortes, à savoir *quædam sunt adventitiæ*, comme l'idée qu'on a vulgairement du soleil, *aliæ*

---

* « Cet article n'est point de cette lettre, mais de la 42ᵉ des manuscrits de Lahire, datée le 16 juin 1641. »

factæ vel factitiæ, au rang desquelles on peut mettre celles que les astronomes font du soleil par leur raisonnement, et *aliæ innatæ, ut idea Dei, mentis, corporis, trianguli, et generaliter omnes quæ aliquas essentias veras, immutabiles et æternas, representant. Jam vero si ex idea facta, concluderem id, quod ipsam faciendo explicite posui, esset manifesta petitio principii, sed quod ex idea innata aliquid eruam quod quidem in ea implicite continebatur, sed tamen prius in ipsa non advertebam, ut ex idea trianguli, quod ejus tres anguli sint æquales duobus rectis; aut ex idea Dei quod existat, etc., tantum abest ut sit petitio principii, quin potius est etiam secundum Aristotelem modus demonstrandi omnium perfectissimus, nempe in quo vera rei definitio habetur pro medio.*

A M. REGIUS[1].

(Lettre 84 du tome I. Version.)

Monsieur,

J'aurois tort de me plaindre de votre honnêteté et de celle de M. de Rais de m'avoir fait l'honneur

---

[1] « C'est une réponse à une lettre de M. Leroi, datée du 21 mars 1641 ; c'est pourquoi je la date du 11 mai 1641. »

de mettre mon nom au commencement de vos thèses; mais je ne sais bonnement comment m'y prendre pour vous en faire mon remercîment. Je vois seulement un surcroît de travail pour moi, parcequ'on va croire dans la suite que mes opinions ne diffèrent plus des vôtres, et que je n'ai plus d'excuse à l'avenir pour m'empêcher de défendre de toutes mes forces vos propositions, ce qui me met par conséquent dans la nécessité d'examiner avec un soin extrême ce que vous m'avez envoyé pour lire, de peur de passer quelque chose que je ne voulusse pas soutenir dans la suite.

La première chose donc que je ne saurois approuver dans vos thèses, est ce que vous dites que l'âme de l'homme est triple: ce mot est une hérésie parmi ceux de ma religion; et, toute religion à part, il est contre toute bonne logique de concevoir l'âme comme genre *dont la pensée, la force végétative, et la force motrice des esprits animaux* soient les espèces; car par *âme sensitive* vous ne devez entendre autre chose qu'une force motrice, à moins de la confondre avec la raisonnable: or, cette force motrice ne diffère pas même en espèce de la force négative, et l'une et l'autre diffèrent en tout de l'esprit; mais puisque nous sommes d'accord dans la chose, voici comme je m'expliquerois. Il n'y a qu'une seule âme dans l'homme, c'est-à-dire *la raisonnable;* car il ne faut compter pour actions

humaines que celles qui dépendent de la raison.
A l'égard de la force végétative et motrice du corps
à qui on donne le nom d'âme végétative et sensitive dans les plantes et dans les brutes, elles sont
aussi dans l'homme; mais elles ne doivent pas être
appelées dans lui *âmes*, parcequ'elles ne sont pas
le premier principe de ses actions, et elles diffèrent de *l'âme raisonnable* en toute manière. Or, la
force végétative dans l'homme n'est autre chose
qu'une certaine disposition des parties du corps,
qui, etc. Et un peu après, je dirois : mais pour la
force sensitive, c'est, etc., et ensuite : ainsi ces
deux âmes ne sont autre chose dans le corps humain que, etc., et ensuite : et comme l'*esprit* ou
l'âme raisonnable est distincte du corps, etc., c'est
avec juste raison que nous lui donnons à elle *seule*
le nom d'*âme*.

Enfin, vous dites, l'acte de la volonté et l'intellection diffèrent seulement entre eux, comme différentes manières d'agir par rapport à divers objets; j'aimerois mieux dire seulement comme l'action et la passion de la même substance; car l'intellection est proprement la passion de l'âme, et
l'acte de la volonté son action : mais comme nous
ne saurions vouloir une chose sans la comprendre en même temps, et que nous ne saurions
presque rien comprendre sans vouloir en même
temps quelque chose, cela fait que nous ne dis-

tinguons pas facilement en elles la passion de l'action.

Quant à l'observation que votre Voëtius a faite sur cet article, elle ne vous porte aucun coup; car lorsque les théologiens disent qu'aucune substance créée n'est le principe immédiat de son opération, ils entendent que nulle créature ne peut agir sans le concours de Dieu, et non qu'elle doive avoir une faculté créée distincte d'elle-même par le moyen de laquelle elle agisse; car il seroit absurde de dire que cette faculté créée peut être le principe immédiat de quelque opération, et que la substance elle-même ne le peut pas. Je ne trouve pas ses autres observations dans ce que vous m'avez envoyé, ainsi je ne saurois en porter aucun jugement. Dans l'endroit où vous parlez des couleurs, je ne vois pas pourquoi vous ôtez le noir de ce nombre, puisque les autres couleurs ne sont aussi que des modes; je dirois donc seulement : on range aussi le noir parmi les autres couleurs, cependant il n'est autre chose qu'une certaine disposition, etc.

Sur le jugement où vous dites, *si elle n'est ponctuelle et exacte*, il faut qu'en décidant nécessairement, etc. : au lieu de *nécessairement*, je mettrois *facilement*; et peu après au lieu de ces mots, *c'est pourquoi elle peut être suspendue*, je mettrois, *et elle peut être suspendue ;* car ce que vous ajoutez ne suit point de ce que vous avez dit auparavant, comme le mot, *c'est pourquoi*, semble le signifier. Ce que vous dites des passions que leur siége est dans le cerveau, cela est fort paradoxe, et même, à ce que je crois, contraire à vos sentiments; car bien que les esprits qui ébranlent les muscles viennent du cerveau, il faut cependant assigner pour place aux passions la partie du corps qui en est la plus altérée, laquelle partie est sans contredit le cœur; c'est pourquoi je dirois: le principal siége des passions, en tant qu'elles regardent le corps, est dans le cœur, parceque c'est lui qui en est le plus altéré; mais leur place est dans le cerveau, en tant qu'elles affectent l'âme, parceque l'âme ne peut souffrir immédiatement que par lui; c'est aussi un paradoxe de dire que la réception est une action, puisque dans le fond elle n'est qu'une passion contraire à l'action; cependant vous pouvez, ce me semble, retenir vos positions en les expliquant de cette sorte: La réception est une action ou plutôt une passion animale semblable à celle des automates, par laquelle nous recevons le mouvement des choses; car pour renfermer sous le même genre tout ce qui se passe en l'homme, nous avons joint les passions avec les actions.

Je n'ai point examiné ce que vous dites à la fin de la température qui tourne au chaud et au froid, parceque je ne crois pas qu'il faille croire à ces choses comme à l'Évangile. Je suis charmé que votre répondant ait bien fait son devoir. Je ne crois pas que vous ayez rien à craindre de ceux qui voudront exercer leur plume contre vous. Je lirai volontiers tout ce que vous m'enverrez, et je vous écrirai tout ce que j'en pense avec ma liberté ordinaire. Je n'ai rien écrit du centre de gravité, mais du différent poids des choses graves, selon leur différente distance du centre de la terre; ce que je n'ai que dans mon livre, où j'ai assemblé en même temps plusieurs autres choses. Si cependant vous voulez les lire, je vous les ferai tenir par M. Van S.[1], la première fois qu'il ira à Utrecht. Je n'approuve pas que vous refusiez d'appeler les écailles des poissons des corps luisants, parcequ'elles ne poussent pas elles-mêmes les globules de la substance éthérée; car le charbon allumé ne le fait même pas, mais seulement la matière très subtile, qui pousse tantôt les parties terrestres du charbon, tantôt les globules éthérés. Je ne suis pas bien certain aussi que les veines mésaraïques reçoivent le chyle des veines lactées dans le pancréas; vous ne devez point l'assurer sans une expérience très certaine, ni écrire là-dessus, comme si aucunes veines lactées ne portoient le chyle jusqu'au foie, parcequ'il y en a qui assurent en avoir fait l'expérience, et cela me paroît tout-à-fait vraisemblable[2]. Je voudrois

[1] « Surech. »
[2] « C'est l'opinion de Bartholin. Voyez la remarque de Laforge sur l'article 3 *de l'Homme.* »

aussi que vous effaçassiez ce que vous dites contre Walée du mouvement du cœur, parceque c'est un homme pacifique, et qu'il ne peut vous revenir aucune gloire de le contredire. Je ne suis pas aussi de votre sentiment lorsque vous définissez les actions des opérations que l'homme produit par la force de son âme et de son corps; car je suis du sentiment de ceux qui disent que l'homme ne comprend point par le moyen du corps, et l'argument par lequel vous tâchez de prouver le contraire ne me fait aucune impression; car quoique le corps empêche quelques fonctions de l'âme, il ne peut néanmoins lui être d'aucun secours pour la connoissance des choses immatérielles, et il ne peut en cette occasion que lui nuire. Je vous répondis, il y a trois jours, dans ma dernière, sur la triple âme que vous établissez; je n'ai rien à ajouter à celle-ci, que de vous assurer du parfait attachement de celui qui est, votre, etc.

A M. REGIUS[1].

(Lettre 85 du tome I. Version.)

Monsieur,

Toute notre dispute sur la triple âme que vous établissez est plutôt une question de nom qu'une question réelle : mais 1° parcequ'il n'est pas permis de dire à un catholique romain qu'il y a trois âmes dans l'homme, et que je crains qu'on ne m'impute ce que vous mettez dans vos thèses, j'aimerois mieux que vous vous abstinssiez de cette manière de parler; 2° quoique la force négative et sensitive dans les brutes soient des actes premiers, ce n'est pas la même chose dans l'homme, parceque l'âme est première en lui, du moins en dignité; 3° bien que les choses qui conviennent sous quelque raison générale puissent être admises par les logiciens, comme les parties d'un même genre, cependant toute raison générale de cette sorte n'est point un véritable genre, et il n'y a point de bonne division, si ce n'est du véritable genre en

---

[1] « Cette lettre est, je crois, de la fin de mai. Elle a grand rapport avec la précédente. »

ses véritables espèces, quoique les parties doivent être opposées et diverses; cependant afin que la division soit bonne, les parties ne doivent pas être trop éloignées les unes des autres : car si quelqu'un, par exemple, distinguoit tout le corps humain en deux parties, dans l'une desquelles il mit seulement le nez, et dans l'autre tous les autres membres, cette division pècheroit comme la vôtre, parceque les parties seroient trop inégales; 4° je n'admets point que la force négative et sensitive dans les brutes méritent le nom d'âme, comme l'âme mérite ce nom dans l'homme; mais que le peuple l'a ainsi voulu, parcequ'il a ignoré que les bêtes n'ont point d'âmes, et que par conséquent le nom d'âme est équivoque à l'égard de l'homme et de la bête; 5° enfin... (*Le reste manque.*)

AU R. P. MERSENNE.

(Lettre 122 du tome III. Version.)

A Paris, ce 19 mai 1641.

Mon révérend père,

Après avoir lu une fois seulement, mais pourtant avec un grand soin, les Méditations que vous avez bien voulu me confier, elles m'ont semblé tout-à-fait relevées, et pleines de beaucoup d'érudition. Il est vrai néanmoins qu'en les lisant plusieurs doutes se sont présentés à mon esprit ; mais il ne seroit pas juste que j'en demandasse la solution à celui qui en est l'auteur, sans les avoir auparavant relues encore plus d'une fois, et avec toute l'attention dont je suis capable, pour voir si je ne pourrai point m'en délivrer moi-même, et me satisfaire là-dessus. Il n'y a qu'une seule chose dont je souhaiterois cependant d'être éclairci, qui est de savoir ce qu'il faut entendre par l'idée de Dieu, par l'idée de l'âme, et généralement par les idées des choses insensibles. Le commun des philosophes par ce mot d'idée a coutume d'entendre un simple concept, tel que peut être l'image qui est dépeinte (comme ils disent) en la fantaisie, d'où vient qu'ils l'appellent aussi un fantôme ; mais notre auteur dit lui-même que ce n'est pas cela qu'il entend par l'idée de Dieu ; et quand il l'entendroit ainsi, un tel fantôme ou une telle image ne pourroit pas être l'idée de Dieu : car Dieu étant infini et incompréhensible ne peut pas être représenté par notre imagination, qui n'est capable que de représenter des choses sensibles et finies. Mais si j'ai bien compris sa pensée, par cette idée il entend une idée intellectuelle ou raisonnable, que la raison forme elle-même en raisonnant, et que pour cela il n'attribue pas à la fantaisie, mais à l'esprit, à la raison, ou enfin à l'entendement; en sorte, par exemple, que l'idée fantastique du soleil, c'est-à-dire l'idée du soleil en tant qu'elle est peinte en la fantaisie, est cette image du soleil qui a toutes ces dimensions que, par des démonstrations astronomiques, nous concevons être dans le soleil. De même, si un polygone de mille côtés se présente à nos yeux, tout aussitôt on en a l'idée qui appartient à l'imagination, mais pour celle qui appartient à l'esprit, nous ne l'avons point que nous n'ayons premièrement compté ses côtés.

Maintenant, considérant par ces exemples la distinction qui est entre les idées, je trouve dans le premier exemple que j'ai allégué, qu'à la vérité j'ai par la vue l'idée du soleil, qui consiste dans un cercle médiocrement grand et très éclatant de lumière, laquelle s'exprime par un seul mot, à savoir, par le nom du soleil; car les noms ne nous représentent ou ne signifient que de simples concepts. Mais quand, après avoir bien raisonné, je viens à conclure que le soleil est plusieurs fois plus grand que cette idée qui paroît à nos yeux, alors ou je me figure un cercle qui lui est égal, et cela n'est encore qu'une idée de l'imagination, ou, sans concevoir le soleil par une autre idée que par celle qui me le représente grand de deux pieds, je ne laisse pas de dire qu'il est beaucoup plus grand qu'il ne nous paroît.

Or, si ce qui est exprimé par ces paroles doit être appelé du nom d'idée, au même sens que l'on entend l'idée de Dieu, il s'ensuit que l'idée de Dieu se doit exprimer par une proposition, par exemple par celle-ci : Dieu existe, et non pas par un simple nom, qui ne sauroit être qu'une partie d'une proposition.

Tout de même, l'idée d'un polygone qui se forme en nous par la vue est la même dans la fantaisie, soit devant, soit après le dénombrement de ses côtés ; mais l'idée qui s'en forme en moi quand j'en fais le dénombrement (si toutefois cela se doit appeler du nom d'idée) est un concept composé, qui s'exprime par une proposition, par exemple par celle-ci : cette figure-là a mille côtés.

Voilà ce que je conçois touchant la distinction que notre auteur met entre l'idée qu'il dit être dans la fantaisie, et celle qu'il dit être dans l'esprit, dans l'entendement ou dans la raison. Que si j'ai en cela véritablement atteint le sens de l'auteur, il me semble que sa principale raison, sur laquelle il fonde toute sa preuve de l'existence de Dieu, n'est rien autre chose qu'une pétition de principe ; car, ou bien il suppose sans le prouver que nous avons en nous l'idée de Dieu, et par cette idée de Dieu il entend une connoissance acquise par la raison de cette proposition, *Dieu existe*, et ainsi il suppose ce qu'il devoit prouver ; ou bien il ne suppose pas, mais il prouve que nous avons en nous l'idée de Dieu, de ce que nous pouvons prouver par raison que *Dieu existe*, et ainsi il prouve une chose par elle-même; car c'est la même chose d'avoir l'idée de Dieu, ou de prouver par raison que *Dieu existe*.

Il y a, ce me semble, un semblable défaut, ou un vice tout pareil dans la façon d'argumenter dont il se sert pour prouver que notre âme n'est pas corporelle; mais je crains que la grossièreté de mon esprit ne m'ait empêché de bien pénétrer le véritable sens de l'auteur touchant ces sortes d'idées. Je ne désire pas néanmoins qu'en ma considération vous alliez interrompre un homme que j'apprends être tout-à-fait occupé à travailler à l'avancement des sciences; il suffira que nous nous en entretenions un jour ensemble quand nous nous verrons, et que j'aurai relu son traité; j'espère qu'alors je pourrai apprendre et découvrir plus parfaitement ce qu'il faut entendre par ses idées.

AU R. P. MERSENNE[1].

RÉPONSE A LA PRÉCÉDENTE.

(Lettre 123 du tome III.)

Mon révérend père,

Si je ne me trompe, celui dont vous m'avez fait voir la lettre latine qu'il vous a écrite n'est pas encore à prendre parti dans le jugement que nous devons faire des choses; il s'exprime trop bien quand il explique ses propres pensées, pour croire qu'il n'ait pas entendu celles des autres; je me persuade bien plutôt qu'étant prévenu de ses opinions, il a de la peine à goûter ce qui s'oppose à ses jugements. Ainsi je prévois que ce ne sera pas là le dernier différent que nous aurons ensemble; au contraire, je m'imagine que cette première lettre est comme un cartel de défi qu'il me présente pour voir de quelle façon je le recevrai, et si, après avoir moi-même ouvert le champ de bataille à tous venants, je ne feindrai point de mesurer mes armes avec les siennes, et d'éprouver mes forces

---

[1] « 1er juillet 1641. Voyez les raisons dans le gros cahier. »

contre lui. Je vous avoue que je prendrois un singulier plaisir d'avoir affaire avec des personnes d'esprit comme lui, si, par ce qu'il m'en a fait paroître, il ne me sembloit déjà trop engagé; mais je crains qu'à son égard tout mon travail ne soit inutile, et que, quelque soin que je prenne pour le satisfaire et pour tâcher de le retirer du malheureux engagement où je le vois, il ne s'y replonge plus avant de lui-même, en cherchant les moyens de me contredire.

Est-il croyable qu'il n'ait pu comprendre, comme il dit, ce que j'entends par l'idée de Dieu, par l'idée de l'âme et par les idées des choses insensibles, puisque je n'entends rien autre chose par elles que ce qu'il a dû nécessairement comprendre lui-même quand il vous a écrit qu'il ne l'entendoit point? Car il ne dit pas qu'il n'ait rien conçu par le nom de Dieu, par celui de l'âme, et par celui des choses insensibles, il dit seulement qu'il ne sait pas ce qu'il faut entendre par leurs idées; mais s'il a conçu quelque chose par ces noms, comme il n'en faut point douter, il a su en même temps ce qu'il falloit entendre par leurs idées, puisqu'il ne faut entendre autre chose que cela même qu'il a conçu : car je n'appelle pas simplement du nom d'idée les images qui sont dépeintes en la fantaisie; au contraire, je ne les appelle point de ce nom en tant qu'elles sont dans la fantaisie corporelle;

mais j'appelle généralement du nom d'idée tout ce qui est dans notre esprit, lorsque nous concevons une chose, de quelque manière que nous la concevions.

Mais j'appréhende qu'il ne soit de ceux qui croient ne pouvoir concevoir une chose quand ils ne se la peuvent imaginer, comme s'il n'y avoit en nous que cette seule manière de penser et de concevoir. Il a bien reconnu que je n'étois pas de ce sentiment; et il a aussi assez montré qu'il n'en étoit pas non plus, puisqu'il dit lui-même que Dieu ne peut être conçu par l'imagination : mais si ce n'est pas par l'imagination qu'il est conçu, ou l'on ne conçoit rien quand on parle de Dieu (ce qui marqueroit un épouvantable aveuglement), ou on le conçoit d'une autre manière; mais de quelque manière qu'on le conçoive, on en a l'idée, puisque nous ne saurions rien exprimer par nos paroles, lorsque nous entendons ce que nous disons, que de cela même il ne soit certain que nous avons en nous l'idée de la chose qui est signifiée par nos paroles.

Si donc il veut prendre le mot d'idée en la façon que j'ai dit très expressément que je le prenois, sans s'arrêter à l'équivoque de ceux qui le restreignent aux seules images des choses matérielles qui se forment dans l'imagination, il lui sera facile de reconnoître que par l'idée de Dieu je n'entends autre chose que ce que tous les hommes ont coutume d'entendre lorsqu'ils en parlent, et que ce qu'il faut aussi de nécessité qu'il ait entendu lui-même; autrement, comment auroit-il pu dire que Dieu est infini et incompréhensible, et qu'il ne peut pas être représenté par notre imagination; et comment pourroit-il assurer que ces attributs, et une infinité d'autres qui nous expriment sa grandeur lui conviennent, s'il n'en avoit l'idée? Il faut donc demeurer d'accord qu'on a l'idée de Dieu, et qu'on ne peut pas ignorer quelle est cette idée, ni ce que l'on doit entendre par elle; car sans cela nous ne pourrions du tout rien connoître de Dieu; et l'on auroit beau dire, par exemple, qu'on croit que *Dieu est*, et que quelque attribut ou perfection lui appartient, ce ne seroit rien dire, puisque cela ne porteroit aucune signification à notre esprit; ce qui seroit la chose la plus impie et la plus impertinente du monde.

Pour ce qui est de l'âme, c'est encore une chose plus claire; car n'étant, comme j'ai démontré, qu'une chose qui pense, il est impossible que nous puissions jamais penser à aucune chose, que nous n'ayons en même temps l'idée de notre âme comme d'une chose capable de penser à tout ce que nous pensons. Il est vrai qu'une chose de cette nature ne se sauroit imaginer, c'est-à-dire ne se sauroit représenter par une image corporelle; mais il ne s'en faut pas étonner : car notre imagination n'est propre qu'à se représenter des choses qui tombent sous les sens; et pourceque notre âme n'a ni couleur, ni odeur, ni saveur, ni rien de tout ce qui appartient au corps, il n'est pas possible de se l'imaginer ou d'en former l'image; mais elle n'est pas pour cela moins concevable; au contraire, comme c'est par elle que nous concevons toutes choses, elle est aussi elle seule plus concevable que toutes les autres choses ensemble.

Après cela je suis obligé de vous dire que votre ami n'a nullement pris mon sens, lorsque, pour marquer la distinction qui est entre les idées qui sont dans la fantaisie et celles qui sont dans l'esprit, il dit que celles-là s'expriment par des noms, et celles-ci par des propositions : car qu'elles s'expriment par des noms ou par des propositions, ce n'est pas cela qui fait qu'elles appartiennent à l'esprit ou à l'imagination; les unes et les autres se peuvent exprimer de ces deux manières; mais c'est la manière de les concevoir qui en fait la différence; en sorte que tout ce que nous concevons sans image est une idée du pur esprit, et que tout ce que nous concevons avec image en est une de l'imagination. Et comme les bornes de notre imagination sont fort courtes et fort étroites, au lieu que notre esprit n'en a presque point, il y a peu de choses même corporelles que nous puissions imaginer, bien que nous soyons capables de les concevoir. Et même toute cette science que l'on pourroit peut-être croire la plus soumise à notre imagination, parcequ'elle ne considère que les grandeurs, les figures et les mouvements, n'est nullement fondée sur ses fantômes, mais seulement sur les notions claires et distinctes de notre esprit; ce que savent assez ceux qui l'ont tant soit peu approfondie.

Mais par quelle induction a-t-il pu tirer de mes écrits que l'idée de Dieu se doit exprimer par cette proposition, *Dieu existe*, pour conclure, comme il a fait, que la principale raison dont je me sers pour prouver son existence n'est rien autre chose qu'une pétition de principe? Il faut qu'il ait vu bien clair pour y voir ce que je n'ai jamais eu intention d'y mettre, et ce qui ne m'étoit jamais venu en pensée devant que j'eusse vu sa lettre. J'ai tiré la preuve de l'existence de Dieu de l'idée que je trouve en moi d'un être souverainement parfait, qui est la notion ordinaire que l'on en a; et il est vrai que la simple considération d'un tel être nous conduit si aisément à la connoissance de son existence, que c'est presque la même chose de concevoir Dieu, et de concevoir qu'il existe; mais cela n'empêche pas que l'idée que nous avons de Dieu ou d'un être souverainement parfait ne soit fort différente de cette proposition, *Dieu existe*, et que l'un ne puisse servir de moyen ou d'antécédent pour prouver l'autre.

De même, il est certain qu'après être venu à connoissance de la nature de notre âme par les degrés que j'y suis venu, et avoir par ce moyen connu qu'elle est une substance spirituelle, parceque je vois que tous les attributs qui appartiennent aux substances spirituelles lui conviennent, il n'a pas fallu être grand philosophe pour conclure, comme j'ai fait, qu'elle n'est donc pas corporelle ; mais sans doute qu'il faut avoir l'intelligence bien ouverte, et faite autrement que le commun des hommes, pour voir que l'un ne suit pas bien de l'autre, et trouver du vice dans ce raisonnement : c'est ce que je le prie de me faire voir, et ce que j'attends d'apprendre de lui, quand il voudra bien prendre la peine de m'instruire. Quant à moi, je ne lui refuserai pas mes petits éclaircissements, s'il en a besoin, et s'il veut agir avec moi de bonne foi. Je suis etc.

AU R. P. MERSENNE [1].

(Lettre 55 du tome II.)

MON RÉVÉREND PÈRE,

Je vous renvoie les sixièmes objections avec mes réponses, et pourceque ces objections sont de plusieurs pièces, que vous m'avez envoyées à diverses fois, je les ai transcrites de ma main, en la façon qu'il m'a semblé qu'elles pouvoient le plus commodément être jointes ensemble; à savoir, vous m'aviez envoyé deux nouveaux articles en l'une de vos lettres, l'un desquels j'ai ajouté à la fin du cinquième point, après les mots *non poterit reperire*, ainsi que vous m'aviez mandé; et pour l'autre, à cause que vous n'aviez point marqué le lieu où

---

[1] « Cette lettre est postérieure à la 48ᵉ des manuscrits de Lahire, datée du 23 juin, puisque dans celle-ci il dit que M. Gassendi a tort de se plaindre, ce qu'il n'auroit pas pu dire avant la 43ᵉ des manuscrits de Lahire, puisque ce fut par cette lettre-là qu'il renvoya au P. Mersenne les réponses à M. Gassendi. Qui plus est, dans cette 55ᵉ il envoie au P. Mersenne les sixièmes objections, qui n'ont pu être envoyées avant les cinquièmes; ainsi donc cette 55ᵉ est postérieure à la 43ᵉ des manuscrits de Lahire, datée fixement du 23 juin 1641; et comme le livre des *Méditations* a paru imprimé le 28 août 1641, je fixe cette lettre le 15 juillet 1641. »

il devoit être, j'ai trouvé à propos de le diviser en deux parties, et de faire le septième point de la première, et de mettre la seconde à la fin du troisième : puis enfin j'ai trouvé une nouvelle objection dans la seconde copie que vous m'avez envoyée, de laquelle j'ai composé le huitième point.

Pour les fautes de l'impression, je sais bien qu'elles ne sont pas de grande importance, et je vous assure que je ne vous suis pas moins obligé des soins que vous avez pris de les corriger, que s'il n'en étoit resté aucune; car je sais que cela vous a donné beaucoup de peine, et qu'il est moralement impossible d'empêcher qu'il n'en demeure toujours quelques unes, principalement dans les écrits d'un autre. J'approuve fort que vous ayez retranché ce que j'avois mis à la fin de ma réponse à M. Arnault, principalement si cela peut aider à obtenir une approbation, et encore que nous ne l'obtenions pas, je m'assure que je ne m'en mettrai pas fort en peine.

Pour M. Gas., il me semble qu'il seroit fort injuste s'il s'offensoit de la réponse que je lui ai faite, car j'ai eu soin de ne lui rendre que la pareille, tant à ses compliments qu'à ses attaques, nonobstant que j'aie toujours ouï dire que le premier coup en vaut deux; en sorteque, bien que je lui eusse rendu le double, je ne l'aurois pas justement payé: mais peut-être qu'il est touché de mes réponses, à cause qu'il y reconnoît de la vérité, et moi je ne l'ai point été de ses objections pour une raison toute contraire ; si cela est, ce n'est pas ma faute. Pourceque j'ai mis que *satis commode possum respondere*, le mot *satis commode* ne regarde pas la force des raisons, mais seulement la facilité que j'aurai à les trouver, et ainsi il ne signifie autre chose que *facile*, mais il m'a semblé plus modeste. Et l'autre, que *existentia Dei partem divinæ essentiæ facit*, il est bien clair que je n'entends pas parler *de parte physica*, mais seulement qu'*existentia est*, comme vous dites, *de intrinseco conceptu essentiæ divinæ*. Et pour ceux qui voudroient fonder des objections sur des telles pointilles, ils ne feroient que témoigner par là qu'ils n'auroient rien à dire qui fût solide ; et ainsi se feroient plus de tort qu'à moi. Au reste j'ai lu votre Hyperaspistes, auquel je répondrai très volontiers ; mais pourceque ces réponses se font pour être imprimées, et ainsi que je dois considérer l'intérêt du lecteur, lequel s'ennuieroit de voir des redites, ou des choses qui sont hors de sujet, obligez-moi, s'il vous plaît, de le prier auparavant de ma part de revoir ses objections, pour en retrancher ce à quoi j'ai déjà répondu ailleurs, et ce où il a pris tout le contraire de mon sens, comme en son huitième article et ailleurs ; ou du moins, s'il juge que ces choses ne doivent point en être retranchées, qu'il permette qu'on imprime son nom, pour me servir d'excuse envers les lecteurs, ou bien enfin je lui répondrai pour vous prier de lui faire voir ma réponse, et à ceux qui auront vu ses objections, mais non point pour les faire imprimer, de crainte qu'on ne m'accuse d'avoir voulu grossir le livre de choses superflues.

Je n'entends pas bien la question que vous me faites, savoir si nos idées s'expriment par un simple terme, car les paroles étant de l'invention des hommes, on peut toujours se servir d'une ou de plusieurs pour expliquer une même chose; mais j'ai expliqué en ma réponse *ad primas objectiones* comment un triangle inscrit dans un carré peut être pris pour une seule idée ou pour plusieurs, et enfin je tiens que toutes celles qui n'enveloppent aucune affirmation ni négation nous sont *innatæ;* car les organes des sens ne nous rapportent rien qui soit tel que l'idée qui se réveille en nous à leur occasion, et ainsi cette idée a dû être en nous auparavant. Je suis, etc.

A MONSIEUR *** [1].

(Lettre 56 du tome II.)

Monsieur,

Je tiens à très grande faveur d'être en la souvenance d'une personne de votre mérite, et je suis très obligé au révérend père Gibieuf des soins qu'il daigne prendre pour moi; ce n'est pas d'aujourd'hui qu'il a commencé à me témoigner de la bienveillance, comme aussi l'éminence de sa vertu et de son savoir m'a donné il y a long-temps une très particulière inclination à l'honorer. La réputation du révérend père de La Barbe a passé aussi jusqu'à moi dans le désert, et je serois bien aise de pouvoir entièrement satisfaire aux trois points où vous avez pris la peine de m'avertir qu'il trouve principalement de la difficulté dans ces petits commencements de métaphysique que j'ai ébauchés; mais

---

[1] « Cette lettre est écrite à M. l'abbé Delaunay. Voyez la 1ʳᵉ page de la 43ᵉ des manuscrits de M. de Lahire. Elle est écrite en même temps que la 55ᵉ, puisqu'ici il dit qu'il envoie les dernières objections en réponse au P. Mersenne, pour imprimer; et comme c'est dans la lettre 55ᵉ, datée du 15 juillet 1641, qu'il a envoyé au P. Mersenne ses dernières objections, je fixe cette lettre-ci au 15 juillet 1641. »

pourceque vous ne les avez touchés qu'en trois mots, j'ai peur de n'avoir pu deviner la source des difficultés qu'il y trouve, ce qui est cause que j'ai seulement parlé à la fin des dernières objections que j'envoie au révérend père Mersenne de la plus générale occasion pour laquelle il me semble que la plupart ont de la peine à remarquer la distinction qui est entre l'âme et le corps : c'est à savoir, que les premiers jugements que nous avons faits dès notre enfance, et depuis aussi la philosophie vulgaire, nous ont accoutumés à attribuer au corps plusieurs choses qui n'appartiennent qu'à l'âme, et d'attribuer à l'âme plusieurs choses qui n'appartiennent qu'au corps; et qu'ils mêlent ordinairement ces deux idées du corps et de l'âme en la composition des idées qu'ils forment des qualités réelles et des formes substantielles, que je crois devoir être entièrement rejetée; au lieu qu'en bien examinant la physique, on y peut réduire toutes les choses qui tombent sous la connoissance de l'entendement à si peu de genres, et desquels nous avons des notions si claires et si distinctes les unes des autres, qu'après les avoir considérées, il ne me semble pas qu'on puisse manquer à reconnoître si, lorsque nous concevons une chose sans une autre, cela se fait seulement par une abstraction de notre esprit, ou bien à cause que ces choses sont véritablement diverses : car en tout ce qui n'est séparé que par abstraction d'esprit, on y remarque nécessairement de la conjonction et de l'union, lorsqu'on les considère l'un avec l'autre; et on n'en sauroit remarquer aucune entre l'âme et le corps, pourvu qu'on ne les conçoive que comme il les faut concevoir, à savoir l'un comme ce qui remplit l'espace, et l'autre comme ce qui pense; et en sorte qu'après l'idée que nous avons de Dieu, qui est extrêmement diverse de toutes celles que nous avons des choses créées, je n'en sache point deux en toute la nature qui soient si diverses que ces deux-là; mais je ne propose en ceci que mon opinion, et je ne l'estime point tant, que je ne fusse prêt de la changer, si je pouvois apprendre mieux de ceux qui ont plus de lumière. Et je suis, etc.

AU R. P. MERSENNE [1].

(Lettre 57 du tome II.)

Mon révérend père,

Je vous suis extrêmement obligé de tous les soins que vous prenez pour moi, et du zèle que vous témoignez avoir pour ce qui me touche; mais pourceque j'en ai incomparablement moins que vous, je croirois commettre une injustice si je manquois à vous supplier de mépriser entièrement tout ce qu'on vous peut dire à mon désavantage, et de ne prendre pas seulement la peine de l'écouter ni de m'en écrire: car, pour moi, il y a long-temps que je sais qu'il y a des sots dans le monde, et je fais si peu d'état de leurs jugements, que je serois très marri de perdre un seul moment de mon loisir ou de mon repos à leur sujet.

Et pour ma Métaphysique je cessai entièrement

---

[1] « Cette lettre n'est point datée, mais comme M. Descartes écrit au P. Mersenne sur des objections qu'il lui avoit envoyées touchant sa Métaphysique, il y a bien de l'apparence qu'elle n'étoit pas entièrement achevée d'imprimer, ce qui n'a été fait que le 28 août 1641 : c'est pourquoi je fixe cette lettre au 5 d'août 1641. »

d'y penser dès le jour que je vous envoyai ma réponse *ad hyperaspisten ;* en sorte que même je ne l'ai pas eue depuis ce temps-là entre mes mains, et ainsi je ne puis répondre à aucune chose de tout ce que vous m'en écriviez il y a huit jours, sinon que je vous supplie de n'y penser non plus que moi. J'ai fait, en la publiant, ce à quoi je pensois être obligé pour la gloire de Dieu, la décharge de ma conscience : que si mon dessein n'a pas réussi, et qu'il y ait trop peu de gens au monde qui soient capables d'entendre mes raisons, ce n'est pas ma faute, et elles n'en sont pas moins vraies pour cela; mais il y auroit de ma faute si je m'en fâchois, ou que j'employasse davantage de temps à répondre aux impertinentes objections de vos gens.

J'admire que vous vous soyez avisé de m'envoyer une des lettres de feu M. N. après sa mort, vu que vous ne les aviez pas jugées dignes que je les visse pendant sa vie, car cet homme n'a jamais été capable de rien écrire que des paralogismes très impertinents, quand il a même cherché la vérité : ce seroit merveille s'il l'avoit rencontrée en n'ayant dessein que de médire d'un homme qu'il haïssoit, et je ne réponds autre chose à sa belle lettre, sinon qu'il n'y a pas un seul mot contre moi qui ne soit faux et sans preuve. Je serois bien marri que vous prissiez la peine de m'envoyer ses autres lettres, car nous avons ici assez de papier pour le dernier usage, et elles ne peuvent servir à autre chose. Si le jeune Schooten ne les entend pas, ce n'est pas ma faute, et en vous le recommandant je ne crois pas vous avoir assuré qu'il fût fort judicieux et fort savant. Je vous ai déjà mandé, touchant la question de géométrie, que je n'ai que faire de perdre du temps à enseigner des gens qui ne m'en sauroient point de gré, et j'ajoute que je les reconnois fort peu capables d'être enseignés, vu qu'ils n'ont pas même su comprendre que *quadratum AK æquatur quadratis ex KH et AH ;* car AH étant la perpendiculaire qui tombe du sommet du cône sur le centre de l'ellipse cherchée, et HK étant la commune section de cette ellipse et de la parabole donnée, il est évident que l'angle AHK est droit; et pour la ligne PB elle n'a garde d'être perpendiculaire sur AH, à cause qu'elle n'est pas dans le même plan, mais elle est parallèle à sa perpendiculaire. Je vous prie derechef de ne m'envoyer plus ni aucunes objections contre ma Métaphysique, ni touchant la géométrie, ni choses semblables, ou du moins de n'attendre plus que j'y fasse aucunes réponses.

AU R. P. MERSENNE[1].

(Lettre 58 du tome II.)

Mon révérend père,

Je n'ai point reçu de vos lettres à ces deux derniers voyages, et j'ai peu de chose à vous répondre touchant celles que j'avois reçues auparavant; mais j'ai à vous dire que mes Méditations s'impriment en ce pays, et qu'ayant été averti par un de mes amis que plusieurs libraires en avoient envie, et que je ne les pourrois empêcher, d'autant que le privilége du libraire n'est que pour la France, et qu'ils usent ici de toute liberté, en sorte même qu'un privilége des États ne les retiendroit pas, j'ai mieux aimé qu'il y en eût un qui le fît avec mon consentement et mes corrections, que non pas que d'autres le fissent sans mon su, et avec beaucoup de fautes : ce qui m'a fait consentir qu'un libraire d'Amsterdam appelé Elzevier l'imprimât, à condition toutefois qu'il n'en enverroit aucuns exemplaires en France, afin de ne point faire tort au

---

[1] « Cette lettre est du 17 novembre 1641. Voyez la 44ᵉ des manuscrits de Lahire. »

libraire¹, duquel toutefois je n'ai pas de satisfaction, en ce qu'il ne m'a encore envoyé aucun exemplaire, ni au Maire non plus; car il m'a dit il y a cinq ou six jours qu'il n'avoit pas seulement encore reçu avis du libraire qu'il lui en eût envoyé par mer, mais qu'il lui avoit seulement écrit il y a deux ou trois mois que le livre s'imprimoit, et qu'il lui en enverroit. Ainsi il ne doit pas trouver mauvais qu'on l'imprime ici, puisqu'il n'y en veut point envoyer. J'ai seulement à vous demander si vous jugez à propos que j'y fasse ajouter ce que vous aviez retranché de la fin de ma réponse à M. Arnault², et l'hyperaspistes avec ma réponse; et en suite de cela que je fasse mettre au titre *editio secunda, priori Parisiis facta emendatior et auctior*. Cette impression ne sera achevée de deux mois, et si les cent exemplaires que vous m'avez mandé que le libraire envoyoit ici sont par les chemins, ils pourront aisément être débités avant ce temps-là, et s'ils n'y sont pas, il les peut retenir si bon lui semble. J'ai une prière à vous faire de la part d'un de mes intimes amis, qui est de nous envoyer le plan du jardin de Luxembourg, et même aussi des bâtiments, mais principalement du jardin : on nous a dit qu'il y en avoit des plans imprimés; si cela est, vous m'obligerez, s'il vous plaît,

---

¹ « Joly. »

² « Touchant l'Eucharistie. »

de m'en envoyer un, ou, s'il n'y en a point, de tâcher à l'avoir du jardinier qui l'a fait; ou, si vous ne pouvez mieux, de le faire tracer par le jeune homme qui a fait les figures de ma Dioptrique, et de lui recommander qu'il observe bien toute l'ordonnance des arbres et des parterres, car c'est principalement de cela qu'on a affaire. Je me servirai des adresses de M. P.[1] pour faire donner à Paris l'argent que cela coûtera, et je ne plaindrai pas d'y employer sept ou huit pistoles, si cela ne se peut faire à moins.

Pour vos questions, la première est touchant une boule de mail, à qui j'ai dit qu'un mail de deux fois autant de matière n'imprime que le tiers de son mouvement : ce qui vous sera facile à entendre si vous considérez le mouvement, ou la force à se mouvoir, comme une quantité qui n'augmente ni ne diminue jamais, mais qui se transmet seulement d'un corps en un autre, selon qu'un corps en pousse un autre, et qui se répand également en toute la matière qui se meut de même vitesse. Car vous m'avouerez que pendant que le mail touche et pousse la boule ils se meuvent ensemble, et ainsi que toute la force à se mouvoir qui étoit auparavant dans le mail seul est alors répandue également en toute la matière du mail et de la boule; et que celle qui compose la boule

[1] « Picot. »

n'étant que le tiers de toute cette matière, d'autant que le mail est supposé double de la boule, elle ne peut aussi recevoir que la troisième partie de cette force. Il est certain qu'une goutte d'eau peut être si petite, qu'elle ne pourra descendre dans l'air; et j'en ai vu l'expérience en des brouillards que je voyois à l'œil n'être composés que de fort petites gouttes d'eau qui ne descendoient point ; mais l'air étant tant soit peu ému, elles se joignoient plusieurs ensemble, et ainsi devenant plus grosses descendoient en pluie[1].

Pour votre expérience de la boule A, qui, étant poussée contre les boules B et C, pousse la petite par l'entremise de la grosse sans faire quasi mouvoir cette grosse B, la raison s'en peut aisément rendre : car bien qu'au premier moment que ces deux boules B et C sont touchées, elles se meuvent sans doute de même vitesse, toutefois à cause que B est plus pesante que C, elle est beaucoup plus arrêtée par les inégalités du plan sur lequel elles roulent; et ce sont ces inégalités qui arrêtent la boule B, et qui ne sont pas capables d'arrêter la boule C : même encore que ces deux boules fussent de même grosseur, celle de devant pourroit aller plus vite que l'autre, car toutes les inégalités du plan qui lui résistent, résistent aussi à celle

---

[1] « *Je vous assure que M. Picot ne va point en Perse, et qu'il n'en a eu aucune pensée.* »

qui la suit, et elles emploient conjointement leurs forces pour les surmonter ; mais ce qui résiste à la suivante n'empêche point pour cela la précédente, qui pour ce sujet se peut éloigner d'elle incontinent.

Les enfants en remuant les jambes montent sur les chevaux, à cause que ce remuement leur aide à remuer les côtes et les muscles de la poitrine, par l'aide desquels ils se glissent sur le dos du cheval, mais non pas parcequ'ils battent l'air avec les jambes. Je ne trouve rien de plus en vos lettres à quoi je puisse répondre, car pour la descente des eaux je ne m'en suis pas encore éclairci moi-même, et c'est une étude que je veux faire à la première occasion. Je suis, etc.

[1] « *Vous m'obligerez, s'il vous plaît, d'envoyer l'incluse à Rennes.* »

A MONSIEUR *** [1].

(Lettre 90 du tome II.)

Monsieur,

Je vous suis très obligé du souvenir qu'il vous plaît avoir de moi, et je tiens à honneur que vous vouliez savoir mon opinion touchant l'éducation de M. votre fils. Le désir que j'aurois de vous pouvoir rendre quelque service en sa personne m'empêcheroit de vous dissuader de l'envoyer en ces quartiers, si je pensois que le dessein que vous avez touchant ses études s'y pût accomplir; mais

---

[1] « La 90ᵉ est de M. Descartes à un de ses amis de Tours ou de Rennes, puisqu'il dit que l'air de La Flèche est voisin de celui à qui il écrit. Cette lettre ne peut être écrite avant la fin de mars 1641, puisque Descartes y dit: *J'ai logé à Leyde*, etc. Or, par la 40ᵉ des manuscrits de Labire, datée du 31 mars 1641, Descartes quitta cette maison au mois d'avril, pour aller loger à Eyndegeest; il est donc constant que cette lettre n'est pas écrite avant la fin de mars 1641; elle ne peut non plus être reculée dans l'année 1642, puisqu'il dit qu'il n'y a que quatre ou cinq ans que s'est faite l'érection de l'université d'Utrecht, qui, par la première page du *Narratio historica*, s'est faite l'an 1636; donc on peut fixer cette lettre au mois d'août 1641. Ajoutez encore qu'il fait l'éloge de M. Leroy, et il est constant que c'a été durant 1641 et 1642 qu'a été la plus grande union entre Descartes et M. Leroy. »

la philosophie ne s'enseigne ici que très mal; les professeurs n'y font que discourir une heure le jour, environ la moitié de l'année, sans dicter jamais aucuns écrits, ni achever le cours en aucun temps déterminé, en sorte que ceux qui en veulent tant soit peu savoir sont contraints de se faire instruire en particulier par quelque maître, ainsi qu'on fait en France pour le droit lorsqu'on veut entrer en office. Or, encore que mon opinion ne soit pas que toutes les choses qu'on enseigne en philosophie soient aussi vraies que l'Évangile, toutefois, à cause qu'elle a la clef des autres sciences, je crois qu'il est très utile d'en avoir étudié le cours entier, en la façon qu'il s'enseigne dans les écoles des jésuites, avant qu'on entreprenne d'élever son esprit au-dessus de la pédanterie pour se faire savant en la bonne sorte. Et je dois rendre cet honneur à mes maîtres, que de dire qu'il n'y a lieu au monde où je juge qu'elle s'enseigne mieux qu'à La Flèche. Outre que c'est, ce me semble, un grand changement pour la première sortie de la maison, que de passer tout d'un coup en un pays différent de langue, de façons de vivre et de religion, au lieu que l'air de La Flèche est voisin du vôtre; et à cause qu'il y va quantité de jeunes gens de tous les quartiers de la France, ils y font un certain mélange d'humeurs, par la conversation les uns des autres, qui leur apprend quasi la même chose que s'ils voyageoient;

et enfin l'égalité que les jésuites mettent entre eux, en ne traitant guère d'autre façon les plus relevés que les moindres, est une invention extrêmement bonne pour leur ôter la tendresse et les autres défauts qu'ils peuvent avoir acquis par la coutume d'être chéris dans les maisons de leurs parents. Mais, monsieur, j'appréhende que la trop bonne opinion que vous m'avez fait avoir de moi-même, en prenant la peine de me demander mon avis, ne m'ait donné occasion de vous l'écrire plus librement que je ne devois; c'est pourquoi je n'y ose rien ajouter, sinon que si M. votre fils vient en ces quartiers, je le servirai en tout ce qui me sera possible. J'ai logé à Leyde en une maison où il pourroit être assez bien pour la nourriture; mais pour les études, je crois qu'il seroit beaucoup mieux à Utrecht, car c'est une université qui, n'étant érigée que depuis quatre ou cinq ans, n'a pas encore eu le temps de se corrompre, et il y a un professeur, appelé M. le Roy, qui m'est intime ami, et qui, selon mon jugement, vaut plus que tous ceux de Leyde. Je suis, etc.

A M. REGIUS[1].

(Lettre 86 du tome I. Version.)

Monsieur,

J'ai reçu vos thèses, et je vous en fais mon remerciment; je n'y ai rien trouvé qui ne m'y plût. Ce que vous y dites de l'action et de la passion ne me paroît point faire de difficulté, pourvu que l'on comprenne bien ce que signifient ces noms : c'est-à-dire que dans les choses corporelles toute action et passion consistent dans le seul mouvement local, et on l'appelle action lorsque ce mouvement est considéré dans le moteur, et passion lorsqu'il est considéré dans la chose qui est mue; d'où il s'ensuit aussi que, lorsque ces noms sont appliqués à des choses immatérielles, il faut considérer en elle quelque chose d'analogue au mouvement, et qu'il faut appeler action celle qui est de la part du moteur, telle qu'est la volition dans l'âme, et passion de la part de la chose mue, comme l'intellection et la vision dans la même âme. Quant à ceux qui croient

[1] « Les trois lettres suivantes ont été écrites dans le mois de novembre. Je ne les date pas, de peur de me tromper. »

qu'il faut donner le nom d'action à la perception, ils semblent prendre le nom d'action pour toute puissance réelle, et celui de passion pour la seule négation de puissance; car comme ils croient que la perception est une action, ils ne feroient pas aussi difficulté de dire que la réception du mouvement dans le corps dur, ou la force par laquelle il reçoit le mouvement des autres corps, est une action, ce qui ne peut pas se dire, parceque la passion qui est corrélative à cette action seroit dans le moteur, et l'action dans la chose mue. A l'égard de ceux qui disent que toute action peut être ôtée de l'agent, ils ne se trompent pas, si par action ils entendent le seul mouvement, sans vouloir comprendre sous le nom d'action toute force telle qu'est la longueur, la largeur, la profondeur et la force de recevoir toutes sortes de figures et de mouvements; car ces choses ne peuvent non plus être ôtées de la matière ou de la quantité, que la pensée le peut être de l'âme. Dans les papiers *que vous m'avez envoyés*, page 2, ligne 7, sur ces mots, *et surtout du cœur*, il paroît y avoir quelque erreur de copiste, car les parties ne sont pas pressées par le cœur, mais le sang envoyé au foie des autres parties et surtout du cœur facilite la coction. Je ne comprends pas aussi ce qui suit sur cette double ligature, et alternativement dissolue à la page 4 : à moins que vous ne fassiez l'expérience du cœur qu'on peut enfler avec des soufflets, je ne vous conseille pas de mettre cela, car je crains que le cœur étant arraché et froid ne devienne si roide, qu'il ne soit pas possible de l'enfler ainsi ; mais l'expérience est facile à faire, et si elle réussit, vous la mettrez comme certaine, sans vous servir de ces expressions, *je juge, il me semble que cela est ainsi.* J'omettrois, si j'étois à votre place, ce que vous dites page 5 de l'aimant, car ces choses ne sont pas encore bien certaines, non plus que celles de la page 6, touchant les jumeaux et la ressemblance du sexe. Adieu, monsieur, aimez-moi toujours un peu, et faites bien mes compliments à nos amis communs.

A M. REGIUS.

(Lettre 87 du tome I. Version.)

Monsieur,

J'ai lu fort rapidement tout ce que vous m'aviez ordonné de lire, c'est-à-dire une partie du premier cahier, et une partie du second, et les cinq autres tout entiers. Je n'approuve point ce que vous dites dans votre premier cahier touchant les choses astringentes, celles qui épaississent et les narcotiques; car vous donnez comme universelle une matière particulière dont une chose peut arriver, quoiqu'on puisse imaginer plusieurs autres manières qui probablement peuvent produire le même effet. Dans le second vous dites que l'idiopathie est une maladie subsistante par elle-même; j'aimerois mieux dire qu'elle ne dépend point d'une autre, de peur qu'il ne prenne fantaisie à quelque philosophe de conclure que vous faites les maladies des substances. Je vais vous dire en deux mots ce que je pense des fièvres, afin que ma lettre contienne quelque chose, car je ne parlerai presque pas du reste. La fièvre est donc..... (*Le reste ne se trouve point.*)

Si M. Regius veut agir en galant homme, il aura la bonté d'y suppléer, en nous renvoyant ce qu'il a devers lui. (Note de Clerselier.)

A M. REGIUS.

(Lettre 88 du tome I. Version.)

Monsieur,

J'ai reçu votre lettre dans laquelle vous me proposez deux difficultés sur ce que je vous avois écrit touchant les fièvres. Dans la première vous demandez *pourquoi j'ai dit que la cause des accès des fièvres réglées vient presque toujours de la matière, qui a besoin de se mûrir en quelque façon avant de se pouvoir mêler au sang, et que les accès de celles qui ne sont pas réglées proviennent d'une matière qui, se logeant dans quelque cavité, gonfle tellement les parties, qu'elle oblige les pores de s'ouvrir.* Il ne vous sera pas difficile de comprendre tout cela, si vous faites attention qu'il n'y a point de raison qui montre que ces cavités puissent être assez grandes et qu'il s'y amasse assez de matière pour qu'elle se vide régulièrement dans tous les hommes ou chaque jour, ou de deux jours l'un, ou de quatre jours l'un; mais qu'il y en a une qui nous fait voir pourquoi certaine humeur a besoin d'un jour pour se mûrir, une autre de deux, et une troisième de trois. Quant à la seconde question, *pourquoi les pores étant ouverts, toute la matière ou du moins presque toute la matière se purge*, vous en trouverez facilement la solution en remarquant qu'il est beaucoup plus difficile d'ouvrir des pores entièrement fermés, que d'empêcher qu'ils se referment quand une fois ils ont été ouverts, en sorte qu'une assez grande abondance de matière doit s'écouler avant qu'ils soient fermés : elle doit même s'écouler presque toute, lorsqu'il n'y a d'autre cavité que celle qui est formée par le concours de cette matière qui dilate par force les parties, parceque les parties dilatées doivent retourner à leur situation naturelle avant que les pores soient fermés. Que s'il y a une cavité produite par quelque humeur qui aura rongé les parties, j'avoue qu'après l'expurgation elle demeure pleine de matière corrompue, en sorte que quand les pores sont ouverts, il n'y a que la partie surabondante et qui pousse les côtés de la cavité qui sorte, qui peut être seulement la dixième ou la vingtième partie de la matière contenue dans cette cavité; mais comme il n'y a que cette partie surabondante qui allume l'accès de la fièvre, il me semble par conséquent qu'on doive la compter seule : ainsi il est toujours vrai que toute la matière de la fièvre se purge dans chaque accès. Quant à la gangrène, quoique la circulation du sang arrêtée en quelque partie puisse être quelquefois sa cause éloignée, sa cause prochaine est seulement une corruption ou pourriture de la partie qui peut provenir d'autres causes que de la circulation qui a été arrêtée, laquelle corruption étant déjà formée peut empêcher la circulation. Ce que vous dites de la palpitation ne me satisfait point, et je crois qu'elle peut avoir tant de différentes causes, que je n'oserois entreprendre d'en faire ici l'énumération. Je ne crois pas non plus que les excréments sortent plus difficilement par les cheveux coupés que par ceux qui ne le sont pas : ces excréments doivent même sortir plus facilement, à moins que les cheveux ne fussent arrachés jusqu'à la racine, et que les pores par lesquels ils seroient sortis ne fussent entièrement bouchés. Plusieurs personnes sentent des maux de tête lorsqu'ils ont les cheveux fort longs. Le remède est de les couper. Je crois que la cause pourquoi les cheveux coupés croissent, est que les excréments sortent en plus grande abondance dans le bout des cheveux coupés; l'expérience confirme encore cela, parcequ'ils reviennent plus longs que si on ne les avoit jamais coupés, parceque la grande abondance d'excréments qui passent par leurs racines les fait devenir plus grands. Enfin, je ne crois pas que la convulsion arrive à cause de l'épaisseur des tuniques, mais seulement parceque certaines petites valvules qui sont dans les petits tuyaux des nerfs s'ouvrent et se ferment contre la règle ordinaire, ce que la grossièreté des esprits et la lésion de l'organe peuvent causer, comme une piqûre dans un tendon ou dans un nerf.

A M. REGIUS [1].

(Lettre 93 du tome I. Version.)

Monsieur,

J'ai lu assez rapidement tout ce que vous m'avez envoyé; mais cependant j'y ai donné assez d'attention pour croire que de tout ce qui y est contenu il n'y a rien que je condamne. Pour vos thèses, il y a à la vérité bien des choses que je n'entends pas, et plusieurs même auxquelles, en tant que je puis les entendre, je donnerois une autre explication que la vôtre, ce qui ne me surprend pas : car il est bien plus difficile d'expliquer son sentiment sur toutes les parties de la médecine, ce qui est du devoir du

[1] « Cette lettre est certainement de l'année 1641, mais il y a difficulté pour le mois. Cependant, s'il n'y a pas de faute dans la lettre, il est constant que cette lettre est du commencement de décembre; car M. Descartes y dit qu'il y a plus de trois mois que l'impression de ses Méditations est achevée à Paris. Or il est constant que cette impression n'a été achevée que le 28 août 1641. Il est aisé de voir par là que cette lettre auroit été écrite le 3 décembre 1641. »

professeur, que de choisir ce qu'on connoît de plus facile sur cette matière, et garder un profond silence sur tout le reste, comme j'ai fait dans les autres sciences. J'approuve fort votre dessein de ne plus répondre aux questions de M. Silvius. Tout ce que vous pouvez faire, c'est de lui marquer en peu de mots que ses lettres vous font très grand plaisir, que le zèle qu'il a pour la recherche de la vérité vous est très agréable, et que vous le remerciez bien affectueusement de vous avoir choisi pour vous demander votre avis; mais que vous croyez avoir suffisamment répondu dans vos précédentes à tout ce qui regarde le mouvement du cœur, qu'il semble à présent qu'il n'a plus d'autre vue que de continuer la dispute, et passer d'une question à une autre, ce qui iroit à l'infini; que vous le priez de l'excuser si vous ne lui répondez plus, parceque vous êtes fort occupé d'ailleurs. En effet, au commencement de sa dispute, où il demande si les veines resserrées selon la mesure du sang qu'elles contiennent doivent être dites pleines ou non pleines, il agite seulement une question de nom, et ensuite lorsqu'il demande qu'on lui montre le sang arrêté par le fer, et quelle est la véritable nature de la pesanteur des corps, il remue de nouvelles questions, et telles que les plus ignorants sont en état d'en proposer en si grand nombre, que le plus savant homme du monde n'en pourroit jamais résoudre dans tout le cours de sa vie. Quand, de ce que le sang peut sauter des veines dans le cœur, il infère de là que les veines doivent donc battre, il se joue sur l'équivoque du mot *insilire*, sauter, comme si vous disiez que le sang saute dans les veines; lorsqu'il remarque quelque différence dans la comparaison d'une vessie enflée, comme qu'elle est dans un état violent, et qu'elle se désenfle aussitôt qu'on ôte la bouche de dessus l'ouverture, il ne gagne rien à cela, parceque toute comparaison cloche : comme lorsqu'il veut expliquer l'action par laquelle le sang est chassé continuellement par une autre raison que par la contraction naturelle des veines; car de dire que ces fibres resserrent les vaisseaux, ou que les veines se contractent, c'est précisément la même chose. Je parcourrois le reste de même, mais vous êtes en état de le faire mieux que moi, et vous y avez déjà répondu en partie dans vos thèses, dans lesquelles vous ajoutez pourtant un corollaire sur le flux et reflux de la mer, que je n'approuve pas; car vous n'expliquez pas assez la chose pour la rendre intelligible ni même probable, ce que plusieurs personnes trouvent aussi à redire dans plusieurs autres propositions que vous avez avancées de la même manière. Ceux qui disent que le mouvement du cœur est animal, ne disent pas davantage que s'ils avouoient bonnement qu'ils ne savent point la cause du mouvement du cœur, parcequ'ils ne savent pas ce que c'est que ce mouvement animal. A l'égard des parties des anguilles qui se remuent après avoir été coupées, il n'y en a point d'autre cause que celle qui fait battre la pointe du cœur quand elle est aussi coupée, et la même qui fait que des cordes de boyaux coupées en morceaux, et conservées dans un lieu chaud et humide, se replient comme des vers de terre, quoique ce mouvement s'appelle artificiel, et le premier animal. Dans toutes ces expériences, la seule et véritable cause est la disposition des parties solides et le mouvement des esprits ou des parties fluides qui pénètrent les solides. Il y a trois mois que l'impression de mes Méditations a été achevée à Paris; je n'en ai pourtant pas encore reçu aucun exemplaire, c'est ce qui me fait consentir à une seconde édition dans ces pays. Je crois que ce qui fait que des corps unis dans un tourbillon sont chassés au centre, c'est que l'eau même agitée circulairement fait effort pour s'écarter en tout sens, et par ce moyen repousse vers le centre les parties étrangères qui n'ont pas encore acquis toute sa vitesse. Je félicite M. Vander H.[1] de son nouveau consulat; je le crois digne d'une dictature perpétuelle. Je vous félicite aussi d'avoir en ce sage magistrat un si fidèle et si puissant défenseur. Adieu.

[1] « Hoolhk. »

AU R. P. MERSENNE[1].

(Lettre 28 du tome III.)

Mon révérend père,

Vos lettres ont été gelées par les chemins, car la date m'apprend que je les devois recevoir il y a quinze jours, ce qui est cause que je n'ai pu répondre plus tôt. Je vous remercie de ce que vous m'écrivez de la part des pères jésuites, et vous verrez en ma lettre latine de quelle façon j'y réponds; mais je vous prie de la faire voir à leur provincial; et je voudrois bien qu'une autre fois, s'ils vous prient derechef de me faire savoir quelque chose de leur part, vous le refusassiez, si ce n'est qu'ils le missent eux-mêmes par écrit, à cause qu'ils peuvent mieux désavouer leur parole que leur écriture : et je prévois déjà qu'ils désavoueront une partie de ce que vous m'avez cette fois écrit de leur part, et à quoi j'ai été obligé de répondre; mais n'importe, cela vous servira d'excuse pour ne vous plus charger de leurs commissions, s'ils ne les écrivent. Je vous renvoie la lettre du père Bourdin, que j'ai trouvée peu judicieuse,

[1] « Fixement 22 décembre 1641. »

mais je n'en ai pas voulu toucher un seul mot, à cause que vous me l'aviez défendu. Je crois bien que son provincial l'a envoyé pour vous demander s'il étoit vrai que j'écrivisse contre eux, mais non pas pour me menacer des choses qu'ils savent bien que je ne crains pas, et qui peuvent bien plus m'obliger à écrire que m'en empêcher. Il est certain que j'aurois choisi le Compendium du père Eustache, comme le meilleur, si j'en avois voulu réfuter quelqu'un ; mais aussi est-il vrai que j'ai entièrement perdu le dessein de réfuter cette philosophie, car je vois qu'elle est si absolument et si clairement détruite par le seul établissement de la mienne, qu'il n'est pas besoin d'autre réfutation : mais je n'ai pas voulu leur en rien écrire, ni leur rien promettre, à cause que je pourrai peut-être changer de dessein, s'ils m'en donnent occasion. Et cependant je vous prie de ne craindre pour moi aucune chose ; car je vous assure que si j'ai quelque intérêt d'être bien avec eux, ils n'en ont peut-être pas moins d'être bien avec moi, et de ne se point opposer à mes desseins : car s'ils le faisoient, ils m'obligeroient d'examiner quelqu'un de leurs cours, et de l'examiner de telle sorte que ce leur seroit une honte à jamais. J'ai feint de n'oser pas vous prier de faire voir ma lettre au père provincial, mais je serois pourtant bien marri qu'il ne la vît point. Je suis, etc.

ANNÉE 1642.

A M. REGIUS [1].

(Lettre 91 du tome I. Version.)

Monsieur,

Je vous attendois ces jours passés, et j'apprends aujourd'hui une nouvelle, qui, bien que de peu de conséquence, ne laisse pas de me faire craindre

---

[1] « La lettre 91 du 1er volume est de M. Descartes à M. Regius; elle n'est point datée, mais je crois qu'elle est du 3 janvier, car depuis la thèse soutenue par un des écoliers de M. Leroy, Voëtius avoit aussi fait soutenir d'autres thèses les 22, 23 et 24, où M. Regius et M. Descartes étoient un peu maltraités, sans être nommés; en suite de ces thèses, les ennemis de M. Regius résolurent tous ensemble d'aller trouver les magistrats, pour demander qu'on renfermât le médecin dans les bornes de sa profession, et qu'on lui fît défense d'enseigner les opinions de M. Descartes: mais les vacances d'hiver étant survenues, il fallut remettre cela après les vacances; et c'est durant ces vacances que M. Descartes croyoit voir M. Leroy : c'est pourquoi, dès le commencement de cette lettre, il lui mande qu'il l'a attendu depuis quelques jours, ce qui me persuade que cette lettre est écrite vers le 3 janvier 1642. »

qu'elle n'ait été la cause de votre retardement ; cela redouble l'empressement que j'ai de vous voir pour prendre ensemble là-dessus de justes mesures. J'apprends donc que vos ennemis ont enfin le dessus, et qu'ils sont venus à bout de vous faire défendre d'enseigner mes Principes. Je ne sais comment vous prenez la chose, mais, si vous m'en croyez, vous ne ferez qu'en rire et mépriser tout cela. Vous regarderez la jalousie qu'on fait paroître contre vous comme plus glorieuse que tous les applaudissements des ignorants ; et certes il n'est pas surprenant que, dans une affaire qui se décide à la pluralité des voix, vous n'ayez pu résister avec le seul secours de la vérité et de quelques uns de ses partisans à la multitude de vos adversaires. Si, pour toute vengeance, vous prenez le parti d'en rire en votre particulier, de garder un profond silence, et de vous tenir en repos, j'y donne les mains. Si vous voulez vous servir d'autres moyens, je ne vous manquerai point au besoin. Je vous prie cependant de m'apprendre au plus tôt par lettres, ou de vive voix, quelles sont vos résolutions. Adieu, aimez-moi toujours un peu. Si vous venez me voir, apportez, je vous prie, avec vous le plus de thèses que vous pourrez de votre adversaire. Adieu.

AU R. P. MERSENNE[1].

(Lettre 114 du tome III.)

Mon révérend père,

Je vous envoie ma réponse au révérend père Gibieuf; je l'ai fermée seulement par bienséance, car il n'y a rien que tout le monde ne puisse voir; et si vous témoignez avoir envie de savoir ce que je réponds au révérend père de la Barde, je ne doute point qu'il ne vous le montre. Pour les jésuites, je ne vois point encore bien clair en leur fait. J'ai reçu les billets du père Bourdin, qui montrent qu'ils ne cherchent pas un accommodement, et, pendant qu'ils n'agiront avec moi que par lui, je ne croirai pas qu'ils veuillent la paix; aussi ne suis-je pas résolu de taire au public ce qui se passera entre eux et moi. Vous pouvez bien leur donner parole que je n'ai aucun dessein d'écrire contre eux, c'est-à-dire d'user d'injures et de calomnies pour tâcher à les décréditer : mais je vous prie de ne leur pas donner parole que je ne prendrai point

---

[1] « Cette lettre est bien datée, par Borel, le 19 janvier 1642. Voyez la 45ᵉ des manuscrits de Lahire. »

un de leurs cours de philosophie pour en montrer les erreurs ; car, au contraire, je veux bien qu'ils sachent que je le ferai si je le juge utile à faire connoître la vérité, et ils ne le doivent aucunement trouver mauvais s'ils préfèrent la vérité à la vanité de vouloir être estimés plus savants qu'ils ne sont ; mais j'attends leurs objections pour déterminer ce que j'en ferai. M. de Zuytlichem ne m'a encore rien envoyé : je lui écrirai dans quatre ou cinq jours, pour le prier de ne retarder pas entre ses mains les objections des jésuites.

Pour le calcul touchant le mouvement d'une boule de mail frappée plusieurs fois de même force, vous l'avez fort bien pris : car au premier coup elle reçoit un tiers de la force du mail ; au second, un neuvième ; au troisième, un vingt-septième ; au quatrième, un quatre-vingt-unième, et ainsi à l'infini. Vous aviez seulement laissé couler une erreur de plume, à savoir que le tiers de treize est quatre et un quart, au lieu que c'est quatre et un tiers, ce qui vous avoit empêché de trouver le compte juste [1].

---

[1] « Je n'ai point d'heure de reste pour penser à la roulette de M. de Roberval ; et après lui en avoir donné les tangentes, qu'il avoit enfin confessé ne pouvoir trouver, il auroit, ce me semble, mauvaise grâce à se vanter d'avoir trouvé quelque chose de plus, et dire que je ne saurois le trouver. Et c'est à savoir s'il a rien trouvé ; il s'est vanté, peut-être, afin de m'inviter à le chercher, et le lui apprendre. Mais ce n'en est pas le moyen, bien que je ne croie pas que ce qu'il propose soit difficile. »

Pour ce que M. Vitus m'objecte touchant la raréfaction de l'eau quand elle se change en vapeur, disant, *Sed ei primo declarandum est unde talis ille motus competat, et quæ necessitas tantam violentiam iis imprimens; deinde in vacuo vel in pleno fit hæc volutatio,* etc., je réponds que cette force ou violence de mouvement est communiquée aux parties de l'eau par la matière subtile, et qu'elle remplit aussi tout l'espace qu'elles n'occupent pas, et ainsi que leur mouvement se fait *in pleno.* Mais je ne trouve pas étrange que cela lui semble difficile, car je n'ai pas encore assez expliqué la nature de cette matière subtile; je tâcherai de le faire ci-après en son lieu, et j'ai ouï faire telle estime de M. Vitus [1] par M. d'Igby, que je me promets de l'avoir de mon côté.

L'invention du point de réflexion, *datis speculo, oculo et objecto,* est un problème solide que Vitellion a résolu avec une hyperbole touchant les miroirs convexes, et il n'y a pas plus de difficulté pour les concaves, de façon que cela ne vaut pas la peine d'être recherché; et il y a plus de vingt ans que je l'ai trouvé, mais je ne m'en souviens plus [2].

---

[1] « Thomas Anglus. »

[2] « Il a neigé ici quelque peu, et après, gelé quatre ou cinq jours la semaine passée, et le plus froid fut le dimanche 10 de janvier; depuis il a fait un air de printemps, comme il avoit fait aussi auparavant. Voilà la réponse à ce que j'ai reçu de vous en ces trois voyages. »

Au reste, j'ai éprouvé ces jours passés un moyen de peser l'air qui m'a assez bien réussi; car ayant une petite fiole de verre fort légère et soufflée à la lampe, de la figure que vous la voyez ici peinte[1], de la grosseur d'une petite balle de jeu de paume, et n'ayant qu'une petite ouverture à passer un cheveu en l'extrémité de son bec B, je l'ai pesée dans une balance très exacte, et étant froide elle pesoit 78 grains et demi; après cela je l'ai chauffée sur des charbons, puis la remettant dans la balance en la situation qu'elle est ici peinte, c'est-à-dire le bec en bas, j'ai trouvé qu'elle pesoit à peine 78 grains, puis plongeant le bec B dans de l'eau, je l'ai laissée ainsi refroidir, et l'air se condensant à mesure qu'elle se refroidissoit, il est entré dedans autant d'eau que la chaleur en avoit chassé d'air auparavant; enfin, la pesant avec toute cette eau, j'ai trouvé qu'elle pesoit 72 grains et demi plus que devant, d'où je conclus que l'air qui en avoit été chassé par le feu est à l'eau qui étoit rentrée en sa place comme $\frac{1}{2}$ est à $72\frac{1}{2}$, ou bien comme 1 est à 145, mais je me puis être trompé en ceci, car il est malaisé d'y être juste; seulement suis-je assuré que le poids de l'air est sensible en cette façon, et j'ai mis ici mon procédé tout au long, afin que si vous avez la curiosité d'en faire

---

[1] Figure 49.

l'épreuve, vous la puissiez faire toute semblable¹.
Je suis, etc.

A UN R. P. DE L'ORATOIRE²,

DOCTEUR DE SORBONNE.

(Lettre 105 du tome I.)

Monsieur et révérend père,

J'ai assez éprouvé combien vous favorisiez le désir que j'ai de faire quelque progrès en la recherche de la vérité, et le témoignage que vous m'en rendez encore par lettres m'oblige extrêmement. Je suis aussi très obligé au R. P. de la Barde pour avoir pris la peine de lire mes pensées de métaphysique, et m'avoir fait la faveur de les défendre

---

¹ « Je n'ai reçu aucuns exemplaires de Joli, et si vous lui parliez ou faisiez parler, je crois qu'on le pourroit avertir que je l'empêcherois de jouir de mon privilége, puisqu'il n'a pas satisfait aux conditions par lesquelles je lui ai donné, et que j'ai par écrit signées de sa main. Mandez-moi qui est maintenant général de l'Oratoire. Je suis, etc. »

² « Point de doute que cette lettre ne soit adressée au P. Gibieuf, père de l'Oratoire. Elle est écrite depuis 1641; car M. Descartes y parle de M. Arnauld comme n'étant docteur que depuis peu, et il est constant que M. Arnauld n'a pris le bonnet qu'en 1642. »

contre ceux qui m'accusoient de mettre tout en
doute : il a très parfaitement pris mon intention ;
et si j'avois plusieurs protecteurs tels que vous et
lui, je ne douterois point que mon parti ne se
rendît bientôt le plus fort; mais quoique je n'en
aie que fort peu, je ne laisse pas d'avoir beaucoup
de satisfaction, de ce que ce sont les plus grands
hommes et les meilleurs esprits qui goûtent et favorisent le plus mes opinions. Je me laisse aisément
persuader que si le R. P. G.[1] eût vécu, il en auroit
été des principaux, et bien qu'il n'y ait pas long-
temps que M. Arnauld soit docteur, je ne laisse pas
d'estimer plus son jugement que celui d'une moitié des anciens. Mon espérance n'a point été d'obtenir leur approbation en corps; j'ai trop bien su
et prédit, il y a long-temps, que mes pensées ne seroient pas au goût de la multitude, et qu'où la pluralité des voix auroit lieu, elles seroient aisément
condamnées. Je n'ai pas aussi désiré celle des particuliers, à cause que je serois marri qu'ils fissent
rien à mon sujet qui pût être désagréable à leurs
confrères, et aussi qu'elle s'obtient si facilement
pour les autres livres, que j'ai cru que la cause
pour laquelle on pourroit juger que je ne l'ai pas
ne me seroit point désavantageuse; mais cela ne
m'a pas empêché d'offrir mes Méditations à votre

[1] « Gondrand ; le P. Gibieuf n'est mort à Saint-Magloire que le 6 juin 1650. »

faculté, afin de les faire d'autant mieux examiner, et que si ceux d'un corps si célèbre ne trouvoient point de justes raisons pour les reprendre, cela me pût assurer des vérités qu'elles contiennent.

Pour ce qui est du principe par lequel il me semble connoître que l'idée que j'ai d'une chose, *non redditur a me inadæquata per abstractionem intellectus*, je ne le tire que de ma propre pensée; car étant assuré que je ne puis avoir aucune connoissance de ce qui est hors de moi que par l'entremise des idées que j'en ai en moi, je me garde bien de rapporter mes jugements immédiatement aux choses, et de leur rien attribuer de positif que je ne l'aperçoive auparavant en leurs idées : mais je crois aussi que tout ce qui se trouve en ces idées est nécessairement dans les choses; ainsi pour savoir si mon idée n'est point rendue non complète, ou *inadæquata*, par quelque abstraction de mon esprit, j'examine seulement si je ne l'ai point tirée, non de quelque sujet plus complet, mais de quelque autre idée plus complète et plus parfaite que j'aie en moi, et si je ne l'en ai point tirée *per abstractionem intellectus*, c'est-à-dire en détournant ma pensée d'une partie de ce qui est compris en cette idée complète, pour l'appliquer d'autant mieux, et me rendre d'autant plus attentif à l'autre partie, comme lorsque je considère une figure sans penser à la substance ni à la quantité dont elle est figure, je fais une abstraction d'esprit que je puis aisément reconnoître par après, en examinant si je n'ai point tiré cette idée que j'ai de la figure de quelque autre que j'ai eue auparavant, et à qui elle est tellement jointe, que, bien qu'on puisse penser à l'une sans avoir aucune attention à l'autre, on ne puisse toutefois la nier de cette autre lorsqu'on pense à toutes les deux ; car je vois clairement que l'idée de la figure est ainsi jointe à l'idée de l'extension et de la substance, vu qu'il est impossible que je conçoive une figure en niant qu'elle ait aucune extension, et en niant qu'elle soit l'extension d'une substance; mais l'idée d'une substance étendue et figurée est complète, à cause que je la puis concevoir toute seule, et nier d'elle toutes les autres choses dont j'ai des idées. Or il est, ce me semble, fort clair que l'idée que j'ai d'une substance qui pense est complète en cette façon, et que je n'ai aucune autre idée en mon esprit qui la précède et qui lui soit tellement jointe, que je ne les puisse bien concevoir en les niant l'une de l'autre; car il ne peut y en avoir de telle en moi que je ne la connoisse. Et enfin ce ne sont que les modes seuls, dont les idées sont rendues non complètes par l'abstraction de notre esprit, lorsque nous les considérons sans la chose dont ils sont modes; car pour les substances elles ne peuvent n'être pas complètes, et même il est impossible de concevoir aucune de ces qualités qu'on nomme réelles, que par cela seul qu'on les nomme réelles, on ne les conçoive comme complètes, ce qui fait aussi qu'on avoue qu'elles peuvent être séparées de la substance, sinon naturellement, au moins surnaturellement, ce qui suffit. On dira peut-être que la difficulté demeure encore, à cause que bien que je conçoive l'âme et le corps comme deux substances qui peuvent être l'une sans l'autre, je ne suis pas toutefois assuré qu'elles soient telles que je les crois. Mais il en faut revenir à la règle ci-devant posée, à savoir, que nous ne pouvons avoir aucune connoissance des choses que par les idées que nous en concevons, et que par conséquent nous n'en devons juger que suivant ces idées, et même penser que tout ce qui répugne à ces idées est absolument impossible et implique contradiction. Ainsi nous n'avons aucune autre raison pour assurer qu'il n'y a point de montagne sans vallée, sinon que nous voyons que leurs idées ne peuvent être complètes quand nous les considérons l'une sans l'autre, bien que nous puissions par abstraction avoir l'idée d'une montagne ou d'un lieu par lequel on monte de bas en haut, sans considérer qu'on peut aussi descendre par le même de haut en bas. Ainsi nous pouvons dire qu'il implique contradiction qu'il y ait des atomes ou des parties de matière qui aient de l'extension, et toutefois qui

soient indivisibles, à cause qu'on ne peut avoir
l'idée d'aucune extension, sans avoir aussi celle
de sa moitié ou de son tiers, ni par conséquent
sans la concevoir comme divisible en deux ou en
trois; car de cela seul que je considère les deux
moitiés d'une partie de matière, tant petite qu'elle
puisse être, comme deux substances complètes, et
*quarum ideæ non redduntur a me inadæquatæ per
abstractionem intellectus*, je conclus certainement
qu'elles sont réellement divisibles; et si l'on me
disoit que, nonobstant que je les puisse concevoir
l'une sans l'autre, je ne sais pas pour cela si Dieu
ne les a point unies ou jointes l'une à l'autre d'un
lien si étroit qu'elles soient entièrement insépa-
rables, et ainsi que je n'ai pas raison de l'assurer,
je répondrois que, de quelque lieu qu'il puisse les
avoir jointes, je suis assuré qu'il les peut séparer,
et ainsi, absolument parlant, qu'elles peuvent
être séparées, puisqu'il m'a donné la faculté de les
concevoir comme séparées: et je dis tout de même
de l'âme et du corps, et généralement de toutes
les choses dont nous avons des idées diverses et
complètes; mais je ne nie pas pour cela qu'il ne
puisse y avoir dans l'âme ou dans le corps plusieurs
choses dont je n'ai aucunes idées, je nie seulement
qu'il y ait rien qui répugne aux idées que j'en ai,
car autrement Dieu seroit trompeur, et nous n'au-
rions aucune règle pour nous assurer de la vérité.

La raison pour laquelle je crois que l'âme pense toujours est la même qui me fait croire que la lumière luit toujours, bien qu'il n'y a point d'yeux qui la regardent; que la chaleur est toujours chaude, bien qu'on ne s'y chauffe point; que le corps ou la substance étendue a toujours de l'extension, et généralement que ce qui constitue la nature d'une chose y est toujours pendant qu'elle existe; en sorte qu'il me seroit bien plus aisé de croire que l'âme cesseroit d'être quand on dit qu'elle cesse de penser, que non pas de concevoir qu'elle soit sans pensée. Et je ne vois ici aucune difficulté, qu'à cause qu'on juge superflu de croire qu'elle pense lorsqu'il ne nous en reste aucun souvenir par après; mais si on considère que nous avons toutes les nuits mille pensées, et même qu'en veillant nous en avons eu mille depuis une heure, dont il ne nous reste aucune trace, et dont nous ne voyons pas mieux l'utilité que de celles que nous pouvons avoir eues avant que de naître, on aura bien moins de peine à se le persuader, qu'à juger qu'une substance dont la nature est de penser, puisse exister et toutefois ne point penser. Je ne vois aussi aucune difficulté à entendre que les facultés d'imaginer et de sentir appartiennent à l'âme, à cause que ce sont des espèces de pensées; et néanmoins elles n'appartiennent à l'âme qu'en tant qu'elle est jointe au corps, à cause que ce sont des espèces de pensées sans lesquelles on peut concevoir l'âme toute pure. Pour ce qui est des animaux, nous connoissons bien en eux des mouvements semblables à ceux qui suivent de nos imaginations ou sentiments, mais non pas pour cela des imaginations ou sentiments; et au contraire, ces mêmes mouvements se pouvant faire sans imagination, nous avons raison de croire que c'est ainsi qu'ils se font en eux, ainsi que j'espère faire voir clairement en décrivant par le menu toute l'architecture de leur corps, et les causes de leurs mouvements. Mais je crains que je ne vous aie déjà ennuyé par la longueur de cette lettre; je me tiendrai très heureux si vous me continuez l'honneur de votre bienveillance et la faveur de votre protection, comme à celui qui est, etc.

A M. REGIUS [1].

(Lettre 90 du tome I. Version.)

Monsieur,

Vous ne pouviez rien mettre de plus dur, et qui fût plus capable de réveiller les mauvaises intentions de vos ennemis, et leur fournir des sujets de plainte, que ce que vous avez mis dans vos thèses, que l'homme est un être par accident. Je ne vois pas de plus sûr moyen pour corriger cela que de dire que dans votre neuvième thèse vous avez considéré tout l'homme par rapport aux parties qui le composent, et que dans la dixième vous avez considéré les parties par rapport au tout; que dans la neuvième, dis-je, vous avez dit que l'homme est composé d'une âme, et d'un corps par accident, pour marquer qu'on pourroit dire *en quelque façon* qu'il étoit accidentaire au corps d'être uni à l'âme, et à l'âme d'être unie au corps, puis-

---

[1] « La thèse dont parle ici M. Descartes fut soutenue par un des écoliers de M. Leroy, ce qui ayant excité un grand bruit dans l'Université, M. Leroy en donna avis à M. Descartes par une lettre que nous n'avons pas, et M. Descartes lui récrivit celle-ci vers le 15 décembre 1641. »

que le corps peut exister sans l'âme, et l'âme sans le corps : car nous appelons accident tout ce qui est présent ou absent sans la corruption du sujet, quoique considéré en soi-même ce soit peut-être une substance, comme l'habit est accidentel à l'homme; mais que vous n'avez pas prétendu dire que l'homme soit un être par accident, et que vous aviez assez fait voir dans votre dixième thèse que vous entendiez qu'il est un être par soi-même; car vous y avez dit que l'âme et le corps par rapport à lui étoient des substances incomplètes, et dès là qu'elles sont incomplètes, il s'ensuit que le tout qu'ils composent est un être par soi-même; et pour faire voir que ce qui est un être par soi-même peut devenir un être par accident, les rats, qui sont engendrés ou faits par accident des ordures, sont cependant des êtres par eux-mêmes. On peut seulement vous objecter qu'il n'est point accidentel au corps humain d'être uni à l'âme, mais que c'est sa propre nature; parceque le corps ayant toutes les dispositions requises pour recevoir l'âme, sans lesquelles il n'est pas proprement un corps humain, il ne se peut faire sans miracle que l'âme ne lui soit unie. On nous objectera aussi qu'il n'est pas accidentel à l'âme d'être jointe au corps, mais seulement qu'il lui est accidentel après la mort d'être séparée du corps, ce qu'il ne faut pas absolument nier, de peur de choquer derechef les théologiens;

mais cependant il faut répondre qu'on peut appeler ces deux substances accidentelles, en ce que ne considérant que le corps seul, nous n'y voyons rien qui demande d'être uni à l'âme, et rien dans l'âme qui demande d'être uni au corps; c'est pourquoi j'ai dit un peu auparavant que l'homme est *en quelque façon*, et non *absolument* parlant, un être accidentel. L'altération simple est celle qui ne change point la forme du sujet, comme quand le bois s'échauffe, et la génération est celle qui change la forme, comme quand le bois est consumé par le feu; et en effet, quoique l'un ne se fasse pas d'une autre manière que l'autre, il y a cependant une grande différence, soit dans la manière de concevoir, soit dans la vérité de la chose; car les formes, du moins les plus parfaites, sont un amas de plusieurs qualités qui ont la force de se conserver mutuellement ensemble; mais dans le bois c'est seulement une chaleur modérée à laquelle il retourne de soi-même, après qu'il s'est échauffé dans le feu; c'est une chaleur véhémente qu'il conserve toujours tant qu'il est feu. Vous ne devez pas être fâché contre le collègue qui vous conseilloit d'ajouter un corollaire pour expliquer votre thèse, il me paroît qu'il vous donnoit un conseil d'ami. Vous avez oublié un mot dans vos thèses manuscrites. Dans la dixième thèse, vous mettez ces mots *toutes les autres*, et vous ne dites point ce que c'est.

Vous voulez dire *toutes les autres qualités*. Je n'ai rien à dire sur tout le reste, car je vois qu'elles ne contiennent presque autre chose que ce que vous avez déjà mis autre part; vous avez raison, car ce seroit un très grand travail de vouloir inventer toujours quelque chose de nouveau. Si vous venez me voir, vous me ferez toujours un très grand plaisir. Adieu.

A M. REGIUS [1].

(Lettre 89 du tome I. Version.)

Monsieur,

J'ai eu l'honneur de posséder toute cette après-dînée l'illustre M. Al. [2]; il m'a entretenu fort long-temps des affaires d'Utrecht, avec une bonté et une sagesse qui m'ont charmé; je suis tout-à-fait de son avis que vous devez vous abstenir durant

---

[1] « D'abord Descartes reçut la lettre de Leroy du 24 février, examina l'écrit qu'il lui envoyoit, lui en dit son sentiment, et fit lui-même une autre réponse à ces thèses de Voëtius; pendant qu'il travailloit à cela, M. Leroy, qui s'impatientoit, récrivit à M. Descartes une seconde lettre, datée du 2 février. Cela hâta M. Descartes, et dès le 6 février il lui envoya son écrit et sa lettre, qui font la 89ᵉ de ce 1ᵉʳ volume. »

[2] « Alphonsus. »

un certain temps des disputes publiques, et vous donner bien de garde d'aigrir personne contre vous par des paroles trop dures. Je souhaiterois bien aussi que vous n'avançassiez aucunes opinions nouvelles; mais que vous vous tinssiez seulement de nom aux anciennes, vous contentant de donner des raisons nouvelles, ce que personne ne pourroit reprendre, et ceux qui prendroient bien vos raisons en concluroient d'eux-mêmes ce que vous souhaitez qu'on entende. Par exemple, sur les formes substantielles et sur les qualités réelles, quelle nécessité de les rejeter ouvertement? Vous pouvez vous souvenir que dans mes Météores, page 173 de l'édition françoise, j'ai dit en termes exprès que je ne les rejetois ni ne les niois aucunement, mais seulement que je ne les croyois pas nécessaires pour expliquer mes sentiments. Si vous eussiez tenu cette conduite, aucun de vos auditeurs ne les auroit admises, quand il se seroit aperçu qu'elles ne sont d'aucun usage, et vous ne vous seriez pas chargé de l'envie de vos collègues: mais ce qui est fait est fait; le seul remède que j'y trouve présentement est de défendre les propositions vraies que vous avez avancées, le plus modestement qu'il vous sera possible; et s'il nous en est échappé quelques unes de fausses, ou qui ne soient pas assez exactes, vous les corrigerez sans entêtement. Vous devez être persuadé qu'il n'y a rien de plus louable à un philosophe que d'avouer sincèrement ses erreurs. Par exemple, lorsque vous dites que l'homme est un être par accident, je sais que vous n'entendez que tout ce que les autres philosophes entendent, savoir qu'il est un composé de deux choses réellement distinctes : mais comme les écoles n'entendent pas ce mot, *être par accident*, dans le même sens, il est beaucoup mieux, supposé que vous ne puissiez pas vous servir de l'explication que je vous avois insinuée dans mes précédentes (car je vois que vous vous détournez un peu du sens que j'y donne, et que vous n'évitez pas tout-à-fait cet écueil dans votre dernier écrit), il est, dis-je, beaucoup mieux d'avouer bonnement que vous n'aviez pas tout-à-fait bien compris ce terme de l'école, que de déguiser la chose mal à propos, et qu'étant d'accord avec les autres pour le fond, vous n'avez été différent que pour les termes; ainsi, toutes les fois que l'occasion s'en présentera, vous devez avouer, soit en particulier, soit en public, que vous croyez que l'homme est *un véritable être par soi et non par accident;* et que l'âme est réellement et substantiellement unie au corps, non par sa situation et sa disposition (comme vous dites dans votre dernier écrit, ce qui est encore faux et sujet à être repris selon moi), mais qu'elle est, dis-je, unie au corps par une véritable union, telle que tous les philosophes l'admettent, quoiqu'on n'explique point quelle est cette union, ce que vous n'êtes pas tenu non plus de faire. Cependant vous pouvez l'expliquer, comme je l'ai fait dans ma Métaphysique, en disant que nous percevons que les sentiments de douleur, et tous autres de pareille nature, ne sont pas de pures pensées de l'âme distincte du corps, mais des perceptions confuses de cette âme qui est réellement unie au corps : car si un ange étoit uni au corps humain, il n'auroit pas les sentiments tels que nous, mais il percevroit seulement les mouvements causés par les objets extérieurs, et par là il seroit différent d'un véritable homme.

A l'égard de votre écrit, quoique je ne voie pas bien ce que vous prétendez par là, il me semble cependant, pour vous avouer ingénument ma pensée, qu'il ne tend pas à votre but, et qu'il ne s'accorde nullement au temps présent, car vous y dites beaucoup de choses assez dures, et vous n'y expliquez pas assez clairement les raisons qui peuvent servir à la défense de la bonne cause ; en sorte qu'on diroit qu'en l'écrivant votre esprit est tombé dans une espèce de langueur que le chagrin ou l'indignation vous ont causée. J'espère que vous excuserez la liberté que je prends ; et comme il me seroit plus difficile de vous dire ce que je pense sur chaque article de votre écrit, que de vous tracer un modèle semblable, je prendrai ce dernier parti ;

et bien que je sois accablé d'une multitude d'autres affaires, je donnerai un ou deux jours à ce travail. Je pense donc qu'il importe au bien de vos affaires que vous répondiez par un écrit public à l'appendix de Voëtius, parceque si vous gardiez un profond silence là-dessus, vos ennemis pourroient peut-être vous insulter comme à un homme vaincu ; mais que votre réponse soit si douce et si modeste que vous n'irritiez personne, et en même temps qu'elle soit si solide, que Voëtius s'aperçoive qu'il est vaincu par vos raisons, et qu'il n'ait plus à l'avenir la démangeaison de vous contredire, pour n'être pas toujours vaincu, et qu'enfin il souffre que vous adoucissiez son humeur sauvage.

Je vais vous donner en gros le sujet de la réponse que vous devez lui faire, et telle que je la ferois moi-même si j'étois à votre place : je la mettrai partie en françois, partie en latin, selon que les termes se présenteront plus facilement à mon esprit, de peur que si j'écrivois seulement en latin vous ne voulussiez point changer mes paroles, et que mon style négligé ne fît méconnoître le vôtre.

RÉPONSE D'HENRI REGIUS, etc. A L'APPENDIX,

OU NOTES SUR L'APPENDIX, ET SUR LES COROLLAIRES DE THÉOLOGIE ET DE PHILOSOPHIE DE M. GISBERT VOËTIUS, etc.

Je voudrois après commencer par une honnête lettre à M. Voëtius, en laquelle je dirois, qu'ayant vu les très doctes, très excellentes et très subtiles thèses qu'il a publiées touchant les formes substantielles et autres matières appartenantes à la physique, et qu'il a particulièrement adressées aux professeurs en médecine et en philosophie de cette université, au nombre desquels je suis compris, j'ai été extrêmement aise de ce qu'un si grand homme a voulu traiter de ces matières, comme ne doutant pas qu'il n'auroit usé de toutes les meilleures raisons qui peuvent se trouver pour prouver les opinions qu'il défend, en sorte qu'après les siennes il n'en faudroit plus attendre d'autres, et même que je me suis réjoui de ce que la plupart des opinions qu'il a voulu défendre en ces thèses étant entièrement contraires à celles que j'ai enseignées, il semble que c'a été particulièrement à moi qu'il a adressé sa préface, et qu'il a voulu par là me convier à lui répondre, et ainsi m'inviter, par une honnête émulation, à rechercher d'autant plus curieusement la vérité ; que je m'estime bien glorieux de ce qu'il m'a voulu faire cet honneur; que je ne puis manquer de tirer de l'avantage de cette attaque, à cause que ce me sera même de la gloire si je suis vaincu par un si fort adversaire; que je lui en rends grâces très affectueusement, et mets cela au nombre des grâces que je lui ai, et que je reconnois être très grandes. *Hic fuse commemorarem, quomodo me juverit, in professione acquirendo, quomodo mihi patronus, mihi fautor, mihi adjutor semper fuerit*, etc. *Je m'étendrois ici sur l'obligation que je lui ai de ma chaire de professeur, avec quelle bonté il m'a toujours servi de patron et d'aide,* etc.; enfin, que je n'aurois pas manqué de répondre à ses thèses, et de faire comme lui des disputes publiques sur ces matières, si je pouvois espérer une audience aussi favorable et aussi tranquille; mais qu'il a en cela beaucoup d'avantage par-dessus moi, à cause que le respect et la vénération qu'on a pour lui, non seulement à cause de ses qualités de recteur et de ministre, mais beaucoup plus à cause de sa grande piété, de son incomparable doctrine, et de toutes ses autres excellentes qualités, est capable de retenir les plus insolents, et d'empêcher qu'ils ne fassent aucun désordre aux lieux où il préside, au lieu que n'ayant pas le même respect pour moi, deux ou trois fripons que quelque ennemi aura envoyés à mes disputes seront suffisants pour les troubler; et, ayant éprouvé cette fortune en mes dernières, je crois m'abaisser trop, et ne pas assez conserver la dignité du lieu que notre très sage magistrat m'a fait l'honneur de vouloir que j'occupasse en cette académie, si je m'y opposois dorénavant : non pas que je sois fâché pour cela, ni que je pense devoir aucunement être honteux de ce qui s'est passé; car, au contraire, ces faiseurs de bruit ayant toujours interrompu mes réponses avant que de les avoir pu entendre, il a été très aisé à remarquer que nous n'avons point donné occasion à leur insolence par nos fautes, mais qu'ils étoient venus à nos disputes tout à dessein de les troubler, et d'empêcher que nous ne puissions avoir le temps de faire bien entendre nos raisons; et l'on ne peut juger de là autre chose, sinon que mes ennemis, se servant d'un moyen si séditieux et si injuste, ont témoigné qu'ils ne cherchent point la vérité, et qu'ils n'espèrent pas que leurs raisons soient si fortes que les miennes, puisqu'ils ne veulent pas qu'on les entende. Et quand on ne sauroit pas que ces troubles m'auroient été procurés par l'artifice d'aucuns ennemis, *sed a sola juvenum aliquot lascivia, mais encore par la pétulance de quelques jeunes gens*, on sait bien que les meilleures choses étant exposées au public sont aussi souvent sujettes à cette fortune que les plus mauvaises et les plus impertinentes. Aussi on étoit autrefois fort attentif aux badineries d'un danseur de corde, là où ceux qui représentoient une très belle et très élégante comédie de Térence étoient chassés du théâtre par de tels battements de mains; ainsi, etc. Ces raisons donc me donnent raison de publier plutôt cette réponse que de faire des thèses, joint aussi qu'on peut mieux trouver la vérité en examinant à loisir et de sang-froid deux écrits opposés sur un même sujet, que non pas en la chaleur de la dispute, où l'on n'a pas assez de temps pour peser les raisons de part et d'autre, et où la honte de paroître vaincu, si les nôtres étoient les plus foibles, nous en ôte souvent la volonté. C'est pourquoi je le supplie de la recevoir en bonne part, comme ne l'ayant fait que pour lui plaire, et lui témoigner que je ne suis pas si négligent que de manquer de satisfaire à l'honnête semonce qu'il m'a faite par ses thèses, de faire voir au public les raisons que j'ai pour soutenir les raisons qu'il a impugnées, et c'est pour le bien général *totius rei litterariæ, de la république des lettres*, et particulièrement pour le bien et la gloire de cette université; et que je l'annoncerai et estimerai, *ut patronum, fautorem amicissimum*, etc., *comme un patron et un protecteur très zélé*, etc. *Vale. Adieu.*

Après une lettre de cet argument, je ferois imprimer :

Domini Gisberti præfatiuncula ad doctissimum, expertissimum medicum, etc., *usque ad thesim primam.*

Petite préface de M. Gisbert Voëtius, à M......, très docte, très expérimenté médecin, etc., *jusqu'à la première thèse.*

RÉPONSE A LA PRÉFACE.

Que je loue si grandement sa civilité et sa courtoisie, de ce que, nonobstant le pouvoir que sa théologie, qui est la principale science, lui donne sur toutes les autres, et celui que sa qualité de recteur lui donne particulièrement en cette académie, il n'a pas voulu traiter de matière de physique sans user de quelques excuses envers les professeurs en philosophie et en médecine; que je suis fort d'accord avec lui de ce qu'il blâme les *adolescentes qui vix elementis philosophiæ imbuti absque evidenti et valida demonstrationum evictione omnium scholarum philosophiam exsibilant antequam terminos ejus intellexerint, eorumque notione destituti, auctores superiorum facultatum sine fructu legant, lectionesque et disputationes tanquam mutæ personæ aut statuæ Dedaleæ audire cogantur.* Que je blâme ces jeunes gens qui, à peine instruits *des premiers éléments de la philosophie, et destitués de cette conviction que donne à l'esprit l'évidence et la force des démonstrations, sifflent tout ce qui est de la philosophie de l'école avant d'en avoir compris les termes, et qui, privés de la connoissance de ces choses, se voient dans la nécessité de lire sans fruit les auteurs qui traitent des sciences supérieures, et se voient réduits à écouter les leçons et les disputes qu'on y fait comme des personnes muettes et comme des statues de Dédale.* Sed quia valde diligenter ipsos hoc in exordio admonet, ne tam faciliter id agant. *Mais le soin qu'il prend de les avertir dans son exorde de se précautionner contre ces erreurs; et comme si c'étoit une faute fort ordinaire, laquelle toutefois a été inconnue jusqu'à présent,* non immerito suspicor hoc de solis auditoribus meis intelligi; *j'entre dans des soupçons légitimes que vous ne parlez ici que de ceux qui prennent mes leçons;* car j'ai déjà su que quelques uns étant jaloux de voir les grands progrès que mes auditeurs faisoient en peu de temps, ont tâché de décrier ma façon d'enseigner, en disant que je négligeois de leur expliquer les termes de la Philosophie, et ainsi que je les laissois incapables d'entendre les livres et les autres professeurs; et que je ne leur apprenois que certaines subtilités dont la connoissance leur donnoit après cela tant de présomption, qu'ils osoient se moquer des opinions communes;

et pour ce sujet me persuadent que M. Voëtius (ou *rector magnificus*, ou *recteur magnifique*, etc.; donnez-lui les titres les plus obligeants et les plus avantageux que vous pourrez), ayant été averti de cette calomnie, en a voulu toucher un mot ici en passant, afin de me donner occasion de m'en purger; ce que je ferai facilement, en faisant voir que je ne manque pas d'expliquer tous les termes de ma profession, lorsque les occasions s'en présentent, bien que j'aie encore plus de soin d'expliquer les choses; et je veux bien confesser que d'autant que je me sers de raisons qui sont très évidentes et très intelligibles à ceux qui ont seulement le sens commun, je n'ai pas besoin de beaucoup de termes étrangers pour les faire entendre; et ainsi, qu'on peut bien plus tôt avoir appris les vérités que j'enseigne, et trouver son esprit satisfait touchant les principales difficultés de la philosophie, qu'on ne peut avoir appris tous les termes dont les autres se servent pour expliquer leurs opinions touchant les mêmes difficultés de la Philosophie, et avec tous lesquels ils ne satisfont jamais ainsi les esprits qui se servent de leur raisonnement naturel, mais les remplissent seulement de doutes et de nuages; et enfin que je ne laisse pas d'enseigner aussi les termes qui me sont inutiles, et que, les faisant entendre en leur vrai sens, *celerius a me quam vulgo ab aliis discuntur*, on les apprend en moins de temps de moi que du commun des philosophes : ce que je puis prouver par l'expérience que plusieurs de mes auditeurs ont faite, et dont ils ont rendu preuve en disputant publiquement, après n'avoir étudié que tant de mois, etc. Or je m'assure qu'il n'y a personne de bon sens qui ose dire qu'il n'y a rien à blâmer en tout ceci, ni même qui ne soit grandement à priser : *etsi enim sæpe hinc contingat, ut qui mea audiverunt, ea quæ ab aliis in contrarium docentur ut minus rationi consentanea, contemnant, vel etiamsi placet exsibilent :* et s'il arrive souvent de là que ceux qui ont pris mes leçons méprisent ou, si vous voulez, sifflent ce que les professeurs enseignent de contraire à mes sentiments, comme moins conforme à la raison, on n'en doit pas rejeter la faute sur ma manière d'enseigner, mais plutôt sur celle des autres, et les conduire à suivre la mienne autant qu'il leur sera possible, plutôt que de la calomnier, *et velle ipsam calumnia sua obruere,* et vouloir l'ensevelir sous des ruines si odieuses.

RÉPONSE A LA PREMIÈRE THÈSE, etc.

(Version.)

Je souscris ici volontiers au sentiment de M. le recteur, qui dit qu'il ne faut pas chasser sans sujet de leur ancien domaine de pauvres innocents, c'est-à-dire ces êtres qu'on appelle formes substantielles et qualités réelles; pour nous jusqu'ici nous ne les avons pas encore absolument rejetés. Nous déclarons seulement que nous n'avons pas besoin d'eux pour rendre raison des choses naturelles, et nous croyons que nos sentiments sont particulièrement recommandables, en ce qu'ils sont indépendants de ces êtres supposés incertains, et dont on ignore la nature : mais comme en cette occasion c'est presque la même chose de dire qu'on ne veut pas se servir de ces êtres, et de dire qu'on les rejette, parceque la seule raison qui les fait admettre aux autres est qu'ils les croient nécessaires pour expliquer la cause des effets naturels, nous ne ferons pas difficulté d'avouer que nous les rejetons entièrement, et M. le recteur ne nous fera pas un crime de cela, comme je l'espère; car il y a déjà long-temps que nous sommes instruits, sinon parfaitement, du moins médiocrement, de la philosophie des colléges, et nommément de la logique, de la métaphysique ; et nous avons reconnu que ces misérables êtres ne sont d'aucun autre usage que d'aveugler l'esprit de la jeunesse, et de mettre à la place de cette docte ignorance, que M. le recteur rend si fort recommandable, une autre espèce d'ignorance pleine de vanité et de présomption : mais pour n'être pas en reste de libéralité avec M. le recteur, je le loue aussi de vouloir ramener à l'étude de la philosophie les jeunes gens qui ajoutoient à l'éloignement et au mépris brutal qu'ils avoient pour elle une ignorance grossière, rustique et orgueilleuse; et il ne sauroit m'entrer dans l'esprit qu'il ait eu ici en vue les plaintes qu'il forme contre mes écoliers, comme je l'ai déjà dit, de ce qu'après avoir goûté ma philosophie ils n'ont que du mépris pour celle de l'école : car je croirois faire injure à sa piété, à l'éloignement infini qu'il a pour la médisance, et à l'amitié qu'il m'a toujours témoignée, de croire qu'il ait voulu se servir de termes si impropres pour mépriser la philosophie que j'enseigne, qui est si véritable et si claire, que dès qu'on l'a apprise on méprise les autres, pour la traiter d'idiote et de rustique et d'ignorance orgueilleuse; et pour appeler féroce et fuite de l'étude de la philosophie le mépris que l'on fait des opinions qui sont regardées comme très fausses et qui ne vient que de la connoissance d'une philosophie plus véritable, comme si par étude de la philosophie il ne falloit entendre que l'étude de ces controverses où ne se trouve jamais une vérité certaine, et non l'étude même de la vérité.

RÉPONSE A LA SECONDE THÈSE, etc.

On prouve ici douze points auxquels M. le recteur a donné à juste titre, un peu auparavant, le nom de préjugés et de doutes, parcequ'ils ne donnent occasion de rien assurer, mais seulement de douter, à ceux qui sont plutôt entraînés par les préjugés que par les raisons, quoique ces doutes n'embarrassent pas beaucoup ceux qui examinent la force des raisons.

Dans la première, il demande *si on peut concilier avec l'Écriture sainte le sentiment de ceux qui nient les formes substantielles*. On n'en sauroit douter, pourvu qu'on sache que les prophètes, les apôtres, et les autres écrivains sacrés, qui ont écrit par l'inspiration du Saint-Esprit, n'ont jamais pensé à ces êtres philosophiques et inconnus hors des écoles; et pour ôter toute équivoque dans les mots, il faut observer que, par les formes substantielles que nous nions, on entend une certaine substance jointe à la matière, et qui compose avec elle un certain tout purement corporel, et qui n'est pas moins une substance ou un être qui subsiste par lui-même, que la matière; et l'on peut dire que c'est encore à plus juste titre, puisque l'on dit qu'elle est un *acte*, et que la matière n'est appelée que *puissance*. Or nous croyons que l'Écriture sainte ne fait nulle part mention de cette substance ou de cette forme substantielle, différente de la matière dans les choses purement corporelles; et pour faire connoître aux autres combien ces passages de l'Écriture que M. le recteur nous oppose sont peu pressants, je crois qu'il suffira pour cela de les rapporter tous. Il est dit au premier chapitre de la Genèse, vers. 11 : *Dieu dit encore que la terre pousse de l'herbe qui porte de la graine, et des arbres fruitiers qui portent des fruits chacun selon son espèce.* Et vers. 21 : *Dieu créa donc les grands poissons et tous les animaux qui ont la vie et le mouvement, que les eaux produisent, chacun selon son espèce, et il créa aussi tous les oiseaux selon leur espèce, etc.* » Je vous » prie de mettre tous les autres passages; car je les » ai tous cherchés, et je ne vois rien qui serve aucu- » nement à ce sujet. » Car on ne peut pas dire que les mots de genre ou d'espèce désignent des différences substantielles, puisqu'il y a aussi des genres et des espèces d'accidents et de modes, comme la figure est genre à l'égard des cercles et des carrés, sans que personne s'avise jamais de croire que ces choses aient des formes substantielles, etc.

2. Il appréhende *que si nous nions les choses substantielles dans les choses purement matérielles, nous ne puissions aussi douter s'il y en a une dans l'homme, et que nous ne puissions pas si heureusement et si sincèrement combattre l'erreur de ceux qui imaginent une âme universelle du monde, ou quelque chose de semblable, que les partisans des formes substantielles. On peut ajouter au second point, qu'*au contraire le sentiment qui établit les formes substantielles

peut très facilement nous faire tomber dans l'opinion de ceux qui disent que l'âme humaine est corporelle et mortelle, laquelle étant seule reconnue forme substantielle, et les autres ne consistant que dans la configuration et le mouvement des parties, cette seule prérogative qu'elle a sur les autres montre clairement qu'elle diffère des autres en nature, et cette différence de nature nous fournit un moyen très facile pour prouver son immatérialité et son immortalité, comme on peut voir dans les Méditations sur la métaphysique qu'on vient d'imprimer depuis peu; en sorte qu'on ne sauroit inventer là-dessus une opinion qui convienne mieux aux principes de la théologie.

Au cinquième. Ceux qui admettent les formes substantielles tombent dans une grande absurdité en disant qu'elles sont le principe immédiat de leurs actions : ce que l'on ne peut pas imputer à ceux qui ne distinguent point ces formes des qualités actives. Pour nous, nous ne nions pas les qualités actives, nous disons seulement qu'il ne faut pas leur attribuer aucune entité plus grande qu'une entité de mode; car on ne peut le faire sans les concevoir comme véritables substances. Nous ne nions pas aussi les habitudes; mais nous les comprenons sous un double genre, les unes purement matérielles, qui dépendent de la seule configuration, ou autre disposition des parties; et les autres immatérielles ou spirituelles, comme les habitudes de la foi, de la grâce, etc., dont parlent les théologiens, qui ne dépendent point d'elle, mais qui sont seulement des modes spirituels existants dans l'âme, comme le mouvement ou la figure est un mode corporel existant dans le corps.

Au huitième. Je voudrois expliquer comment les automates sont aussi des ouvrages de la nature, et que les hommes en les fabriquant ne font qu'appliquer les choses actives aux passives, comme, par exemple, en semant du grain, ou en procurant la génération d'un mulet; ce qui n'apporte aucune différence essentielle, mais seulement naturelle. Cette différence pourtant du plus ou du moins est grande, comme vous dites, parceque le peu de roues qui composent une horloge ne peuvent entrer en aucune comparaison avec le nombre infini d'os et de nerfs, de veines, d'artères, etc., qui se trouvent dans le plus vil de tous les plus petits animaux. Ce seroit encore ici le lieu d'apporter tous les passages qu'il cite de l'Écriture sainte, afin que la calomnie parût, car ils ne forment pas la moindre preuve du monde.

Au dixième. Donc il faudroit rejeter la géométrie et toute la mécanique. On sent le ridicule de cela, et rien n'est plus déraisonnable. Je ne pourrois jamais passer cet article sans rire un peu à ses dépens; mais je ne vous le conseille pas.

A l'onzième. Nous ne disons pas que la terre se meuve par rapport à sa situation, à sa position et à sa figure, mais seulement qu'elle est disposée par là au mouvement. Ce n'est point non plus faire un cercle dans le raisonnement, de dire qu'une chose est mue par une cause, et qu'elle est disposée au mouvement par une autre; ce n'est point aussi un cercle vicieux qu'un corps en remue un autre, ce second un troisième, et ce troisième derechef le premier, si le premier cesse derechef d'être mû; comme ce n'est pas un cercle qu'un homme donne de l'argent à un autre, lequel le donne à un troisième, et ce troisième le redonne au premier.

Au douzième. Ceux qui se plaignent que nous n'expliquons rien par ces principes, n'ont qu'à lire nos Météores, et les confronter avec ceux d'Aristote; ils peuvent lire aussi ma Dioptrique, avec les écrits de ceux qui ont travaillé sur la même matière, et ils reconnoîtront sans peine que tout le déshonneur et toute la honte ne retomberont que sur des opinions qui sont si éloignées de la simple nature.

RÉPONSE A LA TROISIÈME THÈSE, etc.

Toutes les raisons qui servent de preuves aux formes substantielles se peuvent appliquer à la forme de l'horloge, que personne ne dira jamais être substantielle.

RÉPONSE A LA QUATRIÈME THÈSE, etc.

Les raisons ou les démonstrations physiques contre les formes substantielles, que nous croyons capables de convaincre tout esprit qui aime la vérité, sont principalement les suivantes, tirées de la métaphysique ou théologie naturelle, et qu'on peut appeler *a priori* (ou preuve d'un effet par ses causes) : il est contre le bon sens que quelque substance que ce soit existe de nouveau, si Dieu ne l'a créée de nouveau ; cependant nous voyons tous les jours que plusieurs de ces formes qu'on nomme substantielles commencent d'être de nouveau, quoique ceux qui les admettent pour substances ne croient pas que Dieu les crée. Ils se trompent donc, ce qui est confirmé par l'exemple de l'âme, qui est la véritable forme substantielle de l'homme; car la véritable raison pour laquelle on croit que Dieu l'a créée immédiatement dans chaque corps, c'est qu'elle est une substance; et par conséquent comme on ne croit pas que les autres soient créées de la même manière, mais seulement qu'elles sont tirées de la puissance de la matière, il ne faut pas croire aussi qu'elles soient substances. On voit par là clairement que ce n'est pas ceux qui nient les formes substantielles, mais plutôt ceux qui les admettent, qui méritent à plus juste titre, par une suite nécessaire de raisonnement, le nom de bêtes et d'athées. Je ne voudrois donc pas que vous rejetassiez la preuve tirée de l'origine des formes substantielles, et que vous l'appelassiez une preuve de Thersite, parcequ'elle y a du rapport, en ce qu'elle est donnée par des aveugles; je mettrois seulement que ce que les autres ont dit sur cela ne vous regarde point, parceque nous ne suivons point leur opinion. L'autre démonstration se tire de la fin ou de l'usage des formes substantielles; car les philosophes ne les ont introduites que pour rendre raison des actions propres des choses naturelles dont cette forme seroit le principe et la source, comme on voit dans la thèse précédente; mais ces formes substantielles ne sauroient nous fournir une raison solide d'aucune action naturelle, puisque leurs partisans avouent qu'elles sont occultes, et qu'ils ne les comprennent pas; car s'ils disent que quelque action procède d'une forme substantielle, c'est la même chose que s'ils disoient qu'elle procède d'une chose qu'ils ne comprennent pas, ce qui n'explique rien. Ainsi il ne faut se servir en aucune manière de ces formes pour rendre raison des actions naturelles; au contraire, les formes essentielles telles que nous les admettons, nous fournissent des raisons certaines et mathématiques pour rendre raison des actions naturelles, comme on le peut voir dans mes Météores touchant la forme du sel commun. Vous pouvez joindre ici ce que vous dites du mouvement du cœur.

RÉPONSE A LA CINQUIÈME THÈSE, etc.

Ces mots, de *docte ignorance*, qu'il répète si souvent avec tant de plaisir, méritent une petite explication. Comme la science humaine est fort limitée, et que tout ce que l'on sait, comparé à ce que l'on ignore, n'est presque rien, c'est une marque de science d'avouer sincèrement qu'on ignore ce que l'on ignore véritablement, et c'est en cela que consiste principalement cette docte ignorance, parcequ'elle est particulière aux véritables savants; car les autres, qui font profession de science sans être véritablement savants, n'ayant pas assez d'esprit pour faire le discernement nécessaire de ce que tout vrai savant sait, de ce dont le même savant avoue son ignorance sans craindre qu'il y aille de son honneur; ces faux savants, dis-je, se vantent de tout savoir également, et, pour rendre facilement raison de toutes choses (si toutefois on peut dire qu'ils rendent raison des choses lorsqu'ils expliquent une chose obscure par une autre qui l'est encore plus), ils ont inventé les formes substantielles et les qualités réelles, en quoi leur ignorance n'est point accompagnée de science, et ne mérite que le nom d'orgueilleuse et de pédantesque : car l'orgueil consiste visiblement en ce qu'ignorant la nature de quelque qualité, ils concluent que c'est une qualité occulte, c'est-à-dire impénétrable à l'esprit humain, comme si leur connoissance devoit être la règle de toutes les connoissances humaines.

RÉPONSE A LA SIXIÈME THÈSE, etc.

Je ne vois pas quel est le raisonnement de cet homme, sur ce qu'il a mis à mon sujet. Il dit que, dans ma Dissertation sur la méthode, je n'ai pas donné une démonstration assez évidente de l'existence de Dieu : c'est ce que j'ai dit dans le même endroit. Que peut-il donc inférer à cet égard par ces paroles, *je pense, donc je suis*. Il cite, et il m'oppose là, bien mal à propos, le traité du père Mersenne et le sien, puisque le sien est encore en herbe, et que le père Mersenne n'a jamais rien fait imprimer de métaphysique que mes Méditations.

RÉPONSE A LA SEPTIÈME THÈSE, etc.

Je dirois, en changeant un peu la phrase, nous n'avons cependant rien soutenu là-dessus qui soit conforme aux opinions de Taurellus ou de Gorleus, et tout ce que nous y avons avancé s'accorde parfaitement avec le sentiment le plus commun et le plus orthodoxe des philosophes ; car nous assurons que l'homme est un composé de corps et d'âme, non par la seule présence ou la proximité de l'un à l'autre, mais par une véritable union substantielle, pour laquelle, à la vérité, il faut naturellement une certaine situation et conformation dans les parties du corps; mais cette union est bien différente de celles qui n'ont pour principes que la situation, la figure, et d'autres modes purement corporels, parcequ'elle appartient non seulement au corps, mais encore à l'âme, qui est incorporelle. Quant à l'expression, bien qu'elle soit peut-être moins usitée, nous croyons pourtant qu'elle est propre pour signifier ce que nous voulons dire; car nous ne disons pas que l'homme est *un être par accident*, si ce n'est à raison des parties qui le composent, je veux dire l'âme et le corps, voulant marquer par là qu'il est en quelque façon accidentel à ces deux parties d'être unies ensemble, parceque chacune d'elles peut subsister séparément: ce qui s'appelle un accident qui peut se trouver présent ou absent sans la corruption du sujet. Mais en tant que nous considérons l'homme totalement en lui-même, nous disons qu'il est un être existant *par soi-même*, et non par accident, parceque l'union qui joint le corps humain et l'âme ensemble n'est point accidentelle, mais essentielle, puisque sans elle l'homme n'est point homme. Mais parcequ'il y a plus de gens qui se trompent en ce qu'ils ne croient pas que l'âme soit réellement distinguée du corps qu'en ce qu'après avoir admis cette distinction ils nient l'union substantielle, et que c'est un plus fort argument pour réfuter ceux qui croient l'âme mortelle, d'établir cette distinction des parties dans l'homme, que d'établir cette union ; j'espérois que les théologiens me sauroient meilleur gré en disant que l'homme est un être par accident pour marquer cette distinction ; que si, n'ayant considéré que l'union des parties, j'avois dit que l'homme est un être *par soi :* ainsi ce n'est pas à moi de répondre à ce que l'on objecte au long contre les opinions de Taurellus et de Gorleus, mais de me plaindre de ce qu'on me prête si injustement et avec tant de sévérité les erreurs d'autrui. Au reste, je me suis étendu plus que je ne voulois sur ces choses, et comme je ne sais point si vous ferez usage de cet écrit, je ne veux pas en écrire davantage ; mais si vous trouvez à propos de vous en servir, je vous prie de me le faire savoir au plus tôt, et j'achèverai sur-le-champ le reste jusqu'à la fin. Mandez-moi aussi en quelle langue vous aimez mieux que je vous écrive. Quand j'ai mis un etc., ma pensée est qu'il manque quelque chose que vous devez suppléer. Vous communiquerez toutes ces choses, et, si vous le trouvez bon, à notre Achille et notre Nestor, M. V. L.[1], et vous n'entreprendrez rien sans son conseil ; et s'il y a quelque chose qu'il feigne de ne pas savoir, vous vous servirez du conseil de M. Émilius, dont la prudence

---

[1] « Van Leeuw. »

est égale à l'amitié dont il nous honore, et vous ajouterez plus de foi à leurs paroles qu'aux miennes, parcequ'ils ont plus d'esprit que moi, et qu'étant sur les lieux, ils sont plus en état de porter un jugement exact, que moi de deviner d'ici ce qu'il y aura à faire. Je ne crois pas que vous puissiez employer des termes trop honnêtes pour parler de Voëtius. Je vous prie aussi de prendre garde de ne pas donner lieu de soupçonner que vous avez employé l'ironie, qu'autant qu'elle naîtra de la bonté de votre cause, afin que dans la suite, s'il nous contraignoit de changer de style, nous fussions d'autant plus en état de le faire et le rendre plus ridicule. Il est aussi important que votre réponse voie au plus tôt le jour, et avant la fin même des vacances, s'il est possible.

J'ai été étrangement surpris de ce que vous m'écrivez que vous craignez pour votre chaire de professeur si vous faites une réponse à Voëtius; car je ne savois pas qu'il eût une autorité souveraine dans votre ville. Je croyois qu'elle jouissoit d'une plus grande liberté, et j'ai compassion d'elle, voyant qu'elle veut être sous l'esclavage d'un si vil pédagogue et d'un si misérable tyran : puisque vous êtes obligé d'y vivre, je vous exhorte à la patience, et de ne faire que ce que MM. vos magistrats trouveront bon; c'est pourquoi mon sentiment est qu'il faut non seulement ne pas répondre à Voëtius par vous-même, mais encore par quelque autre que ce soit, parcequ'il ne s'en sentiroit pas moins offensé. Je vous envoie pourtant ces petites notes que j'ai écrites sur-le-champ, et qui se sont présentées à mon esprit comme je conférois votre écrit avec toutes ses thèses. Vous en ferez usage si vous le trouvez bon; mais c'est faire outrage à notre philosophie de la produire à des gens qui n'en veulent point; bien plus, de la communiquer à d'autres qu'à ceux qui la demanderont avec empressement. Je me souviens que vous m'avez autrefois remercié d'avoir eu par son moyen votre chaire de professeur, ce qui me faisoit croire qu'elle ne déplaisoit pas à vos magistrats. Si la chose est autrement, et s'ils aiment mieux que vous enseigniez ce qui plaît à Voëtius que ce que vous croyez plus conforme à la vérité, je vous conseille d'obéir, et d'enseigner plutôt les Fables d'Ésope que de leur déplaire en cela.

Je ne comprends pas ce que vous dites à la fin de votre lettre sur les globules éthérés, parceque je ne crois pas qu'ils soient mus par la matière subtile, mais par eux-mêmes, puisqu'ils ont un mouvement qui leur a été communiqué dès le commencement du monde; je ne crois pas non plus que les plus grands aient un mouvement plus grand que celui des plus petits. Je pense absolument le contraire. J'ai dit à la vérité, dans les Météores, que les plus grands étant plus agités, produisent une plus grande chaleur, mais ils ne sont pas mus pour cela avec plus de facilité. Adieu.

A M. REGIUS.

(Lettre 92 du tome I. Version.)

Monsieur,

J'apprends par mes amis que personne ne lit votre réponse à Voëtius qu'il n'en soit très content, et qu'une infinité de gens l'ont lue. Ils ajoutent qu'il n'y a personne qui ne se moque de Voëtius, et ne dise qu'il désespère de la bonté de sa cause, puisqu'il a eu recours à vos magistrats pour la défendre. Tout le monde siffle les formes substantielles; et l'on dit tout haut que si le reste de notre philosophie étoit expliqué comme cet article, chacun l'embrasseroit. Vous ne devez pas être fâché de ce qu'on vous a interdit l'explication des problèmes de la physique. Je voudrois même qu'on vous défendît de les enseigner en particulier. Tout cela tourneroit à votre honneur et à la honte de vos ad-

---

[1] « C'est une réponse à la lettre de M. Leroy du 27 février 1642, c'est pourquoi je la date du 1ᵉʳ mars 1642. »

versaires. Pour moi, si j'étois à la place de vos consuls, et que je voulusse ruiner Voëtius, je ne me comporterois pas autrement à son égard qu'ils font; et qui sait ce qu'ils ont dans l'âme, au moins je ne doute point que M. V. H.[1] ne soit pour vous : vous devez suivre exactement ses conseils et ses ordres. Je suis ravi qu'il n'ait pas voulu que vous montrassiez à qui que ce soit les lettres que je vous écrivis dernièrement; car bien qu'avant de vous les envoyer j'eusse obtenu de moi-même d'effectuer, s'il étoit besoin, ce que je promettois par elles à Voëtius, j'aime cependant mieux que cela ne soit pas nécessaire. Bien des choses me détournent tous les jours de ma Philosophie, que j'ai pourtant résolu d'achever cette année; au reste obéissez exactement et avec plaisir à tout ce que MM. vos magistrats vous ordonneront, et soyez assuré qu'il ne sauroit vous en arriver aucun déshonneur. Méprisez les disputes que l'on fera contre vous; et dites seulement que s'ils ont quelque chose de bon à dire, ils n'ont qu'à vous le donner par écrit, et que vous ne pouvez y répondre autrement. Adieu.

[1] « Van der Hoolck. »

AU R. P. MERSENNE [1].

(Lettre 60 du tome II.)

Mon révérend Père,

Je suis extrêmement obligé à M. de Sainte-Croix de la bonne volonté que vous me mandez qu'il me témoigne; j'estime beaucoup les conseils qu'il me fait la faveur de me donner, et je ne manquerai de les suivre, autant qu'il sera en mon pouvoir; et même je ne plaindrois pas d'aller faire un voyage en France tout exprès pour les pouvoir apprendre de sa bouche, mais la mer et les Dunkerquois ren-

---

[1] « Cette lettre n'est pas datée, mais je la crois certainement écrite le 10 mars 1642; car si elle avoit été écrite plus tard, M. Descartes n'auroit pas manqué d'avertir le P. Mersenne du fameux jugement rendu contre lui le 17 mars. Or, depuis le 10 jusqu'au 17 il n'y avoit point de jour de poste; donc cette lettre est écrite le 10 mars. Mais ce qui me détermine à croire que cette lettre est écrite le 10 mars, c'est que M. Descartes y dit au P. Mersenne qu'il faut qu'il lui renvoie la réponse qu'il a faite à Voëtius, et qu'il l'envoie par M. de Zuytlichem. Or, M. de Zuytlichem, dans une lettre au P. Mersenne, datée du 7 avril 1642, dit ces paroles : *Par mes dernières vous aurez reçu la défense de M. Descartes...* D'où je conclus que pour envoyer ces réponses de M. Descartes à M. de Zuytlichem, et pour les envoyer au P. Mersenne, on peut bien remonter jusqu'au 10 mars, vu qu'on ne peut avancer cette lettre davantage. »

dent maintenant le passage trop difficile et trop périlleux.

Pour ce qui est de témoigner publiquement que je suis catholique romain, c'est ce qu'il me semble avoir déjà fait très expressément par plusieurs fois, comme en dédiant mes Méditations à MM. de la Sorbonne, en expliquant comment les espèces demeurent sans la substance du pain en l'eucharistie, et ailleurs; et j'espère que dorénavant ma demeure en ce pays ne donnera sujet à personne d'avoir mauvaise opinion de ma religion, vu qu'il est le refuge des catholiques, témoin la R., qui y est arrivée depuis peu, et la R. qu'on dit y devoir bientôt retourner.

Je vous envoie les trois premières feuilles des objections du père B. : c'est la négligence du libraire qui est cause que je ne vous puis encore envoyer le tout. Je vous prie de garder la copie écrite à la main que vous en avez, afin qu'il ne puisse dire que j'ai fait changer quelque chose en sa copie, laquelle j'ai été soigneux de faire imprimer le plus correctement qu'il m'a été possible, et sans y changer une seule lettre. Vous vous étonnerez peut-être de ce que je l'accuse tant de fausseté, mais vous verrez bien encore pis au reste, et toutefois je l'ai traité le plus courtoisement qu'il m'a été possible, mais je n'ai jamais vu d'écrit si rempli de fautes ; j'espère toutefois séparer tellement sa cause de celle de ses confrères, qu'ils ne m'en pourront vouloir mal, si ce n'est qu'ils veuillent ouvertement se déclarer ennemis de la vérité, et fauteurs de la calomnie.

J'ai cherché dans saint Augustin les passages que vous m'aviez mandés sur le psaume quatorzième, mais je ne les ai su trouver, ni rien de lui sur ce psaume. J'y ai aussi cherché les erreurs de Pelagius, pour savoir sur quoi se peuvent fonder ceux qui disent que je suis de son opinion, laquelle j'avois ignorée jusqu'à présent; mais j'admire que ceux qui ont envie de médire s'avisent d'en chercher des prétextes si peu véritables et si tirés par les cheveux. Pelagius a dit qu'on pouvoit faire de bonnes œuvres et mériter la vie éternelle sans la grâce, ce qui a été condamné de l'église; et moi je dis qu'on peut connoître par la raison naturelle que Dieu existe, mais je ne dis pas pour cela que cette connoissance naturelle mérite de soi, et sans la grâce, la gloire surnaturelle que nous attendons dans le ciel : car au contraire il est évident que cette gloire étant surnaturelle, il faut des forces plus que naturelles pour la mériter. Et je n'ai rien dit touchant la connoissance de Dieu, que tous les théologiens ne disent aussi; mais il faut remarquer que ce qui se connoît par raison naturelle, comme qu'il est tout bon, tout-puissant, tout véritable, etc., peut bien servir à préparer les infidèles à recevoir la foi, mais non pas suffire pour leur faire gagner le ciel ; car pour cela il faut croire en Jésus-Christ, et aux autres choses révélées, ce qui dépend de la grâce.

Je vois qu'on se méprend fort aisément touchant les choses que j'ai écrites, car la vérité étant indivisible, la moindre chose qu'on en ôte ou qu'on y ajoute la falsifie, comme par exemple vous me mandez comme un axiome qui vienne de moi, *que tout ce que nous concevons clairement est ou existe;* ce qui n'est nullement de moi : mais seulement que tout ce que nous apercevons clairement est vrai, et ainsi qu'il existe, si nous apercevons qu'il ne puisse ne pas exister, ou bien qu'il peut exister, si nous apercevons que son existence soit possible ; car bien que l'être objectif de l'idée doive avoir une cause réelle, il n'est pas toujours besoin que cette cause la contienne *formaliter,* mais seulement *eminenter.*

Je vous remercie de ce que vous me mandez du concile de Constance sur la condamnation de Wiclef, mais je ne vois point que cela fasse rien du tout contre moi ; car il auroit dû être condamné en même façon, si tous ceux du concile eussent suivi mon opinion, et en niant que la substance du pain et du vin demeure pour être le sujet des accidents, ils n'ont point pour cela déterminé que ces accidents fussent réels, qui est tout ce que j'ai écrit n'avoir point lu dans les conciles : cependant je vous suis extrêmement obligé de tant de soin que vous prenez pour tout ce qui me regarde.

Je suis bien aise que M. de Z.[1] vous ait fait voir l'imprudence de Voëtius qui vous cite contre moi; j'avois eu envie de vous le mander, mais j'en avois fait si peu de cas, que je l'avois toujours oublié. Sa grande animosité contre moi vient de ce qu'il y a un professeur[2] à Utrecht qui enseigne ma philosophie : et ses disciples ayant goûté ma façon de raisonner, méprisent si fort la vulgaire, qu'ils s'en moquent ouvertement, ce qui a excité une extrême jalousie contre lui de tous les autres professeurs dont V. est le chef, et ils importunent tous les jours le magistrat, pour lui faire défendre cette façon d'enseigner. Il faut que vous voyiez la réponse que j'ai faite à Voëtius à quelques unes de ses thèses où il a compris tout ce qu'il a pu de ma Philosophie. Je les enverrai à M. de Z. pour vous les adresser, car autrement le port en coûteroit trop. Au reste j'ai lu le favorable jugement que M. Chanut a fait de moi, m'estimant capable de répondre aux objections du père B. Je tâcherai de faire voir qu'il est en cela aussi véritable que l'autre ne l'est pas, et je serai bien aise qu'il sache que je suis, etc.

[1] « Zuylichem. »

[2] « Leroy. »

A M. REGIUS[1].

(Lettre 93 du tome I. Version.)

Monsieur,

Je vous félicite de la persécution que vous souffrez pour la vérité; je vous en félicite, dis-je, de tout mon cœur, car je ne vois pas qu'il puisse vous arriver le moindre mal de tous ces troubles; au contraire je prévois pour vous une augmentation de gloire. Vous devez vous réjouir de ce que Dieu a ôté à vos ennemis la prudence et le bon esprit. Vous voyez ce qu'ils ont gagné en faisant défendre votre livre; on n'est que plus empressé à l'acheter, on l'examine plus attentivement, la bonté de votre cause et la malignité de votre ennemi en sont connues d'un plus grand nombre de personnes. Plus de personnes s'apercevront désormais que ce n'est que par jalousie et sans sujet qu'il vous a attaqué le premier avec aigreur et malignité, tandis que vous de votre côté, ayant tous les sujets du monde d'entrer dans une juste défense, lui avez répondu

---

[1] « Cette lettre sert de réponse à celle de M. Leroy, datée du 5 mars 1642. C'est pourquoi je la fixe au 12 mars 1642. »

avec modestie, avec douceur, et même (triste situation pour un honnête homme) avec un respect qu'il ne mérite pas. Plus de personnes, dis-je, connoîtront la foiblesse des raisons avec lesquelles il attaque vos opinions, et en même temps la force de vos réponses. De là plus de personnes concluront qu'il n'a plus rien de bon à vous répondre, et seront justement indignées contre lui de ce qu'il a assez de pouvoir dans votre ville, contre toute justice, pour vous traiter impunément, dans un écrit public, d'athée et de bête, vous donner d'autres noms odieux, et employer mille mauvaises raisons pour vous charger de crimes supposés et débiter ses calomnies, tandis qu'il ne vous est pas permis d'avoir recours à la vérité, et de vous justifier en vous servant des termes les plus modestes. Je trouve en vérité admirable qu'il propose qu'il lui soit permis de disputer avec vous devant des commissaires qui puissent juger du fond de l'affaire : apparemment que ses raisons sont de la nature de ces potions qu'il faut avaler toutes chaudes, et qui ne sont plus bonnes quand elles sont froides : véritable singe en cela, comme en plusieurs autres choses, de notre St.[1] En bonne foi, je ne vois pas que vous ayez rien à craindre d'un tel adversaire. Que peut-il faire contre vous davantage? vous faire peut-être défendre par le magistrat d'enseigner ce

---

[1] « Stampioli. »

que vous avez coutume d'enseigner, ou de faire condamner votre doctrine comme fausse et hérétique; ou enfin, ce qui seroit de pis, vous obliger de vous démettre de votre chaire : mais je ne crois pas que vos consuls poussent leur complaisance pour lui jusqu'au point de statuer tout ce qui pourroit lui plaire. Bien plus, je ne crois pas qu'il y ait un seul d'eux tous qui ne sente les motifs qui poussent Voëtius, et la plupart de vos autres collègues, à attaquer avec tant d'aigreur votre philosophie : je veux dire qu'elle est plus vraie qu'ils ne souhaiteroient, et que vos raisons sont si claires, qu'elles sapent jusques au fondement leurs opinions erronées, et les rendent même ridicules sans les attaquer; car enfin ils ne sauroient lui faire un crime de ce qu'elle est nouvelle, puisqu'ils mettent toute leur gloire à enfanter tous les jours de nouvelles opinions, sans que jamais aucun s'y soit opposé; et la raison pourquoi ils ne se portent aucune envie là-dessus, c'est qu'ils ne les croient pas véritables, et ils n'auroient aucune jalousie contre les vôtres, s'ils les croyoient fausses; mais du moins les magistrats qui ne les ont pas empêchés jusques ici d'enseigner ces opinions nouvelles et fausses, ne vous empêcheront pas, je pense, d'enseigner les vôtres qui sont nouvelles, mais véritables; et quoique peut-être quelques uns d'entre eux qui n'ont jamais appris toutes ces chicanes de l'école, comme très peu utiles au gouvernement de la république, ne voient pas la bonté de votre cause, cependant je me repose tellement sur leur équité et leur prudence que je ne saurois croire qu'ils s'en rapportent plutôt au témoignage de vos adversaires qu'au vôtre, et je suis persuadé que le seul M. D. V[1]., qui sans doute entend très bien le fond de la question, aura assez d'autorité sur l'esprit de ses collègues pour empêcher qu'il ne vous soit fait aucun tort. Mais quand la chose arriveroit autrement, et que par un événement aussi extraordinaire qu'absurde, et sans exemple, vous vous verriez privé de votre chaire de professeur, je ne crois pas que vous dussiez vous inquiéter le moins du monde. Je n'y vois aucun déshonneur pour vous, mais une honte éternelle pour les autres, et alors votre ville auroit le déplaisir de voir exposées aux yeux de l'univers, ou l'ignorance crasse, ou la haine de la vérité, ou un usage ridicule du pouvoir de ses magistrats. Bien plus, si j'étois à votre place, je voudrois savoir des consuls combien j'aurois de maîtres, et renoncer plutôt à mon emploi que de ramper devant Voëtius. Je suis sûr qu'en peu de temps, si vous le vouliez, vous auriez facilement ailleurs une chaire de professeur plus honorable et plus utile, et on en trouveroit plutôt mille qui enseigneroient les mêmes choses que vos adversaires, qu'un seul qui en-

---

[1] « Van der Hoolck. »

seignât ce que vous enseignez; et cependant ce seul homme seroit peut-être plus recherché par les amateurs de la science que tous les autres ensemble. Pour ce qui me regarde, j'ai cru jusques ici avoir une véritable obligation à vos magistrats, qui, sachant bien que vous n'étiez pas éloigné de mes principes de philosophie, n'ont pas été moins disposés à vous donner une chaire de professeur, ou peut-être même y ont été principalement portés par ce motif, comme vous avez voulu me le persuader.

C'est ce qui m'a attaché d'une manière particulière à eux, et c'est ce qui fait que je souhaite passionnément que la postérité puisse dire que votre ville a été la première de toutes où notre philosophie ait été publiquement reçue, ce qui ne leur fera, comme je l'espère, aucun déshonneur; au lieu qu'il seroit honteux pour eux s'il étoit jamais dit qu'ils n'ont pas su vous mettre à couvert des mauvais traitements de vos ennemis. Car ceux qui vous ont nommé à la chaire du professeur ont dû savoir que les opinions que vous enseignez ne pouvoient avoir quelque chose d'excellent, sans exciter infailliblement l'envie de plusieurs de vos collègues qui n'avoient pas assez d'esprit pour embrasser les mêmes sentiments; ils ont donc dû être prêts à vous protéger contre eux.

Ce qui ne leur sera pas difficile; car enfin de

quoi la calomnie peut-elle vous accuser? Que vous enseignez des choses nouvelles, comme si ce n'étoit pas un usage commun dans la philosophie, que ceux qui ont quelque esprit inventent de nouvelles opinions, et cherchent par là à se faire un nom; mais enfin ils ne se portent point naturellement envie, parcequ'ils ne les croient pas véritables, comme on n'envieroit point les vôtres, si on les croyoit fausses. Mais quoi, est-il de la justice que, tandis qu'on souffre les opinions des autres, qui sont nouvelles et fausses, on rejette les vôtres, parcequ'elles sont nouvelles et véritables? On vous fait encore un grand crime d'avoir écrit contre Voëtius; mais pour peu de bon sens qu'on ait, on verra en lisant l'écrit de l'un et de l'autre, et sachant ce qui s'est passé auparavant de sa part, que c'est Voëtius qui a écrit contre vous d'une manière très aigre et très piquante, et qu'il a tâché de vous perdre par ses calomnies, et que toute la faute qui se trouve en vous, c'est de lui avoir répondu avec trop d'honnêteté et trop de modération; de sorte qu'on pourroit vous comparer à un homme qui seroit poursuivi par un ennemi l'épée nue, et qui ne feroit que détourner avec la main le coup mortel, sans faire autre chose que de tâcher par des paroles très douces de ralentir sa colère, tandis que lui, plein de fureur et de rage, vous accuseroit de ne vouloir pas souffrir qu'il vous tuât. Mais peut-être, dira-t-on, ce n'est pas Voëtius qui forme contre vous ces accusations, mais d'autres de vos collègues ; comme si l'on ne savoit pas bien qu'ils ne le font qu'en se conformant à ses desseins, et qu'ils sont tourmentés de la même jalousie, et comme si on avoit raison de vous faire un crime d'avoir repoussé celui qui vous attaquoit, enfin si on ne devoit pas le punir comme un véritable agresseur et un vrai calomniateur. Je lui donne le nom de calomniateur, parcequ'il vous a accusé méchamment d'avoir enseigné certaines propositions contraires à votre théologie, quoique vos opinions s'accordent mieux avec la théologie que les vulgaires ; et il seroit facile de prouver par des conséquences certaines et évidentes tirées seulement de ses thèses que j'ai vues sur l'athéisme, qu'il est plutôt lui-même ce qu'il voudroit faire croire faussement de vous. Bien plus, s'il étoit nécessaire de le représenter tel qu'il est et de découvrir tous ses artifices, il paroîtroit peut-être tel, que ce seroit un déshonneur pour votre ville de le conserver plus long-temps dans le poste de prédicateur et de professeur ; car enfin la force de la vérité est grande. La dernière et la plus forte objection que l'on fait, est le dommage que votre académie recevroit, dit-on, des inimitiés qui se forment entre les professeurs : mais je ne vois pas en quoi ces inimitiés peuvent nuire à votre université ; au contraire, il arriveroit de là que chacun en particulier craignant les reproches des autres, ils s'attacheroient avec d'autant plus de soin à leur devoir. D'ailleurs quand ces brouilleries nuiroient au corps, il faudroit déposer ceux qui sont les auteurs de ces inimitiés, et non pas ceux qui les fuient; du moins il ne diroit pas, je pense, que vos dogmes sont de nature à détourner les jeunes gens des études de votre académie, car je sais que vous avez grand nombre d'auditeurs et des plus illustres. Jusqu'ici nos opinions ont eu non seulement chez vous, mais dans tous les autres lieux, le bonheur d'être goûtées et estimées des plus grands génies, et si quelqu'un ne les a pas estimées, ce n'a été que les pédants qui savent n'être parvenus à quelque réputation d'érudition que par de faux artifices, et qui craignent de la perdre quand la vérité sera connue; et si j'en dois croire mon pressentiment, je me flatte qu'un jour vous attirerez plus de monde que tous vos autres adversaires, à quoi peut-être ne nuira pas l'édition de la Philosophie que je prépare : en sorte que si les magistrats sont attentifs à l'utilité et à l'ornement de leur académie, ils ôteront plutôt vos ennemis de leurs postes que vous, car ils en trouveront plutôt mille autres qui enseignent les mêmes choses, que vous : d'ailleurs je ne crains pas que quelques uns de vos consuls, peu instruits des études académiques, comme très peu nécessaires pour le gouvernement, croient plutôt vos adversaires que vous, car je ne les crois pas assez peu fins pour ne pas s'apercevoir de leur jalousie. Outre cela le seul M. V. R., qui sait l'état de la dispute, qui connoît la bonté de votre cause, et qui est très versé dans toutes ces matières, aura assez d'autorité auprès de ses collègues pour vous mettre à couvert de tout ressentiment. Je sais qu'il est doué d'une intégrité et d'une prudence si rares, que je n'appréhende nullement qu'il favorise vos adversaires aux dépens de la vérité : enfin ce qui doit surtout vous faire plaisir, c'est que votre cause est de telle nature, qu'après qu'elle aura été jugée par vos magistrats, elle sera encore jugée par les habitants de toute la terre; et comme c'est ici une affaire d'honneur, si les premiers juges vous ôtent quelque chose de votre bon droit, les autres vous le rendront avec usure. Adieu.

A MONSIEUR ***[1].

(Lettre 106 du tome III.)

Monsieur,

Les nouvelles que j'apprends de divers lieux touchant ce qui se passe à Utrecht me donnent beaucoup de sujet d'admiration, quoiqu'elles ne m'étonnent ni ne me fâchent en aucune façon, sinon en tant qu'elles touchent M. Leroy : car on ne dit rien moins à Leyde, sinon qu'il est déjà démis de sa profession ; ce que je ne puis toutefois croire, ni même m'imaginer que cela puisse jamais arriver, et je ne vois pas quel prétexte ses ennemis auroient pu forger pour lui nuire. Mais, quoi qu'il arrive, je vous prie de l'assurer de ma part que je m'emploierai pour lui en tout ce que je pourrai plus que je ne ferois pour moi-même, et qu'il ne se doit nullement fâcher, pourceque cette cause est si célèbre et si connue de tout le monde,

---

[1] « Cette lettre est adressée à quelque ami qu'il avoit à Utrecht. Elle n'est pas datée, mais comme Descartes n'y paroît pas savoir encore positivement le jugement du sénat académique d'Utrecht, rendu le 17 mars 1642, on ne peut mal dater cette lettre en la datant du 8 avril 1642. »

qu'il ne s'y peut commettre aucune injustice qui ne tourne entièrement au désavantage de ceux qui la commettroient, et à la gloire, et même peut-être avec le temps au profit de ceux qui la souffriroient. Pour moi, jusqu'ici, en ne jugeant que des choses que je sais assurément, je ne puis tant blâmer MM. d'Utrecht, comme je vois que tout le monde les blâme, et il semble que ce qu'ils ont fait peut aisément tourner à bien, et faire qu'ils soient loués de tout le monde, en cas qu'ils se veuillent défaire de leur pédagogue prétendu, lequel, à ce qu'on me dit encore à présent, se mêle de prêcher contre eux, à cause qu'ils n'ont pas défendu mon livre; car pour ces derniers bruits qui sont que M. Leroy est démis, je ne les crois point; mais on m'a assuré qu'ils ont fait une loi en leur académie, par laquelle ils défendent expressément qu'on n'y enseigne aucune autre philosophie que celle d'Aristote : je serai bien aise d'en avoir copie, s'il est possible, ce que je ne demanderois pas si je pensois qu'ils le trouvassent mauvais; mais puisqu'ils l'ont publiée, je crois qu'ils veulent bien qu'on la sache, et qu'ils sont trop sages pour suivre les impertinentes règles d'un homme qui me nomme *in aliena republica curiosus*, et qui se plaint de tous ceux qui osent écrire les fautes qu'il ose faire en public. Toutefois je ne voudrois pas que mes amis m'écrivissent aucune chose qui ne pût être vue de tous, comme je n'écris rien que je ne veuille bien que tout le monde voie; et surtout je vous prie de ne vous faire aucuns ennemis à mon occasion, je vous suis déjà trop obligé sans cela, et cela ne me serviroit point. Je suis, etc.

A M. REGIUS [1].

(Lettre 94 du tome I. Version.)

Monsieur,

J'ai ri de bon cœur en lisant les lettres de Voëtius l'enfant, je veux dire Voëtius le fils, et en voyant le jugement de votre académie, à qui le nom d'enfant sied peut-être aussi bien. Je loue MM. Æmilius et Cyprien de n'avoir pas voulu prendre part à tant de puérilités; mais je suis en même temps un peu en colère contre vous de ce que vous prenez trop à cœur tout cela. Vous devriez plutôt être fort joyeux de voir que vos adversaires se percent par leurs propres armes : pour peu de bon sens qu'on ait, on s'apercevra en lisant les écrits de vos adversaires qu'ils manquent de raisons pour réfuter les vôtres, et de prudence

[1] « Réponse à la lettre de Leroy, du 31 mars. C'est pourquoi je la date du 8 d'avril 1642. »

pour couvrir leur ignorance. J'ai appris aujourd'hui pour la seconde fois que Lemoine prépare la réponse de votre Voëtius ; la nouvelle est certaine, et elle vient du libraire qui l'imprime ; elle sera environ de dix feuilles : l'appendix de Voëtius y sera une seconde fois imprimé avec notes : j'aime de tels écrivains, et vous devez aussi vous en réjouir. Rien de plus doux à mon sens et de plus sage que le décret de vos magistrats pour se délivrer des importunités de vos collègues. Si vous m'en croyez, vous acquiescerez à leurs ordres avec la dernière exactitude, et avec une espèce de satisfaction intérieure, et vous vous contenterez d'expliquer vos leçons de médecine selon les principes d'Hippocrate et de Galien, et rien plus; si quelques bons esprits vous en demandent davantage, vous vous en excuserez bien honnêtement, en leur disant qu'on vous l'a défendu, et vous éviterez surtout d'expliquer la moindre chose particulière, et vous direz, comme c'est la vérité, que ces choses sont tellement liées les unes avec les autres, que l'une se peut bien comprendre sans l'autre. Tant que vous vous comporterez de la sorte, si les choses que vous avez enseignées jusqu'ici sont dignes d'être apprises, et que vous trouviez des disciples dignes de les apprendre, je suis sûr qu'en peu de temps vous aurez toute permission de les enseigner publiquement à Utrecht ou ailleurs avec plus d'honneur que vous n'avez eu encore; cependant je crois qu'il ne vous est arrivé aucun mal, au contraire beaucoup de bien; car tout le monde vous loue et vous estime davantage qu'on n'auroit fait si vos ennemis se fussent tenus en repos : ajoutez à cela le loisir que vous gagnez, puisque vous êtes délivré d'une partie de votre travail, sans que vous perdiez rien de vos appointements : il ne vous manque qu'une chose, de prendre cela avec modération. Tranquillisez-vous donc, je vous prie, et riez de tout ceci : n'appréhendez pas que vos adversaires ne soient assez tôt punis de leur folie : enfin vous remporterez une pleine victoire si vous savez vous taire, au lieu que, si vous recommencez le combat, vous vous exposez derechef aux traits de la fortune. Adieu.

A M. REGIUS[1].

(Lettre 95 du tome I. Version.)

Monsieur,

Je suis ravi que notre histoire de Voëtius n'ait pas déplu à vos amis. Je n'ai encore vu personne,

---

[1] « Réponse à la lettre de Leroy, datée du 1ᵉʳ juin. Je la date du 8 juin 1642. »

pas même parmi les théologiens, qui n'ait été bien aise de lui voir donner sur les oreilles. On ne peut pas m'accuser d'avoir été trop piquant dans ma narration. Je n'ai fait que raconter la chose comme elle s'est passée. J'ai écrit encore avec plus de vivacité contre un père jésuite. J'ai lu en courant ce que vous m'avez envoyé, je n'y ai rien trouvé qui ne fût fort bon et qui n'allât droit à la chose, excepté ceci qui est peu de chose : 1° Le style n'est pas assez châtié en bien des endroits; outre cela, page 46, où vous dites que la matière n'est pas un corps naturel, j'ajouterois : selon le sentiment de ceux qui définissent le corps naturel de cette manière, etc., car selon nous, qui croyons qu'elle est une substance véritable et complète, je ne vois pas pourquoi nous dirions que la matière n'est pas un corps naturel. Et, page 66, il paroît que vous établissez une plus grande différence entre les choses vivantes et celles qui ne le sont point, qu'entre une horloge ou tout autre automate, et une clef, une épée, et tout autre instrument qui ne se remue pas de lui-même, ce que je n'approuve point; mais comme *se mouvoir de soi-même* est genre à l'égard des machines qui se remuent d'elles-mêmes, à l'exclusion des autres machines qui ne se remuent pas ainsi, de même *la vie* ne peut être prise pour le genre qui embrasse les formes de tous les êtres vivants. Et page 96, où vous dites, *certe multo mu-*

jorem efficaciam, que son effet est beaucoup plus grand, etc., j'aimerois mieux, *certe non minorem efficaciam*, etc., que son effet n'est pas moindre; car il n'est pas plus grand dans l'un que dans l'autre. Enfin, page 106, vous dites que dans cet endroit de l'Ecclésiaste, Salomon fait parler les impies; et moi, page 303, tome II, des Méditations, j'ai expliqué le même endroit prononcé par le même Ecclésiaste, en tant que pécheur lui-même; mais je ne vois pas de quelle utilité pourra être votre réponse, parceque le Cappadocien ne la mérite pas, à moins qu'il ne fasse quelque nouvelle équipée, et en ce cas-là elle pourroit paroître avec votre réponse à ce qu'il pourroit dire de nouveau sous le nom de quelqu'un de vos disciples. Présentement je crois qu'il faut se tenir en repos; vous ne devez pas même mêler dans vos leçons mes sentiments avec ceux de Galien et d'Aristote, à moins que vous ne sachiez que cela ne déplait pas au magistrat qui vous protège. J'aimerois mieux que vous n'eussiez point d'auditeurs, et cela ne vous tourneroit pas à déshonneur. Quant à la solution que vous demandez sur l'idée de Dieu, il faut remarquer qu'il ne s'agit point de l'essence de l'idée selon laquelle elle est seulement un mode existant dans l'âme (ce mode n'étant pas plus parfait que l'homme), mais qu'il s'agit de la perfection objective, que les principes de métaphysique enseignent devoir être contenus formellement ou éminemment dans sa cause. De même qu'il faudroit répondre à celui qui diroit que chaque homme peut peindre un tableau aussi bien qu'Apelles, puisqu'il ne s'agit que des couleurs diversement appliquées, et que chacun peut les mêler en toutes sortes de manières, il faudroit, dis-je, répondre à cette personne-là, que, lorsque nous parlons de la peinture d'Apelles, nous ne considérons pas seulement en elle un certain mélange de couleurs, mais ce mélange qui est produit par l'art du peintre pour représenter certaines ressemblances des choses, mélange par conséquent qui ne peut être exécuté que par les plus habiles de l'art. Je réponds au second, que, de ce que vous avouez que la pensée est un attribut de la substance qui n'enferme aucune étendue, et qu'au contraire l'étendue est l'attribut de la substance qui n'enferme aucune pensée, il faut par là que vous avouiez aussi que la substance qui pense est distinguée de celle qui est étendue; car nous n'avons point d'autre marque pour connoître qu'une substance diffère de l'autre que de ce que nous comprenons l'une indépendamment de l'autre; et, en effet, Dieu peut faire tout ce que nous pouvons comprendre clairement; et s'il y a d'autres choses qu'on dit que Dieu ne peut faire, c'est qu'elles impliquent contradiction dans leurs idées, c'est-à-dire qu'elles ne sont pas intelligibles. Or nous pouvons comprendre clairement une substance qui pense et qui ne soit pas étendue, et une substance étendue qui ne pense pas, comme vous l'avouez : cela étant, que Dieu lie et unisse ces substances autant qu'il le peut, il ne pourra pas pour cela se priver de sa toute-puissance, ni s'ôter le pouvoir de les séparer, par conséquent elles demeureront distinctes.

Je n'ai pu remarquer dans votre écrit si par Cappadocien vous entendez Lemoine ou Voëtius. J'ai trouvé cela bien. Se l'appliquera qui voudra, mais j'apprends qu'on ne sait pas le pays de Voëtius; ainsi vous lui procureriez un bien de lui assigner la Cappadoce pour patrie. Vous avez beaucoup d'obligation au Moine de ce qu'il grossit votre auditoire. Au reste, j'ai appris de M. P. que vous aviez dessein de nous venir voir; je vous y invite de tout mon cœur, non seulement vous, mais madame votre épouse et mademoiselle votre fille : je me ferai un plaisir très sensible de vous recevoir. Les arbres sont déjà revêtus d'un nouveau feuillage, et bientôt nos cerises et nos poires seront mûres. Adieu, et aimez-moi toujours un peu.

A MONSIEUR *** [1].

(Lettre 120 du tome III.)

Monsieur,

J'employai la journée d'hier à lire les dialogues *de Mundo*, que vous m'avez fait la faveur de m'envoyer, mais je n'y ai remarqué aucun lieu où l'auteur ait voulu me contredire : car pour celui où il dit qu'on ne sauroit faire des lunettes d'approche plus parfaites que celles que l'on a déjà, il y parle si avantageusement de moi, que je serois de mauvaise humeur si je le prenois en mauvaise part. Il est vrai qu'en plusieurs autres endroits il a des opinions fort différentes des miennes, mais il ne témoigne pas là qu'il pense à moi, non plus qu'en ceux où il en a de conformes à celles que j'ai ; et j'accorde volontiers aux autres la liberté que je leur demande pour moi, qui est de pouvoir écrire ce que l'on croit être le plus vrai, sans se soucier s'il est conforme ou différent de quelques autres.

Je trouve plusieurs choses fort bonnes dans ses

---

[1] « Cette lettre est adressée à M. de Zuylichem, du 8 octobre 1642. Voyez-en la raison dans le nouveau cahier. »

trois dialogues; mais pour le second, où il a voulu imiter Galilée, je le trouve trop subtil. Je voudrois bien pourtant qu'on publiât quantité d'ouvrages de cette sorte; car je crois qu'ils pourroient préparer les esprits à recevoir d'autres opinions que celles de l'école, et je ne crois pas qu'ils puissent nuire aux miennes.

Au reste, monsieur, je vous suis doublement obligé de ce que ni votre affliction, ni la multitude des occupations qui, comme je crois, l'accompagnent, ne vous ont point empêché de penser à moi, et de prendre la peine de m'envoyer ce livre. Je sais que vous avez beaucoup d'affection pour vos proches, et que leur perte ne peut manquer de vous être extrêmement sensible; je sais bien aussi que vous avez l'esprit très fort, et que vous n'ignorez aucun des remèdes qui peuvent servir à adoucir votre douleur; mais je ne saurois m'abstenir de vous en dire un que j'ai trouvé très puissant, non seulement pour me faire supporter la mort de ceux que j'ai le plus aimés, mais aussi pour m'empêcher de craindre la mienne, nonobstant que j'estime assez la vie; il consiste dans la considération de la nature de nos âmes, que je pense connoître si clairement devoir durer après cette vie, et être nées pour des plaisirs et des félicités beaucoup plus grandes que celles dont nous jouissons en ce monde, pourvu que par nos dérèglements nous ne nous en rendions point indignes, et que nous ne nous exposions point aux châtiments qui sont préparés aux méchants, que je ne puis concevoir autre chose de la plupart de ceux qui meurent, sinon qu'ils passent dans une vie plus douce et plus tranquille que la nôtre, et que nous les irons trouver quelque jour, même avec la souvenance du passé; car je trouve en nous une mémoire intellectuelle, qui est assurément indépendante du corps: et quoique la religion nous enseigne beaucoup de choses sur ce sujet, j'avoue néanmoins en moi une infirmité, qui m'est, ce me semble, commune avec la plupart des hommes, à savoir, que, nonobstant que nous voulions croire et même que nous pensions croire très fermement tout ce qui nous est enseigné par la religion, nous n'avons pas néanmoins coutume d'être si touchés des choses que la seule foi nous enseigne, et où notre raison ne peut atteindre, que de celles qui nous sont avec cela persuadées par des raisons naturelles fort évidentes. Je suis, etc.

FIN DU TOME HUITIÈME.

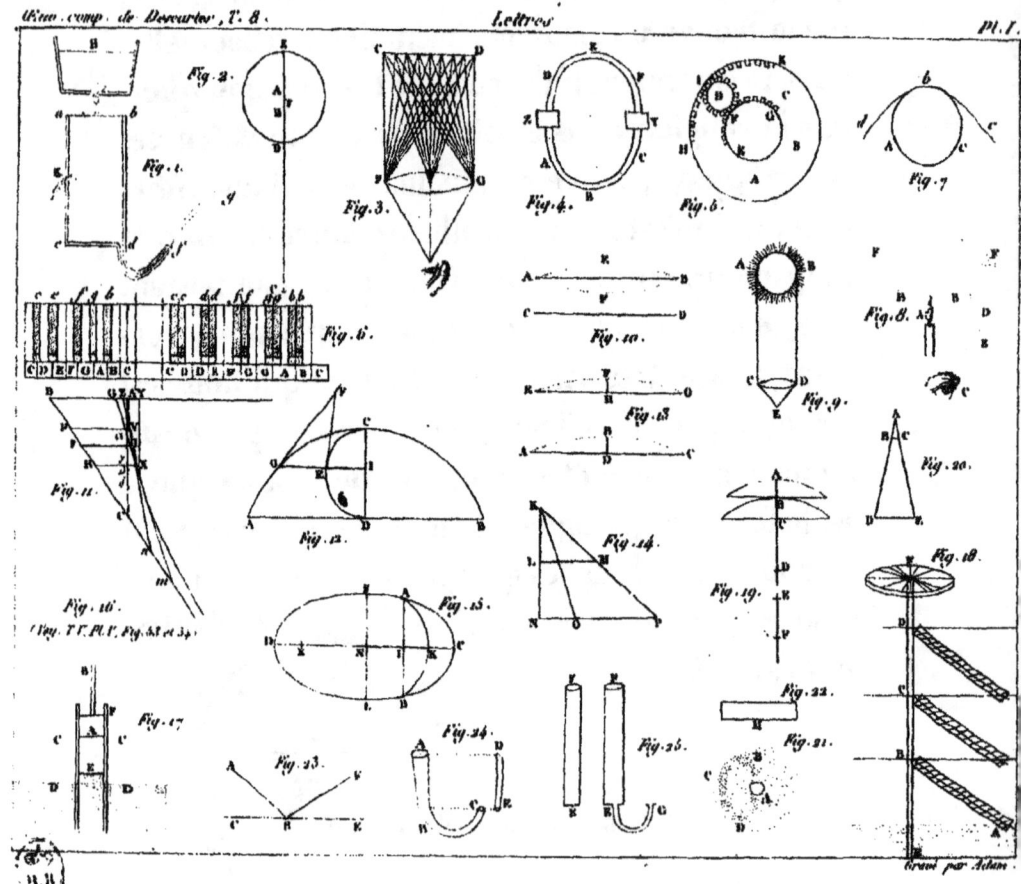

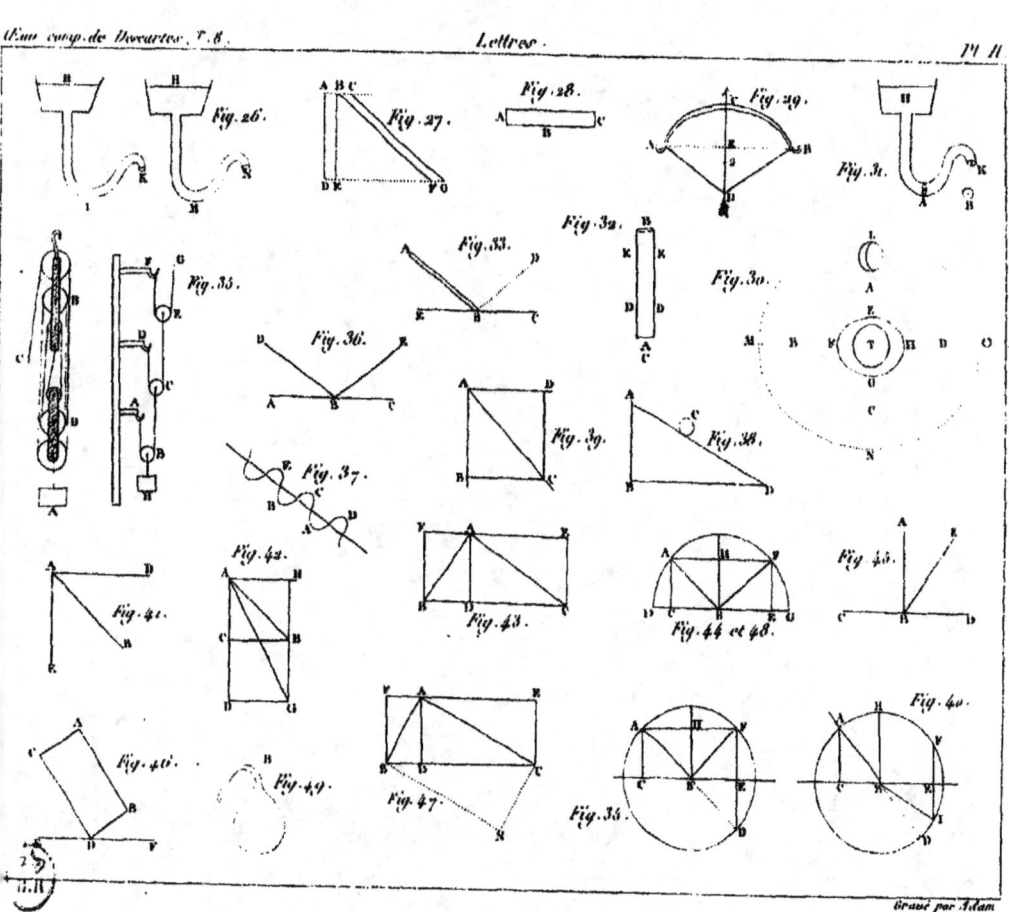

www.ingramcontent.com/pod-product-compliance
Lightning Source LLC
Chambersburg PA
CBHW071154230426
43668CB00009B/947